孝寧大君 尊影

(관악산 연주암 효령각 봉안)

清權祠 懸板(正祖 13년 賜額된 현판; 글씨 徐明均)

大君 尊影과 孝寧閣

孝寧大君 尊影의 제작자나 제작 시기, 그리고 보관 경위에 대해 정확히는 알 수가 없다.『淸權輯遺』(原篇, 1844년)에는 대군의 影幀에 대한 언급이 전혀 없고, 冠岳山 戀主庵(果川市 文院洞) 孝寧閣에 奉安되어 있는 孝寧大君의 影幀(경기도 지방문화재 제81호)이 현재로서는 唯一한 것으로 알려져 있다. 다만「泰安寺 大君影堂」(1896년, 丙申(高宗 33)李奭儀述;『청권집유』(續2); 1929년 己巳 李光儀 輯)條에, "태안사(전남 곡성) 영당에 보존되어 오던 대군의 영정은 고종 기묘년(1879년, 고종 16) 겨울에 영당 화재로 인해 소실되었다"(李凍儀 證言)는 기록이, 오래 전부터 태안사에도 '대군의 영정이 보존되어 왔음'을 전해줄 뿐, 이 '태안사 영정'과 '연주암 영정'과의 관계 또한 알 수가 없다.

戀主庵의 '大君 尊影'이 세상에 알려지게 된 것은, 1957년(丁酉) '丁酉譜' 修譜 당시 그 해 5월말에 李起忠·康賢·康永·康鎬 4인이 연주암을 심방하여 당시 車氏 住持스님의 안내로 연주암의 대웅전인 龍華殿에 봉안되어 있는 것을 참배 알현한 후 강호가 재차 방문, 촬영하여 이를 영정으로 제작, 淸權祠 別龕에 봉안하고, 또 한 벌을 복사하여 '정유보' 首卷에 수록하면서부터였다고 한다(『淸權輯遺』(影印本), 1971, '大君影幀奉安實記'). 그 후 1973년에 다시 한 벌을 모사하여 그동안 대군의 位牌가 봉안되어 있던 慶北 尙州市 恭儉面 五台里에 있는 祠堂에 봉안하여 1983년(癸亥)부터는 懸板도 '影幀閣'으로 개칭하였는데, 그간 연주암 영정의 관리상태가 매우 불량하여 1980년대 초부터는 캐비닛에 보관하고 있었던 바, 1986년 李康憲·康萬이 私費를 들여 다시금 法堂에 봉안토록 하였다. 그리고 이 당시에 한 벌을 더 模寫하여 청권사 慕蓮齋(1979년 건립, 1991년 중건)(3층)에 奉安케 된 것이었다.

그러나 연주암 영정의 보관 관리상태가 여전히 불안하므로 새로 殿閣을 짓고 奉安할 것을 모색, 1994년초부터 李秀洪이사장이 연주암측(李慈乘주지)과 접촉, 境內 羅漢殿 자리에 影幀閣을 건설키로 합의, 착공하여 1995년 4월 27일 준공 후 告由祭와 影幀 移運 奉安式을 거행하고, 曹溪宗 宗正 月下스님의 글씨를 받아 '孝寧閣' 현판을 걸게 된 것이다.

'淸權祠'는

1737년(英祖 13) 3월초 敷地를 조성, 4월 23일 上樑을 올리고,

1743년 4월 27일 咸昌祠堂으로부터 祝板을 移安하였다.

1789년(正祖 13) 12월 29일 '淸權'이라는 祠號로 賜額되고,

1873년(高宗 10) 懸板의 이그러진 부분을 補塡하였다.

대군 13세 때의 글씨

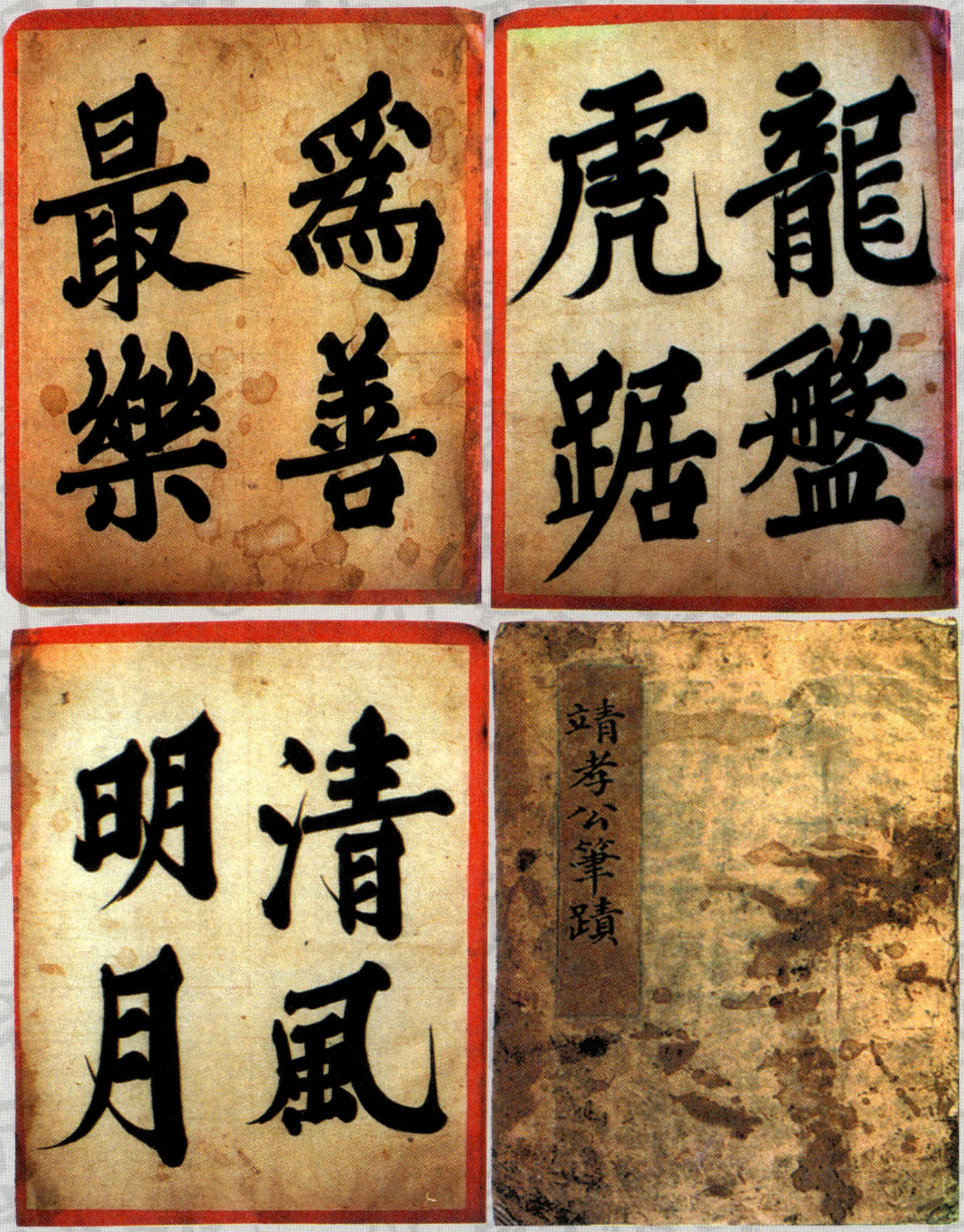

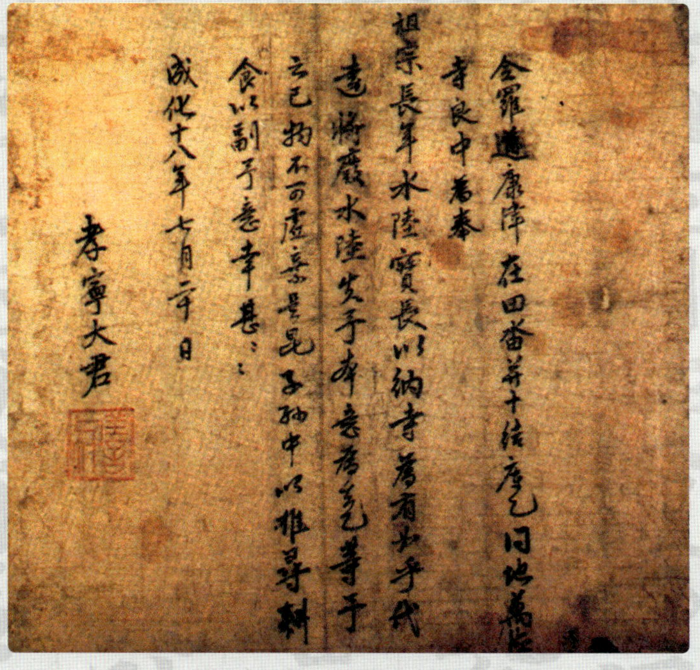

萬德寺(현 白蓮寺)의 水陸齋을 위해 施主한 문서
(成宗 13년, 1482)

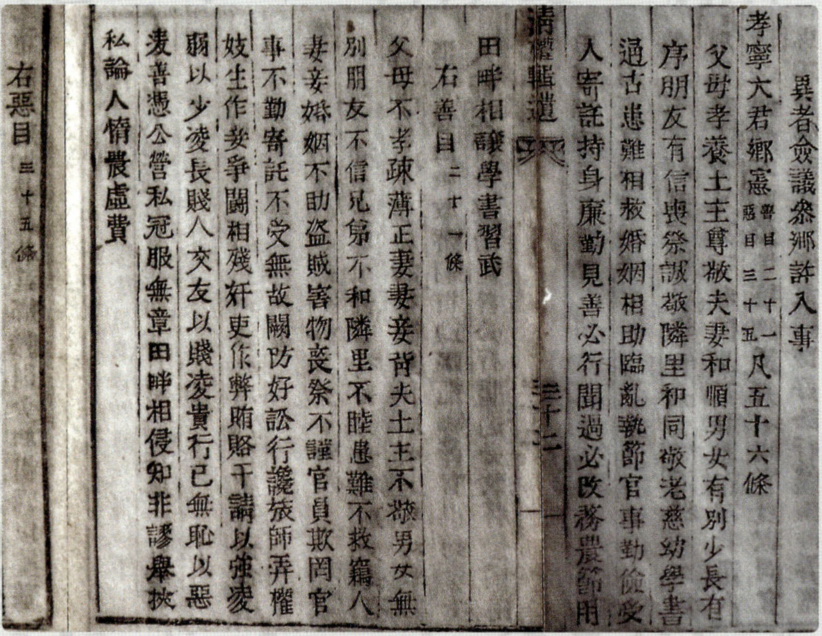

異者僉議叅鄕許入事
孝寧大君鄕憲 善目二十一 惡目三十五 凡五十六條
父母孝養土主尊敬夫妻和順男女有別少長有
序朋友有信喪祭誠敬隣里和同敬老慈幼學書
過古患難相救婚姻相助臨亂死節官事勤從受
人寄託持身廉勤見善必行聞過必改務農節用
淸權輯遺 三十二
田畔相讓學書習武
右善目二十一條
父母不孝疎薄正妻妻妾背夫土主不敬男女無
別朋友不信兄弟不和隣里不睦患難不救竊人
妻妾婚姻不助盜賊害物喪祭不謹官員欺罔官
事不勤寄託不受無故闕防好訟行讒族師弄權
妓生作妾爭鬪相殘奸吏作弊賄賂干請以强凌
弱以少凌長賤人交友以賤凌貴行己無恥以惡
凌善憑公營私冠服無章田畔相侵知非謬擧挾
私論人情農虛費
右惡目三十五條

효령대군이 제정한 '鄕憲'
(善目21조 惡目35조, 합계 56조로 되어 있다. 睿宗 원년, 1469)

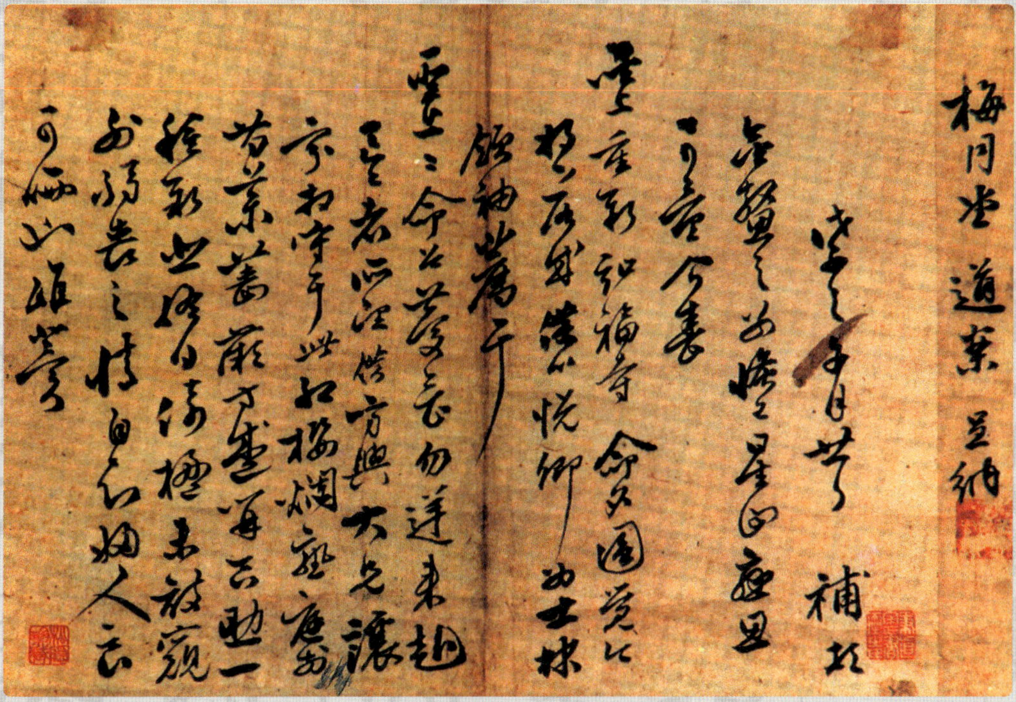

梅月堂 金時習에게 보낸 '편지'
(世祖 14년, 1468)

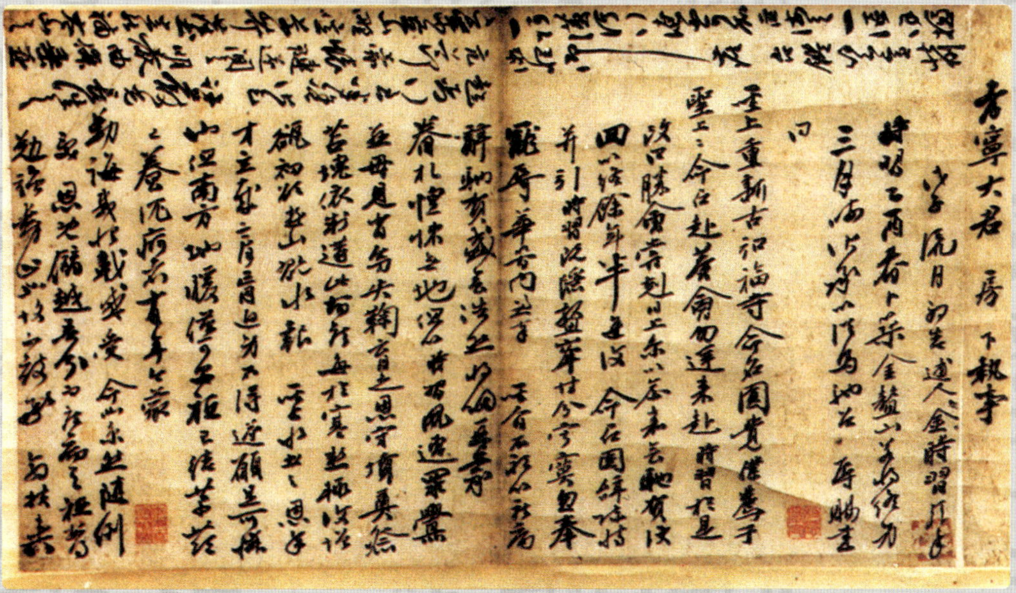

위 편지에 대한 梅月堂의 '答書'
(世祖 14년, 海印寺 소장)

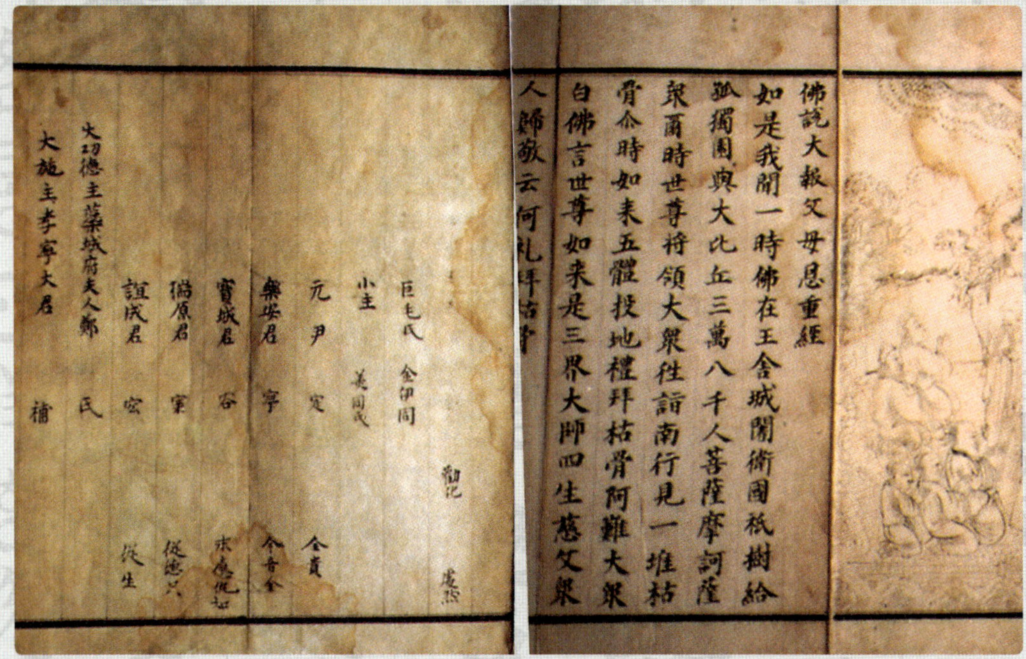
佛說大報父母恩重經
如是我聞一時佛在王舍城闍衛國祇樹給
孤獨園與大比丘三萬八千人菩薩摩訶薩
衆爾時世尊將領大衆往詣南行見一堆枯
骨爾時如來五體投地禮拜枯骨阿難大衆
白佛言世尊如來是三界大師四生慈父衆
人歸敬云何礼拜枯骨

大功德主藥城府夫人鄭氏
大施主孝寧大君 補

大君이 寫經한 父母恩重經/長壽胎骨經
(世宗 20년, 1438; 天安 廣德寺 소장)

檜巖寺址 출토 '孝寧大君' 銘文 기와
(世宗 16년, 1434; 2000. 4. 24. 발굴)

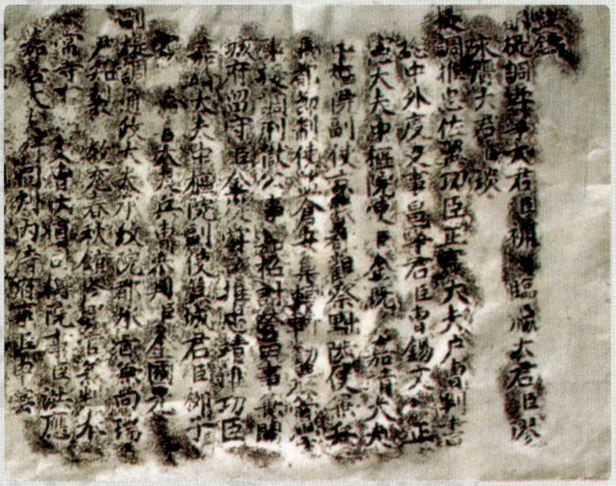
興天寺 梵鐘(탁본)
(德壽宮안 光明門 소재, 世祖 8년, 1462)
'監鑄 都提調 孝寧大君 臣 補'라고 새겨져 있다

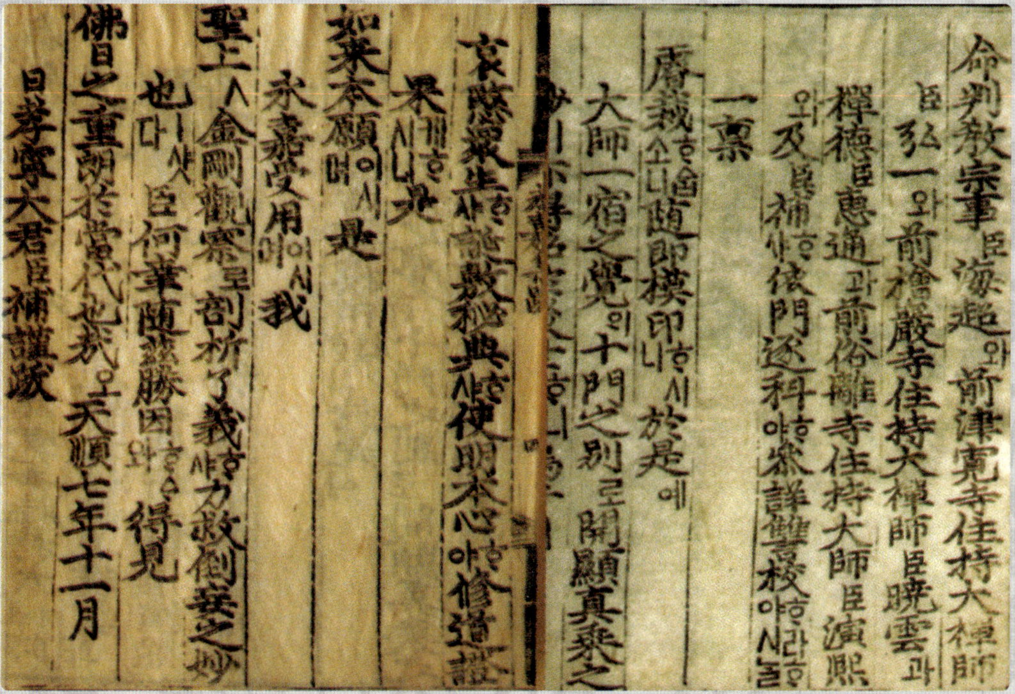

『禪宗永嘉集』, 大君의 跋文
(諺解本, 世祖 10년, 1464)

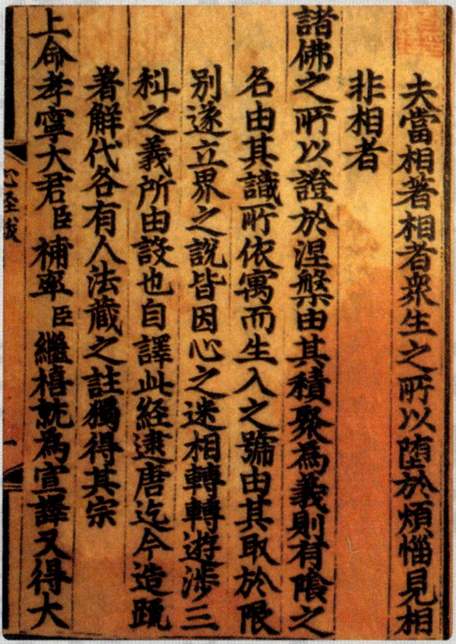

夫當相著相者衆生之所以墮於煩惱見相
非相者
諸佛之所以證於涅槃由其積聚爲義則有陰之
名由其識所依寓而生入之號由其取於限
別遂立界之說皆因心之迷相轉轉遊涉三
科之義所由設也自譯此經遠唐迄今造疏
者解代各有人法藏之註獨得其宗
上命孝寧大君臣補臣繼禧就爲宣譯又得大

金剛般若波羅密經
(大君의 諺解 讎校本, 世祖 10년, 1464)

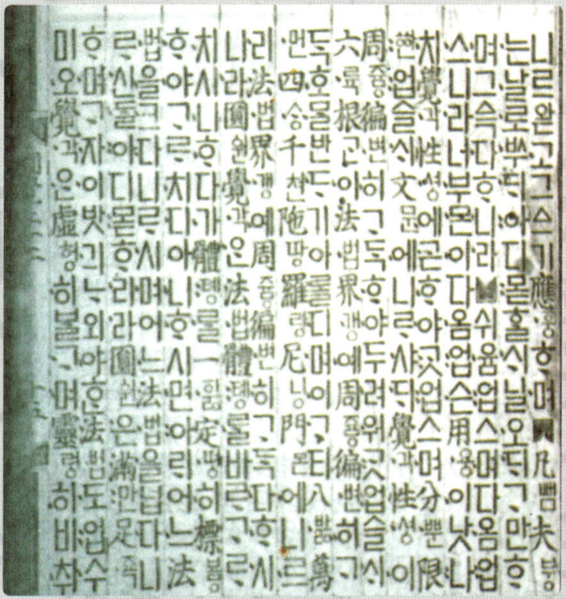

圓覺經
(大君의 諺解本, 世祖 11년, 1465)

孝寧大君의 '사인'

대군의 願刹이던 泰安寺(전남 곡성군 죽곡면 원달 桐裏山) 大君 影堂에 影幀과 함께 보존 되어 왔으나 1879년의 영당 화재로 영정은 소실되고, 施僧文과 完文(숙종 39, 1713, 癸巳년, 宗親府에서 住持에게 내린 文書) 및 바루(大鉢, 下左; 보물 제956호, 지름92cm)는 現傳하는데, 그 시승문에 찍혀 있는 대군의 친필 '사인'이다.

바루(木鉢)
(世宗 29년, 泰安寺 소장, 보물 제956호)

옥잔과 盞臺
(世宗에게 받은 玉杯)

'喜雨亭' 懸板
(世宗 親筆, 世宗 7년, 1425)

실록 효령대군일대기 · 1

정효공(靖孝公) 이보(李補)의 생애와 행적

이완재 지음

한양대학교 출판부

| 출간에 부쳐 |

그동안 待望했던 孝寧大君의 一代記가 중진 국사학자 李完宰교수의 연구에 의해 『실록 효령대군일대기』(3책)로서 마침내 완결, 上梓되었다. 李교수는 韓國의 近世·近代史에서 많은 연구 업적을 쌓아 온 터이기 때문에 이번 저술에 대한 기대는 자못 큰 바가 있었다.

孝寧大君의 行蹟과 思想 등에 대해서는 그간 단편적으로 발굴되거나 소개되어 오기는 하였으나, 종합적 심층적으로 집대성되기는 이번 이교수의 著書가 처음이라 할 것이다. 저자 자신도 천명하고 있듯이 이 저서는 評傳的이라기보다는 實錄的인 성격이 더 짙은 저술로서, 높은 객관성을 지닌 勞作이라 하겠다. 그리고 실인즉 저자 자신이 효령대군의 제19대 손으로서 자칫하면 부지불식간에 아전인수격 서술이 되지나 않을까 하는 염려도 있었지만, 이교수의 학문적 양식과 높은 실증성·객관성이 이를 훌륭하게 극복해 주었다.

과거의 인물에 대한 정리 내지 평가에 있어서는 과연 역사적 인물일 수 있느냐의 여부에 대한 판단과, 인물 평가를 위한 접근에서 원용해야 할 자료의 객관성 및 신빙성, 그리고 이를 정리하는 데 있어서의 학문적 안목 등은 타당한 성과를 얻기 위해서 매우 중요한 요인이 될 것이었다. 나아가 역사상의 인물이 時·空間을 초월해서 진정 역사적 인물로서 평가받기 위해서는 역사를 통한 이념 및 가치관의 변화, 그리고 문화와 사회적 변동에 따른 평가 기준의 변화를 감내해 내어 꾸준이 생명력을 유지할 때 비로소 가능할 것이라 생각된다.

효령대군의 경우 여러 모로 이를 충족시켜 줄 수 있는 보기 드문 인물 중의 한 분으로 평가받고 있는 것 아닐까 생각되는데, 이 책은 한국사 전공인 저자가 역사학적 연구방법을 통해 사료적 가치가 높은 '朝鮮王朝實錄' 자료를 중심으로, 이에 근거하여 객관적 실증적으로 서술한 하나의 학술연구서라고 하겠으며, 무엇보다도 그간 많은 연구 업적을 쌓아온 이교수의 높은 학문적 안목과 양식에 의해서 이 저서가 이뤄졌다는 점에서 크게 안도되기도 한다.

이러한 여러 가지 측면에서 볼 때 이 저서가 학계에 기여하는 바 크다고 하겠지만, 나아가 孝寧大君 傳記의 정통성을 지닐 수 있는 力著로서도 평가하고 싶다. 한편 浩瀚한 史料를 수집 인용하고, 풍부한 脚註와 참고 자료를 붙임으로써 사료적 가치가 풍부한 저술이 되게 하여, 이 분야의 연구자나 관심 있는 인사들에게도 좋은 길잡이가 될 것으로 생각한다.

2016년 9월 18일

이현재 근지(謹識)

(서울대 명예교수 · 전 총장)

| 추천의 말씀 |

孝寧大君 靖孝公께서 91세를 壽하셨음은 다 아는 사실이지만, 그 분의 생애는 남다른 세 가지 특이한 점을 지니셨다고 생각되니, 부친과 아우 모두가 帝王이셨다는 점이 그 첫째요, 근 1세기 간의 생평 동안 아홉 임금을 섬기셨음이 그 둘째요, 抑佛崇儒的 통치이념 속에서 儒學을 깊이 공부하셨으되 佛敎의 필요성을 강조하시고 儒·佛이 조화된 사회를 적극 꾀하셨다는 점이 그 셋째이다. 권세와 영화를 한껏 누릴 수 있는 최상의 지위에서, 文武를 겸전하시고 고희를 넘기신 연세에 전국의 사찰을 순회할 만큼 장수하시면서, 유학의 학식을 바탕으로 불교의 심오한 哲理를 이해하고 실천하셨다는 말이니, 요컨대 대군할아버지의 생애는 한 마디로 '높고 길고 넓다'는 말로 표현함이 가장 적절할 것이었다.

그럼에도 불구하고 大君할아버지의 生涯와 思想에 대해 살펴볼 만한 문헌이나 자료는 많이 남아 있지 못하다. 긴 세월 동안 업적은 많으셨건만, 문헌 자료가 부족하니 그 분의 偉德과 사상은 물론 생애조차도 소상히 알기가 어려운 실정이다. 그나마 지금까지 거의 유일하게 『淸權輯遺』가 남아 있어 대군의 생애와 행적에 대해 이해되고 있지만, 대군께서 서거하신지 250여 년 지난 肅·英연간에 瓶窩公(10세손)께서 대군의 遺事를 여러 문헌에서 뽑아 모은 것에 기초하여 또다시 1백여 년이 지난 1844년(憲宗 10)에 敎宇公

께서 증보 편집한 것이 『청권집유』이고, 그 후 1974년에 薰儀 종현은 이를 국역하였으며, 91년에는 康秀·定宰·錫宰 등 종현이 다시 새 자료를 보태는 등 청권사의 주도로 『청권집유』 續5까지 출간되긴 했지만 그러나 아직도 대군에 대한 자료가 소략한 상태에 머물고 있는 것이 사실이다.

그러던 차 마침 이번에 한양대학교 사학과의 교수로 재직하고 있는 完宰 종현의 노력으로 『실록 효령대군일대기』(3책)가 저술되어 세상에 나오게 되었다. 한국사를 전공하면서 평소에 실록 자료를 자주 접하는 李교수가 역사학적 연구방법으로 王朝實錄과 기타 문헌에 산재해 있는 사료를 수집하여 정리 저술한 것이므로 客觀性이 인정되는 勞作이라고 짐작된다. 특히 실록의 기사 등을 일일이 脚註로 제시하여 사실 근거를 밝혔으므로 여늬 역사소설이나 픽션물 등과는 달리 실증적인 데 치중한 바, 이는 본서가 지닌 강점이라 하겠다.

大君의 事績을 발굴하여 조사 정리하고, 그것을 보존 보급하는 일이 바로 우리 淸權祠의 설립 趣旨일 뿐 아니라, 대군의 行蹟과 偉德을 기리고 顯彰하며 대군에 가까이 다가가기 위해 노력하는 것이 崇祖의 길이라고 생각하는 바, 이번 이교수의 본 저서야말로 그 길잡이 역할 하기에 적합하다고 생각되어 종현 여러분 앞에 감히 추천하는 바이다.

2016년 10월 9일

李秀洪

(淸權祠 전 이사장)

| 저자 서문 |

이 책은 효령대군(孝寧大君)의 위덕(偉德)과 사상(思想)의 이해를 돕기 위한 선행적 연구서로서 그 생애(生涯)와 행적(行蹟)을 종합적이고도 심층적으로 밝혀 정리하는 것을 목적으로, 조선왕조실록(朝鮮王朝實錄) 중 '대군 행적(行績)에 관계되는 기사(記事)' 642여 건(件)을 찾아내 이에 근거하여 서술(敍述) 편찬(編纂)한 『실록 효령대군일대기』(3책)이다.

효령대군께서는 조선(朝鮮)왕조의 제3대 태종(太宗)대왕의 둘째 왕자로서 충녕대군(忠寧大君) 곧 세종(世宗)의 형님이시니, 부친과 아우가 제왕(帝王)이었다. 천자(天姿)가 총명(聰明)하고 영특하여 어려서부터 책읽기를 좋아하셨다고 전해 오는데, 91세를 수(壽)하시는 동안 조부이신 태조고황제로부터 성종(成宗)에 이르기까지 태조·정종·태종·세종·문종·단종·세조·예종·성종의 아홉 조정을 섬기셨으니, 건국 초기로부터 국가 체제가 정비(整備) 안정(安定)되는 시기까지 역사의 중심에서 천사만업(千事萬業)을 스스로 체험하셨을 뿐 아니라, 억불숭유적(抑佛崇儒的) 통치 이념에 입각한 왕권확립기(王權確立期)에 유(儒)·불(佛)의 조화(調和)를 꾀하시면서 독보적으로 불교(佛敎)를 옹호(擁護)함으로써 이후 한국 불교의 명맥 유지와 발전에도 지대한 공헌을 하시어 학문적(學問的)으로나 문화적(文化的)으로 괄목할 업적을 남기시었다. 따라서 대군의 위덕과 사상에 대한 이해는 단순히 특정한 조상 한 분의 사적(事蹟)을 찾아 본다는 차원이 아니라 대군에 대한 연구는 조선 전기 한국의 정치 사회 문화 학술 종교와도 폭넓게 연관되는 과제라고 하겠다.

대군의 위덕(偉德)과 사상 및 유훈(遺勳)의 실체는 학술적 연구 방법을 통해서 밝혀질 수 있을 것이지만, 이는 그 분이 어떠한 역사적 환경과 전개 과정 속에서, 어떻게 대응하며 역할하였는가에 대한 이해가 우선되어야 할 것이다. 14세기말의 역사적 격동기(激動期)부터 15세기말의 왕권안정기에 이르는 1세기간의 역사 흐름 속에서 그 삶의 궤적(軌跡)을 따라, 대군의 생평과 직·간접으로 관계되는 사실(史實)들과 그 주변 환경속에서의 행적을 추적할 수 있는 제반 자료들을 수집 분석하고 이를 종합적으로 평가해야 할 것이었다.

그간 대군의 생애와 행적에 대해 밝혀진 부분이 전무한 것은 아니었지만, 아직은 대체로 단편적(斷片的)이고 소략(疏略)한 실정이며, 대군 서거(逝去) 후 350여 년이 경과되어 비로소 정리된 『청권집유』(淸權輯遺)의 수준을 아직은 뛰어넘지 못하고 있는 것이 사실이다. 대군께서 끼치신 음덕(蔭德)과 유훈(遺勳)을 받들고 또 이에 보답하는 뜻에서 그 위덕을 기리고 현창(顯彰)하는 것이 대군 후손들의 도리이고, 한편, 대군의 사적(事蹟)을 발굴·조사·정리하고 이를 보존·보급하는 일이 곧 청권사(淸權祠)의 설립 취지(趣旨)라는데 상도(想到)하면, 너무 때늦은 작업이라 생각되지만 그간 종현 여러분으로부터의 격려속에 용기를 내어 감히 먼저 시작해 보는 작업이매, 총총한 대군의 예손(裔孫) 여러분의 아낌없는 질정(叱正)을 바랄 뿐이다.

끝으로, 이 책이 나오기까지 격려와 지원을 아끼지 않으신 청권사 여러 종현님들께 감사하고, 특히 공사다망하신 중에도 원고를 미리 정독하시면서 분에 넘치는 과찬의 서문(序文)을 써주신 전서울대총장 현재(賢宰)명예교수님과 추천사(推薦辭)를 써주신 이수홍(李秀洪) 청권사 전이사장님, 그리고 여러 가지 자료와 도움말을 주신 수택(秀澤)·강령(康靈) 종현님, 또한 오래전부터 많은 격려 말씀과 응원을 해주신 진규(臻揆 木浦)·용재(瑢宰 光州)·수길(秀吉 釜山)님 등 청권사 전문화위원(前文化委員) 여러분께 깊은 감사의 마음을 전하고 싶다.

2016년 12월 11일

華陽亭 옛터의 서실에서 저자 삼가

| 차례 |

출간에 부쳐 — 10

추천의 말씀 — 12

저자 서문 — 14

효령대군 1～18세

1 출생과 유소년 시절 — 19
出生 幼少年

효령대군 18～23세

2 폐세자된 형, 등극한 아우 — 61
廢世子 兄 登極

효령대군 23～25세

3 '심온의 옥사'와 대군의 불심 · 「자설」 — 103
沈溫 獄事 大君 佛心 字說

효령대군 25세, 7～9월

4 모후 원경왕후의 승하와 헌릉 — 125
母后 元敬王后 昇遐 獻陵

효령대군 25세, 10월～28세, 3월

5 부왕 태상왕의 훙서와 산릉도감 — 143
父王 太上王 薨逝 山陵都監

효령대군 28세, 4월～29세, 7월

6 왕세자 책봉과 양전의 부묘 — 181
王世子 冊封 兩殿 祔廟

효령대군 29세, 8월~30세, 12월

7 빙장 정역의 별세와 '희우정'시대 211
聘丈 鄭易 別世 喜雨亭

효령대군 31세, 1월~35세, 9월

8 강무 행사와 서원군의 사은사행 233
講武 行事 瑞原君 謝恩使行

효령대군 35세, 9월~37세, 12월

9 '예성부부인'의 작호와 한강 수륙재 255
蘂城府夫人 爵號 漢江 水陸齋

권말 부록 1 – 논문

효령대군의 탄생 시기[연월일]에 대하여 271
孝寧大君 誕生 年月日

권말 부록 2 – 논문

「세종대왕[이도]의 '탄생 년'에 대하여」 285
世宗大王 李祹 誕生 年

저자의 발문 294

참고 문헌 304

저자 소개 310

[illegible]

[illegible]적이 名명言언 [illegible]고 앎스시니

覺路ᄂᆞᆫ 則解脫이 返流ㅣ라 位當遠涉ᄒᆞ며 시 因이

窮ᄒᆞ야 趣果ㅣ라 義說違發이니 시라 蹤跡ᄂᆞᆫ 則聖行이

已立ᄒᆞ샤 不藉名言이니 시 止觀애 云ᄒᆞ샤ᄃᆡ 自證[illegible]

은 不可說이시니라 ᄒᆞ라 蹤跡은 行이오 解ᄂᆞᆫ 泯也ㅣ라 [illegible]

[illegible]四句ᄂᆞᆫ 說有多途ᄒᆞ니 學者ㅣ 審而詳之니 [illegible]

각 路로ᄂᆞᆫ 解ᄒᆡᆼ 脫탈이 흘루메 두르혀신 이 [illegible]

位위ㅣ ᄂᆞᆫ 매 當당ᄒᆞ시며 因인이 다 [illegible]

1

出生과 幼少年 시절

효령대군 1 ~ 18세

효령대군(孝寧大君) 정효공(靖孝公)께서 탄생(誕生)하신 때는, **태조**(太祖) **병자**(丙子, 太祖 5, 明 洪武 29, 西紀 1396년)년 **12월 11일**(乙未),[1] 조부(祖父)이신 태조(太祖) 고황제(高皇帝)께서 나라를 개창(開創)하신지 5년째 되던 해였다. 그로부터 91세를 수(壽)하시고 성종(成宗) 17(丙午, 1486)년 **5월 11일**(乙卯)에 서거(逝去)하셨으니,[2] 태조(太祖, 大君1歲~3歲) · 정종(定宗, 대군4~5세) · 태종(太宗, 6~23세) · 세종(世宗, 24~55세) · 문종(文宗, 56~57세) · 단종(端宗, 58~60세) · 세조(世祖, 61~73세) · 예종(睿宗, 74세) · 성종(成宗, 75~91세)의 아홉 조정(朝廷)과 생애(生涯)를 함께하신 것이다. 태종대왕(太宗大王)의 둘째 아들로 어머니는 원경왕후(元敬王后) 민씨(閔氏)인데, '천자(天姿)가 총명하고 영특하

---

1 『세조실록』 권44, 世祖 13(丁亥, 1467)년 12월 11일(癸卯)條, "癸卯雨, 上將幸孝寧大君第, 設生日宴, 以雨停之"라 하였고, 동 12일(甲辰)條에는 "임금이 中宮과 더불어 宣政殿에서 孝寧大君 李補와 夫人을 모시고 위로하는 잔치를 베푸니, 王世子와 鄭麟趾 · 申叔舟 · 具致寬 등 원로 대신, 領議政 崔恒 등 官僚 · 承旨들이 侍宴하였다"고 하였음. 그간 大君의 出生 時期에 대해 生月日은 不明인채 다만, '己卯式年宗親加現錄'(仁祖 17) · '舊庚子譜'(正祖 4) 등에 '丙子生'라고 전해왔음. 大君의 出生 時期는 본 1권의 권말 부록 1 · 2 논문을 참조.

2 『성종실록』 권191, 성종 17년 5월 11일(乙卯) '卒記' 참조. 『성종실록』 鼎足山本에는 '乙未'로, 『舊庚子譜』에는 '丁丑'으로 각각 잘못 기재되어 있는데 '乙卯'가 옳음.

여 어려서부터 책 읽기를 좋아하였다'고 실록(實錄)은 전한다. 아우 세종대왕(世宗大王)이 "대군께서는 품성(稟性)이 온인(溫仁:溫厚仁慈)하셨다"[3] 고 한 것을 보면 성품이 온화(溫和)하고 인자(仁慈)하였던 것 같다.[4]

자(字)를 선숙(善叔), 초휘(初諱)는 호(祜)라고 하였는데, 19세이던 태종 14년 초에 보(補)라고 고쳤다.[5] 어려서는 자(字)를 '효련'(孝蓮)이라고 하였다. 12세 때인 태종 7년(丁亥, 1407) 10월 3일 효령군(孝寧君)에 봉해졌고,[6] 5년 후인 태종 12년 5월 초3일 대군(大君)에 진봉(進封)되었으며,[7] 22세이던 태종 17년 9월 12일에 두 아우 충녕(忠寧)·성녕(誠寧)과 함께 대광보국(大匡輔國)에 올랐다.[8] 세종 12년 12월 초3일에는 형(兄) 양녕대군(讓寧大君) 제(禔), 진평대군(晋平大君;首陽大君) 유(瑈), 안평대군(安平大君) 용(瑢)과 함께 정일품(正一品)에 배수되니, 임금의 친자(親子) 친형제로서 정일품에 임명되어 산관(散官)에 쓰이지 않은 것은 이것이 처음이었다.[9]

이보(李補)[10]가 태어난 시기는 건국(建國) 초창기(草創期)로서 한국 역사상 일대 정치사회적 격변기이었다. 고려(高麗) 공민왕대(恭愍王代) 이후 등장한 신흥사대부(新興士大夫) 세력에 의해 추대된 신흥 무장(武將) 이성계(李成桂)[11]는 14세기 중엽 이후 특히 창궐하던 왜구(倭寇)를 도처에서 토멸하여 농민적 지지가 한껏 높아진 데다 위화도회군(威

---

3 『세종실록』 권33, 세종 8년 8월 戊寅(17일), "上曰 大君 稟性 溫仁"

4 尹拯의 『明齋集』에, '세종대에는 大君에 대한 예우가 더욱 非常하였으나, 효령대군은 처신하시기를 더욱 삼가시어 효도하며 우애하고 공손 겸손하신 것이 宗族의 모범이 되셨다'고 하였다.(『청권집유』 '大君遺事').

5 『태종실록』 권27, 태종 14년 정월 戊子(13일), "改孝寧大君 名祜爲補"라 하였으나, 『태종실록』 권17, 태종 9년 5월 庚寅(19일)조에, "召世子 禔, 孝寧君 補, 忠寧君(今上 諱;祹), 小子 褈 諭以和睦之義"라 한 것을 보면 대군 14세 무렵에 이미 '補'라고 改名하였던 것 같다.

6 『태종실록』 권14, 태종 7년 10월 癸未(3일), "封第二子 祜爲孝寧君"

7 『태종실록』 권23, 태종 12년 5월 丙戌(3일), "進封孝寧君 忠寧君爲大君"

8 『태종실록』 권34, 태종 17년 9월 甲子(12일), "以孝寧大君 補 忠寧大君(今上諱;祹) 誠寧大君褈 皆爲大匡輔國."

9 『세종실록』 권50, 세종 12년 12월 己巳(3일), "以禔爲讓寧大君 補孝寧大君 瑈晋平大君 瑢安平大君 親子親兄弟 拜正一品 不用散官 自此始"

10 효령대군의 '諱'자에 대하여는, 2권의 권말 부록 1·2 논문을 참조.

11 태조 7년 2월, 潛龍 때의 軒號를 따라 '松軒'이라 號하였다.(『태조실록』 권13, 태조 7년 2월 4일).

化島回軍)으로서 실권을 장악한 후 사대부(士大夫) 개혁파(改革派) 세력이 추진한 전제개혁운동(田制改革運動)을 통하여 경제적 기반을 구축, 드디어 정치적 개혁인 건국(建國)까지 이룩한 것이었다. 신왕조의 창업(創業)을 이루매 여기에 발맞춰서 정치기구를 개편하고 제도를 개선하는 한편 대외적으로는 친명책(親明策)을 표방하였다. 조선(朝鮮)은 태종(太宗) 2년 10월부터는 다시 명(明)의 연호(年號) '홍무'(洪武)를 쓰기로 하고, 당년을 '홍무 35년'이라 하였다.[12]

한편 신왕조의 기틀이 잡혀가자 면모도 일신할 필요에서 한양(漢陽, 지금의 서울)으로 도읍도 옮기게 되었다. 그리하여 태조 3년 8월, 한양(漢陽) 천도(遷都)를 결정하고 9월에는 신도궁궐조성도감(新都宮闕造成都監)을 설치, 본격적인 공사에 착수하여 이듬해 4년(1395) 6월에는 한양을 한성부(漢城府)로 승격시켰다. 9월에는 경복궁(景福宮)과 종묘(宗廟)가 완공되고, 태조 5년(丙子, 1396) 정월에는 도성(都城) 축조의 역사(役事)가 시작되었다.

새로 건국한 왕조의 새 도읍(都邑)의 성곽(城廓)이니만치 규모도 컸지만 치밀한 공사계획에 따라 추진되었다. 1월 9일에 발표된 도성 축조공사의 계획은 아래와 같았다.

「경상·전라·강원도와 서북면(西北面)의 안주(安州) 이남과 동북면(東北面)의 함주(咸州) 이남의 민정(民丁) 11만8천70여 명을 징발하여 처음으로 도성을 쌓게 하였다. 이미 성터를 측량하여 자호(字號)를 나누어 정하였는데, 백악(白岳)의 동쪽에서 천자(天字)로 시작해서 백악의 서쪽으로 조자(弔字)에서 그치게 하였다. 서쪽의 산 돌재[石嶺]까지 합해서 땅의 척수(尺數)가 무릇 5만9천5백 척(尺)이요, 6백 척마다 한 자호(字號)를 붙였으니, 모두 97자(字)이며, 한 글자마다 6호(號)로 나누고, 두 자(字)마다 감역(監役)을 두고, 판사(判事)·부판사(副判事)는 각 1원(員)을 두며, 사(使)·부사(副使)·판관(判官)은 12원을 두었다. 각 도 주군(州郡)의 민호(民戶)의 많고 적음을 헤아려, 『千字文』의 천자('天'字)로부터 일자('日'字)까지는 동북면(東北面)이, 월자('月'字)에서 한자('寒'字)까지는 강원도(江原道)가, 내자('來'字)

12 『태종실록』 권4, 태종 2년 10월 癸亥(13일).

에서 진자('珍'字)까지는 경상도가, 이자('李'字)에서 룡자('龍'字)까지는 전라도가, 사자('師'字)에서 조자('弔'字)까지는 서북면(西北面)이 맡게 하였다. 그리고 역사(役事)를 감독하는 사람이 낮이나 밤을 가리지 않고 시키니, 임금이 날씨가 심히 춥다고 하여 밤의 역사는 못하게 하였다.」[13]

그리고 4월에는 한성부(漢城府)에 지시하여 5부(部) 총 52방(坊)의 방명표(坊名標)를 세우게 하였는데, 한양(漢陽)을 도읍으로 정하고 처음으로 구획된 한성부(漢城府)의 52방(坊)은 다음과 같다.

동부(東部) 12방(坊); 창선(彰善)·연희(燕喜)·숭교(崇教)·천달(泉達)·건덕(建德)·연화(蓮花)·덕성(德成)·서운(瑞雲)·숭신(崇信)·인창(仁昌)·관덕(觀德)·흥성(興盛)

남부(南部) 11방(坊); 광통(廣通)·태평(太平)·호현(好賢)·명례(明禮)·훈도(熏陶)·성명(誠明)·낙선(樂善)·정심(貞心)·명철(明哲)·성신(誠身)·예성(禮成)

서부(西部) 11방(坊); 적선(積善)·반송(盤松)·영견(永堅)·인달(仁達)·여경(餘慶)·인지(仁智)·황화(皇華)·취현(聚賢)·양생(養生)·신화(神化)·반석(盤石)

북부(北部) 10방(坊); 가회(嘉會)·안국(安國)·광화(廣化)·양덕(陽德)·관광(觀光)·진정(鎭定)·순화(順化)·명통(明通)·준수(俊秀)·의통(義通)

중부(中部) 8방(坊); 정선(貞善)·서린(瑞麟)·경행(慶幸)·관인(寬仁)·수진(壽進)·징청(澄清)·장통(長通)·견평(堅平)

등이었다.[14]

이와 같이 새 왕조 초창기(草創期), 신도(新都) 건설의 공역(工役)이 한창인 그 해 8월에는 태조의 후비(后妃) 현비 강씨(顯妃 康氏)가 승하하였다. 임금이 통곡하며 슬퍼하기

---

13 『태조실록』 권9, 태조 5년 1월 戊辰(9일).

14 『태조실록』 권9, 태조 5년 4월 丙午(19일).

를 마지 아니하였고, 조회(朝會)와 저자[市]를 10일간 정지하였다.[15] 이튿날, 빈소(殯所)를 구궁(舊宮)으로 옮겨, 세자(世子;芳碩)와 백관들이 마질(麻絰)을 띠고 발상(發喪), 소렴(小殮)한 후 상장(喪葬)을 치루기 위해 4도감(都監)·13소(所)를 설치하였다. 새 왕조 개창 후 처음 겪는 국장(國葬)이매 한 가지도 소홀할 수가 없었다. 15일에는 임금이 백의(白衣)·백관(白冠)으로 안암동에 나가 능터를 물색했으나 이튿날 파보니 물이 솟아 중지하고, 23일에 다시 서부(西部) 취현방(聚賢坊)에 거둥하여 능지(陵地;현 德壽宮앞의 舊 貞陵자리)를 보아 결정하였다.

신도시(新都市) 건설도 서두르랴, 국장(國葬)도 장엄하게 치루랴, 대군(大君)의 조부(祖父)이신 태조 임금은 너무도 바쁠 수밖에 없었다. 9월 9일 당일은 임금이 도성의 역사(役事) 현장을 시찰하고 감독관에게 술을 내려주는가 하면, 능역(陵役)의 역사 현장도 둘러보아야 했다.[16] 그런 중에 15일에는 임금이 의장(儀仗)을 갖추어 경복궁(景福宮)으로 옮기고, 24일경에는 도성 쌓는 일이 일단 끝나자 인부(人夫)들을 돌려 보냈다.

그리고 도성 각문(各門)의 월단(月團) 누각(樓閣)을 지으니, 정북(正北)은 숙정문(肅靖門)이니 속칭은 북문(北門), 동북(東北)은 홍화문(弘化門)이니 속칭 동소문(東小門)이라 하고, 정동(正東)은 흥인지문(興仁之門)이니 속칭 동대문(東大門), 동남(東南)은 광희문(光熙門)이니 속칭 수구문(水口門), 정남(正南)은 숭례문(崇禮門)이니 속칭 남대문(南大門), 남서(南西)는 소의문(昭義[혹德]門)이니 속칭 서소문(西小門), 정서(正西)는 돈의문(敦義門)이니 속칭 서대문(西大門), 서북(西北)은 창의문(彰義門)이니 속칭 북소문(北小門)이라 하였다.[17]

9월 28일에는 봉상시(奉常寺)에서 현비(顯妃)의 존호를 신덕왕후(神德王后), 능호(陵號)는 '정릉'(貞陵)이라고 의논해서 올렸다. 한편 10월 11일이 임금의 탄일(誕日)이기 때문에 중[僧] 108명을 궁정(宮庭)에서 밥 먹이고 '금강경'(金剛經)을 읽게 하였다. 그리고 중외

---

15 『태조실록』 권10, 태조 5년 8월 戊戌(13일).

16 『태조실록』 권10, 태조 5년 9월 甲子(9일).

17 『태조실록』 권10, 태조 5년 9월 己卯(24일).

(中外)의 이죄(二罪) 이하의 죄수는 모두 석방하고, 우현보(禹玄寶)와 이전(李專) 등에게서 적몰(籍沒)했던 가산(家産)을 모두 돌려주었다.[18] **효령대군(孝寧大君)은 그 해 12월, 개경(開京)의 '정안군 궁'(靖安君 宮)에서 탄생(誕生)하신 것이다.**

신덕왕후(神德王后)의 장례(葬禮) 절차를 아직 끝맺지 못한 상황에서 해는 바뀌어, 정축(丁丑, 1397)년 새해가 밝았다. 초하룻날은 눈비가 내려, 임금은 백관을 거느리고 제정(帝正)만 하례하고 조하(朝賀)는 받지 않았다. 백관들은 신덕왕후의 빈전(殯殿)에 요전(澆奠)을 드렸다. 초3일 현비(顯妃)를 한성(漢城) 취현방(聚賢坊) 북녘 언덕에 장례지내고 정릉(貞陵;지금의 德壽宮 옆 貞洞자리)이라 이름하였다.[19] 종친과 백관들이 조복(朝服)으로 갖추고 인안전(仁安殿)으로 반혼(返魂)한 후 백의(白衣)와 흑대(黑帶)로 정무를 보았다.[20] 1월 27일에는 임금이 동대문(東大門)에 거둥하여 옹성(甕城) 쌓을 자리를 살폈다. 또한 2월 19일에는 정릉에 거둥하여 흥천사(興天寺)의 역사(役事)를 살폈다.

7월 22일에는 경기(京畿)의 백성을 징발하여 왕사(王師) 자초(自超;일명 無學)의 부도(浮屠)를 회암사(檜巖寺) 북쪽 언덕에 미리 만들게 하였다. 연말이 다 된 12월 26일에는 도당(都堂)에서 검상조례사(檢詳條例司)로 하여금 무진(戊辰, 1388)년 이후 합당하게 시행된 규정을 모아 조례집 『경제육전(經濟六典)』을 간행, 처음으로 중외(中外)에 반포하였다.

무인(戊寅, 1398)년 새해가 밝았다. 태조 즉위 7년째에 효령대군(孝寧大君)의 나이 3세가 되었는데, 이 해 **4월 10일에는 셋째 충녕대군(忠寧大君) 이도(李祹)가 한성부(漢城府) 북부(北部) 준수방(俊秀坊)에서 탄생하였다.**[21] 2월 8일에는 도성의 남대문(南大門;崇

18 『태조실록』 권10, 태조 5년 10월 乙未(11일).

19 그뒤 태종 8년 태상왕의 死後, 貞陵을 헐어 동소문 밖(지금의 貞陵)으로 옮기고, 石物은 開川의 廣通橋 築造에 사용되었다.

20 『태조실록』 권11, 태조 6년 1월 丙辰(3일).

21 세종 13년 8월에 세종 자신이 **"내 나이가 33세인데…"** 하고(『세종실록』 권53, 세종 13년 8월 18일, 庚戌), 또 동 19년 3월, **"내가 겨우 40이니, 옛사람이 말하는 바 道明·德立의 나이"**(『세종실록』 권76, 세종 19년 3월 27일, 丁巳)라고 말한 것을 보면, 세종의 出生年은 태조 7(戊寅, 1398)년이 옳다고 하겠다. 1권 뒤의 권말 부록 1·2 논문을 참조.

禮門)도 완성되었으므로 임금이 직접 가서 보기도 했지만,[22] 이로써 새로운 수도로서의 면모가 어느 정도 갖춰지게 되었다. 5월 1일에는 임금이 흥천사(興天寺)에 가서 사리전(舍利殿) 3층을 절 북쪽에 건축하도록 명하고, 각령(各領)의 대장(隊長)과 대부(隊副)로 자원하는 사람 50명을 모집하여 식량을 주어 부역(賦役)에 나오게 하였다.[23] 그런데 이틀 뒤 3일에는 큰 바람이 부는 속에 가회방(嘉會坊) 인가에서 발화한 불로 민가 143채와 요물고(料物庫)가 불타니, 신도시 입주 후에 첫 번째 큰 화재로 기록되게 되매, 임금이 크게 탄식하며 "가뭄이 이미 대단히 심한데 화재 또한 이와같으니 내 죄가 무엇이란 말인가?" 하고, 도당(都堂)에 명하여 불난 집에 띠[茅]를 차등있게 나눠 주도록 하였다.

젊어서부터 불교(佛敎)에 친(親)하셨던 태조(太祖) 임금이신지라 신덕왕후(神德王后)를 위해 흥천사에 3층 사리전(舍利殿)도 세웠지만, 한편 『대장경』(大藏經)을 신도(新都)에 새로 모시기로 하여 5월 10일에는 한양(漢陽) 용산강(龍山江)에 친히 거둥하여 대장경 목판(木板)을 강화(江華)의 선원사(禪源寺)로부터 운반해오는 일을 친히 독려하셨는데, 워낙 방대한 대장경 목판이매 5월 12일에는 지천사(支天寺)까지 운반하는데 대장(隊長)과 대부(隊副) 2천 명이 동원되었다. 따라서 그 운반 행렬 또한 장관(壯觀)이어서 검교 참찬문하부사 유광우(兪光祐)에게 명하여 향로(香爐)를 잡고 따라오게 하고, 오교(五敎)·양종(兩宗)의 승려들에게는 불경(佛經)을 외우며, 의장대(儀仗隊)는 북을 치고 피리를 불면서 앞에서 인도하는 광경은 실로 볼 만한 것이었다.[24] 그리고 22일에는 승려 108명을 모아 재앙을 없애는 법석(法席)을 5일 동안이나 베풀고, 7월 14일에는 우란분재(盂蘭盆齋)[25]를 흥천사에서 베풀었으며, 27일에는 다시 흥천사에 거둥하여 부도탑(浮屠塔)을 구경하셨다. 8월 13일에는 신덕왕후(神德王后)의 대상재(大祥齋)를 흥천사에서 거행하고, 도당(都堂)에서는 흥복사(興福寺)에서 또 별도 행하였다.

---

22 『태조실록』 권13, 태조 7년 2월 乙酉(8일).

23 『태조실록』 권14, 태조 7년 5월 丁未(1일).

24 『태조실록』 권14, 태조 7년 5월 戊午(12일).

25 음력 7월 보름날 祖上의 넋에 供養하고 아울러 부처·중·衆生에게 공양하여 부모의 長養 慈愛의 은혜를 갚기 위해 올리는 齋.

그런데 그 해 8월(25일~26일간)에 세자 방석(芳碩;太祖의 제8남, 神德王后 康氏 所生)과 그를 옹립하려는 정도전(鄭道傳) 일파를 제거시킨 이른바 '무인정사'(戊寅靖社)의 불상사를 겪게 되었다.[26] 세칭 '제1차 왕자의 난'[27]이라 일컫는데, 이 사건에 충격을 받고 대군(大君)의 조부(祖父)이신 태조(太祖)임금께서는 9월 5일에 제2왕자 방과(芳果;定宗)에게 전위(傳位)하시니 '양위(讓位) 교서(敎書)'는 이러하였다.

"왕은 말하노라. 내가 덕(德)이 없는 사람으로 조종(祖宗)의 음덕(蔭德)을 계승하고, 천자(天子)의 존엄을 받들어 국가를 처음 세워 신민(臣民)을 통치한 지가 지금 7년이나 되었는데, 군려(軍旅)에 오래 있음으로 인하여 서리와 이슬을 범하여, 지금에 와서는 나이 많고 병(病)도 발생하여 아침저녁으로 정사(政事)에 부지런하기가 어렵겠으므로, 여러 가지 사무의 많고 번잡한 것을 빠뜨린 것이 많을까 염려된다. 다만 너 왕세자 방과(芳果)는 자신이 적장(嫡長)의 지위에 있어 일찍부터 인덕(仁德)과 효도를 나타냈으며, 또한 개국(開國)의 초기를 당하여 나를 보좌한 일이 많은 것은 온나라 신민들이 모두 이를 알고 있다. 그런 까닭으로 홍무(洪武) 31년 9월 초5일에 종묘(宗廟)에 고하고 왕위에 오르기를 명하니, 너는 전장(典章)을 따라 행하여 군자(君子)를 친근히 하고 소인을 멀리하며, 보고 듣는 것은 자기 한 사람의 편사(偏私)를 없게 하고, 좋아하고 미워하는 것은 나라 사람들의 공론(公論)에 따라 감히 폐기(廢棄)하지도 말며, 감히 혹 태만하지도 말아서 그 지위를 영구히 편안하게 하여 후사(後嗣)를 번성하게 하라. 아아! 너 아버지는 덕이 적은 사람이므로 비록 본받지 못할 것이지만, 선성(先聖)의 도(道)가 간책(簡冊)에 실려 있으니, 새벽에 일어나고 밤늦게 자서 너는 항상 공경할 것이다"[28]

---

26 『태조실록』 권14, 태조 7년 8월 己巳(26일), "奉化伯 鄭道傳·宜城君 南誾·富城君 沈孝生 등이 여러 왕자들을 해치려 꾀하다가 성공치 못하고 刑罰에 복종하여 참형을 당하였다…"

27 '戊寅靖社'의 진실은, 『세종실록』 권82, 세종 20년 9월 25일(丙午)條의 "贊成 申槪의 獻陵 碑文에, '戊寅년 기사의 文句가 사실과 다르다' 고 한 上言"을 참조.

28 『태조실록』 권15, 태조 7년 9월 丁丑(5일).

임금께서 영삼사사(領三司事) 심덕부(沈德符)에게 명하여 태묘(太廟)에 고하게 하고 이어 좌정승과 우정승을 부르니 공복(公服)을 갖추어 입고 들어오매, 임금이 말하기를, "내가 지금 세자(世子)에게 왕위를 전해 주니 경(卿) 등은 힘을 합하여 정치를 도와서 큰 왕업(王業)을 퇴폐(頹廢)시키지 말게 하라" 하고는 이에 전국보(傳國寶)를 그들에게 주고, 다음에는 이문화(李文和)에게 명하여 세자를 모시고 나오게 하였다. 좌정승과 우정승이 전국보를 받들고 앞에서 인도하고 이문화가 세자를 모시고 근정전(勤政殿)에 이르렀다. 세자가 강사포(絳紗袍)와 원유관(遠遊冠)으로 바꾸어 입고 왕위에 올라 백관(百官)들의 하례(賀禮)를 받고 이름을 고쳐 경(曔)이라 하였다. 면복(冕服) 차림으로 백관들을 거느리고 부왕(父王)께 존호(尊號)를 올려 상왕(上王)이라 하고는, 백관들을 거느리고 절하면서 치하(致賀)하였다. 또한 판삼사사(判三司事) 설장수(偰長壽)와 예조전서(禮曹典書) 김을상(金乙祥)을 경사(京師;明京)에 보내어 상주(上奏)하였다.[29]

이틀 뒤 7일에는 신덕왕후의 영정(影幀)을 정릉(貞陵)으로 옮겨 봉안(奉安)케 하였는데, 새 임금이 즉위하니 '무인정사'(戊寅靖社)에 관계된 정사공신(定社功臣)의 등급을 정하는 교지(敎旨)도 곧 내려져, "임금이 우리 전하(殿下;太宗임금을 가리킴)와 더불어 정사공신의 등급을 논하고 도승지 이문화(李文和)에게 명하여 교지를 전하였다"고 하였다. 이에 따라 10월 1일에는 공신도감(功臣都監)에서 정사 공신(定社功臣)의 책록(冊錄)과 등급별 포상(褒賞) 내역이 발표되었다.

그리고 동 10월 9일에는 새 임금이 정사공신 29인을 거느리고 함께 문서를 채택하여 맹약(盟約)하였다. **10월 11일은 상왕의 탄신일(誕辰日)인데**, 태조의 병환이 이 때에 이르러 회복되셨으므로 임금이 여러 종친과 공후(公侯)를 거느리고 북량청(北涼廳)에서 연향(宴享)하여 한껏 즐기고 파하였다. 한편, 11월 11일에는 부왕(父王)의 생모(生母), 그러니까 황비(皇妣)인 절비(節妃) 한씨(韓氏)를 추존하여 신의왕후(神懿王后)라 칭하고, 우정승 김사형(金士衡)을 봉책사(封冊使)로 삼고 정당문학 하륜(河崙)을 부사(副使)로 삼아 별전(別殿)에 봉안하고 인소전(仁昭殿)이라 이름하였다. 11월 18일에는 정사공신을 근정전에

29 『태조실록』 권15, 태조 7년 9월 丁丑(5일).

모아 잔치를 베풀고 각기 교서(敎書)와 녹권(錄券)을 내려 주고 한껏 즐기고 파하였다.

해가 바뀌어 기묘(己卯;1399)년 새해가 밝았다. 조선(朝鮮) 건국 8년째에 새 임금이 즉위한 지 1년이지만, 무인정사(戊寅靖社)를 겪고난 당시 정치사회적 분위기가 매우 어수선한 정황이었으므로 이 같은 경황에서 벗어나고자 **새 임금은 3월에 다시 개경(開京)으로 환도(還都)하였고, 당시 4세이던 대군도 개경으로 따라 옮기게 된 것이었다.**[30] 한편, 새해 1월 1일부터는 명(明)과의 외교관계도 고려하여 명의 건문(建文) 연호(年號)를 시행키로 하였다. 1월 3일에는 연경사(衍慶寺)에 법석(法席)을 베풀었으니 새로 이룩한 금자(金字) 화엄경(華嚴經)을 운반하기 때문이었다.

그러나 개경 환도 후 얼마 안되어 이번에는 정안군(靖安君, 곧 太宗)의 득세를 시기한 넷째 왕자[芳幹]가 난을 일으켜 또다시 분란(紛亂)을 겪게 되었으나[31] 곧 진압되고, 대군의 부왕(父王) 정안군이 이듬해(庚辰, 1400년) 2월 세자(世子)위에 오르시니 모부인(母夫人) 민씨(閔氏)는 정빈(靜嬪)에 진봉(進封)되었다. 그리고 그 해 11월에 공정왕(恭靖王) 정종(定宗)[32]이 풍질(風疾)을 이유로 세자에 선위(禪位)하매 부왕(父王)께서 제3대 국왕으로 즉위(卽位)하게 된 것이다. 효령대군(孝寧大君)이 학문(學問)을 시작한 것이 대개 이 무렵부터이다.[33] 대군이 바야흐로 다섯 살 되던 해이다.

부왕(父王)께서 즉위하고 첫해, 신사(辛巳, 1401)년 새해가 밝았다. 새 임금이 개경(開京) 구도(舊都)의 강안전(康安殿) 터에 거둥하여 면복(冕服) 차림으로 여러 신하들를 거느리고 제정(帝正;皇帝의 정월 초하루)을 하례한 후, 조회(朝會)를 받고 군신들에게 잔치를 베풀었다. 제정의 하례는 매년 하는 행사이나, 수창궁(壽昌宮)이 불탔기 때문에 강안전 터에서 잔치를 베푼 것이다. 이튿날은 군신들이 중궁전(中宮殿)에 하례하였다.[34]

---

30 본 책 1권의 권말 부록 1·2 논문을 참조

31 『정종실록』 권3, 정종 2년 1월 甲午(28일).

32 肅宗 7년 9월 18일(丁卯) 恭靖大王의 廟號를 '定宗'이라 결정하고, 동 12월 7일(丙戌) 謚號를 嘉賞하였으며, 동시에 대왕의 玉冊文과 定安王后의 옥책문을 지어 올렸으니, 이때까지는 다만 恭靖王이라 불렀다.

33 『國譯 淸權輯遺』,1991,「부록 효령대군연보」 443쪽, "始上學 才氣聰穎 讀書不倦."

34 『태종실록』 권1, 태종 1년 1월 辛酉(1일).

이어 1월 10일에는 정빈(貞嬪) 민씨(閔氏)를 봉하여 정비(靜妃)로 삼았는 바, 임금이 관포(冠袍)를 입고 정전(正殿)에 납시어 태위(太尉) 참찬문하부사(參贊門下府事) 권근(權近)에게 명하여 책(冊)과 보(寶)를 주게하였다. 그리고 이튿날은 신하들이 전(箋)을 올려 정비의 책봉을 하례하였다.[35] 한편, 윤3월 초하룻날은 태상왕(太上王)이 새 도읍[新都]에 행차하시니, 임금이 임진(臨津) 나루까지 전송하였는데, 이 날 태상왕의 행차는 대장 불사(大藏 佛事)를 홍천사(興天寺)에서 베풀고자 함이었다.

윤3월 7일에는 도승지(都承旨) 박석명(朴錫命)을 한양(漢陽) 신도읍(新都邑)에 가서 태상왕(太上王)의 기거(起居)를 문안하게 하였다.[36] 그리고 10일에는 태상왕이 신도에서 금강산(金剛山)으로 이동하셨다. 또한 26일에는 임금이 직접 신도에 행차하여 일단 파주의 광탄(廣灘)에 머물렀는데, 부왕은 막차(幕次)에서 김과(金科)와 더불어 『대학연의』(大學衍義) 2권을 읽었다.[37] 이튿날은 신도(新都)에 도착, 의정부(議政府)에서 재계(齋戒)하였다. 그리고 개경을 떠난 지 열흘 만인 4월 4일에 환궁(還宮)하니, 유후사(留後司)의 여러 신하들이 산붕(山棚)·결채(結綵)·나례(儺禮)·백희(百戲) 행사를 베풀고 공복(公服) 차림으로 숭인문(崇仁門) 밖에서 맞이하였다. 성균관(成均館)의 생도들과 교방(敎坊)의 창기(娼妓)들은 가요(歌謠)를 드렸고, 백관들이 전(箋)을 올려 하례하였다.[38] 4월 10일에는 이무렵 태상왕이 강원도 안변부(安邊府)에 머무셨으므로 도승지 박석명을 보내어 궁온(宮醞)을 싸가지고 가서 기거를 문안(問安)케 하였다.

5월 16일은 부왕께서 즉위(卽位)한 후 처음 맞으신 탄신일(誕辰日)이다. 탄신 기념으로 이 날 아침에 이죄(二罪;斬刑과 絞刑) 이하를 용서하고, 그러나 여러 신하들에게 생신잔치를 베풀려고 하다가 말하기를, “이 날은 실로 부모(父母)께서 구로(劬勞)[39]하신 날이므로 차마 잔치하여 즐기지 못하겠다” 하고 마침내 그만 두었다. 하지만, 태상전(太上殿;

35 『태종실록』 권1, 태종 1년 1월 庚午(10일).

36 『태종실록』 권1, 태종 1년 윤3월 丙申(7일).

37 『태종실록』 권1, 태종 1년 윤3월 乙卯(26일).

38 『태종실록』 권1, 태종 1년 4월 壬戌(4일).

39 자식을 낳느라고 수고하고 애를 씀.

太祖)과 상왕전(上王殿;定宗)에서 모두 궁온(宮醞)을 보내왔으므로 종친(宗親)과 부마(駙馬)를 부르고, 청화정(淸和亭)에 나아가 이를 받았다.[40]

8월 21일에는 태상왕(太上王)이 금강산(金剛山) 순행을 마치면 곧바로 동북면(東北面)으로 향할 계획으로 금강산을 향해 떠나려고 하였는데, 그대로 이행치 못하였다. 임금이 지신사 박석명을 시켜서 태상왕께 아뢰기를, "명(明)나라의 사신이 근일 중에 서울에 입경(入京)할 것인데, 사리가 마땅히 상견(相見)하셔야 할 것이니 청컨대 이번 행차를 정지하소서" 하여 태상왕이 그대로 따른 것이었다.[41]

태종 2년 1월 28일에는 임금이 태상왕께서 머물고 계신 소요산(逍遙山)에 가서 뵙고 헌수(獻壽)하였다. 태상왕과 임금은 술기운이 거나하자 시(詩)를 읊으며 서로 화답하였는데, 시연(侍宴)하였던 종친(宗親)과 성석린(成石璘) 등이 태상왕의 환가(還駕)를 극력 청하고, 또 사뢰기를, "염불(念佛)하시고 불경을 읽음에 어찌 꼭 소요산이라야만 되겠습니까?" 하니, 태상왕이 말하기를 "그대들의 뜻은 내가 이미 알고 있다. 내가 부처를 좋아하는 것은 다른 것이 아니라 다만 두 아들과 한 사람의 사위를 위함이다" 하고 허공을 향하여 큰 소리로 말하기를 "우리들도 이미 서방정토(西方淨土)로 향하고 있다"고 하였다. 태상왕이 무인(戊寅, 태조 7, 1398)년에 마음의 병이 난 뒤로부터 마음이 항상 답답하여 즐겁지 아니하기 때문에, 유행(遊行)이 점점 잦아진 것이었다.[42]

이튿날도 임금이 다시 태상왕을 뵙고 헌수(獻壽)하니, 오늘은 태상왕이 일어나 춤을 추시매, 임금도 일어나 춤을 추었다. 연귀(聯句)로 화답하고 매우 즐기었다. 대가(大駕)가 궁으로 향하다가 장단(長湍)에 이르러서 행악(行幄)에 임시 술자리를 베푸니, 민무구(閔無咎)와 이저(李佇) 등이 취하여 소매를 맞잡고 여러 번 춤을 추며 노래를 불렀다. 임금이 웃으며 말하기를 "태상왕께서 병환이 없으시니 내 경들과 마음껏 즐기려 하오" 하였다.

3월 8일에는 임금이 맏아들의 이름을 '제'(禔)라고 지었다.[43] 양녕대군(讓寧大君) 아홉 살 때

---

40 『태종실록』 권1, 태종 1년 5월 甲辰(16일).

41 『태종실록』 권2, 태종 1년 8월 丁丑(21일).

42 『태종실록』 권2, 태종 2년 1월 辛亥(28일).

43 『태종실록』 권3, 태종 2년 3월 辛卯(8일).

이다.

3월 19일에는 임금이 태상왕을 소요산으로 찾아 뵈었는데, 장차 북변(北邊)의 일을 의논하려 함에서였다. 이튿날 다시 찾아 헌수드리고 저물어서 악차(幄次)로 돌아왔다. 여러 총제에게 말하기를, "내일 다시 헌수하려고 하니, 일찌감치 사냥을 하여 노루 두어 마리를 잡아야겠다"고 하였다. 22일은 어제 밤의 술로 인하여 임금이 과음해서 유숙(留宿)하므로 군사(軍士)와 치중(輜重)이 먼저 출발하여 장단을 지나는데, 태상왕이 사람을 보내어 말먹이[馬料]를 주면서 말하기를, "만약 부족하면 더 보내겠다" 하매, 임금이 사인(使人)에게 말하여 "내려 주시는 것을 안 받으면 예(禮)가 아니니 감히 받지 않을 수 없다. 그러하니 부왕(父王)께서 만약 물으시면 넉넉하다고 대답하라" 하였다. 태조 7년의 '무인정사'(戊寅靖社) 이후 부자(父子)분 간의 심적 갈등의 골이 워낙 깊었었지만, 그동안의 시간 경과로 이제는 앙금이 많이 해소되어 가고 있음을 느끼게 하는 장면이라 하겠다.

4월 18일에는 권씨(權氏;成均 樂正 權弘의 딸)를 정의궁주(貞懿宮主)에 봉하고, 양녕대군 제(禔)를 봉하여 원자(元子)로 삼았다. 그리고 유신(儒臣)으로서 문행(文行)이 있는 사람을 뽑아 원자의 요속(僚屬)으로 삼게 하였으니, 조서(趙敍)와 김시용(金時用)으로 좌우유선(左右 諭善)을 삼고, 이공의(李公義)와 이양명(李陽明)으로 좌우 시학(侍學)을 삼았으며, 김훈(金訓)과 홍여방(洪汝方)으로 좌우 동시학(同侍學)을 삼았다.[44] 이어서 28일에는 원자부(元子府)를 두었으니 명칭을 경승(敬承)이라 하였다. 이에 사재 직장(司宰 直長) 1명, 혜제고령(惠濟庫令) 1명, 수창궁 사정(壽昌宮 司正) 1명, 수녕궁 주부(壽寧宮 主簿) 1명은 혁파(革罷)하고, 대신 소윤(少尹) 1명, 승(丞) 2명, 주부(主簿) 2명을 두었다. 한편 이 날, 태상왕이 소요산(逍遙山)으로부터 신도(新都)에 행차하여 승도(僧徒)를 모아 법회(法會)를 흥천사(興天寺)에서 베풀었으니, 이 달 그믐날이 환왕(桓王)의 기신(忌辰)이기 때문이었다. 임금이 내관 이용진(李龍進)을 보내어 중들에게 베[布] 1백50필을 시주하였다.[45]

5월 8일에는 임금이 소요산으로 가서 태상왕께 헌수하려고 하였으나, 태상왕이 능

44 『태종실록』 권3, 태종 2년 4월 庚午(18일).

45 『태종실록』 권3, 태종 2년 4월 庚辰(28일).

엄 법회(楞嚴 法會)를 베풀고 외인의 출입을 금하였기 때문에 실행하지 못하였다. 그리고 22일에는 회암사(檜巖寺)에 전지(田地) 3백 결(結)을 주었는데, 회암사가 처음에 사전(寺田)이 5백결이었으나 무인(戊寅, 태조 7)년에 3백 결을 제(除)하여 공신에게 주었다가 이때에 환속(還屬)시키고 또 60결을 더 주었으니 태상왕의 뜻에 좇은 것이었다.[46] 그리고 6월 6일에는 태상왕의 청(請)에 따라 회암사에 밭 74결을 내려 주었다. 한편, 7월 13일에는 왕사 자초(自超)를 회암사의 감주(監主)로 삼고, 조선(祖禪)을 주지(住持)로 삼았으니, 또한 태상왕의 뜻을 따른 것이었다. 8월 2일에는 임금이 회암사로 가서 태상왕을 조알(朝謁)하였다. 8월 8일에는 태상왕의 뜻에 따라 또다시 회암사에 밭 1백 20결을 더 주었다.

부왕(父王) 태종은 즉위 초부터 왕권의 안정을 위해 서정 쇄신에 착수하는 한편, 2년 7월에는 신문고(申聞鼓)를 설치, 민의(民意) 수렴 또한 게을리 하지 않았다.[47] 그러나 왕조교체의 격동기에 부작용 또한 적지 않아 태종 즉위 2년 11월에는 안변부사(安邊府使) 조사의(趙思議)가 난을 일으켜 한 때 소란하였는데, 그러나 이는 오히려 왕권 강화의 자극제가 되어 태종대의 '육조직계제'(六曹直啓制)라는 국왕(國王)의 친정(親政) 체제 시행의 새로운 계기가 되었던 것이다.

태종 3(癸未, 1403)년 3월 8일에는 태상왕이 마침내 소요산으로부터 개경(開京) 구도(舊都)에 있는 덕수궁(德壽宮)으로 이어(移御)하였다. 처음에, 태상왕이 덕수궁으로 이어하려고 하니 대간(臺諫)이 번갈아 상언(上言)하기를, "덕수궁은 정성(定省)[48]하기에 멀고 또 신암사(神庵寺)와 가까워서 승도(僧徒)들이 출입하여 혹은 천당(天堂) 지옥(地獄)을 논하고, 혹은 산수(山水)의 아름다움을 논하여 성총(聖聰)을 현혹시키니, 원컨대 이제부터 승도의 출입을 일체 금하소서" 하였다. 이에 임금이 말하기를,

"그렇기는 하지만 지금 계신 곳이 매우 좁고 또 누추해서 마음이 답답함을 펼 수 없으므

---

46 『태종실록』 권3, 태종 2년 5월 甲辰(22일).

47 서울과 외방의 告할 데가 없는 백성의 冤抑한 일을 알리기 위해, 의정부 상소에 따라 설치한 것인데 처음에는 登聞鼓라 했다가 申聞鼓라 고쳤다.

48 昏定晨省의 준말, 저녁에는 잠자리를 보아드리고 아침에는 問安 드리는 것.

로 다리와 무릎이 붓고 얼굴 모양이 점점 쇠하신다. 나는 간혹 높은 집에 거처하고, 혹은 누각(樓閣)에 올라 마음에 하고 싶은 바가 만족치 못함이 없으니, 내 마음이 어찌 편안하겠는가? 덕수궁은 불당(佛堂)과 누각도 없고, 옛날에 거처하시던 마음에 맞는 땅이기 때문에 이어(移御)하시기를 청한 것이니, 뜻을 좇으려고 한다. 너희들은 그리 알라"

하였는데, 이 때에 이르러 이어하게 된 것이다.[49]

그리고 그동안 명(明)나라와의 관계도 원만해져, 4월 8일에는 명(明)으로부터 새 임금[太宗]에게 내려지는 고명(誥命)과 인장(印章), 칙서(勅書)가 당도하였다. '무인정사' 이후 둘째 방과(芳果)가 전위(傳位) 받아 일단 즉위하였다가, 신사(辛巳, 1401)년에 정안대군(靖安大君)이 3대로 왕위에 오른지 삼년째 되는 해에 명(明)으로부터 즉위를 정식 공인받게 된 것이다. 도지휘(都指揮) 고득(高得)과 통정사 조거임(趙居任), 환관 태감(宦官 太監) 황엄(黃儼)와 본조(本朝)의 환관 주윤단(朱允端)·한첩목아(韓帖木兒) 등이 고명·인장과 칙서를 싸가지고 다다르니, 조정에서는 산붕(山棚)을 베풀고 결채(結綵)를 하며 나례(儺禮)를 갖추었다. 임금이 면복(冕服) 차림으로 군신(群臣)을 거느리고 서교(西郊)에 나가서 맞이하여 대궐에 이르러 예를 행하고 세 가지를 받았다.[50] 아울러 명에서는 대통력(大統曆)도 함께 보내 오며, 본국에 자문(咨文)을 보낼 것을 알리기를, '먼저 내려준 조선국왕[태조]의 고명(誥命) 1통과 금인(金印) 1과(顆), 금인지(金印池) 1과(顆)는 보내라'는 것이었다.

한편, 이 날은 원자(元子;讓寧大君)가 처음으로 입학(入學)하는 날이었다. 학생 제복을 입고 문묘(文廟)에 참배하여 작(爵)을 드리고, 박사(博士)에게 속수(束脩)[51]의 예(禮)를 행하였는데, 성균 사성(成均 司成) 설칭(薛偁)과 사예(司藝) 김조(金稠)로 박사를 삼아서 받게 하니, 속백(束帛) 한 광주리[筐], 술 한 병[壺], 포[脩] 한 소반[案]이었다. 이 보다 앞

---

49 『태종실록』 권5, 태종 3년 3월 乙酉(8일).

50 『태종실록』 권5, 태종 3년 4월 甲寅(8일)

51 처음 제자가 될 때에 스승에게 드리는 禮物.

서 지신사(知申事) 박석명(朴錫命)이 원자(元子)의 입학의(入學儀)를 아뢰니 임금이 말하기를, "지금 아직 이름[名]을 이루지 못하고 다만 글을 읽는 것이니, 위의(威儀)는 갖추지 말고 청양산(靑陽傘) 등물(等物)은 생략하라" 하였다.[52]

6월 29일에는 불필요한 관원(官員)을 과감하게 줄이는 용관(冗官)의 도태(淘汰)를 시작으로, 관제(官制) 개혁을 통해 왕권 강화에 박차를 가하기 시작하였다. 그리고 한 달 뒤, 상왕[定宗]이 태상전(太上殿)에 나아갔는데, 부자(父子)분께서 오랫동안 서로 만나보지 못했으므로 반가워 눈물을 흘리었다. 상왕이 드디어 대궐에 이르니 임금이 영접하여 내루(內樓)로 들어와 술 자리를 베풀고 풍악을 울리었다. 임금이 기뻐서 눈물을 흘리고 두 아들[孝寧 忠寧]을 보이니, 상왕이 말하기를 "내가 작은 녀석을 편벽되게 사랑한다" 하고, 옷 한 벌과 술띠[絛] 하나를 주었다. 술이 거나하여지매 몹시 즐거워 상왕이 일어나 춤을 추니 임금도 또한 일어나서 춤을 추었다. 이 때 효령대군(孝寧大君) 보(補)는 8세(歲), 충녕대군(忠寧大君) 도(祹)는 여섯 살이었다.[53]

9월 16일에는, 명(明)나라의 통혼(通婚) 요청을 막기 위해 부왕의 둘째 딸 경정공주(慶貞公主)가 아직 16살 밖에 안되었지만, 거상(居喪) 중인 조대림(趙大臨;趙浚의 아들)에게 하가(下嫁)시켰다. 처음에 경정공주를 평양부원군 조준(趙浚)의 아들 대림(大臨)에게 하가시키려 하니, 사간원(司諫원)에서 상소하기를,

"친상(親喪)에는 스스로 마음과 도리를 다하여야 하기 때문에, 성인(聖人)이 3년의 제도를 정한 것입니다. 들으니 조대림이 기복(起復)하여 호군(護軍)을 삼고 장차 왕실에 인연을 맺으려 한다 하는데, 대림은 모친상을 당하여 이제 겨우 넉 달이 넘었으니, 복(服)을 벗고 혼인하는 것이 어찌 정리아니겠습니까? 또 부부는 인륜(人倫)의 근본이요 조정(朝廷) 풍화(風化)의 근원이니, 왕화(王化)가 시초를 삼가는 도리에 어떠하며, 인자(人子)가 마침을 삼가는 의리에 어떠합니까. 원컨대 복(服)을 마치기를 기다린 뒤에 허혼(許婚)하소서"

---

52 『태종실록』 권5, 태종 3년 4월 甲寅(8일).

53 『태종실록』 권6, 태종 3년 7월 庚子(25일).

하기에, 임금이 지신사 박석명(朴錫命)을 시켜 명(命)을 전하기를,

> "사간원에서 논(論)하는 바는 진실로 도리에 합한다. 그러나 지난번에 온 중국 사신 황엄(黃儼)과 지금 돌아온 성석린(成石璘) 등이 모두 말하기를, '황제가 우리와 결혼할 뜻이 있다'고 하는데, 이것은 내가 원하는 것이 아니기 때문에 이토록 급히 하는 것이다. 내 뜻이 이미 정하여졌으니 다시 말하지 말라"

하고, 드디어 부왕(父王)의 처남(妻男)이자 공주의 외숙(外叔)이기도 한 여강군(驪江君) 민무구(閔無咎)에 명하여 혼인을 주장하게 하였던 것이다.[54]

10월 11일은 임금이 태상전(太上殿)에 조회(照會)하고 헌수(獻壽)하였으니, 이 날이 태상왕의 탄신일(誕辰日)이기 때문이었다. 그러므로 특별히 중외(中外)의 장죄(杖罪) 이하를 용서하고 또 명하여 회암사(檜巖寺) 반야전(般若殿)과 신암사(神巖寺)의 토지를 돌려주었으니, 태상왕의 뜻을 좇은 것이었다.[55]

이 해도 다 저무는 섣달 18일, 이번에는 대군의 셋째 누이 경안공주(慶安公主)가 권규(權跬)와 결혼식을 올렸는 바, 규(跬)는 양촌(陽村) 권근(權近)의 아들인데 공주(公主)는 태조 2(癸酉, 1393)년 출생이니 효령대군(孝寧大君)보다 3년 위이니까 이제 열 한 살이었다.

갑신(甲申, 1404)년 새해가 밝았다. 임금이 즉위한 지 4년째에, 효령대군(孝寧大君)은 9세(歲), 충녕대군(忠寧大君)은 7세가 되었다. 새해 아침, 임금이 백관을 거느리고 새해를 축하하는 의식을 가지니, 제일 먼저 명(明) 황제의 제정(帝正;皇帝의 설날)을 멀리서 축하[遙賀]한 후, 군신(群臣)들로부터 조하(朝賀)를 받았다. 경기 관찰사 윤사수(尹思修)가 위징(魏徵)의 십점소(十漸疏)를 써서 만든 병풍을 임금께 바쳤다.

1월 25일에는 대군(大君)의 둘째 외숙(外叔) 여성군(驪城君) 민무질(閔無疾)을 새해를

---

54 『태종실록』 권6, 태종 3년 9월 辛卯(16일).

55 『태종실록』 권6, 태종 3년 10월 乙卯(11일).

축하하는 성절사(聖節使)로서 명(明)나라 서울에 보내었다. 2월 6일에는 풍해도(豊海道) 해주(海州)에서 강무(講武)하였는데, 처음에 사간원(司諫院)에서 아뢰기를,

"종묘(宗廟)의 금년 여름 제사는 친히 행하지 않을 수 없는데, 지금 만일 군사를 너무 수고롭게 하여 멀리서 사냥하고 또 신도(新都)에 행차하자면 군마(軍馬)가 더욱 피곤해질 것입니다. 하물며 풍해도는 중국 사신이 왕래하는 땅이기도 하니, 춘추(春秋)로 강무하면 그 폐단이 작지 않습니다. 청컨대 경기(京畿)에서 강무하고 신도에서 일을 행하소서"

하였으나, 임금이 그대로 강행한 것이었다. 8일에는 강무(講武)하다가 잡은 사슴을 태상전(太上殿)과 상왕전(上王殿)에 바쳤는데, 이 날 부왕(父王)이 친히 활과 화살을 가지고 말을 달려 노루를 쏘다가 말이 넘어짐으로 인하여 말에서 떨어졌으나 다치지는 않았는데, 그 때 좌우를 둘러보며 말씀하기를 "사관(史官)은 알게 하지 말라" 하였다.[56]

그런데 이번의 강무 행사는 당초 8일간을 기한으로 예정했었는데 5일을 더하여 13일간으로 연장했으므로, 9일에는 군사(軍士)와 각사(各司)의 원이(員吏)들에게 3일치의 급료(給料)를 더 주게 하였다.[57] 2월 17일은 이번 강무 행사의 마지막 날, 거가(車駕)가 강음(江陰)의 적포현(赤布縣)에 머무니 태상왕과 상왕 및 정비(靜妃)가 모두 내관(內官)을 보내어 연향(宴享)을 베풀어 노고를 치하(致賀)하였다. 이튿날은 임금이 해주로부터 돌아오니 의정부 좌정승(左政丞) 하륜(河崙) 등이 금교역(金郊驛)에서 연향을 베풀고 맞이하였다.[58]

13일간의 해주 강무행사를 마치고 환궁(還宮)하던 날은, 그동안 공역(工役)해 온 제릉(齊陵)에 비(碑)세우는 일이 종료되는 날이었다. 제릉(齊陵)은 부왕의 황비(皇妣) 신의왕후(神懿王后) 한씨(韓氏)의 능(陵)인데, 권근(權近)이 지난 해에 지은 비문(碑文)을 화장

---

56 『태종실록』 권7, 태종 4년 2월 己卯(8일).

57 『태종실록』 권7, 태종 4년 2월 庚辰(9일).

58 『태종실록』 권7, 태종 4년 2월 己丑(18일).

사(華莊寺)의 묵은 빗돌을 갈아서 다시 새긴 것이다.[59]

4월 28일에는 대호군 매원저(梅原渚)를 보내어 초운(初運)으로 소[牛] 1천 필(匹)을 압령(押領)하여 요동(遼東)으로 가게한 바, 지난번 다녀간 사신(使臣)을 통하여 명(明)에서 요청해온 소 1만 필의 첫 번째 운송(運送)이었다.[60] 5월 5일에는 지사역원사(知司譯院事) 장홍수(張洪壽)로 하여금 이운(二運)의 소 1천 마리를 요동에 보냈으며, 3차 1천 마리는 5월 11일에, 4차 1천 마리는 16일, 5차는 사역원부사 강방우(康邦祐)를 시켜 21일에, 6차는 26일, 7운(運)은 부사직 당몽룡(唐夢龍)으로 하여금 6월 1일에 보냈다. 그리고 6월 6일에 8차로 보내고, 11일에 사재소감(司宰少監) 임군례(任君禮)를 시켜 9차로 가게 하였으며, 10차 1만(萬) 마리째는 16일에 사역원 판관(判官) 강유경(姜庾卿)으로 하여금 보내주게 하였다. 그리고 끝맺음으로 6월 22일에 사신 양진보를 따라 판군기감사(判軍器監事) 곽해룡(郭海龍)이 소 1만 필의 명세표(明細票)를 가지고 경사(京師)에 가게 하였다.[61]

5월 16일에는 임금의 탄일(誕日)이었으므로 청화정(淸和亭)에 나아가서 종친(宗親)과 정승(政丞)에게 잔치를 베풀어 마음껏 즐기고 밤이 늦어서야 파하였는데, 이 날도 태상전(太上殿)과 상왕전(上王殿)에서 주찬(酒饌)을 보내어왔기 때문에 생신연(生辰宴)을 베풀게 된 것이었다.[62]

8월 6일에는 **원자(元子) 이제(李禔)를 봉(封)하여 왕세자(王世子)로 삼았다.** 교서(敎書)를 내려 중외(中外)에 선포하고 경내의 죄인을 사유(赦宥)하니, 교서(敎書)는 이러하였다.

> "원자(元子) 이제(李禔)는 적장(嫡長)의 지위에 있고 남보다 빼어난 자질이 있다. 그러나, 아직 예의와 겸양(謙讓)을 알지 못하니, 장차 어찌 어진이와 친(親)하겠으며 고훈(古訓)을 익히지 못하였으니, 또한 어찌 정치를 보필하겠는가. 그러므로 배움에 나아가게 한 지가 여러 해가 되었다. 이즈음 종친(宗親)·태보(台輔;三府의 大臣)가 모두 말하기를, '간절히 청하건대

---

59 『태종실록』 권7, 태종 4년 2월 己丑(18일).

60 『태종실록』 권7, 태종 4년 4월 戊戌(28일).

61 『태종실록』 권7, 태종 4년 6월 辛卯(22일).

62 『태종실록』 권7, 태종 4년 5월 丙辰(16일).

종묘(宗廟)를 주장하며 제사를 받드는 것은 진실로 비워 둘 수 없고, 국사(國事)를 감독하고 군사를 위무(慰撫)하는 일도 마땅히 염려할 것입니다. 그러나 원자는 타고날 때부터 어질고 효성스러우며, 학문이 날로 이뤄지니 마땅히 저위(儲位)에 정(定)하여 여러 사람의 마음을 안정시켜야 합니다' 하므로, 내가 이에 힘써 여정(輿情)을 따라 이 달 초6일에 옥책(玉冊)과 금인(金印)을 주어 왕세자로 삼는다. 아아! 모든 너희 중외 신료(臣僚)는 그 충성을 다하기를 생각하여 원량(元良)의 덕(德)을 함께 돕고, 너희 직책을 서로 닦아 길이 태평한 기틀을 세우도록 하라"

하니, 세자(世子)는 전(箋)을 올려 사은(謝恩)하였다.[63] 그 날, 곧이어 세자를 위한 관서(官署)인 경승부(敬承府)[64]에 사윤(司尹)·소윤(少尹)·판관(判官)·승(丞)·주부(主簿)를 각 1원(員)씩 두었으니, 세자의 부(府)이다. 8월 26일에는 세자에게 명하여 한경(漢京;漢陽)의 종묘에 배알(拜謁)하게 하니, 각사(各司)에서 한 명씩 이를 수종(隨從)하게 하였다. 그리고 같은 날, 각 관청에서 1인씩 뽑아 한양(漢陽) 신도(新都)에 나눠 보내어 관사(官舍)를 수즙(修葺;補修)케 하니,[65] 장차 새 도읍으로 다시 옮길 준비과정이었다.

9월 1일에는 성산군(星山君) 이직(李稷)과 취산군(鷲山君) 신극례(辛克禮)로서 한경(漢京)의 이궁조성도감(離宮造成都監) 제조(提調)로 삼았는데, 이보다 앞서 태상왕(太上王)이 지신사 박석명(朴錫命)을 불러 임금에게 전지하기를,

"내가 처음으로 한양(漢陽)에 천도(遷都)하였으니, 천사(遷徙)하는 번거로움을 내가 어찌 모르겠는가마는, 그러나 송도(松都)는 왕씨(王氏)의 구도(舊都)이니, 그대로 거주(居住)할 수가 없다. 지금 다시 왕이 이곳에 도읍(都邑)하는 것은 시조(始祖)의 뜻에 움직여 따르는 것이 아니다."

---

63 『태종실록』 권8, 태종 4년 8월 乙亥(6일).

64 태종 2년 5월 世子殿의 供饋를 위해 특별 설치한 官府, 태종 18년 讓寧大君이 廢世子되자 順承府로 바뀌었음.

65 『태종실록』 권8, 태종 4년 8월 乙未(26일).

하니, 임금이 의정부에 하지(下旨)하기를,

"한성(漢城)은 우리 태상왕께서 창건한 땅이고 사직과 종묘가 있으니, 오래 비워두고 거주하지 않으면, 선조(先祖)의 뜻을 계승하는 효도가 아닐까 한다. 명년(明年) 겨울에는 내가 마땅히 옮겨 거주할 터이니 응당 궁실(宮室)을 수즙(修葺)하게 해야 할 것이다"

하고, 드디어 위와 같은 명령이 있던 것이었다.[66]

9월 3일에는 상왕이 내관을 시켜서 주찬(酒饌)을 임진(臨津)나루에 보내어 왕세자가 돌아오는 것을 맞이하게 하고, 삼부(三府)에서도 또한 주찬을 마련하여 천수사(天水寺)에서 맞이하였다. 한편, 13일에는 성석린(成石璘)·조준(趙浚)·이무(李茂)·조영무(趙英茂)가 예궐하여, 대표로서 성석린이 아뢰기를, "한경(漢京)은 부왕(父王)께서 도읍한 곳이므로 또한 궁궐이 있는데, 비록 환도(還都)한다 하더라도 어찌 반드시 이궁(離宮)을 다시 지어야 하겠습니까" 하니, 이에 임금이 윤허하여, 신도(新都)의 이궁조성도감을 궁궐수보도감(宮闕修補都監)으로 고쳤다.

새 도읍으로의 재천도(再遷都) 준비를 위해, 9월 26일에는 임금이 조준(趙浚)·하륜(河崙)·남재(南在)·권근(權近) 등을 거느리고, 한경(漢京)의 무악(毋岳) 등지를 둘러 보았다. 그런데 이 날, 익안대군(益安大君) 이방의(李芳毅)가 타계하니, 태조의 제3남이요 임금의 동모형(同母兄)이다. 실록(實錄)의 '졸기'(卒記)를 읽어 보자.

"이방의(李芳毅)는 개국(開國)·정사(定社)의 훈로(勳勞)에 참여하여 대군(大君)으로 진봉(進封)되었다. 성질이 온후(溫厚)하고 화미(華美)한 것을 일삼지 아니하였고 손님이 이르면 술자리를 베푸나 문득 취하여도 시사(時事)는 말하지 아니하였다. 만년에 병으로 두문불출하였는데, 임금이 자주 그 집에 거둥하여 연회를 베풀어 위로함이 심히 후하였다. 졸함에 미쳐 임금이 심히 애도하고 친림(親臨)하여 전(奠)을 베풀고 배례를 행하였다. 3일 동안

---

66 『태종실록』 권8, 태종 4년 9월 己亥(1일).

철조(輟朝)하고 상등으로 예장(禮葬)하였다. 시호를 안양(安襄)이라 하였다. 아들은 이석근(李石根)이니 익평부원군(益平府院君)에 봉해졌고, 딸은 총제 김한(金閑)에게 시집갔다"[67]

이틀날은 임금이 환궁하여 태상전에 나아가 진위(陳慰)하였다. 임금이 임진(臨津)에 이르렀다가 이방의 형님의 부음(訃音)을 듣고 돌아와 사뢴것이다.

10월 6일에는 마침내 한양(漢陽)으로 재천도(再遷都)하기로 최종 확정하였다. 인하여 신도의 향교동(鄕校洞)에 이궁(離宮)을 짓도록 명하였는데, 이에 앞서 이 날 새벽에 임금이 종묘(宗廟)의 문밖에 나아가 여러 사람들 앞에서 포고(布告)하여 다음과 같이 말하였다.

"내가 송도(松都)에 있을 때 여러 번 수재(水災)와 한재(旱災)의 이변(異變)이 있었으므로 하교(下敎)하여 구언(求言)하였더니, 정승 조준(趙浚) 이하 사람들이 신도(新都)로 환도(還都)함이 마땅하다고 말하는 자가 많았다. 그러나 신도에서 또한 변고가 많았으므로 도읍을 정하지 못하여 민심 또한 안정되지 못하였다. 이제 종묘에 들어가, 송도(松都)·신도(新都)·무악(毋岳) 등 세 곳 후보지를 놓고 그 길흉(吉凶)을 점쳐서 길(吉)한 데를 따라 도읍을 정할 것이다. 도읍을 정한 뒤에는 비록 재변이 있더라도 이의(異議)가 있을 수 없다"

라고 말하고 신료(臣僚)들을 거느리고 예배(禮拜)한 후, 완산군 이천우(李天祐)·좌의정 조준(趙浚)·대사헌 김희선(金希善)·지신사 박석명(朴錫命)·사간(司諫) 조휴(趙休) 등이 시립(侍立)한 중에 묘당(廟堂)에 들어가 분향(焚香)하고 꿇어앉아 이천우로 하여금 소반 위에 동전(銅錢)을 던지게 하니[擲錢], 신도[漢陽]은 2길(吉)1흉(凶)이었고, 송악(松嶽)과 무악(毋岳)은 모두 2흉(凶)1길(吉)로 되어 의논이 이에 정해지니, 드디어 향교동 동쪽 주변을 상지(相地)하여 이궁을 우선 짓도록 명한 것이었다. 이 날은 어가(御駕)를 돌이켜 광

---

67 『태종실록』 권8, 태종 4년 9월 甲子(26일).

나루[廣灘]에 들렀다가 호종(扈從) 신료들과 환궁하였다.[68]

재천도를 확정짓고 닷새 후, 10월 11일은 태상왕의 탄일(誕日)이므로 임금이 태상전에 조회, 하례(賀禮)를 행하고 의대(衣襨)를 드린 다음 헌수(獻壽)하여, 지극히 즐거워하다가 밤에서야 잔치가 파하였다. 이에 앞서 예조(禮曹)에서 태상전의 탄일과 정조(正朝)의 하례하는 의식을 상정(詳定)하였는데, 이 때에 이르러 임금이 태상전의 탄일이라 하여 그 예를 행한 것이다. 태상왕이 임금에게 이르기를, "한양(漢陽)에 도읍을 다시 정하고, 십처인민(十處人民)을 청하여 얻었다니, 효도함이 참으로 크도다" 하였다.[69]

마침내 태종 4년(甲申, 1404) 10월 하순, 신도읍 한양(漢陽)으로의 재천도(再遷都)를 단행하였다. 그러니까 정종(定宗) 즉위[己卯, 1399]년에 구도(舊都) 개경(開京)에 환도(還都)한 지 만 5년 만에 신도(新都) 한양에 재천도하게 된 것이었다. 그런데 태조 때의 1차 천도가 고려(高麗) 구신(舊臣) 세력의 뿌리 깊은 개경을 서둘러 벗어나기 위한 것이었다면, 이번의 재천도는 그간 남아서 새 국가 건설에 장애가 되고 있던 건국에의 제반 걸림돌을 말끔히 거둬내고 새롭게 시작하려는 제2의 건국(建國)과도 같은 의미의 천도이었다.

재천도(再遷都) 1주년 되던 태종 5년(乙酉, 1405) 10월에는 창덕궁(昌德宮)이 완공되어 천도 계획을 완료하기에 이르렀고, 바야흐로 유교 이념에 입각한 양반관료국가(兩班官僚國家)의 기틀이 잡혀가기 시작하였다. 척불양유(斥佛揚儒)의 정치 이념에 기초한 조선 왕조가 배불시책(排佛施策)을 적극 표면화하기 시작한 것도 이 무렵부터이다. 그런데 이 해, 9월 20일에 왕사(王師) 자초대사(自超大師;일명 無學大師)가 입적(入寂)하여, 그 유해(遺骸)를 회암사(檜巖寺) 부도(浮屠)에 안치(安置)하도록 명하였으니, 태상왕(太上王)이 일찍이 자초를 위하여 미리 부도를 세웠기 때문에[70] 이 명령이 있었던 것이었다.[71]

그 해 11월 하순, 사사전구(寺社田口)의 혁파를 주 내용으로 하는 의정부의 상소가

---

68 『태종실록』 권8, 태종 4년 10월 甲戌(6일).

69 『태종실록』 권8, 태종 4년 10월 己卯(11일).

70 태조 6년(丁丑, 1397) 7월 22일(앞의 24쪽).

71 『태종실록』 권10, 태종 5년 9월 壬子(20일).

윤허되어 이듬해 태종 6년 3월에는 혁사사전민(革寺社田民) 방안이 수립되기에 이르렀다. 대군께서 봉군(封君)되어 결혼(結婚)한 것이 이 무렵으로, 즉 태종 7년(丁亥, 1407) **10월에 해주 정씨(海州鄭氏)[72]를 부인으로 맞이하였으니, 효령대군(孝寧大君) 12세 때였다.** 두 살 연상의 부인을 맞으시매, 의용(儀容)과 미덕(美德)이 여러 명부(命婦) 중 으뜸이시니, 부왕(父王)께서는 '나에게 어진 며느리가 있다'고 자랑하며 좋아하셨다.[73]

대군의 맏형인 세자(世子) 양녕대군(讓寧大君)은 이보다 3개월 앞서 7월 13일에 결혼하였으니,[74] 형제가 같은 해에 석달 간격으로 결혼한 것인데, 양녕은 이틀 후인 7월 15일에 세자빈(世子嬪) 김씨(金氏)가 숙빈(淑嬪)으로 봉해짐에 따라 그 아버지 김한로(金漢老)는 좌군동지총제(左軍同知摠制)에, 어머니 전씨(全氏)는 선경택주(善慶宅主)에 피봉(被封)되었다. 그리고 그 해 9월 25일에는 세자(世子)가 정조(正朝) 하례(賀禮)를 위해 하정사(賀正使)로서 완산군(完山君) 이천우(李天祐)·계성군(雞城君) 이래(李來)·시종관(侍從官) 맹사성(孟思誠)·서장관(書狀官) 허조(許稠) 등을 대동하여 명나라에 가게 되었으니,[75] 대군께서 '효령'(孝寧)에 봉군(封君)되어(10월 초3일) 혼례(婚禮)를 올리던 바로 그 날, 세자 양녕대군은 아직 명(明)나라에 머물고 있었던 것이었다.

그리고 이듬해인 1408년 2월에는 효령대군의 아우 **도(祹)가 충녕군(忠寧君)에 봉군되고,**[76] 곧이어 우부대언(右副代言) 심온(沈溫)의 딸에게 장가간 바,[77] 삼형제가 거의 같은 시기에 결혼을 한 것이다. 이에 부왕(父王) 태종은 아들 3형제를 모두 가례(嘉禮)시킨 경사를 기리기 위해 잔치 바로 이튿날 심온의 어머니 민씨(閔氏)를 변한 국대부인(弁韓國大夫人)에 봉하고, 효령대군의 부인(곧 藥城府夫人) 정씨(鄭氏)를 숙의옹주(淑懿翁主)에

---

72 議政府 左贊成兼 集賢殿 大提學 鄭易(? ~ 世宗 7(1425), 字 順之, 號 柏亭, 太宗과 同榜)의 따님으로 태조 3년(甲戌, 1394년) 2월 庚申日 탄생. 뒤 1장 54쪽의 주128)을 참조.

73 『청권집유』25. '府夫人墓誌'

74 7월 13일, 世子의 配匹을 택할 때에 義安大君 李和와 知申事 黃喜를 시켜 宗廟에 나아가 蓍策을 뽑아 金漢老의 딸로 정하였다고 한다(『태종실록』 권14, 태종 7년 7월 13일(甲子)).

75 『태종실록』 권14, 태종 7년 9월 乙亥(25일).

76 『태종실록』 권15, 태종 8년 2월 庚寅(11일).

77 『태종실록』 권15, 태종 8년 2월 乙未(16일).

봉하였다. 그리고 충녕대군의 부인 심씨(沈氏)는 경숙옹주(敬淑翁主)에 봉하였다.[78] 이와 같은 연이은 나라의 경사 속에 4월 초2일에는 명경(明京)에 사신(使臣)으로 갔던 15세된 세자가 외교적 성과를 크게 거두고 반년 만에 돌아오매, 부왕은 창덕궁의 광연루(廣延樓)에 거둥하여 성대한 주연을 베풀어 노고(勞苦)에 대해 치하(致賀)하였다.[79]

효령대군(孝寧大君)께서 쓰셨다는 "**鳶飛魚躍 龍盤虎踞 淸風明月 詩酒自娛 誰能知足 爲善最樂**"(연비어약 용반호거 청풍명월 시주자오 수능지족 위선최락)이라는 해서체(楷書體)의 4자명구(四字名句) 육구(六句)는 바로 대군 13세 되시던 이 무렵에 쓰신 것이라고 전해오는 바, 열세 살의 연소(年少)한 나이에 쓰신 글씨라고는 믿기지 않을 만큼 서체(書體)에서 풍기는 그 기백에 놀라움과 찬탄(讚嘆)을 금할 수가 없으매, 선조(先祖)에 대한 존경과 긍지를 절로 느끼게 한다고 하겠다.

대군의 조부인 **태상왕(太上王) 이성계가 승하(昇遐)**한 것은 이와 같이 부왕인 태종이 즉위하여 나라의 제도(制度)와 문물(文物)이 점차 정비되어 가고 연이은 경사가 있던 그 무렵이었다. 태종 8년 **5월 24일(壬申)에 창덕궁(昌德宮) 광연루 아래의 별전(別殿)에서 승하하니, 대군 13세 때였다.**

> "태상왕께서 편찮으시매 임금께서 손수 간병하고자 항상 광연루 아래에서 주무시면서 진선(進膳)의 다소(多少)와 복약(服藥)에 있어서 선후(先後)의 마땅함을 보살폈는데, 이 날 새벽에 이르러 바라[罷漏;새벽 4시경]가 되자, 태상왕께서 가래[痰]가 성하므로 임금[太上王]께서 부축하여 일어나 앉아서 소합향원(蘇合香元)을 잡수시었다. 그래도 환후가 급하자 임금[태종]이 서둘러 청심원(淸心원)을 드렸으나 삼키지 못하고 눈을 들어 두 번 쳐다보신 후 승하하셨다"[80]

78 『태종실록』 권15, 태종 8년 2월 丙申(17일).

79 『태종실록』 권15, 태종 8년 4월 庚辰(2일).

80 『태종실록』 권15, 태종 8년 5월 壬申(24일).

고 실록(實錄)은 전하고 있다. 상왕(上王;定宗)이 전갈 받고 단기(單騎)로 황겁히 달려와보니, "임금이 땅을 치고 발을 구르며 울부짖는 소리가 밖에까지 들렸다"[81] 고 한다.

태종이 정도전(鄭道傳)과 방석(芳碩) 왕자를 제거한 '무인정사'(戊寅靖社)로 말미암아 한 때 부자(父子)분 사이에 갈등이 심하기도 하였었으나, 상왕의 뒤를 이어 즉위한 이후 태종이 나라의 기반을 더욱 튼튼히 다지면서 워낙 지극 정성으로 부왕에 대해 효성(孝誠)을 다하매, 말년에는 태상왕인 이성계도 감동하여 태종(太宗)의[82] 뜻을 수용하였던 것이었다. 그리하여 태종은 부왕 태조가 운명하자 곧 별전에 인접한 창덕궁 내의 동남 모퉁이에 '작은 집'을 거처로 정하고 거려(居廬)하며, 날마다 『주자가례(朱子家禮)』를 읽었는데, 이 모퉁이의 작은 집이란 얼마전까지 효령대군(孝寧大君)과 충녕대군(忠寧大君;世宗)의 두 왕자가 평소에 글을 읽던 바로 그곳이었다.[83]

8월 7일에는 승하한 태상왕의 존시(尊諡)를 '지인계운성문신무대왕'(至仁啓運聖文神武大王)이라 올리고, 묘호(廟號)를 비로소 '태조'(太祖)라고 정하였다.[84] 그리고 9월 6일에는 태조의 잠저(潛邸) 때인 1391년(高麗 恭讓王 3)에 이미 승하한 신의왕후(神懿王后) 한씨(韓氏)의 존시도 아울러 가상(加上)하여 '승인순성신의왕태후'(承仁順聖神懿王太后)라

---

81 위와 같음.

82 1367년(丁未, 恭愍王 16) 5월 16일~1422년(壬寅, 世宗 4) 5월 10일, 字는 遺德, 高麗 成均館에서 수학하고 治隱 吉再와 같은 마을에 살면서 학문을 강론하였으며, 한 때 元天錫에게 사사하였다. 1383년(禑王 9)에 文科에 급제하고(『高麗史』 권135, 列傳48, 辛禑 3, '丙科 제7인으로 及第), 1388년에는 書狀官으로 判門下府事 李穡과 함께 明나라 南京에 다녀왔다. 1392년 鄭道傳 등 신진사대부 세력과 都評議使司로 하여금 父王 이성계의 추대를 결의하게 하였다. 그러나 건국 후 靖安君에 책봉되었을 뿐 康妃와 정도전 등의 배척으로 軍權과 개국공신책록에서도 제외되고, 세자책봉에서도 탈락되었을 뿐 아니라, 1398년에는 정도전 일파에 의해 私兵마저 革罷당하게 되자 '戊寅靖社'를 주동하여 정도전과 세자 芳碩을 제거한 뒤 정치적 실권을 장악하였다. 그러나 정변 직후에는 여러 사정을 감안하여 世子로의 추대도 사양하며, 단지 '靖安公'으로 改封되면서 義興三軍府右軍節制使와 判尙瑞司事를 겸하였다. 그리고 定社功臣을 論定하여 1등이 되고, 이어 開國功臣에도 追錄되었다. 1400년(정종 2) 11월 仲兄 定宗으로부터 讓位받아 登極하였다. 본 책 1권 뒤 5장 166쪽 주97)의 '史評 行狀'을 아울러 참조.

83 『태종실록』 권15, 태종 8년 5월 甲戌(26일).

84 『태종실록』 권16, 태종 8년 8월 壬午(7일). 太祖라는 廟號는 한 왕조의 첫 代 임금에게만 올림.

고 하였다.[85] 발인(發靷)은 승하한 지 100일째 되던 태종 8년 9월 7일에 거행하고, 당일 오시(午時)에 검암(儉巖) 동구(洞口)에 이르러 일단 악차(幄次)에 모셔진 후, 이틀 후인 9일에 건원릉(健元陵)에 장사하였다.

한편, 7월 29일에는 태조의 산릉(山陵) 재궁(齋宮)에 개경사(開慶寺)라는 이름을 내려주고 조계종(曹溪宗)에 붙이어 노비(奴婢) 1백50 구(口)와 전지(田地) 3백 결(結)을 정속(定屬)시켰다. 그리고 연경사(衍慶寺)의 원속(元屬) 노비는 80구인데 이번에 20구를 더 정속시켰다. 임금이 황희(黃喜)에게 이르기를, "불씨(佛氏)의 그른 것을 내 어찌 알지 못하랴만, 이것을 하는 것은 부왕(父王)의 대사(大事)를 당하여 시비(是非)를 따질 겨를이 없다. 내 생전에 마땅히 해야 할 일을 자세히 제정하여 후손에게 전하겠다"고 하였다.[86]

그 해 9월 29일에는 명(明)의 영락제(永樂帝;成祖)로부터 태조에게 '강헌'(康獻)이라고 내린 시호(諡號)가 당도한 바, '백성을 무휼(撫恤)하여 안락하게 하였다고 한 것을[撫民安樂]을 '강'(康), 착한 일을 행하여 기록할만한 것을[行善可記] '헌'(獻)이라고 한다'[87]는 뜻이었다. 대군의 조부 태조 고황제를 건원릉에 장례 모시고 한 일혜 뒤인 태종 8년 9월 15일에는 대군의 외조부(外祖父) 여흥부원군(驪興府院君) 민제(閔霽)[88]가 별세하였다.

외조부(外祖父) 민제(閔霽)는 당시 이미 연로하기도 했지만, 9월 들어 병세가 위독하다 하므로 대군의 부왕인 주상이 문병차 9월 9일에 다녀왔는데, 엿새만에 별세(別世)한 것이다. 9월 17일에는 대군의 모후(母后)인 정비(靜妃)가 친정 집에 가서 성복(成服)하였다.[89] 모후로서는 친정 아버지를 여윈 슬픔도 슬픔이려니와 친정 동생인 민무구(閔無咎)·민무질(閔無疾) 형제가 죄인의 몸으로 유배 중에 있다는 사실이 더욱 서글펐을 것이었다. 민무구 등은 당시 각각 여흥(驪興;오늘의 驪州)과 대구(大丘)에 유배 안치되어 있었던 것이다.

---

85 『태종실록』 권16, 태종 8년 9월 辛亥(6일).

86 『태종실록』 권16, 태종 8년 7월 乙亥(29일).

87 『태종실록』 권16, 태종 8년 9월 甲戌(29일).

88 『태종실록』 권16, 태종 8년 9월 庚申(15일) '閔霽의 卒記'를 참조.

89 『태종실록』 권16, 태종 8년 9월 壬戌(17일).

대군의 외숙(外叔)들인 민무구·민무질이 유배되게 된 것은 불충(不忠)과 역모(逆謀)가 그 이유였다. 태종 2년 주상이 창종(瘡腫)을 몹시 앓을 때[90] 민무구가 여시(女侍)와 결탁하여 어린 세자(世子;讓寧大君)를 앞세워 권력을 잡으려 하였고[挾幼執權],[91] 뿐 아니라 세자 이외의 왕자들은 제거하려 했다[宗支剪除][92]는 것이다. 과연 그것이 사실이었는지는 알 수 없지만, 민무구 등이 1400년(정종 2)에 조준(趙浚)의 제거를 획책한 사실로서도 짐작할 수 있듯이 권모술수(權謀術數)에 능한 데다 아버지 민제와 누님인 정비(靜妃) 원경왕후(元敬王后)의 권세를 믿는 위에, 정사공신(定社功臣)[93] ·좌명공신(佐命功臣)[94]을 겸하여 한 때 권세와 부귀가 극성하였던 것 만은 사실이었다. 따라서 1407년(태종 7) 7월의 민무구·민무질 형제의 '옥사'(獄事)는 이러한 것이 원인이 되어 일어났던 것이라 하겠으며, 이로써 민무구 형제는 궁중에 들어가 종친에게 무례할 뿐 아니라 종친간에 이간을 꾀하였다는 혐의로, 개국(開國)·정사(定社)·좌명(佐命) 등 3공신의 탄핵을 받게 된 것이었다.

하지만, 소위 민무구·민무질 형제의 '옥사'(獄事)[95]에는 태종과 정비와의 불화(不和)도 또한 크게 작용했던 것 같다. 민무구형제의 언행(言行)이 매형(妹兄)인 태종의 눈에 거슬리기 시작하던 1402년(태종 2) 주상은 성균관 악정(成均館 樂正) 권홍(權弘)의 딸을 별궁(別宮)으로 맞아 들이려 하였는데, 이 때에 정비가 투기(妬忌)하여 임금의 옷을 붙잡으며 말하기를, "상감께서는 어찌하여 예전의 뜻을 잊으셨습니까? 제가 상감과 더불어 함께 어려움을 지키고 같이 화란(禍亂)을 겪어 국가를 차지하였사온대, 이제 와서 나를 잊음이 어찌 여기에 이르셨습니까?" 하며 울기를 그치지 아니하고 음식도 들지 않았다. 그

---

90 『태종실록』 권4, 태종 2년 9월 己亥(19일)과 『태종실록』 권22, 태종 11년 9월 壬戌(4일)을 참조.

91 『태종실록』 권22, 태종 11년 9월 壬戌(4일).

92 『태종실록』 권16, 태종 8년 10월 乙亥(1일)과 『태종실록』 권18, 태종 9년 9월 癸酉(4일)을 참조.

93 1398년(태조 7) 鄭道傳의 亂(혹은 제1차 王子의 亂)을 평정하는데 功을 세운 사람들에게 내린 勳號.

94 1401년(태종 1) 朴苞의 亂(혹은 芳幹의 난, 또는 제2차 왕자의 난)을 평정하고, 太宗 推戴에 공을 세운 46명에게 내린 勳號.

95 金成俊, 「太宗의 外戚 除去에 대하여」, 『歷史學報』17·18합집, 1962.

래서 임금도 할 수 없이 가례색(嘉禮色)은 파하도록 명하였지만,[96] 이후 주상과 왕비 두 분 사이의 불화는 점점 더 심해져 부부간 갈등의 골은 깊어만 갔고, 이것이 처남 매부간의 정의(情誼)마저 점차 소원(疎遠)하게 하지 않았는가 생각되는 것이다.[97]

어쨌든 민무구형제의 옥사가 태종으로서는 왕권의 강화 안정과 중앙집권 확립을 위한 외척(外戚)의 제거(除去)로서 단행한 부득이한 조처였는지는 모르겠지만, 형제가 태종 10년 3월에 마침내 제주도 유배지에서 사사(賜死),[98] 자진(自盡)하게 하기까지 4년 동안 민무구형제와 그 당여(黨與)에 대해 치죄(治罪)를 요청하는 상소가 140여건에[99] 달한 것으로 보면, 민무구형제의 옥사사건은 대군의 부왕(父王)인 태종에게 있어서는 18년의 재위 기간 중 가장 큰 정신적 고통을 안겨준 사건이 아니었을까 생각된다. 아울러 부왕과 외숙(外叔)들 사이에 빚어진 그 엄청난 일을 감수성 예민한 10여 세에 겪어야 했던 대군 형제들의 심경과 처신은 과연 얼마나 어려웠을까 미루어 짐작할 따름이다.

민무구·민무질 형제가 처음에는 연안(延安)과 장단(長湍)에 각각 유배 안치되고,[100] 이어 직첩까지 회수되었으나,[101] 생명의 보전마저 위태롭게 느낀 민제(閔霽)의 요청으로 그 해 11월 21일에는 여흥(驪興)과 대구(大丘)에 각각 이배(移配)되었던 것이었다. 태종 8년 9월초 민제의 병세가 위독해지자 민무구만 몰래 서울에 들어와 문후(問候)를 할 수

---

96 『태종실록』 권3, 태종 2년 3월 庚寅(7일). "이에 嘉禮色은 부득이 파하도록 명하고, 宦官과 侍女 각각 몇 사람만으로 권씨를 別宮에 맞아들였다. 靜妃는 마음에 병을 얻었고, 임금은 수일 동안 정사를 듣지 않았다."

97 『태종실록』 권22, 태종 11년 9월 壬戌(4일) 참조. 임금이 河崙·趙英茂 등과 왕의 吉禮에 대해 의논하던 중, 전에 知申事 金汝知를 독대하여 말한 내용 중에, "夫婦는 사람의 大倫인데, 지금 靜妃가 閔無咎 등의 일때문에 속으로 불평을 품고 여러번 불손한 말을 하였다. 지난날 민무구는 내가 瘡病이 몹시 크게 났을 때에 女侍와 결탁하여 병세를 엿보고, 드디어 李茂와 더불어 不軌를 陰謀하였으니, 이것이 실로 민무구의 罪였다. 그런데 정비는 이것을 돌아보지 않고 사사로운 忿恨을 품으니, 내가 廢黜하여서 後世를 警戒하고자 하나, 糟糠之妻임을 생각하여 차마 갑자기 버리지 못하겠다. 婦人이란 남편의 집을 안으로 하고, 부모를 밖으로 하는 것은 古今의 의리이다. 政府는 勳舊집과 忠義門에 內事를 잘 살필 수 있는 여자를 선택하여 아뢰라"고 하였다.

98 『태종실록』 권19, 태종 10년 3월 癸未(17일).

99 태종 7년 52건, 8년 33건, 9년 33건, 10년 23건 도합 141건.

100 『태종실록』 권14, 태종 7년 7월 癸亥(12일).

101 『태종실록』 권14, 태종 7년 11월 辛酉(11일).

있었던 것은 그 배소(配所)가 서울에서 가까운 여흥이었기 때문이다.[102] 그 후 민무구 형제는 각각 옹진진(甕津鎭)과 삼척진(三陟鎭)에 이배되었다가,[103] 다시 태종 9년 10월에 제주도(濟州島)로 이배 안치되었고,[104] 이듬해 3월 17일에 사사, 자진(自盡)하게 된 것이었다.

왕권의 강화와 중앙집권 확립을 위해 단행한 태종의 외척 세력 제거는 민무구형제의 제거에 그치지 않고 민무구와 관계된 인물에도 연계시켜 이무(李茂)·윤목(尹穆)·유기(柳沂) 등도 각각 목베어졌다. 그리고 그 뒤 1415년(태종 15)에는 불충(不忠)을 이유로 나머지 처남인 민무휼(閔無恤)·민무회(閔無悔) 형제까지 서인(庶人)으로 폐하였다가 이듬해 사사(賜死)하였고, 같은 해에 심복이었던 이숙번(李叔蕃)도 축출하였다. 그리고 이와 함께 나머지 공신들도 모두 부원군(府院君)으로 봉하여 정치 일선에서 은퇴시켜 대왕 말년쯤에는 왕권에 견제가 될만한 신권(臣權)은 사실상 존재하지 않게 되었다. 태종 때에 확립된 강력한 통치 구조인 육조직계제(六曹職階制)[105]는 바로 이와 같은 바탕 위에 마련 단행된 것이었다.

태종은 또한 군사적 무력을 배경으로 즉위한 만큼 군사(軍事)에 대한 관심도 매우 높았다. 그리하여 우선 국왕 개인을 위한 군사(軍事)에 유의하여 즉위하던 해에 수하병(手下兵)들을 갑사(甲士)로 편입하고,[106] 의관자제(衣冠子弟) 중에서 무재(武才)가 있는 자를 뽑아 별시위(別侍衛)로 편성하였으며, 1404년(태종 4)에는 응양위(鷹揚衛)를 설치하고 1407년에는 내상직(內上直)을 내금위(內禁衛)로 개편하면서 자신이 가장 신임할 수 있는 인물을 특지(特旨)로서 기능을 헤아려 서용하였다.[107]

그리고 1409년(태종 9)에는 삼군진무소(三軍鎭撫所)를 설치하여 다시금 병조(兵曹)

---

102 『태종실록』 권16, 태종 8년 9월 辛亥(6일).

103 『태종실록』 권16, 태종 8년 10월 庚寅(16일).

104 『태종실록』 권18, 태종 9년 10월 壬子(14일).

105 강력한 中央集權 體制를 위해 六曹(吏·戶·禮·兵·刑·工)가 國政을 分掌토록 하면서, 종전의 國王-議政府-六曹의 국정체제를, 國王-六曹의 체제로 전환, 국왕이 육조를 직접 관장할 수 있게 하는 제도로서 왕권과 중앙집권을 크게 강화시켰다.

106 車文燮, 「鮮初의 甲士에 대하여」, 『史學硏究』4·5, 1959 참조.

107 車文燮, 「鮮初의 內禁衛에 대하여」, 『史學硏究』18, 1964 참조.

는 군정(軍政)을, 진무소(鎭撫所)는 군령(軍令)을 담당하게 하였으며, 그 해 11월에는 삼군 진무소의 군기(軍旗), 곧 직문추우기(織紋騶虞旗)가 완성되어 효령군(孝寧君) 보(補)와 충녕군(忠寧君) 도(祹)에게는 선소오매패(宣召烏梅牌)가 각각 내져지게된 바,[108] 중군(中軍)은 주작(朱雀)을, 좌군(左軍)은 청룡(靑龍)을, 우군은 백호(白虎)를 그 상징으로 하였다.

대군이 16세 되던 1411년(태종 11) 봄 4월, 세자(世子;讓寧大君)가 종친들을 거느리고 창덕궁(昌德宮)의 광연루(廣延樓)에서 부왕에게 헌수(獻壽;長壽를 기원하는 뜻으롤 술잔을 올림)하더니,[109] 6월에는 부왕이 상왕(上王;定宗)을 광연루에 모시고 연꽃을 관상하며 주연을 베풀었다. 태종은 부왕이신 태조고황제에 대한 효성이 지극하여 연꽃을 보면 문득 선친을 생각하곤 하였다. 하지만 부왕께서 이미 돌아가셨으매, 이제는 부왕을 섬기던 그 마음으로 대신 상왕 형님을 섬기려 하였고,[110] 이번의 광연루 주연도 그래서 이루어지게 된 것이었다.

그러나 오랜 가뭄 때문에 연향(宴享) 베풀기를 주저하다가 "효성에서 우러난 잔치는 (가뭄이라 하여) 상례(常例)로 논할 수는 없는 것"이라는 김여지(金汝知)의 말에 따라 연향을 베풀게 되었는데, 세자로 하여금 모셔 오게 하여 상왕이 당도하자 때마침 오랜 가뭄 끝에 신령스럽게도 단비[靈雨]가 패연(霈然)히 내렸다. 이에 상왕과 임금 이성(二聖)이 매우 기뻐하고, 세자·종친이 모두 시연(侍宴)하니, 부왕(父王)께서 다음과 같이 시(詩)를 지었다.

거가(車駕)가 영림(榮臨)하시어 옥잔을 드리오니	車駕榮臨獻玉巵
패연(霈然)의 단비가 내려 홍의(紅衣)를 적시도다	霈然甘霍濕紅衣
진한 듯 엷은 듯 새 단장(丹粧)이 고우니	半濃半淡新粧艷
서자(西子)의 입가에 애교담은 자태(姿態)이어라.	西子咸嬌欲語時[111]

108 『태종실록』 권18, 태종 9년 11월 丙申(28일).

109 『태종실록』 권21, 태종 11년 4월 庚子(10일).

110 『태종실록』 권21, 태종 11년 6월 癸卯(14일).

111 『태종실록』 권21, 태종 11년 6월 癸卯(14일).

효령대군(孝寧大君)의 맏아들 **의성군(誼城君) 이채(李寀)가 이 해에 태어나니 초명(初名)은 용(宂)이라 하였다.**[112]

이듬해 1412년(壬辰, 태종 12) 2월에는 그동안 개천도감(開川都監)에서 주관해 온 서울 시내의 하천(河川;지금의 淸溪川)을 파는 역사(役事)가 끝났는데, "장의동(藏義洞) 어구로부터 종묘동(宗廟洞) 어구까지의 문소전(文昭殿)과 창덕궁의 문 앞은 모두 돌로 쌓았고, 종묘동 어구로부터 수구문(水口門)까지는 나무로 방축(防築)을 만들었으며, 대소광통방(大小 廣通坊)과 혜정방(惠政坊) 및 정선방(貞善坊)의 동구(洞口)와 신화방(神化坊)의 동구 등에는 모두 돌다리[石橋]를 놓았는데, 개천 역사(役事) 중 사망자만도 64명이나 되었다"[113] 고 실록(實錄)은 전하고 있다. 하천 역사가 끝나자 개천도감은 그대로 행랑조성도감(行廊造成都監)으로 개편되어 시전(市廛) 건설에 착수하였는 바 역도(役徒)는 2,035명, 그 중 승군(僧軍)이 5백명이나 되었다.[114]

이어 5월 3일에는 효령대군(孝寧大君) 보(補)가 아우 충녕(忠寧) 도(祹)와 더불어 드디어 '대군'(大君)으로 진봉(進封)되었는데,[115] 이는 지난해 12월에 편전(便殿)에서 논의된 바 있는 '종친(宗親)의 봉군(封君)하는 법(法)'에 따른 것이었다.[116] 이 편전에서의 의논에서 태종은,

"나의 생각으로는 태조(太祖)의 정파자손(正派子孫)이 아니면 봉군(封君)하는 것은 옳지 않다고 본다. 국초에 영안군(寧安君) 이양우(李良祐)가 다행히 환왕(桓王)의 서손(庶孫)으로서 봉군(封君)을 받았고, 그 뒤에 종친 가운데 이 예를 끌어다가 봉군한 자가 대개 많았

---

112 1411(太宗 11)~1493(成宗 24), 字는 子弘, 14세 때인 1424년(甲辰, 세종 6)에 誼城君에 봉해졌다. 1431년(세종 13) 正憲大夫에 特加되고, 1434년(甲寅) 崇祿大夫, 1489년(己酉, 成宗 20)에 懸祿大夫 從一品에 特加되었다. 1493년(癸丑, 성종 24) 8월13일卒. 享年 83세. 諡號 '胡敏'. (참고문헌)太宗實錄, 世宗實錄, 文宗實錄, 端宗實錄, 成宗實錄, 宗班行蹟.

113 『태종실록』 권23, 태종 12년 2월 庚午(15일).

114 위와 같음.

115 『태종실록』 권23, 태종 12년 5월 丙戌(3일).

116 『태종실록』 권22, 태종 11년 12월 丁酉(11일).

다. 만일 종친이라고 해서 모두 봉군한다면, 후대의 종지(宗支)를 다 셀 수 없을 것이니, 어떻게 사람마다 봉하여 천록(天祿)을 누릴 수 있겠는가. 또 적자(嫡子)가 아닌데 군(君)을 봉하는 것은 좋은 계책이 아니다"

라고 하였다.

그리고 이 달 16일, 경복궁(景福宮) 안의 새 누각(樓閣)이 완성되니 이름을 경회루(慶會樓)라고 명하였다. 부왕(父王)의 탄신(誕辰)일인 이 날을 기하여, 임금이 경회(慶會)·납량(納凉)·승운(乘雲)·과학(跨鶴)·소선(召仙)·척진(滌塵)·기룡(騎龍) 등의 이름을 가지고 지신사(知申事) 김여지(金汝知)에게 보이며 말하기를,

"내가 이 누각을 지은 것은 명(明)나라 사신에게 잔치하거나 위로하는 장소를 삼고자 한 것이요, 내가 놀거나 편안히 하자는 곳이 아니다. 실로 모화루(慕華樓)와 더불어 뜻이 같다. 네가 가서 하륜(河崙)에게 일러 이름을 정하여 아뢰어라"

하니, 김여지가 복명하는데 최종 '경회루'(慶會樓)로 정한 것이다.[117] 6월 9일에는 임금이 세자(世子;讓寧大君)에게 명하여, '慶會樓' 편액(扁額)을 큰 글자로 쓰도록 하였다.[118]

한편 5월 말경에는 도성(都城) 안의 좌우편 행랑(行廊)들이 전부 완성되니 기록에, "궐문(闕門)에서 정선방 동구까지는 행랑이 4백72간(間)이고, 진선문(進善門) 남쪽에 누문(樓門) 5간을 세워서 '돈화문'(敦化門)이라고 이름하였다. 의정부에서 창덕궁 문밖의 행랑을 각사(各司)에 나눠주어 조방(朝房)으로 만들었다"[119] 고 하였다. 이에 서울은 한양 천도 이후 점차 수도(首都)로서의 면모를 갖추어 가게 되었다.

그리고 6월에는 상왕(上王;定宗)의 적비(嫡妃)인 순덕왕대비(順德王大妃) 김씨(金氏)가

---

117 『태종실록』 권23, 태종 12년 5월 己亥(16일).

118 『태종실록』 권23, 태종 12년 6월 壬戌(9일).

119 『태종실록』 권23, 태종 12년 5일 乙巳(22일).

홍(薨)하였다. "비(妃)는 경주 김씨 증문하시중(贈門下侍中) 김천서(金天瑞)의 딸이었는데, 유한(幽閑)한 덕(德)이 있고 투기하는 마음이 없어 내조(內助)가 대단히 많았다. 향년이 58세였다"고 실록(實錄)의 '졸기'(卒記)에 적혀 있다.[120] 비는 부왕에게는 형수(兄嫂)이고 대군에게는 숙모(叔母)가 되지만, 영의정 하륜(河崙)의 말과 같이, '후사(後嗣)가 된 자는 아들이 되는 것'이었으므로, 예에 따라 태종은 제최(齊衰)를 입고 포소(布素)에 나가 곡(哭)하였다. 또 상왕의 이어소(移御所)에 나아가 부복(俯伏)하여 받들어 위로하였다. 7일간 철조(輟朝)하고, 5일 동안 정시(停市)하게 하였으며, 대소 제사를 정지하고 음악과 혼가(婚嫁)를 금하였다. 7월에 대비의 존시(尊諡)를 정안왕후(定安王后)라 정하고,[121] 8월 경신(庚申, 8일)에 해풍군(海豊郡) 백마산(白馬山) 동쪽 기슭에 장사지내니 후릉(厚陵)이다.[122]

다섯 살에 이미 입학(入學)할 정도로 재기(才氣)가 총명하였던 **효령대군(孝寧大君)이 본격적으로 학문을 하게 된 것은 17세되던 이 해 가을부터였다.** 즉 정안왕후의 후릉(厚陵) 능역(陵役)을 마치고 며칠 후 부왕이 생원(生員) **이수(李隨)에게 옷 한 벌을 하사하였는데, 효령(孝寧)과 충녕(忠寧) 두 대군의 학문 지도를 맡겼기 때문이었다.** 평소 왕자들의 학문 공부에 관해 마음을 써오던 부왕은 먼저 승정원(承政院)에 명하여, "마음이 순후(淳厚)하고 학문에 민첩한 자를 대군의 스승으로 추천하도록 하라" 하고, 또 성균관 대사성(大司成) 유백순(柳伯淳)에게, "관생(館生) 중 경사(經史)에 통한 사람으로 누가 있는가?"고 물었더니[123] 이수를 추천한 것이었다. 수원(水原) 출신 생원(生員)인 이수는 곧바로 임금 앞에 나아가니, "듣건대 그대에게 학행(學行)이 있다고 하니 마땅히 두 대군을 가르치되 게을리 하지 말 것이다. 경서(經書)에서 의심나는 곳은 나도 질문하겠다" 하며 당부하였다. 이수는 학문이 정상(精詳)하고 치밀하며 뜻과 행실이 있어, 효령대군이 출생하던 병자(丙子; 1396)년의 생원시(生員試)에서 1등으로 합격한 자이었다.[124]

---

120 『태종실록』 권23, 태종 12년 6월 戊寅(25일).

121 『태종실록』 권24, 태종 12년 7월 癸卯(20일).

122 지금의 京畿道 開豊郡 興教面 興教里.

123 『태종실록』 권24, 태종 12년 8월 甲子(12일).

124 『태종실록』 권24, 태종 12년 8월 甲子(12일).

부왕인 태종이 즉위한 지 12년째 되던 1412년 10월에는 『선원록(璿源錄)』·『종친록(宗親錄)』·『유부록(類附錄)』의 3록(三錄)이 만들어졌다. 외척 세력의 제거 등 왕권의 강화 안정을 위한 노력과 중앙집권체제의 확립을 위해 힘쓴 결과 어느 정도 왕권이 안정되고 문물 제도가 갖춰지게 되자 왕실 계보(系譜)의 정비 또한 요구되었고, 이에 따라 위의 3록을 만들게 된 것이었다. 사실 태종은 벌써부터 왕실 계보의 정비를 염두에 두고 일찍이 하륜(河崙)과 의논한 바도 있지만, 이 때에 이르러 이숙번(李叔蕃)·황희(黃喜)·이응(李膺) 등을 불러서, "이원계(李元桂)와 이화(李和)는 태조의 서형제(庶兄弟)이다. 만약 혼동하여 『선원록』에 올린다면 후사(後嗣)는 어찌하겠는가? 그러니 마땅히 다시 족보(族譜)를 만들어서 이를 기록하게 하라"[125] 고 비밀히 지시, 당부하였던 것이다.

여기서 왕실의 계보를 구태여 '삼록'(三錄)으로 나누어 서술하게 한 것은, 왕실의 적·서(嫡·庶)를 분명히 구별하기 위한 것이었는데, '선원'(璿源)은 조계(祖系)를 서술한 것이고, '종친'(宗親)은 종자(宗子)를 서술한 것이며, '유부'(類附)는 종녀(宗女)와 서얼(庶孼)을 모두 서술한 것으로서, 3록 모두 각각 2부씩 만들어서 하나는 왕부(王府)에, 또 하나는 동궁(東宮)에 간직하게 하였다.

3록(三錄)을 편찬한 그 해 동짓달 초나흣날은 태종의 제4남, 그러니까 대군의 둘째 아우인 종(褈, 誠寧大君)의 열 번째 생일이므로 궁중에서는 성수초(星宿醮)를 베풀어 수(壽)를 기원하는 의식이 거행되었다.[126] 태종은 원경왕후(元敬王后) 민씨와의 사이에서 4남4녀를 두었는 바, 이종(李褈)은 그 제4남으로서 1402년(壬午, 태종 2)생이니, 대군보다는 여섯 살 터울이었는데, 나면서부터 병약(病弱)하여 생일날에도 특별히 장수(長壽)하기를 기원하는 성수초를 행한 것이었다.[127]

---

125 『태조실록』 권24, 태조 12년 10월 戊寅(26일).

126 『태종실록』 권24, 태종 12년 11월 乙酉(4일).

127 誠寧大君 褈의 出生年에 대한 기록은 어디에서도 찾아볼 수가 없다. 그러나 『太宗實錄』 9년 5월 庚寅(19일)條에, "世子 褆, 孝寧君 補, 忠寧君 祹(世宗)과 어린 아들 褈을 불러 형제간의 和睦의 道理에 대해 曉諭하고 운운" 한 것이나, 태종 14년 12월 辛卯(22일)조에 "성령대군 이종이 大護軍 成抑의 딸을 親迎하였다"라고 한 기사, 그리고 동 18년 2월 乙酉(4일)조의 '誠寧大君 卒記'에 "나이 12세에 摠制 成抑의 딸에게 장가들었다"고 한 기록을 종합하여 보건대, 성령대군 종의 出生 年月日은, 「1403년(태종 3) 11월 癸未(4일)」가 옳다.

그리고 보름쯤 후, 대군의 빙장(聘丈)인 대사헌(大司憲) 정역(鄭易, ? ~ 1425, 世宗 7)[128]이, "매양 조계(朝啓) 때마다 사관(史官)이 직필(直筆)을 잡고도 유독 참여하지 못하니, 전하의 가언(嘉言) · 선정(善政)이 혹시 후세에 다 전해지지 못할까 염려되는 바, 사관을 조계에 입시(入侍)하도록 허락해줄 것"을 요청하였다.[129]

지난해 종실(宗室) 삼록(三錄)을 편찬한데 이어, 1413년(태종 13) 3월에는 대군의 조부인 태조대왕 7년간의 치세(治世) 실기(實記)인 『태조실록』(太祖實錄)15권이 완성된 바, 조선왕조실록(朝鮮王朝實錄)의 기초가 여기에 마련되었다.[130] 또한 3월 11일에는 개경사(開慶寺)에 안치할 목적으로 『대장경』(大藏經)을 해인사(海印寺)에서 인행(印行)하게 한 바, 풍해 · 경기 · 충청도 관찰사에게 각각 전지하여 그 도에서 만든 경지(經紙;大藏經 用紙) 2백 60속(束)을 경상도에 체수(遞輸)하게 하고, 또 경상도 관찰사에게는 따로 전지하여 "지금 체수한 경지를 해인사로 옮겨서 대장경을 인행함이 옳으나 그 인출(印出)할 때에 제연(諸緣)과 중[僧] 2백명에게도 삭료(朔料)를 모두 지급토록 하라" 하였다. 임금은 태조가 불교를 숭상하셔서 일찍이 개경사(開慶寺)를 세웠다 하고, 또 『대장경』을 인출해서 여기에 안치하려고 한 것이었다.[131] 5월 28일에 합천 해인사(海印寺)에서 찍어낸 『대장경』을 개경사로 수송한 것도, 태조의 명복(冥福)을 빌기 위함에서였다.

그런데, 1413년(태종 13) 4월에는 사간원(司諫院)에서 동궁(東宮)을 바로 대전(大殿) 옆 가까이에 새로 지을 것에 대해 상소하기를,

---

128 字 順之, 號 柏亭, 判禮儀司事 允珪의 아들이다. 1383년(고려 禑王 9) 文科에 太宗과 同榜으로 급제하여 친밀한 사이가 되었다. 交州道按廉副使, 司憲府 持平, 參知議政府事 등을 역임하고, 1411년(태종 11) 漢城府尹으로서 正朝副使가 되어 明나라에 다녀와, 이듬해 大司憲이 되었다. 1414년 忠淸道觀察使로 나갔다가 이듬해에 禮曹 · 刑曹판서를 지내고, 1416년 大提學을 거쳐 戶曹判書가 되었다. 士林들의 重望으로 4朝(태조 · 정종 · 태종 · 세종)를 섬기는 데 한결같았다. 내외자손이 수십 명에 福祿까지 겸비하였으나, 스스로 더욱 겸손하였다고 한다. 영의정에 추증되었다. 諡號는 '貞度'.

129 『태종실록』 권24, 태종 12년 11월 辛丑(20일).

130 太祖부터 哲宗에 이르기까지 25대472년간의 歷史를 年月日순서, 즉 編年體 기록의 총 1,893권 888책이다. 國寶 제151호로 지정. 申奭鎬, 1960, 「朝鮮王朝實錄의 編纂과 保管」『史叢』;『韓國史料解說集』 참조.

131 『태종실록』 권25, 태종 13년 3월 庚寅(11일).

> "세자(世子)는 군국(君國)의 저부(儲副)이므로 기르시기를 삼가지 않을 수 없습니다. 이제 세자의 춘추가 바야흐로 성년이고 천성도 명민(明敏)하니, 이목(耳目)에 닿는 바를 모두 요순(堯舜)의 도(道)로써 하면, 즉시 요순과 같은 임금이 될 것이요, 혹 불선(不善)한 일이 있다 하더라도 익히기 쉬울 것입니다. 세자의 학문이 순정(純正)하고 잡박(雜駁)해지는 기운(機運)이 바로 오늘에 있고, 교양하는 방법도 때가 때인지라 늦출 수가 없으니, 신 등은 청궁(靑宮)을 대전 곁에 지어서, 세자로 하여금 날마다 정성(定省)을 부지런하게 함으로써 돈독하게 하기를 원합니다. 들어가서는 좌우로 모셔 정사(政事)를 배우고, 물러나서는 서연(書筵)을 열어 경사(經史)를 강론하면, 세자의 직분을 다하여 관감(觀感)의 이익과 강문(講問)의 자질이 겸하여 극진해질 것이고, 또 세자가 일용(日用)의 사이와 동정운위(動靜云爲)를 모두 천총(天寵)에게 들으시어 예가 아닌 장난은 싹틀 수가 없을 것이며, 사벽(邪辟)한 무리가 나올 수 없을 것입니다. 엎드려 바라건대, 전하는 속히 청궁을 설치하여 나라의 근본을 기르소서"

라고 아뢰었다. 이에 대해 태종은 "세자로 하여금 비록 내 좌우에 있게 하더라도 만약 행실을 고치지 않는다면, 은의(恩誼)만 상할 뿐이다"[132] 라고 한 바, 그렇다면 대전(大殿) 옆으로 동궁(東宮)을 옮기자는 문제가 거론된 것은 무슨 이유 때문일까. 그것은 세자의 문제이지만, 그 바로 손아래의 아우인 효령대군(孝寧大君)에 대해서도 전혀 상관없는 일도 아니므로 살펴볼 필요가 있다고 사료(思料)된다.

실상 이즈음 '동궁(東宮)의 문제'는 그리 간단한 문제가 아니었다. 장차 부왕의 뒤를 이어 왕권을 행사할 세자 양녕대군(讓寧大君)의 비행(非行)이 자주 드러나기 시작하였고, 이번 동궁(東宮)을 옮기는 일 또한 세자의 행실이 염려되어 거론된 것이었다. 아마도 부왕인 태종의 18년간의 재위(在位) 기간 중 대왕으로서 가장 심각하고 견디기 어려웠던 문제가 처남들과의 문제였던 소위 '민무구형제의 옥사(獄事)사건'과, 그 다음이 '양녕 세자(世子)의 문제'가 아니었나 생각된다.

---

132 『태종실록』 권25, 태종 13년 4월 壬子(4일).

태종 4년에 원자(元子) 양녕을 왕세자(王世子)로 삼을 때만 해도 '왕세자를 세우는 목적이 나라의 근본을 높이고 백성들 뜻을 정하기 위한 것'인데, '원자 이제(李禔)는 적장(嫡長)의 지위에 있고 남보다 빼어난 자질이 있으며' 또한 종친(宗親)·태보(台輔)들이 모두 말하기를 "원자가 태어날 때부터 어질고 효성스러우며, 학문은 날로 이루어지니, 마땅히 저위(儲位)에 정하여 여러 사람의 마음을 안정시켜야 한다"[133] 하므로 왕세자로 삼은 것이었다.

그럼에도 불구하고 세자 책봉 후 자유분방한 양녕대군(讓寧大君)의 언행(言行)은 왕세자로서 지녀야 할 예의 범절에 못 미쳐 부왕의 눈에도 걱정스럽게 비쳤다. 한번은 주상(主上)과 함께 식사하는 자리에서, "네가 비록 나이는 적으나 그래도 원자(元子)이다. 언어(言語) 거동(擧動)이 어찌하여 절도가 없느냐"고 꾸지람을 당한 적도 있고,[134] 세자가 공부에 소홀하다고 하여 세자궁의 내시 노분(盧犇)의 볼기를 때리기도 하였다. 하지만 아직은 그 정도로서 그리 심각한 문제는 아니었다. 그래서 세자가 아직은 군왕으로서의 덕행(德行)을 닦을 기회가 있는 것으로 기대되었고, 따라서 비록 태종의 '정치적 쇼'에 불과한 것이었지만,[135] 어떻든 세자에게 전위(傳位)하려고까지 했던 것이었다.[136]

---

133 『태종실록』 권8, 태종 4년 8월 乙亥(6일).

134 『태종실록』 권10, 태종 5년 10월 癸未(21일)

135 태종이 일찌감치 세자에게 '傳位' 하려고 한 것은, 왕권 강화와 왕실의 안전을 위해서는 당신께서 權座에 있을 때에, 세자를 왕위에 앉혀놓고 자신은 배후에서 왕권 행사에 절대적 후원자가 되려는 생각에서였을 것이라고도 하겠지만, 그 보다는 河崙·李叔蕃 등 상당한 세력을 가진 왕권 주변의 '臣權'의 動態를 파악하기 위한 목적에서 취한 행동으로 보아야 할 것도 같다. 이 같은 견해는 태종이 전위 지시를 철회하던 날 태상왕 앞에서 보여준 다음의 장면에서 그렇게 짐작되는 것이다. 「太上王이 조용히 主上에게 말하기를, "나라를 전하는 것은 국가의 大事인데 왕이 나에게 고하지 아니함이 옳겠는가? 더구나 왕은 수염과 머리카락이 벌써 희어졌나? 學問이 아직 통하지 못하였나? 事理를 알지 못하는가? 갑자기 물러나 편안히 쉬려 한다는 것은 또한 무슨 뜻인가? 내가 百歲를 맞은 뒤에는 自意대로 행하게 두겠지만, 아직 죽기 전에는 다시는 이 말을 듣고 싶지 않다" 하며, 마침내 큰 盞에 술을 부어 왕에게 罰을 주려 하였다. 인하여 知申事 黃喜에게 말하기를, "그대는 큰 잔으로 그대의 주상에게 술을 부어 권하라" 하니, 임금이 자리를 피하여 俯伏하고 황희로 하여금 먼저 태상왕에게 드리게 하였다. 태상왕이 말하기를, "비록 너의 罰酒盞이나 내 또한 먼저 마실 것이다" 하였다. 이날 임금이 몹시 취하여 還宮하였다」(『태종실록』 권12, 태종 6년 8월 丙辰(30일)條). 이와 같은 분위기로 보거나, 자신의 의지를 확인한 태종이 부왕 앞에서 흠뻑 취한 것으로 보아서 태종의 의중을 헤아릴 수 있거니와 여기서 '전위'가 곧 태종의 '정치적 쇼' 그 이상이 아님을 짐작할 수가 있다. 어쨌든 세자에게의 '전위 소동'은 그 후 태종 9년 8월에 또 한 차례 겪게 된다.

136 태종 6년 8월 甲辰(18일), 처음 세자에게 傳位한다고 하니 백관들의 반대가 있었고, 成石璘 등이 백관을 거

그러나 '동궁을 대전(大殿) 옆에 새로 짓자'고 건의한 금번의 사간원의 상소는 '전위 문제'의 이전 상황과는 또 다른 문제 때문이었다. 왕세자로서 지녀야 할 예의 범절의 차원을 넘어서 이제는 세자가 몰래 궁중을 벗어나 자유분방한 생활을 더 즐기려 하므로 이를 예방하려고 한 것이었다. 즉 태종 10년 11월, 세자가 몰래 기생 봉지련(鳳池蓮)을 궁중에 불러 들인 일이 있었는데, 부왕이 이를 듣고 근시(近侍) 두 사람을 곤장을 때리고 봉지련은 가두었으나, 세자가 근심 걱정하여 식음(食飮)을 전폐하므로 부왕은 혹시 세자가 병(病)이라도 날까 염려되어 봉지련에게 비단을 주어 풀어주고만 일까지 있었다.[137]

하지만, 그 후로도 세자의 마음은 잡혀지지 않아, 태종 13년 3월에는 또다시 평양 기생 소앵(小鶯)과 놀아난 것이 문제가 되었다. 이 일로 판내섬시사(判內贍寺事) 김매경(金邁卿)과 판예빈시사(判禮賓寺事) 박수기(朴竪基)가 파직되고, 세자의 관부(官府)인 경승부(敬承府)와 서연(書筵) 관직을 혁파하려고까지 했지만, 사태가 이에 이르니 '세자의 행실'이 걱정 안될 수가 없게 되었고, 그래서 소앵의 일이 있은 며칠 후에 위와 같은 사간원의 동궁 이전 문제가 거론된 것이었다.

한편, 불과 3년 전에 친정 동생들인 민무구·민무질 형제를 불의에 잃고, 세자의 생모(生母)로서 맏이 양녕의 세자 책봉(世子 冊封)을 주상에게 졸르다시피하여 세자위에 앉혔건만 날이 갈수록 기대에 어긋나게만 하는 세자의 행실에 상심한 나머지 원경왕후 민비(閔妃)는 몸져 눕게 되었고, 병은 점점 위중하게 되었다.

국모(國母)의 병환이 위중하게 되자 갖은 방법과 정성이 동원되어, 그 해 5월초에는 본궁(本宮)에서 '약사정근'(藥師精勤)의 불교 행사까지 베풀게 되었다. 그리하여 경사(經

느리고 2일간 계속하여 전위의 불가함을 아뢰었으나(태종 6년 8월 乙巳(19일)條, 동 丙午(20일)條), 결국 태종은 尙瑞司의 관원조차 알지 못하게 환관 노희봉을 시켜 玉璽를 世子宮에 내려보냈다(동 8월 丙午(20일)條). 이에 종친과 대소신료가 모두 詣闕하여 전위의 불가를 아뢰니 옥새는 잠시 대궐로 옮겨졌으나 이내 다시 세자궁으로 보내어졌다(동 8월 丁未(21일). 그러나 대소신료 역시 물러나지 않고 전위를 철회할 것을 청하니(동 22일), 8월 26일에 가서야 태종은 전위지시를 철회하였던 것이다(동 8월 壬子(26일). 결국 이 '전위 소동'으로 주상이 德壽宮에서 태상왕으로부터 책망을 듣기까지 하였지만(6년 8월 丙辰(30일)), 어쨌든 전위문제는 태종의 완벽한 정치적 제스츄어였다고 보여진다.

137 『태종실록』 권20, 태종 10년 11월 乙丑(3일).

師) 21인을 본궁에, 승려 100인은 경회루(慶會樓)에 모아 불경(佛經)을 읽으며 기도 드리게 하는 한편 세자에게 향(香)을 피우게 하고, 임금도 친히 연비(燃臂)하니 세자와 대군 등 왕자들이 모두 따라서 연비하였다. 그래서 그런지 중궁(中宮)의 병에 차도가 있자 임금은 기뻐하며 회암사(檜巖寺)에 전지(田地) 100결(結)과 쌀·콩 200석을 내려주기도 하였다.[138]

138 『태종실록』 권25, 태종 13년 5월 甲申(6일).

[illegible]

…적이 名명言언 …긔 업스시니

覺路ᄂᆞᆫ 則解脫이 返流ㅣ라 位當逆涉이시며 因이

窮ᄒᆞ야 趣果ㅣ라 義說諦參이시니라 跡解ᄂᆞᆫ 則覺行이

已立ᄒᆞ샤 不藉名言이시니 止觀애 云ᄒᆞ샤ᄃᆡ 自證

은 不可說이라ᄒᆞ시니라 跡은 行이오 解ᄂᆞᆫ 泯也ㅣ라 然이

無四句ᄂᆞᆫ 說有多途ᄒᆞ니 學者ㅣ 審而詳之니라 ○覺

각路롱ᄂᆞᆫ 解ᅘᆡᆼ脫퇋이 흘루메 두르ᅘᅧ산디 位윙ㅣ 머리건너며 當당ᄋᆞ시며 因ᅙᅵᆫ이 다

❷

廢世子된 兄, 登極한 아우

효령대군 18 ~ 23세

서울 도성(都城) 안의 장행랑(長行廊)이 모두 완공된 것은 대군이 18세 되던 해인 태종 13년(癸巳, 1413)으로서, 그 해 5월 중순경에 준공되니 종루(鐘樓)를 중심으로 서북쪽으로는 경복궁(景福宮)에 닿고, 동북은 창덕궁(昌德宮)과 종묘(宗廟) 앞 누문(樓門)에 이르며, 남쪽은 숭례문(崇禮門;南大門)에 이르니 완성된 행랑의 총 규모는 1,360간(間)으로서 여기에 동원된 역도(役徒)는 대장(隊長)·대부(隊副)·군기감(軍器監)·별군(別軍)과 각사(各司)의 하전(下典) 및 승군(僧軍)까지 모두 합하여 2,641인이라고 기록되어 있다.[1]

그런데 마침 새 도읍의 이 큰 역사(役事)가 끝난 것이 부왕(父王) 태종의 탄신(誕辰)일에 맞춰졌으므로 올 해의 탄일은 더욱 뜻깊을 수밖에 없었다. 따라서 이 날은 상왕(上王;定宗)이 와서 임금을 위해 잔치를 베풀어 드리고 한껏 즐겼다. 정부(政府)와 공신(功臣)들이 헌수(獻壽)하니, 정부와 공신(功臣)·제경(諸卿)에게 잔치를 다시 내려주고 주악(奏樂)도 하사하였다.[2] 그리고 5월 28일에는 얼마전에 승도(僧徒) 2백여명에게 자량(資

1 『태종실록』 권25, 태종 13년 5월 甲午(16일).

2 『태종실록』 권25, 태종 13년 5월 甲午(16일).

糧)을 주어 합천(陜川) 해인사(海印寺)에서 인출한 『대장경』(大藏經)을 개경사(開慶寺)에 수송하여 보관한 바, 태조(太祖)의 명복(冥福)을 빌기 위함이었다.[3]

또한 그 해 10월 중순에는 지방행정 구역의 명칭도 개정한 바, 종래의 서북면(西北面)을 비로소 평안도(平安道), 동북(東北面)을 영길도(永吉道)라 고치고, 감무(監務)는 현감(縣監)으로, 그리고 군현(郡縣)의 이름 가운데 '주'(州)자를 띤 것을 대개 '산'(山)자나 '천'(川)자로 고친다는 것이 이번 개정의 골자였다.[4]

제반 제도(制度)와 문물(文物)이 정비 안정되어 가고, 정치적인 문제들도 차례로 정리되어 가자 왕실의 분위기도 차츰 태평과 안정의 기운으로 바뀌어 갔다. 이런 가운데 맞은 1413년(태종 13)의 섣달 그믐날은 여늬 때 보다 화목하고 정겨운 집안 분위기를 보여주고 있다. 양녕(讓寧) 세자와 효령대군(孝寧大君) 등 여러 대군과 공주(公主)들이 부왕 내외분께 헌수(獻壽)한 후, 노래와 시(詩)로서 기쁘게 해 드리게 되었는데, 임금이 셋째 충녕(忠寧)에게 '시'(詩)의 뜻을 물은 바, 그 대답이 심히 자상하니 부왕이 가상하게 여기며 세자에게 "장차 너를 도와 큰 일을 결단할 것"이라 말씀하고, 충녕에게는 "너는 할 일이 다르니 평안하게 즐기기나 하거라" 하였다.[5]

후일 세종이 된 충녕(忠寧)이 모든 면에 재주가 뛰어났던 것은 사실이지만, 그 소질이 더욱 승화하여 서화(書畵)·화석(花石)·금슬(琴瑟) 등 모든 유희 애완(愛玩)의 격물(格物)을 두루 갖추지 않음이 없고, 그가 예기(藝技)에 정(精)하지 않은 바가 없었던 것은 이와 같은 가정 분위기 또한 크게 작용한 것으로 보아야 할 것이었다. 한편 이 날, 일전에 서연관(書筵官)[6]에서 『효행록』(孝行錄)에서 뽑아 그림을 그리고 이제현(李齊賢)의 찬(贊)과 권근(權近)의 주(註)를 곁들여 써서 만든 병풍(屛風)의 내용에 대해, 세자가 충녕대군으로 하여금 해석하게 하니 충녕이 즉시 풀이를 하였는데 그 뜻이 매우 곡진(曲盡)하였다.[7] 효

3 『태종실록』 권25, 태종 13년 5월 丙午(28일).

4 『태종실록』 권26, 태종 13년 10월 辛酉(15일).

5 『태종실록』 권26, 태종 13년 12월 乙亥(30일).

6 조선시대에 王世子의 儒學敎育을 담당하던 기능. 李碩圭, 「朝鮮初期의 書筵硏究」 『歷史學報』 110집, 1986.

7 『태종실록』 권26, 태종 13년 12월 乙亥(30일).

령대군(孝寧大君)의 둘째 아들 **서원군(瑞原君)이 계사(癸巳, 1413)년 그 해에 태어나니, 자(字)가 사인(士仁), 휘(諱)는 친(寴)이었다.**[8]

이듬해 1414(태종 14)년 새해로 되면서 **효령대군(孝寧大君) 본인의 이름도 고쳐, 지금까지의 이름 '호'(祜)를 '보'(補)로 개명(改名)하니[9] 대군 19세 때였으며,**[10] 제4왕자 종(褈)을 성녕대군(誠寧大君)으로 삼았다. 한편 궁인(宮人)의 아들 비(裶)와 인(祻)을 정윤(正尹)으로 삼고, 인(祻)의 어미 신씨를 신녕옹주(信寧翁主)로 삼았으니 궁중의 비(婢)이었다.

한편 새해 1월 16일에는 의정부(議政府)에서 건의한 대군(大君)·군(君)·원윤(元尹)·정윤(正尹)·부원윤(副元尹)·부정윤(副正尹)을 봉하는 법식을 승인하였다. 효령군(孝寧君)이 아우 충녕(忠寧)과 더불어 대군(大君)으로 진봉(進封)된 것은 이미 2년 전인 태종 12년 5월의 일이었고, 이는 그 지난해 12월에 논의된 '종친(宗親)의 봉군법(封君法)'에 따른 것이었지만,[11] "적서(嫡庶)의 품질(品秩)에는 마땅히 정해진 분수가 있고, 그러나 아직은 미비한 점도 많아서…" 이를 보완하기 위해,

> "즉위(卽位)한 군주(君主)의 적비(嫡妃)의 제(諸) 아들을 대군(大君)으로 봉(封)하고, 빈잉(嬪媵)의 아들은 군(君)으로 봉하며, 궁인(宮人)의 아들은 원윤(元尹)으로 봉하고, 친아들과 친형제의 적실(嫡室)의 여러 아들은 군(君)으로 봉하고, 양첩(良妾)의 장자(長子)는 원윤으로 삼고, 여러 아들은 부원윤(副元尹)으로 삼으며, 천첩(賤妾)의 장자는 정윤(正尹), 제자(諸子)는 부정윤(副正尹)으로 삼되, 원윤 이상은 옛날 그대로 하고, 정윤은 정4품으로, 부

---

8 1413년(태종 13, 癸巳)~1475년(성종 6, 乙未) 10월 2일. 1427년(세종 9)에 通政大夫 元尹에 제수되고, 2년 후 嘉靖大夫에 오르면서 瑞原君에 封君되었다. 이 해 謝恩正使로 발탁되어 明나라에 다녀왔다. 1435년(세종 17)에 正憲大夫 瑞原尹에 오르고, 1459년에 嘉德大夫 瑞原卿에 올랐다가 1467년(세조 13)에 다시 '瑞原君'에 還封되었다. 諡號는 '夷安'. 참고문헌 太宗實錄, 世宗實錄, 文宗實錄, 端宗實錄, 世祖實錄, 成宗實錄, 『한국인물대사전』(한국정신문화연구원, 1999)참조.

9 앞 1장 20쪽의 주5)를 참조. 한편 대군의 諱字는, 讓寧의 諱인 '禔'字나, 忠寧의 휘 '祹'字에서 알 수 있는 것처럼, 옷의「衤」변이 아니고, 보일시「礻」변이 바로 行列 字이므로 '補'가 아니라 '䙵' 또는 '補'라고 써야 옳다.

10 『태종실록』 권27, 태종 14년 1월 戊子(13일). 한편 『淸權輯遺』에는 '17일 戊子'로 되어 있으나, 甲午년 丙子朔이면 '13일 戊子'라야 옳다.

11 『태종실록』 권22, 태종 11년 12월 丁酉(11일).

정윤은 종4품으로 하며, 천첩의 여손(女孫)도 또한 4품의 직을 주는 것으로서 정식(定式)으로 삼으소서"[12]

라고 한 의정부의 상소 원칙에 근거한 것이었다.

한편 1월 28일에는 처음으로 돈녕부(敦寧府)를 설치하였는데, 예속(隷屬)도 없고 직사(職事)도 없는 종친(宗親) 중에서 태조(太祖)의 후예(後裔)가 아니기 때문에 봉군(封君)되지 못한 자와 외척(外戚)·인아(姻婭)와 왕실의 외손(外孫)을 여기에 속하게 한 것이었는데, 간원(諫院)에서 "직사도 없는데 사람을 두고 관직을 설치하는 것은 고례(古例)가 아니라"고 돈녕부의 설치를 반대하자 태종이,

"왕의 친척이 진실로 모두 현명하다면 당연히 동서반(東西班)에다 임명하는 것이 가하다. 그러나 진실로 현명하지도 못한데 이를 임용한다면 혹은 죄의 구렁텅이에 빠지게 되나니, 이를 용서한다면 법을 폐하는 것이 되고, 이를 논죄한다면 은의(恩義)를 상하게 된다. 내가 이 관직을 설치하려는 것은 친척을 친애하는 도리를 다하여 법을 폐하고 은의를 상하게 하는 실수가 없도록 하고자 함이다"[13]

라고 한 취지에서 설치하게 된 것이었다.

그 해 윤9월 14일에는 임금이 원주 각림사(覺林寺)에 거둥한 바, 옛날 잠저(潛邸) 때에 공부하시던 곳이었다. 주지(住持)에게 채단(綵緞)·홍초(紅綃)를 각각 3필씩 내려주고, 쌀과 콩 아울러 1백석을 내려주며, 전지(田地) 1백결과 노비 50구(口)를 더주었다. 절의 노비 등에게는 따로 쌀·콩을 아울러 30석을 내려 주었다. 한편 그해 10월 초3일에는 셋째 충녕대군(忠寧大君)에게서 첫 손자를 보니, 나중에 문종(文宗;珦)으로 즉위하게 된다.

조선 초기에는 임금은 물론 세자(世子)·대군(大君)이나, 재상 등의 고위 관직자가 행

---

12 『태종실록』 권27, 태종 14년 1월 辛卯(16일).

13 『태종실록』 권27, 태종 14년 1월 癸卯(28일).

차(行次) 할 때에는 많은 수의 인원이 수행토록 되어 있어, 대군에게도 반당(伴儻)이라 칭하는 수행원이 50여명이나 되었었는데, 태종 14년 12월초 대군의 반인(伴人) 수를 20여 명으로 정하고,[14] 액수(額數) 외에는 함부로 더 이상 거느리지 못하게 하였으며, 만약 위반할 경우 사헌부(司憲府)와 한성부(漢城府)로 하여금 규리(糾理)토록 하였다.

태종 14년 12월 하순에는 넷째 성녕대군(誠寧大君) 종(褈)이 대호군 성억(成抑)의 딸을 맞아 혼인하게 되었는데, 워낙 병약한 성녕인지라 친영(親迎) 할 때 겨우 궐문(闕門)을 나와 말을 타려하다가 잘못하여 굴레 위의 모식(毛飾)이 땅에 떨어지게 된 바, 이 때문에 별안색 별감(別鞍色 別監) 이도(李韜)와 문태(文迨), 이대종(李大從)이 의금부에 구금되고, 별안색은 혁파되어 공조(工曹)에 붙였으며, 다시 이도는 파직되고 이대종과 문태는 각각 태(笞) 50에 처해졌으니,[15] 당시에 왕권을 강화하려는 부왕 태종의 위엄이 대개 이와 같았다.

이듬해 1415년(태종 15) 4월에는 태종의 셋째 딸인 경안공주(慶安公主)가 23세의 꽃다운 나이로 타계하였다. 부왕은 세자 양녕(讓寧) 위로 3남 3녀[16]를 두었으니, 양녕이 사실은 일곱째가 되는 셈인데, 위로 세 아들은 모두 요서(夭逝)하고[17] 따님 중 경안(慶安)이 셋째이니, 1391년 즉 태조 고황제가 나라를 세우고 등극(登極)하기 한 해 전의 출생이었다. 길천군(吉川君) 권규(權跬)에게 시집갔는데(태종 3년 12월 18일), 부덕(婦德)이 있어 시부모를 섬김에 예절을 극진히 하였고, 가정을 다스림에는 법도가 있었다. 소생으로 2남 1녀를 두었다.

경안공주는 천성(天性)이 정숙하면서도 용모가 예쁜데다가 총명과 지혜가 남달라 부왕과 중전(中殿)의 사랑을 한 몸에 지니며 컸고, 따라서 그 때문에 부왕과 중전의 딸을 잃은 슬픔은 더욱 클 수밖에 없었다. 뿐 아니라 효령(孝寧)·충녕(忠寧) 등 동생들에 대한

---

14 『태종실록』 권28, 태종 14년 12월 庚午(1일).

15 『태종실록』 권28, 태종 14년 12월 辛卯(22일). 동 25일(甲午)에 誠寧의 아내 成氏는 敬寧翁主에 封해짐.

16 1녀 定愼宮主(淸平君 李伯剛에게 出嫁), 2녀 慶貞宮主(平壤君 趙大臨), 3녀(慶安宮主(吉川君 權跬).

17 『세종실록』 권3, 세종 1년 2월 戊寅(3일)조에, "내가 젊은 시절에 아들 셋을 연이어 여의고 갑술(甲戌, 1394)년에 양녕(讓寧)을 낳았는데, 그도 죽을까 두려워서 본방댁(本房宅:閔齊의 집)에 두게 했다"고 하였음.

사랑 또한 극진하여 '다정한 누나'와 함께 자란 대군들로서 누나를 잃은 슬픔은 이루 형용할 수 없는 것이었다.[18]

임금은 너무도 애통하여 3일 동안 조회를 정지[輟朝]하고, 공주의 시댁(媤宅)이 넉넉지 못하였으므로 상의원(尙衣院)에 명하여 의대(衣襨)로 부의(賻儀)케 하고, 장례(葬禮)는 종친(宗親)의 상등례(上等禮)를 쓰게 하였다. 또한 권규(權跬;陽村 權近의 아들)가 장례에 불사(佛事)는 행하지 못하게 청하였으므로 한결같이 『예경』(禮經)의 제도에 따라 거행하였다.[19]

부왕이 아직 재위(在位) 중이고, 양녕대군이 세자위(世子位)에 있으나 태종 15년 무렵쯤이면, 그동안의 세자의 행실로 보아 뜻 있는 신하들 중에는 이젠 충녕으로 세자가 바뀌어야 할 것 아닌가 예측까지하고 있었던 것 같다. 태종 15년 섣달 그믐날 충녕대군이 의령부원군(宜寧府院君) 남재(南在)의 집에 가서 연향(宴享)하게 되었는데, 남재가 여러 사람이 있는 자리에서 충녕에게 이르기를,

> "옛날 주상(主上;太宗)께서 잠저(潛邸)에 계실 때에 내가 학문을 권하니, 주상께서 말씀하기를 '왕자(王子)는 참여할 데가 없으니 학문은 하여 무엇하겠느냐?' 하시기에, '군왕(君王)의 아들이 누가 임금이 되지 못하겠습니까?'했는데, '지금 대군이 학문을 좋아하는 것이 이와 같으니 내 마음이 기쁩니다' 하니, 나중에 부왕이 듣고 크게 웃으며 말씀하기를, '그 늙은이가 과감하구나' 하였다"[20]

고 한 것으로 보아, 그렇게 짐작되는 것이다.

그런데 사실 양녕은 의도적이든 무의식적이든 세자로서는 체통에 손상되는 언행을

---

18 慶安宮主의 '卒記'에, "慶安은 忠寧大君과 天性·氣稟이 서로 닮아서, 궁중에서는 그 어짊[賢]을 함께 일컬었고, 궁주가 매양 충녕의 德器가 날로 이루어짐을 감탄하였으니, 보통 사람이 아니었다"한 것을 보면, 특히 충녕 동생을 사랑하였던 것 같다.

19 『태종실록』 권29, 태종 15년 4월 己丑(22일).

20 『태종실록』 권30, 태종 15년 12월 癸巳(30일).

가끔 보여 주었다. 전일 근시(近侍)들의 꾐에 빠져 몰래 대궐을 빠져나가 기생 봉지련(鳳池蓮)·소앵(小鶯) 등과 놀아난 일도 있었거니와 태종 16년 신년초에는 세자가 요란하게 성장(盛裝)을 하였다가 아우 충녕으로부터, '먼저 마음을 바로 잡은 뒤에 용모를 닦으시기 바랍니다' 하고 충고를 듣기도 하였다. 충녕대군의 이와 같은 충고에, 세자의 시종(侍從)마저 "대군의 말씀이 정말로 옳습니다. 저하(邸下)께서는 지금의 이 말씀을 잊지 마시옵소서" 하니, 세자가 매우 부끄러워하였다고 하며, 며칠 후 세자가 모후(母后)에게, "충녕의 어짊은 우연한 것이 아닙니다. 국가의 대사를 장차 함께 할 것이라"고 하였고, 이 말을 왕비가 임금에게 고하니, 주상이 마음 편찮아했다고 한다.[21] 좀 모자라는 것 같기도 하고, 기대에 못 미치게 하는 세자가 부왕으로서는 못 마땅하게 여겨지기 시작하였다.

반면, 충녕대군의 총명함은 날로 눈에 띄어 부왕의 기쁨을 독차지하였다. 하루는 부왕이, "집에 있는 사람이 비를 만나면 반드시 길 떠난 사람의 노고를 생각할 것이다" 하니, 충녕이 대답하기를, "『시경』(詩經)에 이르기를 '황새가 언덕에서 우니, 부인이 집에서 탄식한다'고 하였습니다" 하니, 부왕이 기뻐하며, "세자가 따를 바가 아니다" 하였다. 언젠가 한번은 세자가 임금 앞에서 사람의 문무(文武)에 대해 논하다가 "충녕은 용맹하지 못합니다" 하니, 부왕이 "비록 용맹하지 못한 듯하나, 큰 일에 임하여 대의(大義)를 결단하는 데에는 당세에 더불어 견줄 사람이 없다"[22] 고 말한 적이 있었다.

이쯤 되니 이제는 세자가 충녕의 충고를 꺼려서 기피하게 되었다. 그 해 3월에 임금이 인덕궁(仁德宮)에 나아가니 상왕(上王;定宗)이 그를 위해 술자리를 베풀고 여러 종친들이 모두 시연(侍宴)하였는데, 연회가 파하자 세자가 큰 매부 이백강(李伯剛)이 일찍이 축첩했던 기생 칠점생(七點生)을 데리고 돌아오려고 하자 충녕이 만류하며, "친척 중에서 서로 이같이 하는 것이 어찌 옳겠습니까" 하며 말을 재삼하니, 세자가 마음으로 노하였으나 애써 그 말을 따랐는데, 그 뒤로 세자는 충녕을 마음 속으로 매우 꺼려하였다.[23]

---

21 『태종실록』 권31, 태종 16년 1월 壬寅(9일).

22 『태종실록』 권31, 태종 16년 2월 壬申(9일).

23 『태종실록』 권31, 태종 16년 3월 壬子(20일).

4월에는 각림사(覺林寺) 주지(住持)가 사승(寺僧)으로서 이 절을 중창(重創)하고자 하니, 명하여 철(鐵) 1천 근을 내려주었다. 그리고 6월에는 정진(鄭津)에게 직첩(職牒)을 주라고 명하니, 곧 정도전(鄭道傳)의 아들인데.[24] 얼마 전에 정도전 자손의 금고(禁錮)를 해제한 바 있었다.

태종 16년 7월 1일, 이 날은 임금이 상왕(上王;定宗)을 경회루(慶會樓)에서 맞이하여 헌수(獻壽)하고 노래부르며 화답하여 지극히 즐기었으니, 상왕의 탄신일이기 때문이었다. 세자(世子)와 여러 종친(宗親)이 모두 시연하였는데, 이어서 입직한 대소 신료에게 술을 내리고 갑사(甲士)와 방패군으로 하여금 막대로 각투(角鬪)하게 하고, 또 수박희(手搏戲)도 하게 하며 이를 구경하였다.[25] 8월 5일에는 고려(高麗)의 끝 임금 공양군(恭讓君을 봉하여 공양왕(恭讓王)으로 삼고, 사신을 보내어 능(陵) 아래에 치제(致祭)하게 하였다.

1418년(태종 18) 부왕은 마침내 **세자(世子) 이제(李禔)를 폐(廢)하고, 충녕대군(忠寧大君) 이도(李祹)로서 대신 왕세자를 교체하였다.**[26] 건국한 지 얼마 안된 시기에, 세자 책봉한 지는 이미 14년이 경과한 지금에 이르러 세자를 교체하지 않을 수 없었던 저간(這間)의 사정이란 과연 무엇이었던가?[27] 앞에서도 지적한 바 있지만, 대군의 부왕인 태종 임금의 18년 재위 기간 중 대왕으로서 가장 심각하고 고통스러웠던 문제가 처남들 4형제의 소위 '민무구형제의 옥사사건'과 '양녕세자의 행실 문제'이었다.

세자 책봉 후 양녕 세자의 자유분방한 행실은 부왕의 심기를 매우 불편하게 했을 뿐 아니라 이를 예방하기 위해 동궁(東宮)을 대전(大殿) 옆으로 옮기기까지 하였었다. 또 관련자들을 처벌하며, 몇 차례 세자에게 강도 높은 주의도 내린 바 있었다. 그럼에도 세자는 뉘우침이 없이 그 후로도 여러 차례의 실행(失行)을 거듭, 몸이 피곤하다는 핑계로 강의 받기를 거절하기도 하고, 대궐문 밖을 나와 서연관(書筵官)들이 제지 방해하지 못하

---

24 『태종실록』 권31, 태종 16년 6월 丙戌(26일).

25 『태종실록』 권32, 태종 16년 7월 庚寅(1일).

26 『태종실록』 권35, 태종 18년 6월 壬午(3일).

27 1404년(태종 4) 7월 20일(己未) 世子封崇都監을 설치, 世子 冊封의 준비를 하고, 8월 6일(乙亥) 元子 李禔를 왕세자에 책봉하는 敎書를 내렸음(『태종실록』 권8, 태종 4년 8월 乙亥(6일))

도록 문 밖에 뒤따라 나오지 못하게 금지하기도 하였다.[28] 그리고 활쏘기를 연습한다는 핑계로 문 밖을 나가며 역시 입직 관원들이 뒤따르지 못하도록 금지하기를 3,4일간 계속한 적도 있었다.[29]

하지만 이 사실은 마침내 부왕에까지 알려지게 되었고, 이에 갑사(甲士)를 시켜 문을 파수(把守)해서 잡인의 출입을 금하게 하였다. 그러나 선공감 부정(繕工監 副正) 구종수(具宗秀)는 오히려 세자에게 잘 보일 수 있는 기회라 생각하고, 후일의 공을 도모하고자 악공(樂工) 이오방(李五方)과 더불어 대나무 사다리[竹橋]를 만들어 밤마다 담을 넘어 세자 궁안에 들어가 술 마시고 놀았다. 또 혹은 밤에 세자를 자신의 집에 맞아 잔치를 베풀고 남몰래 여색(女色)을 바치며, 비밀히 매[鷹子]도 바쳤다. 이 같이 하기를 반복하니 마침내 발각되게 되어 구종수와 이오방을 의금부에 잡아 가두었는데,[30] 이튿날 구종수는 장(杖) 1백대를 때려 함북 경성군(鏡城郡)에 귀양보내고, 이오방은 1백대를 때려 공주(公州)의 관노(官奴)에 환속(還屬)시켰다.

그런데도 그 이후 세자는 허물을 고치지 않고 계속해서 부도(不道)한 짓을 자행하였다. 부왕은 세자를 그의 장인인 찬성(贊成) 김한로(金漢老)의 사제(私第)에 두게 하고 공상(供上)을 정지하라고 명하기까지 하였다.[31] 이에 빈객(賓客) 변계량(卞季良)과 탁신(卓愼)이 다시 한번 반성의 기회를 줄 것을 간청하매, 부왕도 '대개 끝내 훈회(訓誨)함으로써, 세자로 하여금 신명(神明)을 경외(敬畏)하여 행여 행실을 고치고 생각을 바꾸게 하려고' 변계량 등에게 넌지시 이르기를, "경 등이 세자의 실수를 극진히 아뢰어 세자로 하여금 뉘우쳐 깨닫게 하고 세자가 다시는 전일의 행동을 밟지 않도록 종묘(宗廟)에 서고(誓告)하게 하라"고 명하였다.[32] 그러나 일단은 김한로의 사제에 나가 있게 하였고, 이에 세자도 뉘우치며 종묘에 고하니, 부왕도 "과인(寡人)이 세자를 보지 않으려 했더니, 이제 허

---

28 『태종실록』 권32, 태종 16년 3월 乙卯(23일).

29 『태종실록』 권32, 태종 16년 3월 丁巳(25일).

30 『태종실록』 권32, 태종 16년 9월 壬子(24일).

31 『태종실록』 권33, 태종 17년 2월 甲戌(17일).

32 『태종실록』 권33, 태종 17년 2월 甲戌(17일).

물을 뉘우치니 나도 기쁘다"[33] 하며 다시 대궐로 돌아올 것을 허락했었다.

그러나 이미 세자의 '외도(外道) 병(病)'은 깊어질대로 깊어져 치유의 도를 넘고 있었다. 종묘에 서고(誓告)한 지 한 달이 채 안되어 몸이 아프다는 핑계로 또다시 서연(書筵)을 중지시키는가 하면,[34] 4월 중순경에는 멀리 양화나루[楊花津]를 건너 시골 나들이까지 하였다.[35] 그리하여 며칠 후에는 세자의 외도를 조장하였다 하여 이귀수(李貴守)를 참형에 처하고, 진기(陳紀)는 장(杖) 1백대에 유(流) 3천리에 처하고 가산(家産)을 적몰하였으며, 방유신(方有信)은 장 80대를 속(贖)하게 하였다.[36]

그럼에도 세자는 이에 아랑곳하지 않고 더위를 핑계로 강의(講義)에 불응하고 수사간(水賜間;'무수리'들이 宿食하는 곳)의 종[奴僕]으로 하여금 침실 가까이 입숙(入宿)케 하며, 들새[野鳥]를 기르고 화약총[彈子] 놀이를 하는가 하면,[37] 지난번 세자가 대궐로 들였다가 발각되어 쫓겨난 어리(於里)라는 여인을 이번에는 세자의 장인인 김한로가 종비(從婢)라 칭탁하고 세자에게 바친 어이없는 일까지 발생하자 부왕으로서는 할 말을 잃을 지경이었다. 부왕이 당시의 심경을 조말생(趙末生)에게 말하기를,

> "세자가 어려서 체모(體貌)가 장대하여 장차 학문이 이루어지면 종묘사직(宗廟社稷)을 부탁할 만하다고 생각하여 항상 가르치고 깨우치는 방도에 부지런히 하였는데, 이제 이미 수염(鬚髥)이 방불(髣髴)하고 또한 자식까지 둔 나이인데 학문은 좋아하지 아니하고 황음(荒淫)하기만 날로 심하다. 역대의 인주(人主) 가운데 태자(太子)에게 사의(私意)를 가지고 이를 바꾼 자가 있었고, 참언(讒言)을 써서 이를 폐한 자도 또한 있었다. 내가 일찍이 이를 거울삼아 이런 짓을 하지 않겠다고 맹세하였는데, 그러나 세자의 행동이 이와 같음에 이르렀으니 어찌하겠는가? 어찌하겠는가? 태조(太祖)께서 관인(寬仁)한 큰 그릇으로서 개국(開

33 『태종실록』 권33, 태종 17년 2월 己卯(22일).

34 『태종실록』 권33, 태종 17년 3월 己酉(23일).

35 『태종실록』 권33, 태종 17년 4월 辛未(15일).

36 『태종실록』 권33, 태종 17년 4월 己卯(23일).

37 『태종실록』 권33, 태종 17년 5월 丙子(21일).

國)한 지 오래되지 아니하여 그 손자에 이르러 이미 이와 같은 자가 있으니, 장차 어찌하겠는가?"

하며, 비오듯이 줄줄 눈물을 흘렸다.[38] 이에 세자이사(世子貳師) 유창(劉敞), 좌빈객(左賓客) 김여지(金汝知), 우빈객(右賓客) 변계량(卞季良) 등이 세자로 하여금 장인 김한로와 절연(絶緣)할 것을 세자에게 아뢰어 보기도 하였지만,[39] 이미 사태는 돌이킬 수 없는 지경에 이르렀다.

한편, 세자 양녕이 위와 같이 구종수·이오방 등 잡인의 꾐에 빠져 부도하게 실행(失行)하던 무렵인 1416년(丙申, 태종 16)에 **효령대군(孝寧大君)의 셋째 아들이 탄생하니 보성군(寶城君) 이갑(李㝓)으로서[40] 효령대군(孝寧大君) 21세 때이다.** 그리고 태조 이성계의 출신지인 함흥(咸興)지방을 승격시켜 종래의 영길도(永吉道)를 함길도(咸吉道)로 개칭하고, 함주목(咸州牧)을 승격시켜 함흥부(咸興府)로, 영흥부(永興府)는 화주목(和州牧)으로 개칭한 것도 모두 이 무렵이었다.[41]

그리고 이 해, 9월에는 적자(嫡子)·서자(庶子)의 봉작(封爵)하는 법을 또 개정하였는바, 이는 앞서 태종 14년 1월 16일에 수교(受敎)한 봉작법의 내용이, '즉위한 임금의 빈잉

---

38 『태종실록』 권35, 태종 18년 3월 丙辰(6일).

39 『태종실록』 권35, 태종 18년 5월 丁丑(28일).

40 1416년(태종 16, 丙申)~1499년(燕山君 5, 己未) 9월 1일. 1441년(세종 23) 寶城君에 例授되고, 1443년 崇德大夫에 오르면서 寶城尹으로 改授되었다. 1457년(세조 3, 丁丑) 10월 端宗의 崩御 때에는 殯殿都監의 代奠官을 맡았다. 1460년(세조 6) 寶城卿으로 正卿位에 오른 다음 1466년(세조 12)에 海靑衛가 되었으며, 1468년에는 左廂大將이 되어 寶城君으로 다시 還封되었다. 그러나 이듬해(睿宗 1) 소위 '南怡의 獄事'사건에 연루되어 셋째 아들 春陽君 徠와 함께 일시 君號를 삭탈당하고 楊根에 유배되었지만, 이듬해 곧 풀려나 告身을 환급받았다. 1489년(성종 20) 고령으로 특별 加資되어 正一品 興祿大夫 寶城君에 오르고, 1503년(燕山君 9, 癸亥)에는 왕이 노년의 그를 慰安하기 위해 그 손자 李堅孫(제7자 東陽正 李徐의 아들, 곧 江城都正)에게 代加※하여 堂上을 제수케 하였다. 遺命에 따라 謚號와 禮葬을 받지 않았다. 享年 88세. 墓가 처음 衿川의 朴達里 午坐에 있었으나, 1941년(辛巳) 6월 11일 南楊州郡 別內面 廣田里 未坐에 移葬하였다. 配位는 清風郡夫人 陝川李氏로서 光祿寺少卿 李茂昌의 딸이다. 7남 6녀를 두었다(世宗實錄·文宗實錄·端宗實錄·世祖實錄·成宗實錄·燕山君日記). (※조선시대 文武 현직관원이 '資窮' 이상되면, 자신에 別加된 散階를 아들, 사위, 아우, 조카 등 친족 가운데 한 사람에게 대신 가해 주던 制度;崔承熙, 「朝鮮時代 兩班의 代加制」『震檀學報』60, 1985)

41 『태종실록』 권33, 태종 17년 4월 辛未(15일).

(嬪媵)의 아들은 군(君)을 봉하고, 궁인(宮人)의 아들은 원윤(元尹)을 삼고, 친자 및 친형제의 적실(嫡室)의 여러 아들은 군(君)에 봉하며, 양첩(良妾)의 장자는 원윤을 삼고 중자(衆子)는 부원윤(副元尹)을 삼아 작품(爵品)을 한계를 정하여 수교하라'는[42] 것이었는데 반해,

"지금 예전의 제도를 상고하면 주(周)나라로부터 송(宋)나라에 미쳐 전조(前朝)에 이르기까지 즉위(卽位)한 임금이 빈잉과 궁인의 아들을 봉작하고 그 품(品)을 제한하지 않았으며, 친자 및 친형제의 적서(嫡庶) 여러 아들도 또한 공후작(公侯爵)의 차등(差等)으로 봉작하고, 그 품을 제한하지 않아, 전에 수교한 것은 예전 제도를 상고하지 않은 것이니, 이제부터 즉위한 임금의 빈잉 및 궁인의 아들을 봉작하는 것과 친자 및 친형제의 적서 자손은 한결같이 예전 제도에 의하여 그 품직을 제한하지 말고, 친형제의 천첩(賤妾) 자손 및 여손(女孫)은 한결같이 전에 수교한 것에 의하여 정(正)·종(從) 4품으로 삼을 것을 허락하소서"[43]

라고 한 예조(禮曹)의 건의에 따른 것이었다.

이 새로운 봉작법(封爵法)에 근거하여 그로부터 열흘 후 효령대군(孝寧大君)·충녕대군(忠寧大君)·성녕대군(誠寧大君)에게는 각각 대광보국(大匡輔國)의 봉작(封爵)이 내려졌고, 부인(夫人)에는 각각 삼한 국대부인(三韓 國大夫人)의 작호(爵號)가 내려졌다.[44] 한편 효령대군의 **넷째 아들 낙안군(樂安君) 이영(李寍)[45]이 태어난 것이 이 해〔歲〕 12월 15일**이

---

42 『태종실록』 권27, 태종 14년 1월 辛卯(16일).

43 『태종실록』 권34, 태종 17년 9월 甲寅(2일).

44 『태종실록』 권34, 태종 17년 9월 甲子(12일).

45 1417년(태종 17, 丁酉) 12월 15일~1474년(성종 5, 甲午) 5월 28일(壬子). 字는 士安, 名은 寍(寧의 古字). 1427년(세종 9) 通政大夫 元尹에 例授되었다가 1433년(세종 15) 嘉靖大夫에 올라 樂安君에 封君되었다. 1459년(세조 5) 承憲大夫에 오르고 다시 崇憲大夫 樂安尹에 改授되었으며, 이듬해 다시 嘉德大夫 樂安卿을 拜受하였다. 1472년(성종 3) 다시 樂安君에 還封되었다. 享年 58세. 謚號는 '夷安'이니, "마음을 편안히 갖고, 安靜을 좋아하는 것을 '夷', 和睦을 좋아하고 다투지 않는 것을 '安'이라 한다"는 뜻이다. "性稟이 寬厚하여 남을 거스르는 일이 없었

었는 바, 바야흐로 때는 왕실 집안의 영욕(榮辱)이 혼재하는 그와 같은 시절이었다.

그러나 이와 같은 집안의 영예로운 일도 몇 달 안되어 불상사로 묻혀버리고 말았으니, 대군의 둘째 아우인 성녕(誠寧) 이종(李褈)을 잃는 슬픔을 겪게 된 것이다. 이듬해 정초를 들어서면서 성녕이 완두창(豌豆瘡)이 나서 병이 점차 위독해지더니, 임금이 총제(摠制) 성억(成抑;誠寧의 丈人)에게 명하여 향(香)을 받들고 흥덕사(興德寺)에 나아가 정근(精勤)기도하는 등 백가지로 치성(致誠) 드렸으나, 회복치 못하고 끝내 운명하고 만 것이다.[46] 『태종실록』(太宗實錄)에 실려 있는 성녕대군의 '졸기'(卒記)를 읽어보기로 하자.

「종(褈)은 임금의 넷째 아들로서 어렸으나 총명하고 지혜로왔고 용모가 단정하고 깨끗하였으며, 행동거지가 공순(恭順)하였으므로 임금과 정비(靜妃)가 끔찍이 사랑하여 항상 궁중에 두고 옆에서 떠나지 못하게 하였다. 나이 12세에 총제 성억(成抑)의 딸에게 장가들었으나, 일찍이 궁위(宮闈)를 나가지 않았는데, 이 때에 이르러 창진(瘡疹)에 걸려서 바야흐로 병이 심해지니, 신(神)에게 제사지내지 아니함이 없었고 마음을 다하여 기도하였다. 충녕대군이 의원(醫員) 원학(元鶴)을 거느리고 밤낮으로 항상 종(褈)의 곁에 있으면서 자세히 방서(方書)를 궁구하여 일찍이 손에서 놓지 않았고, 친히 약이(藥餌)를 잡아 병을 구료(救療)하니 양전(兩殿)이 그 지성에 감복하였다. 졸(卒)하게 되매, 나이 14세였다. 종은 충성스럽고 효성스러우며 형제간에 우애함이 천성(天性)에서 나왔다. 학문에 부지런하고 활을 잘 쏘았으나 다른 기호(嗜好)는 없었다.」[47]

태종은 성녕대군(誠寧大君)의 영혼을 위로하고자 그의 살던 집을 절[寺]로 삼고자 생각도 했으나,

다"고 史官은 評하였다(『成宗實錄』 권42, 성종 5년 5월 壬子(28일) '樂安君의 卒記').

46 『태종실록』 권35, 태종 18년 2월 乙酉(4일).

47 위와 같음. 誠寧의 贈謚는 '卞韓 國昭頃公'.

"도성(都城) 안에서 집을 절로 삼는다면 종말에는 여염(閭閻) 집과 같이 될 것이니, 분묘(墳墓) 근처에 암자(庵子)를 지어 중[僧]으로 하여금 돌보게 하소서"[48]

라고 한 대언(代言) 하연(河演)의 말을 따라, 성녕(誠寧)의 명복(冥福)을 빌기 위하여 고양현(高陽縣) 북쪽 산이동(酸梨洞) 장령산(長領山)에 있는 분묘 곁에 암자를 지어 대자암(大慈庵)이라 이름하고, 지난날 각림사(覺林寺) 재건 때 불사(佛事)를 주관했던 행호(行乎) 스님을 주지(住持)로 임명하였다.[49] 한편 부왕은 효령대군(孝寧大君)을 시켜 승정원(承政院)에 물어서, 성녕을 위하여 종사(宗嗣)를 세우는 문제를 의논해 보도록 지시하기도 하였다.[50]

재언(再言)하거니와, 만부득이 양녕을 폐세자(廢世子)하고 충녕대군(忠寧大君)으로서 새로 왕세자를 삼게 된 경위는, 위에서 살펴 본 바와 같은 상황에서 진행된 것이었지만, 5월 30일에 양녕 세자(讓寧 世子)가 부왕께 올린 친서(親書)가 결정적이었다. 그 날, 세자가 내관(內官) 박지생(朴枝生)을 시켜 부왕께 올린 '수서'(手書;손수 쓴 글)의 내용은 이러하였다.

"전하(殿下)의 시녀(侍女)는 다 궁중(宮中)에 들이고 어찌 다 중하게 생각하여 이를 받아들이십니까? 지금 가이(加伊)를 내보내고자 하시니, 그가 살아가기가 어려울 것을 생각하면 너무 불쌍하고, 그런데 또 바깥에 내보내어 사람들과 서로 통하게 하면 성예(聲譽)가 아름답지 못할 것이므로, 이 때문에 내보내지 아니하였던 것입니다. 지금에 이르도록 신(臣)의 여러 첩(妾)을 내보내어 곡성(哭聲)이 사방에 이르고 원망이 나라 안에 가득하니, 어찌 스스로에게서 반성하여 구하지 않으십니까. 선(善)함을 책(責)한다면 이별해야 하고, 이별한다면 상(祥)스럽지 못함이 너무나 클 것인데, 신은 이와같은 일이 없었던 까닭으로 마치 악

48 『태종실록』 권35, 태종 18년 2월 壬辰(11일).

49 『태종실록』 권35, 태종 18년 4월 甲申(4일).

50 『태종실록』 권35, 태종 18년 3월 庚申(10일).

기(樂器)의 줄을 끊어 버리는 행동을 차마 할 수가 없었고, 장래 성색(聲色)을 마음대로 할 계책을 오로지 뜻에 따르고 정(情)에 맡겨서 지금에 이르렀습니다. 한(漢)의 고조(高祖)가 산동(山東)에 거(居)할 때에 재물을 탐내고 색(色)을 좋아하였지만 마침내 천하(天下)를 평정하였고, 진왕(晉王) 광(廣)은 비록 어질다고 칭하였으나 그가 즉위함에 미치자 몸이 위태롭고 결국 나라가 망하였습니다. 전하는 어찌 신이 끝내 크게 효도하리라는 것을 알지 못하십니까. 이 첩 하나를 금하다가 실로 잃는 것이 많을 것이요 얻는 것은 적을 것입니다. 어찌하여 잃는 것이 많다고 하는가 하면, 능히 천만세(千萬世) 자손(子孫)의 첩(妾)을 금지할 수는 없을 것이니 이것이 잃는 것이 많다는 것이요, 첩 하나를 내보내는 것이 얻는 것이 적다는 것입니다. 왕자(王者)는 사(私)가 없어야 하는데, 신효창(申孝昌)은 태조(太祖)를 불의(不義)에 빠뜨렸으니 죄가 무거운데 이를 용서하였고, 김한로(金漢老;양녕대군의 丈人)는 오로지 신의 마음을 기쁘게 하기를 일삼았을 뿐인데 포의지교(布衣之交)[51]를 잊고 이를 버려서 폭로(暴露)하시니, 공신(功臣)이 이로부터 위험하여질 것입니다. 숙빈(淑嬪;世子嬪)이 아기를 가졌는데 일체 죽(粥)도 마시지 아니하니, 하루 아침에 변고(變故)라도 생긴다면 보통 일이 아닙니다. 원컨대, 이제부터 스스로 새 사람이 되어 일호(一毫)라도 임금의 마음을 움직이지 아니할 것입니다"

이에 부왕(父王)께서 이를 읽어 보시고 육대언(六代言)과 변계량(卞季良)에게 내어 보이며,

"이 말은 모두 나를 욕하는 것이니, 이른바 '아버지가 올바르게 하지를 못한다'는 말인데, 내가 만약 부끄러움이 있다면 어찌 감히 이 글을 너희들에게 보이겠느냐? 모두 망령된 일을 가지고 말을 하고 있구나. 세자가 여러 날 동안 불효(不孝)하였으나, 그러나 집안의 부끄러움을 바깥에 드러낼 수가 없어서 나는 항상 그 잘못을 덮어두고자 하였다. 다만 직접 그 잘못을 말하여 뉘우치고 깨닫기를 바랐는데, 이제 도리어 원망하는 마음을 가지고 싫어

---

51 벼슬하지 않았을 때의 사귐.

함이 이와 같은 지경에 이르렀다. 내가 어찌 감히 숨기겠는가?"

하고 변계량으로 하여금 답서(答書)를 짓게 하니, 아뢰기를,

"이 일은 모두 망령된 것들인데, 어찌 족히 답(答)하여 줄 것이 있겠습니까. 다만 대신(大臣)으로 하여금 의(義)를 들어 꾸짖는 것이 가(可)합니다"

하였다. 이에 임금이

"옳다. 세자는 내가 선(善)하라고 꾸짖는 말을 싫어한다. 옛날에 아들을 바꾸어서 가르쳤으니, 금 후로는 대신이 이를 가르치고 나는 관대(寬大)할 것이다. 내가 옛날에 내풍류(內風流)[52]를 들이었는데, 다만 내 몸이 한가로운 데 나아가기 위함이었고 태조(太祖)의 오락을 위함이었던 것을 지신사(知申事)가 잘 알고 있는 바이다. 그런데 형세가 장차 가르치기가 어렵겠으니, 이를 어떻게 처리할까"

하니, 조말생(趙末生) 등 5인이 모두 어리(於里)를 참(斬)하여서 그 유혹을 근절하고자 청하였으나, 변계량·김효손(金孝孫)은,

"도리어 어둡고 고집이 세기가 이미 심하여, 사세가 즉시 중지시키기도 어렵겠으니, 우선 그 여자를 돌려 주소서"

하였다. 임금이 다시,

"육대언의 말과 같이 한다면, 그 원망과 혐의를 가히 두려워하지 않을 수 있겠는가? 내가

---

52 宮內의 노래와 춤을 맡아보던 娼妓.

장차 사람을 보내어 이를 꾸짖겠다"

하고 명하여 내관 박지생의 공초(供招)를 받게 하니, 그 공초에 말하기를

"세자가 금후로 만약 계문(啓聞)할 일이 있을 것 같으면 반드시 먼저 보내어 계문하고, 주상이 허락한 뒤에 예궐(詣闕)하여 직달(直達)하겠습니다. 식(式)에 의하여 일 이외에 입전(入傳)하거나 상서(上書)하지 말게 하고, 이와 같은 뜻을 윤덕인(尹德仁)과 전내(殿內) 내관에게 전(傳)하여 설명하여 시행케하소서. 그렇지 않으면 크게 징계하여 뒷사람에게 감계(鑑戒)가 되게 하고, 만약 모반(謀叛)과 시사(時事)는 이 한계에 두지 마소서"

하였다.[53]

일이 이렇게 되자, 6월 2일에는 의정부(議政府) · 삼공신(三功臣) · 육조(六曹)와 삼군도총제부(三軍都摠制府) · 각사(各司)의 신료(臣僚)들이 상소(上疏)하여 세자(世子)를 폐(廢)하도록 청하였다. 해당 관료들이 모두 조계청(朝啓廳)에 나오니, 조말생 · 이명덕(李明德) 등이 전지(傳旨)하기를,

"세자(世子) 이제(李禔)가 간신(奸臣)의 말을 듣고 함부로 여색에 혹란(惑亂)하여 불의(不義)를 자행하였다. 만약 후일에 생살여탈(生殺與奪)의 권력을 마음대로 한다면 형세를 예측하기가 어려우니, 여러 재상(宰相)들은 이를 자세히 살펴서 나라에서 바르게 시행하는 것이 마땅하다"[54]

하였다. 이리하여 의정부 · 육조 · 삼공신 · 삼군도총제부 · 문무(文武) 대소 각사(各司)의 신료(臣僚) 등이 상언(上言)하고, 또 사간원(司諫院)과 사헌부(司憲府)에서 별도 상소하기에

---

53 『태종실록』 권35, 태종 18년 5월 己卯(30일).

54 『태종실록』 권35, 태종 18년 6월 辛巳(2일).

이르니, 세자를 폐하는 일은 이미 기정 사실로 진행되고 있었다.

양녕을 폐세자(廢世子)하고 충녕대군(忠寧大君)으로서 왕세자를 고쳐 삼은 것은, 정확히 1418년(태종 18) 6월 3일이었다. 이 날 이제(李禔)를 세자위(世子位)에서 폐할 것을 상소한 백관들의 소장(疏狀)을 읽어 본 부왕(父王)은, "모골(毛骨)이 송연(竦然)하였다 이는 천명(天命)이 이미 떠나가 버린 것이므로 이에 이를 따르겠다"고 폐세자 할 것을 결정하고, 영의정 유정현(柳廷顯), 좌의정 박은(朴訔), 우의정 한상경(韓尙敬) 등 백관이 조계청(朝啓廳)에 모여 교서(敎書)를 기다리는 가운데, 지신사(知申事) 조말생(趙末生), 좌대언(左代言) 이명덕(李明德)에게 명하여 전지하기를,

> "세자의 행동이 지극히 무도(無道)하여 종사(宗社)를 이어 받을 수 없다고 대소신료(大小臣僚)가 청하였기 때문에 이미 폐(廢)하였다. 무릇 사람이 허물을 고치기는 어려우니, 옛 사람으로서 능히 허물을 고친 자는 오로지 태갑(太甲) 뿐인데, 말세(末世)에 해외(海外)의 나라에 있어서 내 아들이 어찌 능히 태갑과 같겠는가?"[55]

라고 말한 후, 그러나 "나라의 근본은 정하지 아니할 수가 없으니, 만약 정하지 않는다면 인심이 흉흉할 것이다"라고, 다음 세자 정할 것에 대해 언급한 후,

> "옛 날에는 유복자(遺腹子)를 세워 선왕(先王)의 유업(遺業)을 이어 받게 하였고, 또 적실(嫡室)의 장자(長子)를 세우는 것은 고금(古今)의 변함없는 법식이다. 제(禔)는 두 아들이 있는데, 장자는 나이가 다섯 살이고 차자(次子)는 나이가 세 살이니, 나는 제의 아들로써 대신 시키고자 한다. 장자가 유고(有故)하면 그 동생을 세워 후사(後嗣)로 삼을 것이니, 왕세손(王世孫)이라 칭할런지, 왕태손(王太孫)이라 칭할런지 고제(古制)를 상고하여 의논해서 아뢰어라"[56]

---

55 『태종실록』 권35, 태종 18년 6월 壬午(3일).

56 『태종실록』 권35, 태종 18년 6월 壬午(3일).

고 명하였는 바, 새로운 왕세자를 정하기까지의 자초지종을 『태종실록』(太宗實錄)에 적힌 그대로 옮겨 본다.

「부왕의 지시에 대해 먼저 한상경 이하 군신(群臣)은 제(禔)의 아들을 세우는 것이 가(可)하다고 하였으나, 유정현(柳廷顯)은 말하기를 "신은 배우지를 못하여 고사(故事)를 알지 못합니다. 그러나 일에는 권도(權道)와 상경(常經)이 있으니, 어진 사람을 고르는 것[擇賢]이 마땅합니다" 하였고, 박은(朴訔)은 "아비를 폐하고 아들을 세우는 것이 고제에 있다면 가합니다만, 없다면 어진 사람을 골라야 합니다" 하였다. 조연·김구덕·심온·김점·유은지·이춘생·최운·문계종·이배·윤유충·이적·이원항·이발·정상·허규 등 15인 역시 "어진 사람을 고르소서" 하였다. 이에 다시 이원(李原)이 "옛 사람은 큰 일이 있을 적에 반드시 거북점[龜占]과 시초점[筮占]을 쳤으니, 청컨대 점을 쳐서 이를 정하소서" 하였다. 이에 조말생이 여러 의견을 듣고 내전(內殿)에 돌아오니, 임금이 좌우를 물리치고, "제경(諸卿)들이 무엇이라고 하던가" 하매, 조말생이 여러 신하들의 의논한 바를 바쳤다. 이에 임금이 "나는 점을 쳐서 이를 정하겠다" 하고 세자 택정(擇定) 방법에 대해 일단 결정하였다. 그리고 이내 내전으로 들어가서는 왕비에게 "여러 신하들이 어진 사람을 고르는 것이 좋겠다고 한다"고 말하니, 왕비는 "형을 폐하고 아우를 세우는 것은 화란(禍亂)의 근본이 됩니다" 하며 불가함을 말하였다. 이에 임금도 또한 이를 옳게 여겼으나, 한참만에 다시 깨닫고 말하기를, "금일의 일은 어진 사람을 고르는 것이 마땅하다" 하고 곧이어 전지하기를 "나는 제(禔))의 아들로써 대신 시키고자 하였으나, 제경(諸卿)들이 모두 '불가하다' 하니, 마땅히 어진 사람을 골라서 다시 아뢰라"고 하였다. 그러자 유정현 이하 제신(諸臣)들이 "아들을 알고 신하를 아는 것은 군부(君父)와 같은 이가 없습니다" 하니, 임금이 말하기를,

"옛 사람이 말하기를 '나라에 훌륭한 임금이 있으면 사직(社稷)의 복(福)이 된다'고 하였다. 그런데 효령대군(孝寧大君)은 학문은 좋아하나 성격이 심히 곧아서 개좌(開坐)하는 것이 없다. 나의 말을 들으면 그저 빙긋이 웃기만 할 뿐이므로, 나와 중궁(中宮)은 효령이 항상 웃는 것만을 보았다. 충녕대군(忠寧大君)은 천성이 총명하고 민첩하며 자못 학문을 좋아하여 비록 몹시 추운 때나 몹시 더운 때를 당하더라도 밤이 새도록 글을 읽으므로, 나

는 그가 병이라도 날까 봐 두려워하여 항상 밤에 글 읽는 것을 금하였다. 그러나, 나의 큰 책은 모두 청하여 가져갔다. 또 치체(治體)를 알아서 매양 큰 일에 헌의(獻議)하는 것이 진실로 합당하고, 또 생각 밖에서 나왔다. 실례로 중국의 사신을 접대할 적이면 신채(身彩)와 언어 동작(言語 動作)이 두루 예에 부합하여, '술을 마시는 것이 비록 무익한 줄은 알지만 중국의 사신을 대하여 주인으로서 한 모금도 능히 마실 수 없다면 어찌 손님을 권하여서 그 마음을 즐겁게 할 수 있겠는가?' 하며 충녕은 비록 술을 잘 마시지 못하나 적당히 마시고 그친다. 그러므로 충녕대군 도(祹)가 대위(大位)를 맡을 만하니, 나는 충녕(忠寧)으로서 세자(世子)를 정하겠다"

고 말하니, 유정현 등도 "신 등이 이른바 어진 사람을 고르자는 것[擇賢]도 또한 충녕대군을 가리킨 것입니다" 하였다. 이에 의논이 이미 정하여지자 임금이 통곡(痛哭)하며 흐느끼다 목이 메었다.」[57]

양녕(讓寧) 형님을 폐세자하고, 아우 충녕(忠寧)으로 고쳐 정한 것이 효령대군(孝寧大君) 23세 때의 일로서, 양녕이 열 한 살 나이에 세자에 책봉된 지도 14년째나 되던 해였다. 양녕 형님이 비록 세자로서의 '행실'(行實)이 문제되어 세자위(世子位)에서 쫓겨난 데다, 더구나 아우가 대신 새로 왕세자로 정해지는 마당에 중간에 처한 20대 청년 효령대군(孝寧大君)으로서는 실로 견디기 힘든 마음의 갈등 또한 컸을 것이었다. 효령대군께서 자신의 아호(雅號)이기도 한 **'연강'(蓮江)**이라는 법명(法名)으로 수계(受戒)를 받으신 것이 이 무렵이며, 또한 대군께서 관악산(冠岳山) 연주암(戀主庵)을 자주 찾으셨던 것도 이 시기이었는데, 당시 자신의 심경을 노래한 것이 연주암 나한전(羅漢殿) 법당기(法堂記)에 남아 있다.

"옛 선인(仙人) 왕자 진(晉)이여 이곳에서 노닌 것이 언제였던가

---

57 『태종실록』 권35, 태종 18년 6월 壬午(3일).

仙人王子晉 於此何年遊

대(臺)는 텅비고 학(鶴)은 날아갔는데, 조각달만 아직 천년이로세

臺空鶴已去 片月今千秋

나그네 다리는 아직 멀쩡하니 몸은 벌써 구름 위의 누각에 올랐네

有客脚猶健 身登雲外樓

거문고소리 스산하고 학은 안돌아오는데 조각달 속절없이 천년이로세

琴寒鶴不返 片月空千秋[58]

건국한 지 얼마 안된 시기에, 장자(長子) 양녕(讓寧)이 세자에 책봉(冊封)된지도 14년이나 경과한 즈음에 와서 폐세자 하고 셋째 충녕(忠寧)을 새로 왕세자로 책봉한 사실, 그것은 부왕 태종으로서는 오랜 번민 끝에 내린 엄청난 일대 결단이었다. 하지만 일단 결정된 이상 일은 서둘러야 했다. 그리하여 폐세자한 지 열흘 남짓한 6월 17일에 부왕이 정전(正殿)에 나아가 세자와 세자빈(世子嬪;敬嬪 沈氏)에게 책보(冊寶)를[59] 내려주니, 세자(世子)의 책문(冊文)은 이러하였다.

"저이(儲貳)를 세우는 것은 인심(人心)에 관계되는 일이므로 실로 큰 전장(典章)이 되어 원량(元良)을 골라서 나라의 근본은 바로 잡는데 오직 지극히 공정하여야 할 것이다. 이에 융성한 명위(名位)를 바로잡아 봉숭(封崇)의 예식을 거행하노니, 아아! 너 충녕대군 도(祹)는 관홍(寬弘) 장중(莊重)하고 효제(孝悌) 겸공(謙恭)하여 사랑과 공경으로 어버이를 섬기고 법도(法道)를 지켜 공경하고 삼가며 총명하고 배우기를 좋아하여 오직 날마다 부지런히 하니, 나라 일을 부탁함이 마땅하고 신민(臣民)들이 촉망(囑望)하므로 이 때문에 너를 책봉하여 왕세자로 삼는 것이다. 아아! 하늘은 밝은 덕(德)이 있는 자에게 복(福)을 주고 신(神)은 지극한 정성을 흠향하니 제사를 주관하고 종사(宗社)를 계승하되, 오히려 지워진

58 『淸權輯遺』原篇, 21쪽, '冠岳山 文殊臺 題詠'

59 '冊寶'란, '玉冊'과 '金寶'를 말함이니, 옥책이란 尊號를 올릴 때에 頌德文을 새긴 簡冊[書冊]을 일컬음이고, 金寶란 존호를 새긴 印章을 말한다.

짐이 어렵고도 큰 것을 생각하여 심연(深淵)에 임해서 얇은 얼음[薄氷]을 밟는듯이 하여 길이 복록(福祿)의 평안을 누릴지어다"[60]

아울러 경빈(敬嬪)에게도 책문을 내린 후, 이어 "세자를 세워 근본을 바로잡은 종묘(宗廟)를 받들고 인심을 안정시켜 만세(萬世)의 계책을 삼으려는 것이므로, 이러한 성대한 행사에 붙여 마땅히 너그러운 은전(恩典)을 반포하는 뜻"[61]에서 경내(境內)를 사유(赦宥)하는 유지를 내리니, 이에 세자가 전(箋)을 올려 다음과 같이 사례하였다.

"남면(南面)하여 정좌(正坐)하시고 이에 책명(冊命)을 반포하여 세자를 세워서 근본을 바로 잡는데, 어명(御命)이 신의 몸에 그릇되게 미치니 진실로 황송하고 두려운 마음이 간절하여 더욱 감격함이 깊습니다. 엎드려 생각하건대, 신 아무개는 식견(識見)이 천박하고 옹졸하며 성품이 우매하여 동상(東廂)에서 시선(視膳)하나 어버이를 따르고 받드는 도리를 알지 못하고, 스승에게 경(經)을 배웠으나 깊고 오묘한 뜻을 구명(究明)하지 못하였으니, 어찌 밝은 은택(恩澤)이 갑자기 이 누추한 몸에 적시리라고 기대하였겠습니까. 이는 대개 주상 전하께서 장중하고 중정(中正)하며 준철(濬哲)하고 문덕(文德)이 빛나서, '임금의 자리는 반드시 돌아갈 곳이 있고, 인심(人心)은 마땅히 미리 정한 바이라'고 생각하시어, 드디어 이 용렬(庸劣)한 사람에게 명하여 높은 지위를 책임지게 하시니, 신은 삼가 마땅히 부탁하신 책임이 가볍지 않은 것을 생각하여, 싫어함이 없이 또한 이를 보전하겠으며, 지극히 간절한 훈계(訓戒)를 받들어 길이 잊지 않기를 맹세합니다"[62]

이어 이튿날에는 양부(兩府)의 문무백관들이 공복(公服)을 갖추고 세자전(世子殿)에 나아가 정식으로 하례(賀禮)드리니,[63] 충녕(忠寧)은 이제 명실공히 왕세자가 된 것이었다.

---

60 『태종실록』 권35, 태종 18년 6월 丙申(17일).

61 위와 같음.

62 『태종실록』 권35, 태종 18년 6월 丙申(17일).

63 『태종실록』 권35, 태종 18년 6월 丁酉(18일).

6월 20일에는 세자를 위한 서연(書筵)[64]이 처음 열렸고, 그 이튿날은 세자가 되어서 처음으로 조계(朝啓)에 참석하였다.[65] 그리고 27일에는 이미 왕세자(王世子)가 되었으므로 자(字)를 고쳐 '元正'(원정)이라[66] 하는 한편, 의정부와 육조·승정원에 전지(傳旨)하여, "과인(寡人)이 유고(有故)할 때에는 세자로 하여금 대신 정사(政事)를 듣게 하여 정사에 임하는 도리를 익히도록 하고자 하니, 그 정사를 듣는 곳과 접대(接待)하는 예를 경(卿)등이 고례(古禮)에서 상고하라. 만약 고제(古制)에서 상고할 수 없다면 적당한 것을 참작하여서 아뢰어라"고 하여, 왕세자로 하여금 정사(政事)를 익히도록 하고 나아가 장차는 승명대리(承命代理)시킬 채비까지 차려갔다.

그러나 그로부터 한 달 남짓한 8월초, 부왕(父王)은 돌연 세자에게 국보(國寶, 곧 玉璽)를 내려주고 연화방(蓮花坊)에 있는 옛 세자궁(世子宮)으로 이어(移御)하고 말았다.[67] 충녕세자는 말할 것도 없고 문무 백관 모두가 전혀 예기치 못한 청천벽력과도 같은 일이었다. 태종이 즉위한 지 어언 18년이라고는 하나 보령(寶齡)이 아직 50대 초반으로서 건국 초창(初創)에 돌보아야 할 정사(政事)들이 산적(山積)해 있는 데다 왕세자를 교체(交替)하여 책봉(冊封)한 지도 겨우 한 달 남짓한데, 난데없이 전위(傳位)한다고 하니 영문을 모르는 세자 이하 백관들은 아연(啞然) 경악(驚愕)할 수밖에 없는 일이었다. 하지만 부왕 당신 혼자만은 이미 세자에게 전위할 것을 앞 뒤 모두 생각하여 기회를 엿보아 결심한 일, 즉흥적 처사가 아니었고, 모두가 부왕의 속마음을 알아차리지 못했을 뿐이었다.

어쨌든 고려왕조에 대신하여 나라를 창업한 지 얼마 안된 시기에 인위적 왕권 교체나 다름 아닌, 효령대군(孝寧大君)의 입장에서는 부왕으로부터 아우인 세자에로의 전위(傳位)이매, 매우 중대한 '사건'이므로 '실록'(實錄)에 보이는 양위(讓位)에 얽힌 당시의 광경을 그대로 옮겨 보기로 한다.

---

64 朝鮮時代 王世子 儒學教育을 담당하던 機能. 李碩圭, 「朝鮮初期의 書筵硏究」『歷史學報』110집, 1986.

65 『태종실록』 권35, 태종 18년 6월 庚子(21일).

66 『태종실록』 권35, 태종 18년 6월 丙午(27일).

67 『태종실록』 권35, 태종 18년 8월 乙酉(8일).

세자에게 국보(國寶)를 내려주기 며칠 전, 부왕은 '내선(內禪)의 거조(擧措)'[68]를 행사하고자 경회루(慶會樓) 아래에 나아가 지신사(知申事) 이명덕(李明德)과 좌부대언 원숙(元肅)·우부대언 성엄(成揜) 등을 불러, 요지 다음과 같이 말하였다.

"내가 재위(在位)한 지 지금 이미 18년이다. 비록 덕망은 없으나, 불의한 일은 행하지 않았는데, 능히 위로 천의(天意)에 보답하지 못하여 여러 번 수재(水災)·한재(旱災)와 충황(蟲蝗)의 재앙에 이르고, 또 묵은 병이 있어 근래 더욱 심하니, 이에 세자에게 전위(傳位)하려고 한다. 아비가 아들에게 전위하는 것은 천하고금(天下古今)의 떳떳한 일이요, 신하들이 의논하여 간쟁(諫諍)할 수가 없는 것이다. 임신년(壬申年)[69]·무인년(戊寅年)의 일[70]은 모두 경들이 아는 바이지만, 특히 무인년의 일은 죽음을 면하려 살려고 한 일이다. 이제 돌이켜 생각하면 사직(社稷)을 정하는 일이 어찌 사람의 힘으로 되는 것인가. 실로 하늘이 정한 것이다. 내가 재위한 것이 20년 가까운데, 20년이면 나라를 누린 것이 장구한 임금이다. 그간에 태조(太祖)께서 매우 귀여워하던 두 아들을 잃고[71] 상심하시던 것을 생각하면, 비록 내 몸이 영화로운 나라의 임금이 되었지만 어버이를 뵙지 못하고, 혹은 백관을 거느리고 전(殿)에 나아가도 들어가 뵙지 못하고 돌아올 때에는 왕위를 헌신짝 버리듯이 버리고 싶은 심정에, 필마(匹馬)를 타고 관원 하나만을 거느렸지만, 언제나 혼정신성(昏定晨省)하여 나의 진심을 표하고자 하는 일념뿐이었다. 이에 이미 병술년(丙戌年)에 세자에게 전위하려 하였으나[72] 백관들이 중지하기를 청하고, 모후(母后;神懿王后 韓氏)의 영혼이 눈물을 흘리

68 朝鮮은 建國초부터 明과 外交관계를 수립하고, 世子를 冊封하거나 國王이 卽位하는 일에 있어 明으로부터 印信과 誥命을 받아 승인받는 형식을 취해왔다. 지금으로 말하면 국제적 承認인 셈이다. 따라서 왕세자에게 讓位를 하는 데 있어서도 명으로부터 승인을 받아 하는 것이 원칙이었는데, '內禪 擧措'란 자율적으로 禪讓 措置한다는 뜻이다.

69 1392년(壬申)에 高麗 舊臣勢力의 반대를 물리치고 새 王朝를 開創한 사실을 가리킴.

70 1398년(戊寅)에 太宗(芳遠)이 鄭道傳 一派의 세력을 제거하고 實權을 장악한 사실을 말함. '戊寅靖社', 또는 소위 '제1차 王子의 亂'을 가리킴.

71 제1차 '王子의 亂' 때 除去된 芳蕃·芳碩을 두고 한 말.

72 1406년(丙戌, 태종 6)에 讓寧 世子에게 讓位하려고 했던 것을 가리킴. 앞 1장 56쪽의 주134)·135)를 참조.

면서 꿈에 나타나고, 또 양촌(陽村;權近)이 사연을 갖추어 상서(上書)하며, 민씨(閔氏)의 사건[73]이 비로소 일어나서 대간(臺諫)에서 굳이 간(諫)하였으므로 이 때문에 실행하지 못하였다. 이제 내가 생각건대, 원민생(元閔生)이 (중국에서)돌아오고[74] 세자가 조현(朝見)한 뒤에 전위한다면[75] 마땅히 두 가지가 온전할 것이기는 하나, 그러나 미편(未便)한 것이 있으니, 동전(東殿)의 병이 위독하고 나의 병이 다시 발작하니, 세자가 어찌 경사(京師)에 입조(入朝)할 수 있겠는가. 더구나 회안(懷安)의 부자(父子)[76]가 있는 경우이겠는가. 또 양녕(讓寧)이 비록 지극히 (세자와)친하므로 변(變)을 일으킬 의심은 없으나, 어제까지 명분(名分)의 지위에 있다가 지금은 폐출(廢黜)되어 외방(外方)에 가 있으니, 어찌 틈을 엿보는 사람이 없겠는가. 그러므로 (세자가)조현(朝見)하는 것을 정지하고 내선(內禪)을 행하고자 하는 것이다. 이미 나는 하늘에 고하고 종묘(宗廟)에 고하였으니, 내선의 일은 신하들이 의논할 수 있는 것이 아니다. 원민생이 중국 경사(京師;明나라 首都 北京을 말함)에 있을 때 비록 세자의 조현을 말하였지만, 실은 명문(明文)은 없고 말 뿐이었다. 또한 세상의 사고는 때가 없이 생기고, 또 만기(萬機)[77]로서 몸은 가볍게 길을 갈 수가 없다. 황제가 어찌 외국(外國)의 일을 가지고 힐난하겠는가. 내가 8월 초4일쯤에 병이 났다고 핑계하고 자문(咨文)을 보내어 주문(奏聞)하면 황제도 반드시 고명(誥命)을 내려줄 것이니, 지금 판비(辦備)한 금(金)·은(銀)·마필(馬匹)로써 사례하여야 할 것이다. 만일 정조(正朝)의 진하사(進賀使)라면 우의정 이원(李原)으로 이를 삼고, 원민생이 돌아오거든 사은사(謝恩使)는 마땅히 찬성(贊成) 심온(沈溫)을 차견(差遣)하여야 할 것이다. 전위한 뒤에도 내가 마땅히 노상(老相)들과 임금을 보익

---

73 1407년(태종 7)의 閔無咎·閔無疾 형제의 獄事사건을 말함.

74 1417년(태종 17)에 賀正使로 明나라에 다녀온 후 이듬해 다시 讓寧大君을 廢하고, 忠寧大君 祹를 世子로 冊封한 사실을 알리기 위해 奏請使로 明에 다녀옴.

75 明나라의 황제를 謁見하는 일. 朝覲이라고도 함. 忠寧大君이 새로 왕세자로 책봉되면서 太宗은 世子를 직접 明에 보내 朝見시키려고도 생각했었으나, '內禪 擧措'의 방법을 통하여 讓位를 決行하였던 것임.

76 懷安大君 芳幹과 그 아들 孟衆을 가리킴. 1400년 朴苞의 충동으로 소위 '제2차 王子의 亂'을 일으켰으나 실패하고 益州·順天·完山 등지에 流配 당한 후, 1416년 刑曹와 臺諫의 집요한 請罪로 父子가 功臣錄券과 職牒을 몰수당하고, 이듬해에는 洪州에 移配되었었다.

77 정치를 하는 데 있어서의 모든 중요한 기틀, 곧 임금이 보살피는 政務를 말함.

> (輔翼)하고 일을 살필 것이다. 그러니 너희들은 간(諫)하지 말고, 각각 나의 말을 기록하여 정부 대상(大相)에게 갖추 전하여 나의 뜻을 생각하게 하라"[78]

하니, 이에 대언(代言) 등은 아뢰기를 "옳지 않습니다" 하니, 임금은 "18년 동안 호랑이[虎]를 탔으니, 또한 이미 족하다" 하였다. 이명덕(李明德) 등이 할 수 없이 눈물을 흘리면서 나가서 정부와 육조에 선전(宣傳)하니, 영의정 한상경(韓尙敬)·좌의정 박은(朴誾)·우의정 이원(李原) 등과 육조의 판서(判書)·참판(參判)들이 말을 같이하여 대답하기를,

> "성상(聖上)께서 춘추가 노모(老耄)함에 이르지 않고, 병환도 정사(政事)를 폐지할 정도에는 이르지 않았습니다. 또 원민생을 (明에)보내어 세자를 세우도록 청하고, 또 세자가 조현(朝見)한다고 (명에)아뢴지도 몇 달이 못되었으니, 전위하고 자일(自逸)한다는 것은 절대로 옳지 않습니다. 더구나 내선(內禪)은 나라의 큰 일이니 마땅히 인심을 순(順)하게 하여야 하며, 억지로 간쟁(諫諍)을 하지 못하게 하는 것도 옳지 않습니다. 전하가 천조(踐祚)한 이래로 백성이 평안하고 물건이 부성(阜盛)하며, 왜구(倭寇)가 복종하여 오늘과 같이 태평한 적이 없었습니다. 혹은 수재(水災)와 한재(旱災)가 있었다고 하나 이것이 어찌 전하의 덕(德)이 천심(天心)을 누리지 못하여 그러한 것이라 하겠습니까"[79]

라고 하였다. 이에 태종이,

> "아비가 아들에게 전(傳)하는 일에 어찌 신하들이 간쟁(諫諍)을 하려 하는가. 신하의 간쟁하는 법이 어느 경전(經典)에 실려 있는가. 나의 뜻은 이미 결정된 지 오래니 고칠 수가 없다. 다시는 이를 말하지 말라"

78 『태종실록』 권35, 태종 18년 8월 乙酉(8일).

79 『태종실록』 권35, 태종 18년 8월 乙酉(8일).

고 하였다. 정오쯤 되어 임금이 의관을 정제하고 보평전(報平殿)으로 이어(移御)하여 승전환자(承傳宦者) 최한(崔閑)으로 하여금 승정원에 하교(下教)하기를, "오늘 개인(開印)할 일이 있으니 속히 대보(大寶)를 바치라" 하니, 대언(代言) 등이 소리내어 울면서 보평전 문밖에 이르렀으나, 임금은 문을 굳게 닫고 들이지 않았다.

부왕이 내신(內臣)들로 하여금 세자를 부르게 하고, 상서사(尙瑞司)에 명하여 대보(大寶)를 바치라고 재삼 독촉하니 영돈녕(領敦寧) 유정현(柳廷顯) 및 정부 · 육조와 공신(功臣) · 삼군총제(三軍摠制) · 육대언(六代言) 등이 문을 밀치고 곧바로 들어가 보평전 문밖에 이르러 호천통곡(呼天痛哭)하면서 '내선(內禪)의 거조(擧措)'를 정지[停寢]하기를 청하고 함께 대보를 붙잡고 바치지 못하게 하였다. 그러자 임금이 큰 소리로 이명덕에게 "임금의 명(命)이 있는데 신하가 듣지 않는 것이 의리인가" 하며 윽박지르자, 이명덕이 마지못하여 대보를 임금 앞에 바치었다. 이에 세자가 급히 명소(命召)하는 것이 무슨 일인지를 알아채지 못하고 허둥지둥 급히 와서 서쪽 지게문으로 들어가니, 임금이 세자를 보고 "얘야! 이제 대보를 줄터이니 이를 받아라" 하였다.

그러나 세자가 부복(俯伏)하여 일어나지 않으매, 임금이 세자의 소매를 잡아 일으켜서 대보를 주고 곧 안으로 들어갔다. 세자가 몸 둘 바를 알지 못하다가 대보를 상 위에 놓고 안으로 따라 들어가 지성(至誠)으로 사양하고, 군신들도 또한 통곡하여 마지 않으며 국새(國璽)를 되돌려 받도록 청하며, "(중국에)세자를 봉하도록 청하여 주준(奏准)을 받지 못하였는데 어찌 이리 급박하게 서두르십니까" 하고 말하였다. 이에 부왕이 "어찌 (중국에)주문(奏聞)할 연고가 없겠는가" 하면서 이어 대소 신료에게 하교(下教)하기를, "내가 이미 국왕과 서로 대하여 앉았으니 경(卿) 등은 다시 청하지 말라"고 하였다.

그러고는 세자에게 명하여 대보를 받고 대궐에 머물러 있게 하였다. 인하여 홍양산(紅陽傘)을 내려주고 상서관(尙瑞官)과 대언(代言) 한 사람에게 명하여 대보를 지키면서 자게 하였다. 그리고 가종(駕從) 10여 기(騎)에게 명하여 서문으로 나가서 연화방(蓮花坊)의 옛 세자전(世子殿)에 거둥하니 백관들이 따라서 전정(殿庭)에 이르러 통곡하면서 임금께 다시 복위(復位)하기를 청하였다. 그런 가운데 세자는 세자대로 대보를 받들고 전(殿)에 나아가 이를 바치며 굳이 사양하였다. 그러나 밤이 되자 부왕이,

"나의 뜻을 유시(諭示)한 것이 이미 두 세 번이나 되는데, 어찌 나에게 효도할 것을 생각하지 않고 이처럼 어지럽게 구느냐? 내가 만일 신료(臣僚)들의 청을 들어 복위하려 한다면 나는 장차 그 죽음을 얻지도 못할 것이다"[80]

하고, 이에 두 손을 맞잡아 북두성(北斗星)을 가리키며 이를 맹세하여서 다시 복위(復位)하지 않을 뜻을 보였다. 최한(崔閑)으로 하여금 명하여 거듭 전하기를 "내가 이러한 거조(擧措)를 천지(天地)와 종묘(宗廟)에 맹세하여 고(告)하였으니 어찌 감히 변하겠느냐?" 하니, 세자가 황공하고도 두려워하며 이명덕을 돌아보면서 "어찌 할까?" 하매, 이명덕이 대답하기를 "성상의 뜻이 이미 정하여졌으니 효도를 다 하심이 마땅합니다" 하였다. 하는 수 없이 세자가 이명덕으로 하여금 대보를 받들고 나가서 경복궁(景福宮)에 돌아가게 한 뒤 대언 김효손(金孝孫)으로 하여금 대보를 지키면서 자게 하였다. 그러나 대간(臺諫)에서는 여전히 상소하며 내선(內禪)을 정지하도록 청한 바, 그 소(疏)의 피봉(皮封)에 '상전개탁'(上典開拆)이라고 하였더니 임금이 "나는 이미 사위(辭位)하였는데 상전개탁이라 함이 무엇인가? 만일 '상왕전개탁'(上王前開拆)이라고 한다면 마땅히 읽어보겠지만, 이는 읽어 볼 수가 없다" 하며 곧 그 소(疏)를 물리쳐 세자에의 전위가 확고부동함을 나타내었다.

위와 같이 세자에의 전위가 태종의 독단적 의사에 의해 결정되었을 뿐만 아니라 세자는 물론 문무백관의 반대를 무릅쓰고 거의 강압적으로 이뤄진 것과 같이 세종(世宗)의 즉위(卽位) 역시 부왕의 지시에 따라 서둘러 치러졌다. 부왕께서 세자에의 전위를 돌발적으로 발표한 이틀 후인 8월 10일, 임금은 최한을 보내어 승여(乘輿)와 의장(儀仗)을 보내고 또 명하여 궐내(闕內)에 시위(侍衛)하던 사금(司禁)·운검(雲劍)·비신(備身)·홀배(笏陪)를 보내어 왕세자를 맞이하여 오게 하였다. 이에 세자가 최한으로 하여금 사양하기를 다시 청하게 하고, 오장(烏杖)과 청양산(靑陽傘)을 받고 전(殿)에 나아가니 임금이 이를 보고 노하여 "명(命)을 따르지 않으려거든 오지 말라" 하니 세자가 마지 못하여 주

80 『태종실록』 권35, 태종 18년 8월 乙酉(8일).

장(朱杖)과 홍양산(紅陽傘)으로 앞을 인도하여 다가왔다. 그제야 임금이 세자를 불러 들이니, 세자가 친히 소매에서 사전(辭箋)을 올려 다시 한번 더 즉위(卽位)에 응할 수 없음을 사뢰었으나, 임금 역시 윤허하지 않으니 그 때 정부와 육조, 삼군도총제부·문무백관 및 전함(前銜) 2품 이상이 모두 전문(殿門)에 나아가려 하매, 문을 지키는 갑사(甲士)가 가로 막고 들이지를 않았다.[81]

유정현(柳廷顯)이 문지기를 꾸짖고 들어가려고 하였으나 더욱 완강히 막았다. 유정현 역시 물러서지 않고 더욱 거세게 문을 밀치고 들어가니 군신들도 전정(殿庭)으로 따라 들어와 태종에게 복위(復位)하기를 굳이 청하면서 호곡(呼哭)하여 마지 않았다. 그러나 임금은 아랑곳하지 않고 좌대언 하연(河演)과 도진무(都鎭撫) 이춘생(李春生)에게 명하여 갑사로 하여금 중문(中門)을 굳게 지키게 하여 대소신료가 들어오는 것을 금하는 한편, 한상경·박은·이원과 육조판서에게 명하여 새 임금이 즉위하는 모든 일을 의논하게 하였다. 박은(朴訔)만이 "전하께서 군신의 청을 굳이 거절하니 어찌할 것인가? 어찌할 것인가?" 하는 중에, 이미 분위기는 마침내 청을 얻지 못하면 육조와 더불어 즉위할 여러 일을 의논하려고 하는 쪽으로 기울어갔다. 그 중에 성석린(成石璘)·유정현과 군신들이 또 중문을 헤치고 내정에 들어가 호곡하니 그 소리가 어좌(御座)에까지 들려 왔다. 그러자 임금이 효령대군(孝寧大君)으로 하여금 명(命)을 전하기를,

> "내가 이성(異姓)의 임금에게 전위하려 한다면 경(卿)들의 청이 옳겠지만, 나의 아들에게 전위하는데 어찌 이와 같이 하는가? 지난번에 내가 전(前)세자에게 전위하려 하였으나 그러나 아들을 아는 것은 아비와 같은 이가 없으므로 내가 제(禔)의 불선(不善)한 것을 알았던 까닭으로 전위하지 않았다가 이제 전위하는 것이니 다시는 청하지 말라"[82]

하였으나, 군신(群臣)들 또한 더욱 통곡하면서 물러가지 않았다. 그러나 임금 역시 물러

81 『태종실록』 권35, 태종 18년 8월 丁亥(10일).

82 『태종실록』 권35, 태종 18년 8월 丁亥(10일).

서지 않고 드디어 친히 충천각모(衝天角帽)를 세자에게 손수 씌워주고 세자로 하여금 국왕의 의장을 갖추어 경복궁(景福宮)에 가서 즉위하게 하니, 왕세자가 부득이 하여 명을 받고 내문(內門)을 열라고 명하고 나와서 말하기를, "내가 어리고 어리석어 큰 일을 감당하기가 어려우므로 지성으로 사양하기를 청하였으나 마침내 윤허(允許)를 받지 못하고 부득이하여 경복궁으로 돌아간다" 하였다.

이렇게 되자 군신들도 세자가 충천모(衝天帽)를 쓴 것을 보고는 곡성(哭聲)을 멈춘 채, 혹은 꿇어앉고 혹은 땅에 엎드려 서로 돌아보면서 한 마디의 말도 하지 못하였다. 이어 세자가 홍양산으로 경복궁에 나아가니 그제야 좌의정 박은(朴訔)이,

> "세자는 우리 임금의 아들이다. 굳이 사양하였으나 윤허하지 않았고, 이미 상위(上位)의 모자를 쓰셨으니 신(臣) 등이 굳이 다시 청할 이유가 없다"[83]

하니, 군신들도 모두 "부득이한 일이다" 하고 이에 즉위식(卽位式)을 거행할 여러 가지 일에 대해 의논하게 되었다.

세자를 교체 책봉한데 이어 전격적으로 세자에의 전위(傳位)까지 서둘러 시행했으되, 이는 부왕이 단지 국왕 자리에서 벗어나기 위한 것만이 아니라, 세자로 하여금 제대로 국왕 노릇을 할 수 있도록 하게 하려는, 그야말로 '킹메이커'로서의 의도였음은 부왕이 최한(崔閑)에게 명하여 박은(朴訔) 등에게 전교(傳敎)하기를,

> "주상(主上;世宗)이 장년(壯年)이 되기 전까지는 군사(軍事)는 내가 친히 청단(聽斷)할 것이다. 또 나라에서 결단하기 어려운 일은 의정부·육조로 하여금 의논케 하여 각각 가부(可否)를 진달(陳達)하게 하여 시행케 하고, 나도 마땅히 가부에 한 사람으로서 참여하는 것이 가(可)하다"[84]

---

83 위와 같음.

84 『태종실록』 권36, 태종 18년 8월 丁亥(10일).

라고 한 것에서 짐작할 수 있거니와, 이에 이원(李原) 등이 아뢰기를,

"성상(聖上)의 전위는 한가롭게 일락(逸樂)하시고자 하려는 것으로 신 등은 생각하였는데 이제 성상의 뜻의 대계(大計)를 알겠습니다. 청컨대 교서(敎書)를 지어 왕위를 사양하시는 뜻을 유시(諭示)하여서 신민(臣民)의 소망을 너그럽게 하소서"[85]

하니, 곧 예조판서 변계량(卞季良)에게 하명하여 전위(傳位)의 교서(敎書)를 짓게 한 바, 그 내용은 이러하였다.

"왕은 말하노라. 내가 부덕(不德)한 몸으로 태조의 홍업(洪業)을 이어받아 아침 저녁으로 삼가고 두려워하여 정성을 가다듬어 잘 다스리기를 도모한 지 대개 이미 지금 18년이 되었다. 은택이 백성들에게 미치지 못하여 여러 번 재변(災變)이 일어났고, 또 몸에 숙질(宿疾)이 있었는데 근일에 더 심하여 청정(聽政)을 감당할 수 없게 되었다. 세자[祹]가 영명(英明) 공검(恭儉)하고, 효제(孝悌) 관인(寬仁)하여 대위(大位)에 오르기에 합당하므로 이미 영락(永樂)[86] 16년 무술(戊戌) 8월 초8일에 친히 대보(大寶)를 주어 기무(機務)를 오로지 맡아보게 하고, 오직 군국(軍國)의 중요한 일만은 내가 친히 청단하겠다. 아아! 너희 중외(中外)의 대소 신료(大小 臣僚)들은 모두 나의 지극한 마음을 몸 받아 한 마음으로 협력하고 도와서 유신(維新)의 경사를 맞이하게 하라. 그러므로 이에 교시(敎示)하니, 생각하여 마땅히 그리 알라"[87]

이어 백관에게 명하여 경복궁(景福宮)에 가서 진하(陳賀)하게 하였다. 이 날 경시(庚時:오후 5~6시경)에 문무 백관이 조복(朝服)을 갖추고 경복궁 전정(殿庭)에 반서(班序)하

---

85 『태종실록』 권36, 태종 18년 8월 丁亥(10일).

86 明 成祖(1403~1424)의 年號. 永樂 16년은 朝鮮 太宗 18년(1418).

87 『태종실록』 권36, 태종 18년 8월 丁亥(10일).

니, 세자가 강사포(絳紗袍)와 원유관(遠遊冠)을 착복하고 근정전(勤政殿)에 나아가서 백관들의 조하(朝賀)를 받았고, 의정부 영의정 한상경(韓尙敬) 등은 전(箋)을 올려 진하(陳賀)하였다.

새 임금이 조회 받기를 마치고, 상왕(上王;定宗)을 높여 '태상왕'(太上王)이라 하고, 부왕은 '상왕', 모후(母后)는 '대비'(大妃)라 하였으며, 경빈(敬嬪;昭憲王后 沈氏)을 봉하여 '비'(妃)로 하였다. 이어 왕의 장인(丈人)인 심온(沈溫)을 청천부원군(靑川府院君)으로 삼고, 심온의 처 안씨(安氏)는 삼한 국대부인(三韓 國大夫人)으로 삼았다. 한편 부왕(父王)에 대한 존호(尊號)를 올리는 일에 있어서는 약간의 우여곡절이 있었다. 결국 상왕[定宗]을 태상왕(太上王)으로 높이고 부왕은 상왕(上王)으로 칭하기로 결정되었지만, 당초 즉 '전위 교서'(傳位 敎書)에 이은 '즉위 교서'(卽位 敎書)의 반포에 즈음해서 부왕에 대한 칭호를 상왕으로 할 것인가, 태상왕으로 할 것인가에 대한 논란이 있었던 것이며, 이는 이미 왕위에서 물러나 있는 정종(定宗)이 상왕으로 불려온 데에 연유하는 것이었다.

8월 10일에는, 그야말로 엉겁결에 왕위에 오른 충녕(忠寧) 세자[世宗]는 우선 지신사(知申事) 이명덕(李明德)으로 하여금 부왕께 아뢰기를 "원컨대 존호(尊號)를 태상왕(太上王)으로 올리고자 하나이다" 하니, 부왕이 "상왕을 태상왕으로 높이고 나는 상왕으로 함이 마땅하다. 내가 감히 겸덕(謙德)해서가 아니라 천륜(天倫)의 서차(序次)로 말하는 것이니 주상(主上)이 나에게 효도하고자 하거든 모름지기 나의 말을 좇아야 할 것이다"[88] 함에 이명덕이 반명(反命)하니 임금은 "부왕이 나에게 효도하라시는 가르침은 따르지 않을 수 없으나, 내 스스로 결정할 수 없으니 이를 정부(政府)·육조(六曹)로 하여금 의논해서 아뢰게 하라" 하였다.

이에 정부·육조에 의논케 한 결과 유정현(柳廷顯)·박은(朴訔)·이원(李原)·박습(朴習)·조말생(趙末生) 등은, "상왕이 비록 먼저 즉위하셨지만 부왕의 공덕(功德)이 깊고 무거운데 하물며 주상께서 왕위를 부왕에게서 받은 경우이겠는가. 마땅히 가까운[親] 데에서부터 먼[疎] 데에 미쳐야 하니, 마땅히 부왕을 높여 태상왕으로 삼아야 할 것이며,

88 『태종실록』 권36, 태종 18년 8월 戊子(11일).

상왕은 그대로 상왕이 되는 것이라" 하였고, 이에 대해 변계량(卞季良)·정역(鄭易)·탁신(卓愼)·이적(李迹)·이지강(李之剛)·한상경(韓尙敬)·원숙(元肅) 등은, "후자(後者)가 되는 것은 아들이 되는 것이니 마땅히 즉위한 선후(先後)로써 논하여야 하며, 공덕(功德)으로써 논할 수가 없다. 마땅히 상왕을 높여 태상왕으로 하고, 부왕을 상왕으로 해야 할 것이라"[89] 하였던 것이며, 상왕 자신이 또한 사람을 보내어 "태상(太上)이란 두 글자는 내가 감당할 바가 못되며 실로 지나침이 있다" 하여, 부왕에 대한 존호를 둘러싸고 이와 같이 논란이 있었던 것이었다.

논란 끝에 마침내 부왕에 대한 존호가 '상왕'으로 확정되자 새로 즉위한 임금의 즉위 교서가 반포된 바, 세종(世宗)의 국왕으로서의 제일성(第一聲)이라고 할 '즉위 교서'(卽位敎書)이니만치 그 내용에 대해 주목해 보기로 하자.

"삼가 생각하건대 태조께서 홍업(洪業)을 초창(初創)하시고 부왕 전하께서 큰 사업을 이어 받으시어 삼가고 조심하여 하늘을 공경하고 백성을 사랑하며, 충성이 천자(天子)에게 이르고 효하고 공경함이 신명(神明)에 통하여 나라의 안팎이 다스려 평안하고 나라의 창고는 넉넉하고 가득하며, 왜구(倭寇)는 와서 복종하고 문치(文治)는 융성하고 무위(武威)는 떨치었다. 그물이 들리면 눈이 열리듯이 대체가 바로 서매 세절(細節)이 따라 잡히어 예(禮)가 일어나고 악(樂)이 갖추어져 깊은 인애와 두터운 은택이 민심에 흡족히 젖어들고, 융성한 공렬(功烈)은 사책(史冊)에 넘치어 승평(昇平)의 극치(極致)를 이룸이 옛적에는 없었나니, 그러한지 이에 20년이 되었다. 그런데 근자에 오랜 병환으로 말미암아 청정(聽政)하시기에 가쁘셔서 나에게 명하여 왕위를 계승케 하시었다. 나는 학문이 얕고 거칠며 나이는 어리어 일에 경력이 없으므로 재삼 사양하였으나 마침내 윤허를 얻지 못하여, 이에 영락(永樂) 16년 무술(戊戌) 8월 초10일에 경복궁(景福宮) 근정전(勤政殿)에서 위(位)에 나아가 백관의 조하(朝賀)를 받고 부왕을 상왕(上王)으로 높이고 모후를 대비(大妃)로 높이었다. 일체의 제도는 모두 태조와 우리 부왕께서 이루어 놓으신 법도를 따라 할 것이며, 아무런 변경

89 위와 같음.

이 없을 것이다. 그리고 이 거룩한 의례에 부쳐서 마땅히 너그러이 사면(赦免)하는 영(令)을 선포하노니, 영락 16년 8월 초10일 새벽 이전의 사건은 모반 대역(謀叛大逆)이나 조부모나 부모를 때리거나 죽이거나 한 것과, 처첩(妻妾)이 남편을 죽인 것, 노비가 주인을 죽인 것, 독약이나 귀신에게 저주하게 하여 고의로 꾀를 내어 사람을 죽인 것을 제하고, 다만 강도 외에는 이미 발각된 것이나 안된 것이거나, 이미 판결된 것이거나 안된 것이거나 모두 용서하되, 감히 이 사면의 특지를 내리기 이전의 일로 고발하는 자가 있으면 이 사람은 그 죄를 다스릴 것이다. 아아! 위(位)를 바로잡고 그 처음을 삼가서 종사(宗社)의 소중함을 받들어 어짊을 베풀어 정치를 행하여야 바야흐로 땀 흘려 이루어 주신 은택을 밀어 나아가게 되리라"[90]

새로운 국왕의 즉위(卽位) 절차는 근정전에서의 즉위(卽位) 교서(敎書) 반포(頒布)에서 시작하여 상왕전(上王殿)에 전(箋)을 올리는 절차로 이어졌다. 즉 예조에서 준비한 의식 절차에 따라 임금이 면복(冕服)을 갖추고 연(輦)을 타고 백관을 거느려 상왕전에 나아가 사은(謝恩)의 전을 올리는 순서였는 바, 그 전문(箋文)은 대개 다음과 같다.

"성군(聖君)의 대명(大命)이 그릇 어둡고 어리석은 이 몸에 내리시니 신자(臣子)된 심정으로 놀랍고 두려움을 어찌 견딜 수 있겠습니까. 아무리 생각하여도 저에게는 마땅치 않사오며 중난한 짐을 어찌 감당하오리까. 엎드려 생각하옵건대 신은 성품과 자질이 어리석고 느슨하오며 학문이 천박하와 일찍이 동궁(東宮)에 있을 때에도 종사[宗祧]를 받듦에는 감당하지 못할 것이요, 단지 양궁(兩宮)을 받들어 모시고 시선(視膳)이나 삼가 보살필까 하였아오며, 또한 신은 정사에는 어두우니 돌이켜 보건대 어찌 족히 백성을 다스릴 수 있겠습니까. 그런데 뜻밖에 조그마한 이 몸이 갑자기 신기(神器)를 받잡게 되오니 이는 대개 자애하시는 마음이 두터우시고 덕이 너그럽고 어지시어, 이르시되 뒷 사람을 선도하여 어진 계책을 주기에는 모름지기 위(位)를 전하여 뒤에 복을 내리게 하리라 하시와 드디어 잔약한 이 몸

---

90 『태종실록』 권36, 태종 18년 8월 戊子(11일).

으로 외람되이 큰 자리에 임하게 하시오니, 감히 나라를 초창(初創)하실 때에 어려움과 편안히 쉬실 겨를이 없으셨던 일을 우러러 생각지 않을 수 있겠습니까. 또 부탁하옵신 책임이 중난(重難)한 줄을 생각하여도 오직 길이 도모할 바를 마음에 품고 힘쓰겠나이다"[91]

상왕에 대한 인사와 국왕으로서 정사를 잘 돌보겠다는 요지의 서약(誓約)인 전(箋)을 올리는 의식을 마친 후 면복(冕服)을 벗고 부왕에게 나아가 뵈니, 상왕은 "마땅히 장의동(藏義洞)의 본궁으로 돌아가서 창덕궁(昌德宮)의 역사가 끝나기를 기다리라" 하였다.

새 국왕의 즉위 의식 절차가 끝나자 다음은 새 임금을 중심으로 하는 관직(官職) 이동, 곧 인사(人事) 행정의 순서로 이어졌고, 그것은 새 임금의 세자 시절 때의 사빈(師賓)이었던 인물들에 대한 예우 개선으로부터 시작되었다. 즉 박은(朴訔)을 좌의정 영경연사(左議政 領經筵事)로, 이원(李原)은 우의정 영경연사로, 유창(劉敞)은 옥천부원군(玉川府院君)으로, 변계량(卞季良)은 예조판서 지경연사(禮曹判書 知經筵事), 유관(柳觀)은 예문관 대제학 지경연사로, 탁신(卓愼)은 예조참판 동지경연사로, 이지강(李之剛)은 호조참판 동지경연사, 이명덕은 이조참판, 하연(河演)은 지신사(知申事), 원숙(元肅)은 좌대언(左代言), 성엄(成揜)은 좌부대언, 이수(李隨)는 동부대언(同副代言), 윤회(尹淮)는 판승문원사 경연시강관(判承文院事 經筵侍講官), 정초(鄭招)는 판군자감사(判軍資監事) 경연시강관으로 각각 삼았는 바, 모두 세자의 사빈(師賓)을 겸했던 까닭으로 벼슬을 고쳐 제수한 것이었다.[92]

그리고 새 임금은 종부시(宗簿寺) 제조(提調)에게 의논하여 말하기를,

"그동안 효령대군(孝寧大君)께서 맡아오셨지만, 대군은 병약하시므로 종부시(宗簿寺)를 영솔(領率)하시기 어려우니, 진양대군[晉陽大君;首陽大君]으로 이를 대신하게 하려고 한다. 다만 본래의 뜻은 벼슬이 높고 덕망(德望)이 있는 자를 이로 삼아 종친(宗親)을 대표하여 영

---

91 위와 같음.

92 『태종실록』 권36, 태종 18년 8월 戊子(11일).

솔하게 할 것이나, 지금으로는 이미 그 마땅한 사람이 없고, 진양대군이 아직 젊기는 하나 또한 그 수신(守身)의 법을 알고 있다"

하고 드디어 수양대군으로 제조를 삼고 이르기를,

"예로부터 종실(宗室)들은 방위하는 것이 매우 급무(急務)였다. 이제 방종하고 태만하여 종친의 복종(僕從)까지도 이에 인연(因緣)하여 백성을 침해하는 자가 많게 되었다. 그리고 너를 서용(敍用)하여 제조로 삼는 것은 또한 너로 하여금 이직(吏職)에 종사하게 하여 국법(國法)을 배우도록 하려는 것이다"

하였다.[93]

8월 12일에는 이원(李原)을 보내 종묘(宗廟)에 고하게 하는[94] 한편, 각도에서 상왕과 대비전(大妃殿)에 바쳐오던 진상(進上)과 사은숙배(謝恩肅拜) 등은 예전 처럼 그대로 하게 하였다. 그런 중에 한 가지 남은 문제가 전위한 사실을 중국[明]에 알리는 일이었다. 그리하여 임금이 상왕전에 나아가 영의정 한상경(韓尙敬) 등을 불러 명(明)나라에 전위한 사실을 알릴 것에 대해 의논한 바 모두 말하기를, '세자의 책봉을 청하였을 때에 인준을 받지 못하였는데, 또 갑자기 전위(傳位)하였으니 중국 조정에서 어떻게 생각할까' 하는 염려이었다. 그도 그럴 것이 세자 책봉한 지 한 달 남짓하여 전위까지 하고 말았으니 중국에 대하여 이 사실을 설명할 명분이 얼른 떠오를 리 없었던 것이며, 이에 상왕이 '중국에 가서 전권으로 대답할만한 사람을 가리어 우선 사은주문사(謝恩奏聞使)부터 인선할 것'을 명하니, 한성판윤 김여지(金汝知)를 사은사(謝恩使)로, 공조참판 이적(李迹)을 부사(副使)로, 그리고 형조판서 조말생(趙末生)을 주문사(奏聞使)로 정하게 되었다.[95]

---

93 『세종실록』 권1, 總書(7월).

94 『세종실록』 권1, 세종 즉위년 8월 己丑(12일).

95 『세종실록』 권1, 세종 즉위년 8월 庚寅(13일).

명나라에 보내는 사절단은 구성하였으나 과연 어떻게 전하느냐 하는 방법은 정하지 못한 채, 14일에는 이에 대한 의논이 있었다. 임금이 영돈녕 유정현 등과 의논하는 중에 중론(衆論)이, "마땅히 풍병(風病)을 앓으시어 때때로 발작하여 부득이 세자 이도(李祹)를 대리로 하여 국사(國事)를 보게 하였으며, 인장(印章)과 면복(冕服)은 감히 마음대로 전해 주지 못하고 오직 칙명(勅命)이 내리기를 기다린다고 하는 것이 마땅하다"고 하는데, 오직 이원(李原)만이 "금년 정월 중국의 사신이 왔을 때 상왕께서 무양(無恙)하심을 보았고 또한 이미 세자 책봉을 청하였으니 중국 황제가 필히 사신을 보내 올 것인데, 상왕께서 만일 조정에 나와 보시지 않는다면 반드시 의심할 것이고, 만일 나와 보신다면 금방 상왕의 병환이 사실이 아님을 알 것인데, 세자를 폐립(廢立)한 지가 아직 오래지 않아서 갑자기 전위한다면 사리가 전도(顚倒)되니 우선 병을 칭탁하여 전위를 주청(奏請)하느니만 같지 못하다. 그리고 황제가 가령 그것을 윤허하지 않는다 하더라도 또 청하면 필히 윤허할 것이라"[96] 하였다.

임금이 하연(河演)을 시켜 상왕에게 이 사연을 고하매, 상왕이 하연을 박은의 집에 보내어 물은즉, 박은(朴訔) 역시 이원의 의견과 같았다. 이에 상왕이 탄식하며 말하기를,

> "내가 등에 큰 종기를 못 견디어 빨리 떠나가려고 한 것인데, 그런데 황제가 만일 윤허하지 않는다면 어떻게 수습할 것인가. 사실 우리나라는 중국 영토 안에 들어 있는 나라가 아니지 않은가. 예로부터 반드시 주청(奏請)한 연후에야 전위(傳位)하지 아니하였다. 이제 비록 이미 왕위를 계승하여 위(位)에 나아갔다 하더라도 황제가 반드시 노하지는 않을 것이니, 마땅히 여러 사람들의 의논을 따르도록 하라"[97]

하고, 중론대로 전위(傳位)를 기정사실화(旣定事實化)하여 밀어붙이도록 결단한 것이었다.

14일에는 중전(中殿) 심비(沈妃)의 호칭을 임금이 검비(儉妃)라 정하고 하연을 시켜

---

96 『세종실록』 권1, 세종 즉위년 8월 辛卯(14일).

97 위와 같음.

상왕께 아뢰니, "주상(主上)이 검약(儉約)함을 좋아하는지라 이 호칭(呼稱)이 매우 좋긴 하나 글자의 음(音)이 호(號)에는 적당치 않다" 하며, 공비(恭妃)로 고치도록 권하였다.[98]

부왕(父王)께서 대군의 아우 충녕에게 전위하시던 해의 추석(秋夕)은 부왕으로 하여금 남다른 감회에 젖게 하였다. 불과 며칠 전 셋째에게 전위한 부왕은 추석날 친히 건원릉(健元陵)에 나아가 추석제를 행하고 겸하여 전위(傳位)를 고유(告諭)한 바, 그 제문(祭文)에,

> "아아! 우리 황고(皇考)는 지극하신 덕(德)이 하늘과 같거늘 제가 외람하게 대통(大統)을 받들어 이은 지 19년에 몸이 오랜 병에 시달려 청정(聽政)을 감당하기 어려우므로 세자에게 왕위를 전하여 주고 그로 하여금 정령(政令)을 전담케 하였습니다. 그리고 옛 도읍을 순행(巡幸)하느라고 봄으로부터 여름까지 걸렸고, 또한 영절(令節)을 지내되 잔 한번 올리지 못하였음을 한탄하옵던 차에 이제 추석을 당하여 삼가 약소한 전(奠)을 차려 산릉(山陵)에 공경하여 뵈옵나이다. 우러러 바라보매 두렵고 슬픕니다. 겸하여 충정을 고하오니 헤아리시어 굽어 효하는 생각을 살피시고 한 잔을 흠향하시옵기 바라나이다"[99]

라고 한 것에서 이 때의 부왕의 심경을 읽을 수가 있다.

추석(秋夕)을 지내고 사흘 후에는 임금이 상왕전에 나아가 헌수(獻壽)하고 대신(大臣)·종친(宗親)들과 함께 잔치를 베풀었는데, 효령대군(孝寧大君)과 영돈녕(領敦寧) 유정현(柳廷顯), 영의정 한상경(韓尙敬), 우의정 이원(李原)과 종친·부마·육대언(六代言)이 함께 한 이 자리에서 임금이 꿇어 상왕 앞에 나아가 헌수하니, 상왕이 시(詩) 한 수(首)로 답하는데,

"내가 왕위에서 물러남은 복(福)을 남기려 함이었더니	予之避位 欲貽福也
이제 도리어 더욱 높아지는구나"	今反益尊矣

98 『세종실록』 권1, 세종 즉위년 8월 辛卯(14일).

99 『세종실록』 권1, 세종 즉위년 8월 壬辰(15일).

하며, 감개무량해 마지 않았다. 이에 유정현이 연귀(聯句)를 지어 바치되,

"하늘이 아름다운 자리를 베풀어 만세를 기약케 하고" 天設錦筵期萬歲

라 하니 상왕이,

"백성은 주린 기색없어 임금의 은혜를 고마워하네" 民無菜色感君恩

라고 화답하였다. 이에 하연(河演)이 이어 받는데,

"은혜의 물결이 온화한 말씀 속에 호탕하니" 恩波浩蕩溫言裏

하고, 이원(李原)이 뒤따라 이르기를,

"나라 운수는 길이 즐거운 가운데 승평(昇平)하도다" 國步昇平永樂中

하였다. 또 한상경(韓尙敬)이 잇기를,

"온 나라가 근심 걱정 모르는 이 오늘이여" 中外無憂是今日

하니, 다시 상왕이

"군신(君臣)이 도(道)에 맞추어 조정(朝廷)을 섬기네" 君臣合道事朝廷

하였다. 다시 하연이

"조정 신하가 산악(山岳)을 불러 수(壽)를 비나이다" 廷臣祝壽呼山岳

하니, 상왕이

> "사자(嗣子)는 몸을 닦아 조종(祖宗)을 받드니"　　　嗣子修身奉祖宗

하매, 임금이 이어 받아

> "종사(宗社)의 안위(安危)는 신(臣)이 책임을 지겠나이다"　宗社若危臣任責

하였다.[100] 이에 흥(興)이 더욱 도도(滔滔)해지매 상왕이 여러 신하에게 명하여 춤을 추게 하고, 상왕도 또한 춤을 추며 말하기를,

> "위(位)를 전한다 하여도 만일에 그 사람을 얻지 못하였다면, 비록 시름을 잊고자 하나 어찌 될 수 있으랴. 주상은 참으로 문화(文化)와 태평(泰平)을 지킬만한 임금이로다."

하니, 한상경 등이 아뢰기를,

> "성상(聖上)의 아드님을 아시고 신하를 아시는 데 밝으심으로 말미암은 바이오니, 온 나라의 신민(臣民)들은 만세(萬歲)의 수(壽)를 누리시어 길이 태평함을 보기를 비옵나이다"[101]

하였다. 이 날은 연회(宴會)가 극히 즐거운 가운데 밤이 이슥해서야 파하였다.

---

100 『세종실록』 권1, 세종 즉위년 8월 乙未(18일).

101 위와 같음.

[illegible]이 名명言언

[illegible] 시니

覺路ᄂᆞᆫ 則解脫이 返流라 位當遂涉ᄒᆞ며 [illegible] 시 因이

窮ᄒᆞ야 趣果라 ㅣ 義說[illegible] 이라 시라 跡晦ᄂᆞᆫ 則聖行이

已立ᄒᆞ샤 不藉名言이니 시 止觀에 云ᄒᆞ다 샤 自證[illegible]

은 不可說이시니라 ᄒᆞᆫ 跡은 行이오 晦ᄂᆞᆫ 泯也라 然[illegible]

玆四句ᄂᆞᆫ 說有多途ᄒᆞ니 學者ㅣ 審而詳之니 [illegible]

[illegible]

❸

'沈溫의 獄事'와 大君의 佛心·「字說」

효령대군 23 ~ 25세

세자(世子) 책봉(冊封)에 대한 명(明) 황제의 인준이 채 내려지기도 전에 전위(傳位)까지 하게 되어 어차피 사후 보고가 될 수밖에 없었지만, 어쨌든 중국에 전위 사실을 보고할 사절단의 파견만은 서둘지 않을 수 없게 되었다. 그리하여 '중국에 가서 전권으로 대답할 만한 사람을 가리어' 사은주문사(謝恩奏聞使)를 삼기로 하고 한성판윤 김여지(金汝知)를 사은사(謝恩使)로, 공조참판 이적(李迹)을 부사(副使)로, 형조판서 조말생(趙末生)을 주문사(奏聞使)로 선발해서 일단 사절단은 구성하게 되었다.[1]

그러나 대명외교(對明外交)에 있어 전위 문제는 사안이 워낙 중차대할 뿐 아니라 게다가 '사후 보고'이기 때문에 비중있는 인사들로서 일단 사절단의 구성은 마쳤지만, 과연 어떻게 무슨 사유를 붙여서 알리느냐 하는 문제는 여간 신경 쓰이는 일이 아니었다. 그래서 사흘 후에는 사은사에 내정된 김여지를 청승습주문사(請承襲奏聞使)로 명칭을 고쳐 임명하고 사은사에는 다시 안원군(安原君) 한장수(韓長壽)를 임명하였다.[2] 그렇지

1 『세종실록』 권1, 세종 즉위년 8월 庚寅(13일).

2 『세종실록』 권1, 세종 즉위년 8월 癸巳(16일).

만 거의 독단적으로 왕세자를 교체 책봉하고 다시 전격적으로 전위 의식까지 서둘러 시행케 한 부왕(父王) 태종으로서는 그래도 안심할 수 있는 일이 아니었다.

심정 같아서는 스스로 달려가서 명 황제에게 직접 사유의 자초지종을 말하고 싶지만 그럴 수도 없는 일, 대신 당신 다음으로 믿을 수 있는, 아니 명(明) 황제(皇帝)쪽에서 신뢰할 만한 인물로 가려 보내는 것이 좋을듯 싶었다. 이에 사은사를 구성한 지 10일째 되던 날 부왕은 "사은사는 반드시 친척(親戚)을 보내야 한다. 한장수도 비록 친척이긴 하지만,[3] 심온(沈溫)만 못하고 또한 황엄(黃儼)[4]이 평소에 온(溫)과 알고 지내는 사이니만치 온이 간다면 엄(儼)은 반드시 정성을 다할 것이다"[5]하고, 최종적으로 심온을 사은사로 보내기로 결정하였는 바, 심온은 바로 금상(今上) 세종(世宗)의 국구(國舅;임금의 丈人)이니, 부왕 태종(太宗)과는 사돈(査頓)지간이었다. 한편 익일에는 효령대군(孝寧大君)의 장인이자 이조판서인 정역(鄭易)을 압록 강안(江岸)의 안주(安州)에 보내어 선온(宣醞)[6]을 가지고 가서 명(明)나라에서 오는 사신을 맞아 위로하게 하였다.[7]

9월 1일, 상왕은 김여지 대신 찬성사(贊成事) 박신(朴信)을 청승습주문사에 또다시 고쳐 임명하고, 심온에게는 내구마(內廐馬)와 초피(貂皮) 모자, 가죽신 및 옷 한 벌을 하사하고 영의정부사(領議政府事)에 제수하니,[8] 부왕과 사돈 관계이므로 특별히 배려한 것이었다.

심온 일행이 출발한 것은 9월 8일, 상왕과 임금 부자(父子)분께서 양정(凉亭)에 나아가 일행을 전송하는 한편 임금과 중궁(中宮)은 각각 다시 환관을 보내어 연서역(延曙驛)에서 재차 전송하게 한 바, 심온이 나이 50이 못되어 수상(首相)의 지위에 오른 것도 파격

---

3 安邊 韓氏. 곧 神懿王后 韓氏의 집안이다.

4 明나라 宦官. 벼슬이 太監에 이르렀다. 태조 때 詔使로 처음 朝鮮에 온 것을 시작으로, 太宗 3년, 6년, 7년, 8년, 9년, 11년, 17년과 世宗 1년 등 전후 8차례나 使臣으로서 조선에 다녀갔다.

5 『세종실록』 권1, 세종 즉위년 8월 庚子(23일).

6 임금이 신하에게 술을 下賜하는 일, 該司는 宣醞署.

7 『세종실록』 권1, 세종 즉위년 8월 辛丑(24일).

8 『세종실록』 권1, 세종 즉위년 9월 庚戌(3일).

이려니와 무엇보다 금상(今上)의 장인이므로 영광(榮光)과 세도(勢道)가 혁혁(赫赫)하매, 이 날 전송 나온 사람들로 서울 장안은 거의 비우다시피 하였다고 한다.[9]

조선시대에 중국에 파견되는 사신(使臣)이 다녀오기까지 소요되는 시간은 대략 3개월 정도, 경우에 따라 6개월까지 걸리기도 하였다. 이번의 심온 일행도 9월 13일에 출발하여 12월 중순까지 대개 3개월만에 돌아오도록 되어 있었다. 그런데 심온 일행이 장도(壯途)에 오른 뒤에 그의 신변에 관한 엄청난 사건이 발생하고 말았다. 또 한 차례의 '외척 불상사'(外戚 不祥事)가 예고되고 있었던 것이다.

사건의 발단은 심온이 어느 때인가, 병조참판 강상인(姜尙仁)·병조판서 박습(朴習)·이조참의 이관(李灌)·심온의 막내 동생이며 총제(摠制)인 심정(沈征) 등과 더불어, '병사(兵事)는 나누어 따로 두 곳에 소속시킬 수 없는 것이니 마땅히 한 곳에 합쳐야 될 것이다'는 요지[10]로 대화한 일에 연루되었다는 것에서 비롯되었다. 즉 심온 일행이 이미 명나라를 향하여 떠난 2개월쯤 후인 11월 20일경 위와 같은 말이 상왕에게 들리므로 의금부에서 박습을 신문(訊問, 壓膝刑)하자 그 처럼 자복(自服)하였다는 것인데, 이는 곧 상왕[太宗]이 일찍이,

> "내가 병권(兵權)을 내놓지 않는 것은 왕위를 마음에 두고 잊지 못하는 것이 아니다. 주상(主上)을 위하여 무슨 사고가 있을 경우에 후원하고자 하기 때문이다. 예로부터 지친(至親)을 이간시키는 것은 여러 소인(小人)의 무리로 말미암음이니 어찌 크게 징계하여 뒷 세상 사람들을 경계하지 않으리오"[11]

라고 말한 것에 정면으로 위배되는, 실로 '대역'(大逆)에 해당한다는 것이었다. 세자에게 전위하면서 부왕은 "주상(主上;世宗)이 장년이 되기 전까지는 군사(軍事)는 내가 친히 청

---

9 『세종실록』 권1, 세종 즉위년 9월 乙卯(8일).

10 『세종실록』 권2, 세종 즉위년 11월 庚午(24일).

11 『세종실록』 권2, 세종 즉위년 11월 辛未(25일).

단(聽斷)할 것이다"[12]라고 하였거니와, 심온 등이 '병사(兵事)는 나누어 두 곳에 소속시킬 수 없으니 한 곳에 합쳐야 한다'고 운운한 것은, 전일 강상인 등이 금위(禁衛)의 군사를 분속시키면서 임금에게만 아뢰고 상왕에게는 아뢰지 않아 상왕으로 하여금 노엽게 했던 터에, 또다시 '군사권을 행사할 국왕[今上]이 있는 데도 실제에 있어서는 상왕[太宗]이 병권(兵權)을 행사한다'는 말로 들릴 수도 있는 매우 민감한 사안을 드러냈으니, 다시 사단(事端)이 난 것이었다. 이에 의금부(義禁府)에서 형률(刑律)에 의거하여 형량을 정하되,

> "강상인·박습·이관·심정은 모반대역(謀叛大逆)에 해당하므로, 수모자와 종범자(從犯者)를 분간하지 않고 모두 능지처사(凌遲處死)하고, 그들의 부자(父子)로서 나이 16세 이상이 된 자는 모두 교형(絞刑)에 처하며, 15세 이하와 처첩(妻妾)·조손(祖孫)·형제·자매는 공신의 집에 주어 노비(奴婢)를 삼게 할 것이라"[13]

고 하였다. 다만 심온 만은 아직 중국에서 귀국하지 않았으므로, 판전의감사 이욱(李勖)으로 의금부 진무(鎭撫)를 삼아 의주 변문(邊門)에 가서 심온이 귀국하는 대로 체포 압송하도록 조처하였다.

그리하여 이튿날 강상인은 거열형(車裂刑)에 처하고, 박습과 이관·심정은 참형(斬刑)에 처해졌으며, 그들의 부자는 교형(絞刑)만은 면해 각지로 귀양보내는 등 서둘러 형을 집행하였다.[14] 그리고 심온은 아직 중국으로부터 돌아오지 않았지만, 그 처자(妻子)라도 먼저 적법 시행토록 되어 천인(賤人)됨을 면할 수 없었으나, '국모(國母) 집안이 천인(賤人)에 속할 수 없고, 왕비(王妃)의 집을 적몰(籍沒)함은 의리상 될 수 없다'는 선지(宣旨)에 따라 보호 조치되었다. 문제는 "심온이 이미 대역(大逆)이 되었으니 혹시 이를 알고 도망할까 염려되었으므로 평안도관찰사에게 일러 미리 체포하기에 대비토록 조치"[15]하

12 『태종실록』 권36, 태종 18년 8월 丁亥(10일).

13 『세종실록』 권2, 세종 즉위년 11월 辛未(25일).

14 『세종실록』 권2, 세종 즉위년 11월 壬申(26일).

15 『세종실록』 권2, 세종 즉위년 11월 乙亥(29일).

는 일이었고, 그래서 혹시 다른 사람이 심온에게 미리 소식을 전하지 못하도록 요긴한 길목을 지키게 하였다. 뿐 아니라 심온이 천거하였다 하여 의주목사 임귀년(任龜年)은 파직되고, 심온과 친밀했던 임군례(任君禮)·김을현(金乙賢)·신이(辛頤)·장합(張合) 등은 모두 파면되었다.[16] 그리고 귀국 도중의 심온에 대해 더욱 신경 쓰이는 것은 혹시 귀국 길에 중국 사신을 대동하여 오지 않을까 하는 점이고, 사건이 사신들에게 누설되지나 않을까 하는 점이었다. 이에 역관(譯官) 전의(全義)에게 군사를 주어 연산참(連山站)으로 가서 심온을 체포토록 하는 한편,[17] 상왕은 "평안도관찰사와 안주목사에게 타일러 만약 명나라 사신이 심온의 안부를 묻거든 어머니의 병환으로 충청도에 돌아갔다고 대답하고 사람들로 하여금 그 일을 누설치 않도록" 지인(知印) 강권선(康勸善)을 평안도로 보내어 조치하기도 하였다.[18]

마침내 심온이 12월 22일(丁酉) 이욱(李勖)에 의해 체포되어 의금부에서 신문 당하게 되었는데, 이 자리에서 심온은 강상인 등이 이미 처형된 줄도 모르고 대질시켜 줄 것을 요구하였으나 이에 매로 치고 압슬형(壓膝刑)을 쓰니 심온은 드디어 복죄(伏罪)하기를 "강상인 등 여러 사람이 아뢴 바와 모두 같다. 신은 무인(武人)인 까닭으로 병권(兵權)을 홀로 잡아 보자는 것 뿐이었고, 함께 모의(謀議)한 자는 강상인 등 여러 사람 외에 다른 사람은 없다"고 말하였다.[19] 드디어 의금부에서 심온의 죄를 형률에 의거 결정하여 아뢰니 상왕은, "심온이 비록 중죄(重罪)를 범하였으나 공비(恭妃)가 이미 주상의 배필이 되어 아들을 많이 둔 경사(慶事)가 있으니 어찌 다른 사람에 비할 수 있으랴" 하고, 진무 이양(李揚)에게 명하여 수원(水原)으로 압송하여 스스로 자진(自盡)하게 하고, 또 가산(家産)은 돌려주어 장사(葬事)는 지내도록 하였다.[20]

한편, 중국에 사신으로 갔다가 귀국하는 즉시 죽음까지 당하게 된 '심온의 옥사'(獄

16 『세종실록』 권2, 세종 즉위년 12월 辛巳(6일).

17 『세종실록』 권1, 세종 즉위년 12월 庚辰(5일).

18 『세종실록』 권1, 세종 즉위년 12월 癸巳(18일).

19 『세종실록』 권1, 세종 즉위년 12월 丁酉(22일).

20 『세종실록』 권1, 세종 즉위년 12월 戊戌(23일).

事)는 왕권 보호 차원에서 왕권에 도전하는 어떤 행위나 세력도 일체 용납하지 않겠다는 인상의 일면을 보여주는 사건이었다. 왜냐하면 '금상(今上)에의 병권(兵權) 집중'은 운운한 것이 사실일지는 모르지만, 옥사(獄事) 과정(過程)에서의 느낌은 억지로 사건을 조작(操作)하려는 흔적이 보였기 때문이다.

처음에 의금부에서 심온에게, "…한 것은 마땅히 상왕을 어떤 처지에 두려고 하였던 것이냐" 하고 물었을 때 대답하기를, "이와 같이 억지로 묻는 것은 나로써 상왕에게 무례(無禮)한 짓을 행하라고 치는 것이 아니냐" 하였다는 것이며, 낭관(郎官)으로 하여금 상왕께 아뢰기를, "심온이 상왕에게 무례한 짓을 행하고자 한다고 말하였습니다" 하니, 상왕이 한참 동안 깊이 생각하다가 주상에게 말하기를, "내가 사약(賜藥)을 내리고자 하였는데 지금 이 말을 들으니 결국 아니할 수는 없었겠다"고 하였다고 실록(實錄)은 기록하고 있고, 또한 「후에 의금부제조(義禁府提調)들이 수강궁에 나아가서 아뢰기를 "무례한 짓을 행하고자 한다는 말은 그의[沈溫] 말과 기색(氣色)을 본다면 격분(激奮)한 데서 나온 것이지 그 실정(實情)은 아니므로 계본(啓本)에는 기록(記錄)하지 않았습니다"고 하였다는 것이며, 이에 상왕이 주상에게 이르기를 "만약 그렇다면 마땅히 사약(賜藥)만 내릴 것이고 형(刑)은 더 할 수 없다"고 하면서, 이에 스스로 목숨을 끊게 하였다」고 한 기록에서,[21] 우리는 옥사(獄事)의 성격(性格)을 짐작할 수 있기 때문이다.

어쨌든 12월 23일(戊戌)에 사약(賜藥)이 내려졌고, "이미 스스로 목숨을 끊었다"는 25일의 이양(李揚)의 보고가 있자, "심온은 비록 예를 갖추어 장사지내지는 못할지라도 또한 후하게 하지 않을 수 없다"[22] 고 선지(宣旨)하니, 이 때 심온의 나이 44세이었다. 『세종실록』(世宗實錄)에 실려 있는 심온[23]의 '졸기'(卒記)를 들어 보자.

"심온의 자(字)는 중옥(仲玉)이니, 경상도 청보군(靑寶郡) 사람으로 아버지 심덕부(沈德符)

---

21 위와 같음.

22 『세종실록』 권2, 세종 즉위년 12월 庚子(25일).

23 세종 8년(乙巳)에 官爵이 복구됨. 諡號는 '安孝'. '姜尙仁의 獄事'에 대해서는 『燃藜室記述』(민족문화추진회 번역본) 제1권의 250~255쪽을 아울러 참조할 것.

는 본조의 좌정승 청성백(青城伯)이요, 어머니는 인천 문씨(仁川 文氏)이니 낭장(郎將) 문필대(文必大)의 딸이다. 심덕부에게 아들이 일곱 있는데, 심온은 그 다섯째로 나이 11세에 고려의 감시(監試)에 합격하고, 국초(國初)에 병조와 공조의 의랑(議郎)을 역임하였다. 공양왕(恭讓王)이 왕위에 오르자 보공장군(保功將軍) 용무사대호군(龍武司大護軍)에 제수되고, 7년에 승정원 동부대언(同副代言)에 발탁되어 여러 번 승진, 좌부대언이 되고 조금 후에 사헌부(司憲府) 대사헌(大司憲)이 되었다. 14년 자헌대부(資憲大夫) 형조판서가 되었다가 호조판서로 옮겼다. 그 뒤 한성판윤, 의정부참찬을 역임하고 정헌대부 이조판서가 되었다. 임금[世宗]이 왕위에 오르매 국구(國舅)로서 청천부원군(青川府院君)에 봉하고, 이어 영의정부사(領議政府事)가 되었다가 이 때에 이르러 죽으니 나이 44세이다. 심온은 성품이 인자하고 온순하여 물정(物情)에 거슬리지 않았다. 세 아들은 심준(沈濬)·심회(沈澮)·심결(沈決)이다"[24]

금상(今上)의 국구(國舅)로서 '영광(榮光)과 세도(勢道)가 혁혁(赫赫)' 하여 한 때 최상의 영화를 누렸으나, 단지 상왕의 권좌(權座)에 도전(挑戰)하는 듯한 언질에 연루된 것이 화근이 되어 대역죄(大逆罪)로서 하루 아침에 죽음에 이르는 멸문지화(滅門之禍)를 당하게 된 것이었다. 왕조의 초창(初創)에 왕권 보위가 얼마 만큼 중차대한 일이었던가를 다시 한번 실감케 하는 장면이라 하겠거니와, 이번의 '심온(沈溫)의 옥사(獄事)'사건 역시 양녕(讓寧) 세자의 외숙(外叔)들로서 위세(威勢)하다가 대왕을 자극한 바 되어 왕실의 인척(姻戚)이면서도 여러 형제가 화(禍)를 입었던 '민무구(閔無咎) 형제의 옥사(獄事)'사건과 같은 맥락에서 이해해야 할 역사적 사건이었다.

아우 충녕대군(忠寧大君)이 왕위에 오르던 해, 그러니까 효령대군(孝寧大君)이 23세 되던 해(戊戌, 태종 18, 1418)는 참으로 다사다난한 해이었다. 넷째 아들 낙안군(樂安君) 영(寍)의 탄생에 이어 연초인 2월 초에는 둘째 동생 성녕대군(誠寧大君)이 14세로 요서(夭逝)하였고, 6월에는 형 양녕대군(讓寧大君)이 폐세자되고 아우 충녕이 대신 왕세자로

---

24 『세종실록』 권2, 세종 즉위년 12월 庚子(25일). '卒記'

책봉되더니, 8월에는 즉위(卽位)식까지 올려 신왕조의 제4대 국왕이 되는 등 엄청난 중대사의 연속이었기 때문이다. 거기다가 한창 감수성 예민했던 사춘기 때에는 외숙(外叔)들의 불행을 목격하였는데, 이번에는 왕좌에까지 오른 동생이 즉위하자마자 그 장인(丈人)이 옥사(獄事)에 연루되어 처가(妻家)가 멸문지화를 당하는 사실을 겪었던 바, 바야흐로 철 들을 나이 때의 대군으로서 당시 심경이 그 어떠했을까 가히 짐작되는 바이거니와, 그것은 효령대군(孝寧大君)이 이 무렵에 "재덕(才德)과 학문(學問)을 숨기기로[潛心韜晦]"[25] 스스로 결심한 것으로 알 수가 있다. 어느 날 아침에 '효령대군이 가부좌(跏趺坐)한 채 면벽(面壁)하여 합장(合掌)하고 있는 것을 궁인(宮人)이 보고 임금에게 고했다'고 전해오지만, 아무튼 대군이 불문(佛門)에 귀의(歸依)한 것이 바로 이 무렵이 아닌가 생각된다.[26]

어려서 자[小字]를 '효련'(孝蓮)[27]이라 했던 효령대군(孝寧大君)의 자(字)[28]가 **'선숙'**(善叔)임은 다 아는 바이거니와, 이는 대군께서 변계량(卞季良)에게, "이름에는 반드시 자(字)가 있게 마련이니 이는 옛부터 그러했다. **내 이름이 '보'(補)이니 그대가 나의 자를 짓고, 아울러 '자설'(字說:字에 대한 解說)까지 써주면 고맙겠네.** 내 이를 보면서 스스로 경계코저 한다" 하고 부탁하시자, 춘정(春亭) 변계량이 "(대군께서 말씀하시매)나는 감히 사양하지 못하였다. (내가)일찍이 『주역』(周易)의 「계사」(繫辭)를 보니, '선(善)으로써 허물을 바로 잡는다'[善補過]는 말이 있고, 또한 『시경』(詩經) 「대아」(大雅)·「증민」(蒸民)에, '임금에게 잘못이 있으면 중산보(仲山甫)가 이를 바로 잡았다'[袞職有闕維仲山甫補之]라고 한 것이 있다. 자기의 허물을 바로 잡은 다음에야 능히 임금의 잘못을 바로 잡을 수가 있는 것이니,

---

25 『淸權輯遺』(국역본), 1991. 淸權祠, 부록 '孝寧大君 年譜' 446쪽.

26 한편, 『姓苑叢錄』(任慶昌, 17세기 중엽)에, 「柏亭 鄭易(大君의 丈人)이 이르기를, "孝寧이 崇佛한 것은 원래 그 本意가 아니었다. 檜巖寺 別堂 序文에 '儒佛心法의 根源은 同一하다'[儒釋心法 同一原之]는 글이 있는데, 후세 사람들이 이 말씀을 많이 쓰고 있다"」고 한 것처럼, 學問적으로 이미 상당한 경지에 이른 대군께서 佛敎에 대해 이해하셔서 佛心에 歸依하시지 않았나 생각된다.

27 『靖孝公子孫譜』(舊庚子譜, 正祖 4, 1780).

28 본 이름 외에 부르는 이름, 예전에 이름을 소중히 여겨 함부로 부르지 않던 관습이 있어서, 흔히 관례(冠禮) 뒤에 본 이름 대신으로 불렀다.

그 순서는 뒤집을 수가 없다. 그래서 **'선숙'(善叔)으로서 자(字)를 삼기를 청하였다"**[29] 고 말한 것에서 확인되는 것처럼, 대군의 자(字)는 휘(諱)인 '補'(보)자와 연관하여 지어진 것이었고, 이와 같이 변계량은 대군의 자(字)를 짓고, 해설[字說]을 쓰면서 그 뜻을 담아 시(詩)까지 지었는데, 여기서 다시 한번 그 시를 감상해 본다.

'시(詩)로 말한다'[30]

사람이 진실로 허물이 있으면, 선(善)으로서 이를 바로 잡고	人苟有過善以補之
허물이 고쳐지고 나면, 임금의 잘못도 바로 잡는다	過之旣補格君之非
체용(體用)은 한 근원이지만, 선후 있음이 마땅하리니	體用一源先後則宜
공덕을 훌륭하게 이룩한다면, 성현과 같은 결과로 돌아가리라	勳業之盛聖賢同歸
하늘에서 복록(福祿)이 아래로 내려오고, 내려와 좋게 되리니	自天福祿來下來爲
어지시도다 대군이시여, 선(善)으로 스승 삼으시었네	賢哉大君維善是師
오직 충(忠)과 효(孝)로써, 언제나 마음에 두시니	維忠維孝念玆在玆
학문의 부지런함으로, 날마다 애쓰시는도다	學問之勤惟日孜孜
마음으로 사랑함은, 본디 성품에서 나온 바라지만	心乎愛矣出於秉彝
그 사랑 기릴 데 없어, 다만 시로써 펼쳐 보았네	愛莫助之祇以矢詩

한편, 이와 같은 사실에서 그 시기란 대체로 충녕대군(忠寧大君) 세종(世宗)이 즉위하던 때로서, 따라서 대군께서 자(字)를 쓰신 것이 대개 대군(大君) 24세 무렵부터가 아닌가 사료된다. 아우 충녕(忠寧;世宗)이 왕세자(王世子)로 되면서 태종(太宗) 18년 6월 27일에 자(字)를 '원정'(元正)이라고 정한 시기와 무관치 않을 것도 같다는 생각이다.[31]

한편, 효령대군(孝寧大君) 정효공(靖孝公)께서 **'연강'(蓮江)**이란 호(號)[32] 를 갖게 되신

29 卞季良『春亭集』권5, '孝寧大君 字說', 본 책 1권 뒤 250쪽의 주53)을 아울러 참조.

30 『淸權輯遺』'字說' 및 卞季良,『春亭集』권5, '孝寧大君 字說'

31 앞 2장 83쪽의 주66)을 참조.

32 『청권집유』24.「大君遺事」(121면)에, "敦榮이 삼가 상고하건대, 대군의 號가 '蓮江'이라 함은, 鄭柏谷(貞度公 鄭易

것도 대개 이 무렵부터가 아닌가 짐작된다. 일찍이 돈영공(敦榮公)도 상고(想考)한 바와 같이, "대군께서 '연강'이라는 호(號)를 사용했다는 사실은 빙장(聘丈)이신 정백곡(柏谷; 鄭易의 號)의 글을 통해서 알 수가 있는데, 정역(鄭易)이 타계한 때가 효령대군(孝寧大君)이 30세 되던 해 정월이었으니, 그 글에 실렸다면 늦어도 훨씬 이전일 것"이라 했기 때문이며, 또한 효령대군이 한성부(漢城府)의 동부(東部) 연화방(蓮花坊)에서 거주하신 사실은, 이 책 둘째 권의 108쪽(주14), 세종 28년 3월 7일자)과 109쪽(주19), 세종 28년 3월 24일자)에 나타나고 있어 더욱 그렇게 생각되는 것이다. 또한 대군께서는 한 때 연화방에 사시기도 했지만, 불교(佛敎)에 심취하신 대군(大君)이셨으매, 불교의 상징인 연꽃[蓮花]을 좋아하셔서 '蓮'(연)자를 담아 호(號)를 지으신 게 아닌가 생각되기도 한다. 그리고 대군의 아호(雅號) **'연강'(蓮江)** 또한 대군의 법명(法名)이기도 한데, 그 법명으로 수계(受戒)받으신 것도 이 해라고 전해오고 있다.[33]

그처럼 다사다난한 가운데 그 해 9월 아우 세종(世宗)이 셋째 아들을 얻은 바, 안평대군(安平大君) 용(瑢)[34]이 출생한 것이다. 새로 교체된 세자에게 전위까지 하고 얼마 안 되어 그 신왕(新王)에게서 다시 손자까지 얻게 되니, 이 무렵에는 부왕의 심기도 매우 편안하고 한가로웠던 것 같다. 그렇잖아도 동고동락해왔고 특히 상왕(上王;定宗)인 형님과의 형제애가 남다른 터였는데, 경사 속에 첫 눈까지 내리니 부왕은 장난이 하고 싶었던 양, 겨울로 들어서던 10월 하순 첫 눈이 내리매 부왕은 첫 눈을 피봉(皮封)하여 약이(藥

(大君의 丈人)의 號)의 글에 실려 있고, 대군의 집이 한 때 옛 東部 蓮池洞에 있었기로 號를 '蓮'으로 쓴 것 아닌가 추측된다".

33 『위키피디아 백과사전』에는 태종 17년(1417)에 法名으로 受戒하였다고 하였음.

34 『세종실록』 권1, 세종 즉위년 9월 丙寅(19일). 字는 淸之, 號는 匪解堂·梅竹軒. 세종 10년(1428) 安平大君에 封해지고, 이듬해 左副代言 鄭淵의 딸과 결혼하였다. 13세에 成均館에 입학하고, 21세(세종 20)에는 왕자들과 함께 野人토벌에도 참가하였다. 金宗瑞·皇甫仁 등 文臣들과 제휴, 首陽大君측의 武臣 세력과 맞서 인사행정의 하나인 黃票政事를 장악하는 등 점차 朝廷의 실력자로 등장하였다. 1452년 端宗 즉위 후 謝恩使로 明에 다녀온 수양대군에 의해 황표정사가 폐지되자 그 회복을 위해 힘썼으나, 이듬해 '癸酉靖難'으로 황보인·김종서 등이 제거된 뒤 자신도 江華島에 流配되었고, 다시 喬桐으로 移配되어 賜死되었다. 어려서부터 학문을 좋아하여 詩·書·畵에 모두 능하였고, 특히 당대 제일의 서예가로 유명하였다. 글씨로 '世宗大王英陵神道碑'·'靑川府院君沈溫墓表'·'臨瀛大君墓表'를 남겼다. 諡號는 章昭.

餌)라 일컫고 내관(內官) 최유(崔游)를 시켜 장난삼아 노상왕전에 전해 올리니, 노상왕(老上王)[35] 이 미리 알고 사람을 시켜 최유를 쫓아가 잡게 하였으나 미쳐 잡지 못하였는데, 고려(高麗)시대부터 나라의 풍속 중에 첫 눈이 내리면 그것을 봉지(封紙)에 담아 서로 보내는데, 받은 사람쪽에서는 반드시 한 턱을 내는 것이며, 그러나 만약 그것을 알고 심부름 온 사람을 붙잡으면 도리어 보낸 사람이 한 턱을 내는 장난이었으니,[36] 부왕께서도 문득 동심으로 돌아가 '눈 봉(封)놀이'가 하고 싶었던 것이었다.

한편 세종 즉위년 11월초에는, 먼저 번에 부왕에게 전위하고 물러난 노상왕의 거처로 삼기 위해 그동안 건축 중이던 신궁(新宮)이 이루어졌으므로 이를 수강궁(壽康宮)이라[37] 이름 붙이고, 4일 후에는 노상왕을 그곳에 옮겨 거처케 하였다.[38] 그리고 노상왕이 신궁에 입주하던 그 날, 부왕은 효령대군(孝寧大君) 이보(李補)와 유정현·박은·이원·연사종·최윤덕·이춘생·하경복·조말생·이명덕에게 각각 오매패(烏梅牌) 하나씩을 내려 주었다.[39]

다른 한편 부왕의 재위(在位) 기간에는 아직 창업 초기이기도 하여 조금이라도 왕권을 위협할 소지가 있으면 비록 왕실이나 외척이라도 가차없이 조처하여 넷째 숙부 회안대군(懷安大君;芳幹)의 일도 있었고, 민무구 형제 등 외숙들의 불행도 겪었던 것이었지만, 이제 새 왕이 즉위까지 한 터에 상왕은 그 상처를 어루만져 줄 때도 되었으므로 일련의 조처들이 이루어졌다. 즉 즉위년 10월에는 상왕이 주연(酒宴)을 베풀고 효령대군(孝寧大君)과 정승·대신들이 참석한 자리에서 이방간(李芳幹) 등에 대해 불문(不問)에 부치기를

---

35 太宗 18년 8월 8일(乙酉)에 世宗이 卽位하면서 일단은 父王을 '上王', 母后를 '大妃'라 하고, 그간 상왕으로 불리던 定宗은 더 높여 '太上王'이라 하였다. 그러나 '傳位敎書'에 이은 '卽位敎書' 반포(10일)에 즈음해서는 부왕에 대한 칭호를 상왕으로 할 것인가, 태상왕으로 할 것인가에 대한 논란이 있었고, 이 과정에서 결국 부왕에 대한 尊號가 '상왕'으로 최종 결정되자 그간 상왕으로 불려오던 정종은 태상왕이 아닌 '老上王'이라 부르게 된 것이었다. 전위 후 父王의 尊號에 대해서는 앞의 93쪽을 참조.

36 『세종실록』 권1, 세종 즉위년 10월 癸卯(27일).

37 『세종실록』 권2, 세종 즉위년 11월 己酉(3일).

38 『세종실록』 권2, 세종 즉위년 11월 癸丑(7일).

39 『세종실록』 권2, 세종 즉위년 11월 己酉(3일).

당부했는가 하면,[40] 같은 10월 민무구(閔無咎) 형제 등의 처자(妻子)를 이제부터는 외방에서 자유롭게 살게 조처하더니[41] 다시 12월부터는 서울 밖에서 편한대로 살게 허락하였던 것이다.[42]

이처럼 즉위초부터 부왕께서 든든히 왕좌를 후견해 줄 뿐만 아니라 형제간에도 우애있게 하시어 모처럼 가정에 화목한 분위기가 전개됨에 임금도 이에 보답하는 뜻에서 큰 눈이 내리던 11월 초순, 부왕과 왕대비에게 존호(尊號)를 올리었다.[43] 실상 예조에서 상왕과 왕대비에게 존호 올릴 것을 청하여 재가된 것은 9월 중순이었지만,[44] 좋은 날을 가려 정하려고 차일피일 하다가 이 날로 정한 것이었는데, 마침 그 날은 상서(祥瑞)로운 징조를 보이기라도 하듯이 큰 눈이 와서 한 자가 넘게 쌓였다고 기록은 전한다.

조복(朝服)을 입고 낭무(廊廡)에 도열한 백관들 사이로 곤룡포(袞龍袍)를 입은 임금이 면류관(冕旒冠)을 쓰고 인정전(仁政殿)에 나아가 옥책(玉冊)과 금보(金寶)를 받들고 상왕에게는 '성덕신공상왕'(聖德神功上王)이란 존호를, 왕대비에게는 '후덕왕대비'(厚德王大妃)란 존호를 각각 올린 바, 상왕께 올린 악장(樂章)에는,

훌륭하신 상왕(上王)이여 성대한 덕(德)과 높은 공(功)이로다	於皇上王 盛德隆功
우리 성조(聖祖)를 도와서 동방(東方)을 보유(保有)하였도다	贊我聖祖 以有大東
난리(亂離)를 두 번이나 막고 치화(治化)가 밝게 선포되었나니	再遏亂略 治敎昭宣
크게 상제(上帝)의 명을 받았으니 종사(宗社)가 만년까지 전하리라	龍受帝命 宗社萬年

이라 하였고, 이어 대비(大妃)에게 올린 악장에는,

---

40 『세종실록』 권1, 세종 즉위년 10월 甲辰(28일).

41 『세종실록』 권1, 세종 즉위년 10월 己亥(23일).

42 『세종실록』 권2, 세종 즉위년 12월 乙酉(10일).

43 『세종실록』 권2, 세종 즉위년 11월 甲寅(8일).

44 『세종실록』 권1, 세종 즉위년 9월 戊午(11일).

엄정(嚴正)한 대비(大妃)는 덕(德)으로 행하시니	思齊大妃 維德之行
보좌(輔佐)하는 도(道)가 곧 그 성공함을 보게 한 것이로다	有相之道 遹觀厥成
경사(慶事)를 두터이 하고 그 후손을 번영케 할 것이며	卽篤其慶 克昌厥後
복록(福祿)이 넉넉하여 길이길이 수(壽)하리로다	福履綏之 以介眉壽

고 하였다.[45]

존호(尊號) 올리는 의식이 끝나고 이어서 상왕의 뜻에 따라 궁중(宮中)의 길을 따라가 헌수(獻壽)하였는데, 이 대궐 안 잔치에는 상왕 독책관(讀冊官) 변계량(卞季良), 독보관(讀寶官) 조말생(趙末生)과 대비(大妃)의 독책관 맹사성(孟思誠)과 독보관 민여익(閔汝翼), 효령대군(孝寧大君) 이보(李補), 이조판서 정역(鄭易;孝寧大君의 丈人)을 비롯하여 박은·이원·남재(南在)·유정현 등 만조백관이 배석(陪席)하였다. 영인(伶人;樂工과 廣大)으로 하여금 변계량이 지은 사곡(詞曲)을 연주하는 가운데 상왕께서 주상(主上)의 효성(孝誠)을 칭찬하며 말씀하기를 "왕위를 물려준 이후로 내가 더욱 높아졌다"고 하면서 서로 창화(唱和)하며 매우 즐거워하였다.

남재(南在)가 먼저 일어나서 춤을 추니 두 임금도 따라 일어나 모두 춤을 추는 중에 많은 신하들이 차례로 번갈아 일어나 헌수(獻壽)하였다. 이윽고 상왕이 말하기를 "내가 주상과 더불어 내전(內殿)에 들어가면 반드시 먼저 눈물이 나올 것이니, 경(卿)들과 더불어 즐기는 것이 기쁘겠다"고 하였다. 당시 실록(實錄)은 "밤 이경(二更)이 되어서야 임금과 이보(李補)가 상왕을 부축하여 내전으로 들어갔다"[46] 고 적고 있다.

부왕께서 새 왕을 도우려는 마음은 제대로 왕노릇을 할 수 있도록 곁에서 후원하고 장애가 될만한 세력은 제거해주는 것에 그치는 것이 아니었다. 이른바 '킹메이커'로서 사후 관리까지 생각해주는 것을 잊지 않은 것이다. 가을 사냥철이던 그 해 10월초 어느 날 상왕께서 임금과 더불어 계산(鷄山)에서 사냥을 하였는데, 이번 사냥은 왕의 건강을 위

45 『세종실록』 권2, 세종 즉위년 11월 甲寅(8일).

46 『세종실록』 권2, 세종 즉위년 11월 甲寅(8일).

해 상왕이 권해서 이루어진 것이었다. 상왕이 일찍이 지신사 하연(河演)으로 하여금 정부와 육조(六曹)에 유시하기를 "주상은 사냥을 좋아하지 않으시나, 몸이 비중(肥重)하시니 마땅히 때때로 밖에 나와 노니시어 몸을 존절히 하셔야 하겠으며, 또 문(文)과 무(武)에 어느 하나를 편벽되이 폐할 수 없는 즉, 나는 장차 주상(主上)과 더불어 무사(武事)를 강습(講習)하려고 한다"[47] 고 말한 바 있었다.

세종 1년 5월 16일, 이 날은 새 임금이 즉위하고 첫 번째 맞는 부왕(父王)의 탄신(誕辰)일이다. 임금이 면복(冕服) 차림으로 백관을 거느리고 수강궁(壽康宮)에 나아가 하례하려 하니 처음에는 상왕이 받지 아니하였다. 임금이 다시 안장 갖춘 말과 옷감 표리를 드리고 사배한 후에 중외(中外)의 죄수를 사면하되, 불충 불효한 죄 이외의 장죄(杖罪) 이하를 범한 자는 다 용서하였다. 노상왕(老上王;定宗)이 또한 수강궁에 가매 임금이 풍정(豊呈)을 두 상왕과 모후(母后)의 앞에 올리니, 종척(宗戚)들과 정부 · 육조 판서(判書)와 6대언(代言) 및 병조참판 이명덕(李明德) 등이 시연(侍宴)하였고, 양녕대군(讓寧大君)도 또한 이 자리에 모시었다. 각각 차례로 일어나며 상수(上壽)하기를 20여 차례나 하였다. 지신사 원숙(元肅)이 술잔을 노상왕에게 올리거늘, 상왕이 말하기를 "지신사(知申事)는 주상의 이목(耳目)이니 술잔을 마치소서" 하였다. 노상왕이 잔을 다 마치고 다음에 상왕께 올리니, 상왕이 다시 말하기를 "네 나의 말을 들으라. 대개 경난비감(輕暖肥甘)[48] 과 성음채색(聲音彩色)[49] 으로 우리를 봉양함이 하나라도 부족한 것이 있느냐" 하고 인하여, 임금을 가리키며 원숙에게 이르기를,

> "주상이 왕위를 이은 뒤로 나에게 효도함이 이와 같으니, 나도 또한 심히 사랑하노라. 내가 출입할 때면, 언제나 따르게 할 것이며, 나의 생전에는 주상과 같이 출입하게 하라. 네 이 말로써 여섯 대언과 삼의정(三議政)에게 고하고, 중외에서 진상한 좋은 말 한 필을 노상왕

---

47 『세종실록』 권1, 세종 즉위년 10월 乙酉(9일).

48 가볍고 따뜻한 옷과 살지고 맛있는 음식.

49 아름다운 음악과 고운 빛깔.

께 드리라"

하고, 곧 술잔을 드리며 일어나 춤을 추니, 노상왕도 일어나 춤을 추었다.

노상왕이 연구(聯句)를 지어 이르기를 "천고에 오늘 같은 모임은 드물도다" 하니, 제신(諸臣)이 모두 땅에 엎드려서 하례하고 실컷 놀다가 밤늦게 파할 적에, 상왕이 주상(主上)과 더불어 노상왕을 부축하고 대궐문을 나가더니, 두 상왕이 서로 대하며 또 춤을 추었다. 임금이 노상왕의 견여(肩輿)를 받들고 궁문까지 모셔다 드리고, 돌아와 중문(中門) 내정(內庭)에 이르러서 임금이 효령대군(孝寧大君)과 더불어 부왕의 좌우를 부축하니, 부왕이 춤추며 변계량(卞季良)과 허조(許稠)에게 명하여 마주보며 춤추게 하고, 오랜만에 안으로 들어갔더니, 사람들이 '두 신하가 군왕과 대(對)하여 춤춘 것은 세상에 드문 영광'이라고 하였다.[50]

그러나 그 어떤 것보다도 부왕께서 신왕(新王)의 안정적 왕권 행사를 돕기 위해 실천한 것 중 압권(壓卷)은 역시 대마도정벌(對馬島征伐)이었다. 여말(麗末) 이래 창궐하던 왜구(倭寇)를 근절시키고 이들을 평화적 왕래자로 만든 세종 1년(己亥, 1419)의 '기해 동정'(己亥 東征)이 그것으로서 이 대마도 정벌은 실제로 부왕께서 모든 것을 총지휘하여 일궈낸 업적이었다. 오직 왕권 보위를 위해서는 인척에 대한 불상사마저 서슴치 않았던 것이지만, 외부로부터의 위협 또한 예외일 수는 없었다. 부왕 태종이 재위 18년 만에 세종에게 양위(讓位)하고 정치 일선에서 물러났지만 "주상(主上)이 장년이 되기 전까지는 군사(軍事)는 내가 친히 청단(聽斷)할 것"[51] 이라고 한 바와 같이 군무(軍務)만은 계속 행사하였던 것도 신왕 세종으로 하여금 안심하고 정사(政事)에만 전념(專念)할 수 있도록 하기 위한 것이었다.

'기해 동정'의 직접적 원인은 왜구가 비인(庇仁)·해주(海州) 등의 연안을 침탈했기 때문이었다. 태종 18년에 대마도주 종정무(宗貞茂)가 죽고 그 아들 종정성(宗貞盛)이 뒤를

50 『세종실록』 권4, 세종 1년 5월 庚申(16일).

51 『태종실록』 권36, 태종 18년 8월 丁亥(10일).

이으면서, 때마침 그곳에 흉년이 들어 식량이 결핍되자 해적(海賊)이 되어 대거 명(明)나라 해안과 조선의 서남 해안을 약탈하기 시작하였는데, 이 때에도 명나라로 향하던 왜선 50여 척이 세종 1년 5월 5일 이곳에 침입, 갖은 약탈을 자행하였던 것이다. 왜구는 그 후 12일과 13일에도 재차 침입하여 약탈하는 등 소란을 피우자 부왕은 14일에 대신 회의를 열고 적의 허점을 틈타 이 기회에 왜구의 소굴인 대마도를 공격하기로 결정하였다.[52]

그리하여 6월초에 이종무(李從茂)를 3군 도체찰사로 임명하여 중군(中軍)을 거느리게 하고 경상·전라·충청의 3도 병선 200척으로 왜구가 들어오는 길목을 지키게 하고, 8일에는 각 도의 병선을 모두 견내량(見乃梁)에 집합시키는 한편, 영의정 유정현을 3군 도통사로 삼아 이를 총감독 지휘케 하였으니, 이 당시 동원된 병선(兵船)은 모두 227척, 병사가 1만7천285명으로 두 달간의 군량을 준비하고 작전에 임한 것이었다. 정벌군이 마산포(馬山浦)를 출발한 것이 6월 19일, 대마도를 공략하여 적의 대소 선박 130여척을 소각하고, 가호(家戶) 1,940여호를 불태웠으며, 적병 114명을 참(斬)하는 등 대승을 거두었다.[53] 대마도정벌의 결과, 그 이후 대규모의 왜구 침입은 없게 되었고, 나아가 왜구는 평화적 내왕자로 변한 바, 이로써 수십년 간 계속되어 온 국가적 근심이 사라졌을 뿐 아니라 대일 외교사상 새로운 전기를 마련하였다는 점에서 역사상 그 의의가 큰 것이었다.

대마도 정벌에서 대승(大勝)을 거두고 얼마 안된 8월 15일에는, 칙서(勅書)를 가지고 오는 중국 사신 태감(太監) 황엄(黃儼)을 효령대군(孝寧大君) 이보(李補)와 유정현(柳廷顯)· 찬성 이종무(李從茂) 등이 벽제관(碧蹄館)에서 영접하게 되었는데, 칙서의 내용인즉 '태종(太宗)이 왕세자에게 왕위를 물려주는 것을 승인한다'는 중요한 내용이었다.[54] 일행은 17일 한성에 입경하였다.

왕위 계승을 승인하는 칙서를 가지고 온 데 대한 보답(報答) 차원에서 조정에서는 사은사(謝恩使)를 보내게 되었는데, 상왕이 보내는 사은사는 경녕군(敬寧君) 이비(李裶)

---

52 李相佰, 1964, 『韓國史』(近世前期篇), 乙酉文化社, 138쪽.

53 한국정신문화연구원, 1991, 『한국민족문화대백과사전』 6, '對馬島征伐' 條를 참조.

54 『세종실록』 권5, 세종 1년 8월 丁亥(15일).

를, 임금의 사은사는 대군의 빙장(聘丈) 정역(鄭易)을 보내기로 하여, 부사(副使) 홍여방(洪汝方)이 표전(表箋)을 받들고 8월 25일에 출발하니, 상왕(上王)은 효령대군(孝寧大君)을 보내어 일행을 전송(餞送)케 하였다.[55]

부왕께서 총지휘하여 이뤄낸 대마도정벌이 있던 그 해 9월, **대행상왕(大行上王) 정종(定宗, 1357, 공민왕 6~1419, 세종 1)이 홍서(薨逝)하였다.**[56] 부왕의 둘째 형님이시니 효령대군(孝寧大君)께는 중부(仲父)가 된다. 노상왕(老上王)이 9월로 들어서면서 시름시름 앓더니 20일경에는 병세가 위중해져 인덕궁(仁德宮) 정침(正寢)으로 옮겼는데,[57] 일주일만에 승하(昇遐)한 것이다. 작년 말에 부왕께서 '노상왕'을 위해 새로 지은 수강궁(壽康宮)에 입주한지 불과 10개월만의 일로서[58] 향년(享年) 63세이다.

재위(在位) 3년이었고, 거한(居閑) 20년이었으니 적비(嫡妃) 순덕왕후(順德王后;贈謚는 定安王后) 김씨(金氏)가 서거(逝去)한지 7년 만에 그 뒤를 따른 것이다. 즉일(卽日) 임금이 소복(素服)·오대(烏帶)·청양산(青陽傘)·청선(青扇)차림으로 인덕궁에 나아가자 백관들은 소복과 오대의 차림으로 뒤따라 문밖에 줄지어 섰다. 판통례(判通禮)[59]가 임금을 인도하여 전문(殿門) 안에 들어가 '사배(四拜)하고 15마디 곡(哭)하시라'고 하니, 임금이 사배하고 곡하였다. 상왕[父王]은 몸이 불편하여 임석하지는 못하셨으나 상주(喪主)가 되시어 조정(朝廷)은 10일간, 항시(巷市)는 5일 동안 각각 정지케 하였다[60]. 그리고 임금은 수강궁에 들러 상왕께 문안하고 삼정승 및 변계량·허조 등과 장례에 대해 의논케 한 바, 의정과 조말생 등이 "주상(主上)은 돌아가신 상왕[大行上王]에게는 손자 항렬(行列)이므로 상왕[太宗]은 참최(斬衰) 27일 복을 입어야 하고, 주상은 재최(齋衰) 13일의 복을 입어야 한다"고 하니 두 임금께서 이에 따랐다.

---

55 『세종실록』 권5, 세종 1년 8월 丁酉(25일).

56 『세종실록』 권5, 세종 1년 9월 戊辰(26일).

57 『세종실록』 권5, 세종 1년 9월 壬戌(20일).

58 『세종실록』 권2, 세종 즉위년 11월 癸丑(7일).

59 조선시대에 朝會나 祭祀에 관한 儀式을 주관하던 禮曹屬衙門인 通禮院의 正三品 관직.

60 『세종실록』 권5, 세종 1년 9월 戊辰(26일).

사관(史官)은 정종(定宗)의 생애에 대해 실록(實錄) '졸기'(卒記)에 다음과 같이 적고 있다.

"공정왕(恭靖王)은 휘(諱)가 이방과(李芳果)이고, 자(字)는 광원(光遠)이었는데, 즉위 후 이름을 경(曔)으로 고쳤다. 태조(太祖)의 둘째 아들로 어머니는 신의왕후(神懿王后)이다. 타고난 자질이 온화 인자하고 공손 공경하며, 용맹과 지략(智略)이 남보다 뛰어났다. 고려(高麗)에 벼슬하여 관직을 거듭해서 장상(將相)에 이르렀고, 항상 태조를 따라 출정하여 공을 세웠다. 무인(戊寅, 1398)년 8월에 태조가 편찮았으므로 책봉(冊封)을 받아 왕세자(王世子)가 되고, 9월에 내선(內禪)을 받아 즉위하여 정사에 너그럽고 어진 것을 숭상하였다. 경진(庚辰, 1400)년 2월에 동모제(同母弟) 정안공(靖安公)이 책봉을 받아 왕세자가 되었으니 적자(嫡子)가 없었기 때문이었다. 그러나 그 해 겨울에 병이 있어 세자가 선양(禪讓)을 받아 즉위하고, 인문공예상왕(仁文恭睿上王)이라고 호(號)를 올렸다. 왕위에 있은 지가 3년이고, 한가하게 지내면서 봉양(奉養)을 받은 것이 20년이었다. 수(壽)는 63세였다"[61]

노상왕(老上王) 정종이 오랫동안 묘호(廟號)없이 공정대왕(恭靖大王)으로만 불리다가 '정종'(定宗)의 묘호를 받은 것은 숙종(肅宗) 7년(辛酉, 1681)의 일이었다.[62]

각설(却說)하고, 비록 유교이념을 바탕으로 나라를 열고 억불숭유(抑佛崇儒)가 일관된 정책 이념이었으나 막상 노상왕이 승하하니 부왕이나 임금, 모두는 고인이 극락왕생(極樂往生) 하기만을 바랄 뿐이었다. 당초 장례 의식 절차에 대해 논의하는 자리에서 임금이 '산릉에 나아가는 의식에 불교 의식을 겸용함이 옳다'고 한 것은 고인의 넋을 위로하기 위함이었지만, 발인하여 풍덕(豊德)의 장지로 향하는 도중 천수사(天壽寺)에 들러 하룻밤 더 묵으며 노제(路祭)를 지낸 것 역시 중부(仲父) 노상왕의 혼을 달래기 위해서였다. 여기에 부왕은 이에 그치지 않고 상중(喪中)이던 11월말에는,

---

61 『定宗實錄』 권1, 總書.

62 肅宗 7년 9월 18일(丁卯) 恭靖大王의 廟號를 '定宗'이라 협의 결정하고, 동 12월 7일(丙戌)에는 謚號를 嘉賞하였으며, 동시에 대왕의 玉冊文과 定安王后의 옥책문을 지어 올렸다.

「조말생과 원숙에게 말하기를 "절[寺刹]의 노비를 이제 다 혁파(革罷)하였는데, 중들이 생각하기에는 장차 절의 전토(田土)까지 혁파하여 불도(佛道)가 영영 끊어진다고 걱정할 것이니, 이것 또한 염려하지 아니할 수 없는 것이다. 비록 불교를 물리치려고 하나 그 업(業)이 이미 오래되어서 갑자기 혁파할 수는 없는 것이니, 회암사(檜巖寺) 같은 이름난 절에는 전토를 더 주어서 그들의 마음을 위로하는 것만 같지 못하다" 하니, 말생(末生) 등이 답하여 아뢰기를, "상교(上教)가 매우 합당합니다"고 하였다」[63]

라고 한 데서 알 수 있는 바와 같이, 부왕이 중들의 불안을 불식키 위해 회암사(檜巖寺) 등에 전토를 더 주게 함으로써 승하한 형님 상왕을 위하여 불교에 대해 보다 후하게 배려한 것이 아니었나 짐작되는 것이며, 이에 따라 이틀 후 임금은 왕지(王旨)를 내려,

"회암사(檜巖寺)는 중들이 많이 모이는 곳으로서 생리(生理)가 근심스러우니, 호조(戶曹)에서 밭 1백 결(結)을 더 주게 하라"[64]

고 하였고, 10여일 후에는 대자암(大慈庵)[65]에도 밭 50결을 더 지급하게 하였던 것이다. 당시에 효령대군(孝寧大君)의 춘추(春秋)가 24세였는데, 후일 전국 방방곡곡의 크고 작은 사찰(寺刹)에 보시(布施)한 것이 그토록 많았던 것을 생각하면, 위에서 본 바와 같은 부왕(父王)의 불교에 대한 처사 또한 이미 불문(佛門)에 귀의(歸依)하던 대군에게 영향을 준 것이 아닐까 생각된다. 12월 16일에는 "이천(利川)의 양녕대군의 제택(第宅)을 영건(營建)하되, 40간이 넘지 않게 하라"고, 경기 감사 조치(曺致)에게 하명하였다.

한편, 상왕이 승하한 뒤 대군의 모후(母后)인 대비(大妃)께서 환우(患憂) 중일 때, 쾌유를 빌기 위해 여러 곳을 찾아 다니던 일이 또한 효령대군(孝寧大君)의 불교에의 신심

---

63 『세종실록』 권6, 세종 1년 11월 己巳(29일).

64 『세종실록』 권6, 세종 1년 12월 辛未(1일).

65 太宗이 넷째 誠寧大君의 넋을 달래려고 高陽縣 북쪽 酸梨洞에 지은 庵子 (『청권사보』제35호(1999.6) 참조).

(信心)을 더욱 깊게 하지 않았나 생각된다. 즉, 대행상왕[定宗]의 장례를 치른 지 5개월 후인 세종 2년 6월 10일 무렵부터 모후께서 병환이 나셨는데, 대군은 형님 양녕과 함께 환우 중인 대비(大妃)를 모시고 도가류(道家類)의 승려 해순(海恂)으로 하여금 둔갑술(遁甲術)을 행하게 하는 한편, 용하다는 풍양(豊壤)의 오부(吳溥)의 집을 찾아 기도도 하고,[66] 이튿날에는 대군이 직접 도류승(道流僧) 14명을 불러 모아 밤에 도지정근(桃枝精勤)을 베풀기도 하였는데,[67] 어려서부터 효성이 지극한 대군이 식사까지 걸러 가며 모후에 대한 병 간호를 극진히 하니 하루는 부왕께서 남모르게 피병소(避病所)에 거둥하여 오찬을 갖추어 효령대군에게 먹기를 권하기도 하였다.[68]

당시 대비의 병환은 넷째 성녕(誠寧)을 여의고 상심한 나머지 슬퍼하며 식음(食飮)을 전폐하여 발병한 것이었는데, 그 위에 학질(瘧疾)까지 겹쳐 더욱 쇠약해지신 것이었다. 간혹 대비의 뜻에 따라 무당(巫堂)을 시켜 성신(星辰)에 제사도 지내보고,[69] 임금이 한성부(漢城府)와 유후사(留後司)에 교지를 내려 학질을 다스릴 자를 찾아 보게도 하였다.[70] 그러나 대비의 병환은 날이 갈수록 깊어가자 어느 날은 임금이 양녕(讓寧)·효령(孝寧) 두 형님, 정순(貞순;淸平尉李伯剛에 下嫁)·경정(慶貞;平壤尉趙大臨에 下嫁) 두 공주(公主) 누님과 함께 밤에 대비를 모시고 몰래 이궁(離宮)의 남교(南郊) 부근 벌판에 나가 바람을 쐐보기도 하였다.[71]

그래도 대비의 병환에 차도(差度)가 없자 효성스러운 세 아들은 안타깝기만 할 뿐이어서, 모후의 병환이 나을 듯 싶은 곳이면 어디던지 모시는 행차(行次)가 이어졌다. 22일의 토원(兎院) 동천변(東川邊)을 비롯하여 갈마골[加乙磨谷]의 송정(松亭, 23일)과 건원릉(健元陵, 23일), 송계원(松溪院)의 냇가(24일), 선암(仙巖, 26일) 등지로 행차를 옮기고, 26일

66 『세종실록』 권8, 세종 2년 6월 丁未(10일).

67 『세종실록』 권8, 세종 2년 6월 戊申(11일).

68 『세종실록』 권8, 세종 2년 6월 庚戌(13일).

69 『세종실록』 권8, 세종 2년 6월 辛亥(14일).

70 『세종실록』 권8, 세종 2년 6월 丁巳(20일).

71 『세종실록』 권8, 세종 2년 6월 戊午(21일).

에는 다시 사람들 몰래 동소문(東小門) 안의 흥덕사(興德寺)에 행차를 정하니 대비의 병환이 조금 나아지는 듯 하였다.[72] 그러나 7월초가 되도록 별다른 차도가 없는 데다 임금도 노상 곁에서 시중을 드는지라 상왕은 환관 노희봉을 보내어,

"대비를 창덕궁 곁 청정한 곳으로 거처를 옮기게 하고, 또한 나라는 오래 동안 비울 수 없으니 주상도 창덕궁에 돌아와 늘 견여(肩輿)로 문안토록 하라"[73]

고 전하매, 이튿날(7월 3일) 임금은 대비를 모셔 창덕궁(昌德宮) 서별실(西別室)로 이어(移御)하였다. 8일 대비의 병환이 바야흐로 위중해지자 역마를 띄워 대자암(大慈庵)의 지계승(持戒僧) 21인을 불러 구병관음정근(救病觀音精勤)을 광연루(廣延樓)에 설치하였으나,[74] 회복치 못하시고 마침내 **세종 2년 7월 10일(丙子) 정오에 별전(別殿)에서 훙(薨)하시니, 춘추(春秋) 56세(歲)이셨다.**[75]

---

72 『세종실록』 권8, 세종 2년 6월 癸亥(26일).

73 『세종실록』 권8, 세종 2년 7월 戊辰(2일).

74 『세종실록』 권8, 세종 2년 7월 甲戌(8일).

75 『세종실록』 권8, 세종 2년 7월 丙子(10일).

跡젹이 名명言언 [illegible] 업스시니

覺路ᄂᆞᆫ 則解脫이 返流ㅣ라 位當返源이며 시 因이

窮ᄒᆞ야 趣東ㅣ라 義說證이니 라시 能解ᄂᆞᆫ 則聖行이

已立ᄒᆞ샤 不藉名言이니 시 止觀애 云ᄒᆞ샤 自證

은 不可說이시니라 ᄒᆞ라 跡은 行이오 降ᄂᆞᆫ 泯也ㅣ라 就

故四句ᄂᆞᆫ 說有多途ᄒᆞ니 學者ㅣ 審而詳之니

라 路ᄂᆞᆫ 解脫 믈 後에 무르 ᄒᆞ샨 이니 位위ㅣ 매 [illegible] 當당ᄒᆞ야 시며 因인 [illegible]

4

모후 元敬王后의 昇遐와 獻陵

효령대군 25세, 7 ~ 9월

태후(太后)께서는 고려 공민왕(高麗 恭愍王) 14년(乙巳, 1365) 모월(某月) 정묘일(丁卯日)에[1] 개경(開京) 철동(鐵洞)의 사저(私邸)에서 탄생하셨다. 바야흐로 고려가 원(元)의 지배로부터 점차 벗어나려던 시기이었다. 아버지는 보국숭록대부(輔國崇祿大夫)로 수문관(修文館) 대제학(大提學)과 영춘추관사(領春秋館事) 등을 역임하고 여흥부원군(驪興府院君)에 봉해진 민제(閔霽)[2]이고, 모후의 어머니, 그러니까 효령대군(孝寧大君)의 외할머님은 중대광(重大匡)으로 여량군(礪良君)에 봉해진 송선(宋璿)의 따님이다.

모후께서는 어려서부터 청아(淸雅)하고 총명하며 인자하기가 남달랐다고 한다.[3] 부왕의 배필(配匹)이 되고 부터는, "(부왕께서)젊어서부터 세상을 경영할 뜻을 두시고 경사(經史)에만 마음을 쓰시며 집안 살림은 돌보지 아니하시매, 모후께서 살림을 도맡아 하시는데 능숙하시고 주부로서 일일이 음식새에 삼가시어 남편이 공(功)을 이루시도록 힘

---

1 恭愍王 14년(乙巳)의 '丁卯'日은 1월 18일, 3월 9일, 5월 10일, 7월 11일, 9월 12일, 12월 14일임.

2 앞 제1장 45쪽의 주88)을 참조.

3 『세종실록』 권9, 세종 2년 8월 庚申(24일). '誌文'.

쓰셨을 뿐 아니라 여러 아들을 가르쳐 옳을 데로 따르게 하셨고, 시첩(侍妾)들도 예로 대하여 부인으로서의 도리를 다하셨다"고 참찬(參贊) 변계량(卞季良)은 그 지문(誌文)에서 적고 있다.[4]

고려(高麗) 우왕(禑王) 8년(壬戌, 1382)에 부왕에게 시집 온 이후, 조선(朝鮮) 개국(開國, 壬申, 1392)과 더불어 정녕옹주(靖寧翁主)에 봉해졌고, 공정왕(恭靖王;定宗) 2년(庚辰, 1400) 초에 부왕께서 세자에 책봉되자 정빈(貞嬪)으로 개봉(改封)되었다. 그리고 그 해 11월에 부왕이 즉위(卽位)하면서 정비(靜妃)가 되었다. 태종 18년(戊戌, 1418) 8월에 아우 충녕대군(忠寧大君)이 즉위하면서 그 해 11월에 책보(冊寶)를 받들어 후덕왕대비(厚德王大妃)라는 존호(尊號)를 올리었다.

태후께서 환우(患憂)에 든 것이 세종 2년(庚子, 1420) 5월 25일이니 달포 만에 세상을 뜨신 것이며, 중궁(中宮)에 정위(正位)한지 21년 만이었다. 병환이 나자 상왕은 매일 둘러보았고, 어려서부터 효성이 지극한 효령대군(孝寧大君)이 식사까지 걸러가며 병간호에 극진하였음은 앞에서도 살펴본 바와 같거니와, 막상 운명하시매 대소 신료와 아래로 복예(僕隸)에 이르기까지 통곡하지 않는 이가 없었다.

태후는 4남 4녀를 낳았는데, 효령대군(孝寧大君)은 그 둘째이다. 맏아들이 양녕대군(讓寧大君) 제(禔)이고, 충녕대군(忠寧大君;世宗) 도(祹)는 제3남이며, 넷째 성녕대군(誠寧大君) 종(褈)은 이미 2년 전에 14세로 앞세웠다. 그리고 맏딸은 정순공주(貞順公主)인데 청평부원군(淸平府院君) 이백강(李伯剛)[5]에게 하가(下嫁)하였고, 둘째 경정공주(慶貞公主)는 평양군(平壤君) 조대림(趙大臨)[6]에게 시집갔으며, 셋째 경안공주(慶安公主)는 길창

---

4 위와 같음.

5 李伯剛, 1381년(禑王 7)~1451년(文宗 1). 本貫은 淸州. 領議政 李居易의 아들. 형 李佇는 太祖의 駙馬이다. 貞順公主와 결혼하여 淸平尉가 되었다. 兵曹佐郎을 지낸 뒤 1400년에 소위 '제2차 王子의 亂' 때 태종을 도와 아버지 이거이와 함께 功臣에 들었다. 태종 즉위 후 淸平君에 봉해졌으나 아버지 居易가 두 마음을 품어 不軌를 도모한다 하여 廢庶人되어 동성에 유배되었으나 이듬해 풀려났다. 1418년 세종이 즉위하면서 大匡輔國崇祿大夫 淸平府院君에 被封되었는데, 이 때부터 駙馬를 府院君으로 봉하게 된 것이었다. 1422년(세종 4) 進賀使로 明에 다녀왔다. 부마들 중 淸廉 勤勉하다고 일컬어졌다. 謚號는 '靖節'.

6 趙大臨, 1387년(禑王 13)~1430년(世宗 12). 본관은 平壤, 字는 謙之. 門下侍中 趙仁沃의 4세손으로 領議政府事 平壤府院君 趙浚의 아들. 1403년(태종 3) 護軍이 되어 태종의 제2녀 慶貞公主와 혼인, 駙馬가 되었다. 그 해

군(吉昌君) 권규(權跬)[7]에게, 그리고 넷째 정선공주(貞善公主)는 의산군(宜山君) 남휘(南暉)[8]에게 하가하였다.

양녕대군(讓寧大君)은 김한로(金漢老)의 딸에게 장가들어 3남 1녀를 두었는데 아직 다 어리고, 효령대군(孝寧大君)은 호조판서 정역(鄭易)[9]의 따님과 결혼하여 5남 1녀를 두었으며, 셋째 주상(主上)은 심온(沈溫)의 딸에게 장가들어 4남 2녀를 두었으나 아직 모두 어리고, 성녕대군은 성억(成抑)의 딸에게 장가들었으나 소생이 없다. 그러니까 모후(母后)는 4남에게서 모두 12남 4녀의 손자녀와 4녀에게서 모두 3남 6녀의 외손(外孫)을 본 것이다.

한편 당시 효령대군(孝寧大君)의 춘추(春秋)는 25세였는데, 손자인 의성군(誼城君) 채(寀)[10] ·서원군(瑞原君) 친(寀)[11] ·보성군(寶城君) 갑(合)[12] ·낙안군(樂安君) 영(寍)[13]들은

11월에 平寧君에 봉해졌다가 1406년(태종 6) 平壤君으로 改封되었다. 1409년 兵書講討摠制가 되고, 이듬해 進賀使로 明에 다녀왔으며, 1419년(세종 1)에는 謝恩使로 두 번째 명에 다녀왔다. 1422년에는 輔國崇祿大夫 平壤府院君에 進封되었고, 1426년에는 大匡輔國崇祿大夫에 加資되었다. 謚號는 '康安'.

7 權跬. 1393년(太祖 2)~1421년(世宗 3). 본관은 安東. 贊成事 權近의 아들. 1404년(태종 4) 慶安公主와 결혼, 吉川君에 被封되고, 1407년 虎賁衛 上護軍을 거쳐 이듬해에 兼右軍都摠制가 되었다. 1413년 明나라 成祖의 動靜을 探問하기 위해 參知議政府事 呂稱과 명에 다녀왔다. 1416년 吉昌君으로 改封되고, 1418년 義勇衛節制使가 되었다. 謚號는 '齊簡'.

8 南暉, ? ~1454년(端宗 2). 본관은 宜寧. 將軍 南怡의 아버지. 太宗의 넷째 貞善公主와 결혼, 宜山君에 封해지고, 1419년(세종 1) 判漢城府事가 되었다. 1425년 平壤宣慰使가 되고, 그 이듬해와 1434년에 각각 謝恩使가 되어 明나라에 다녀왔다. 謚號는 '昭簡'.

9 鄭易, 앞 제1장 42쪽의 주72)와 동 54쪽 128), 뒤의 제7장 216쪽의 주15)와 217쪽의 17)을 참조.

10 字는 子弘, 1424년(세종 6, 甲辰) 14세 때에 誼城君에 봉해지고, 1431년(세종 13) 正憲大夫에 特加되었다. 1434년(甲寅)에 崇祿大夫, 1489년(成宗 20, 己酉)에 顯祿大夫 從 1品에 특가되었다. 1493년(성종 24, 癸丑) 8월 13일 卒. 享年 83세. 謚號 '胡敏'.

11 1413년(太宗 13, 癸巳)~1475년(成宗 6, 乙未), 1427년(세종 9)에 通政大夫 元尹에 제수되고, 2년 후 嘉靖大夫에 오르면서 瑞原君에 封君되었다. 이 해에 謝恩正使로 발탁되어 明나라에 다녀왔다. 1435년(세종 17)에 正憲大夫 瑞原尹에 오르고, 1459년에 嘉德大夫 瑞原卿에 올랐다가 1467년(세조 13)에 다시 '瑞原君'에 還封되었다. 謚號는 '夷安'. 한국정신문화연구원편 1999, 『한국인물대사전』 참조.

12 1416년(太宗 16, 丙申)~1499년(燕山君 5, 己未), 1441년(세종 23) 寶城君에 例授되고, 1443년 崇德大夫에 오르면서 寶城尹으로 改授되었다. 1457년(세조 3, 丁丑) 10월에 端宗이 죽자 殯殿都監의 代奠官을 맡았고, 1460년(세조 6) 寶城卿으로 正卿位에 오른 다음 1466년(세조 12)에 海青衛가 되었으며, 1468년에는 左廂大將이 되어 寶城君으로 還封되었으나, 이듬해(睿宗 1)에 이른바 '南怡의 獄事'사건에 연루되어 셋째 아들 春陽君 徠와 함께 일시

각각 10세, 8세, 5세, 4세로서 아직 어렸을 때의 일이었고, 영천군(永川君) 정(定)과 의천군(宜川君) 의(宜)는 모후(母后)께서 훙서(薨逝)하신 이후에 출생하였다.

모후께서 수강궁(壽康宮) 별전(別殿)에서 운명하시자 모든 범절을 한결같이 고례(古禮)에 좇아 시행하매, 주상과 효령대군 이하 자손들은 머리 풀고 버선 벗고 거적 자리에서 울부짖으며 통곡하는데, 이 때 주상 등 아들들이 음식을 들지 않은지 이미 수일인지라 상왕께서도 눈물을 흘리고 우시면서 미음[糜粥]을 들 것을 권하시었다.[14]

그러나 국모(國母)를 잃은 슬픔도 크지만, 국상(國喪)의 초종 장례(初終 葬禮)는 너무도 큰 행사(行事)인지라 서둘러 진행할 일이었다. 그리하여 변계량(卞季良)과 곽존중(郭存中)으로 하여금 호상(護喪)케 하고, 여천군(驪川君) 민여익(閔汝翼)과 전부윤(前府尹) 이종선(李種善)·변계량으로서 빈전도감제조(殯殿都監提調)를 삼는 한편 목욕(沐浴)·습(襲)·반함(飯含)을 마치고 습전(襲奠)을 올리니, 처음 훙(薨)함으로부터 습염(襲殮)과 빈(殯)에 이르기까지 모두 『주자가례』(朱子家禮)에 의거하였다.

7월 22일에는 임금이 효령대군(孝寧大君)을 칠원군(漆原君) 윤자당(尹子當)과 함께 흥복사(興福寺)에 보내 태후의 명복(冥福)을 비는 두 번째 재(齋)를 베풀었는 바,[15] 흥복사는 오늘날 종로구 종로2가 파고다공원 자리에 있던 사찰로서 고려 때부터 흥복사라

君號를 삭탈당하고 楊根에 유배되었다가 이듬해 곧 풀려나 告身을 還給받았다. 1489년(成宗 20) 고령으로 특별 加資되어 正1品 興祿大夫 寶城君에 오르고, 1503년(燕山君 9, 癸亥)에는 왕이 老齡의 그를 위안하기 위해 그 孫子 李堅孫(제7자 東陽正 李徐의 아들, 곧 江城都正)에게 代加(※조선시대 文武의 현직관원이 '資窮' 이상이 되면 자신에게 別加된 散階를 대신 아들, 사위, 아우, 조카 등 가운데 한 사람에게 加하여 주는 제도;崔承熙, 1985, 「朝鮮時代 兩班의 代加制」『震檀學報』 60)하여 堂上을 제수케 하였다. 遺命에 따라 謚號와 禮葬을 받지 않았다. 享年 88세. 墓가 衿川 朴達里 午坐에 있었으나, 1941년(辛巳) 6월 11일 南楊州郡 別內面 廣田里 未坐에 遷墓하였다. 配位는 淸風郡夫人 陝川李氏로서 光祿寺少卿 李茂昌의 딸이다. 7남6녀를 두었다.

13 1417년(太宗 17, 丁酉)~1474년(成宗 5, 甲午) 5월 壬子(28일) 卒. 字는 士安, 名은 寍(寧의 古字). 1427년(세종 9)通政大夫 元尹에 例授되었다가 1433년(세종 15) 嘉靖大夫에 올라 樂安君에 封君되었다. 1459년(세조 5) 承憲大夫에 오르고 다시 崇憲大夫 樂安尹에 改授되었으며, 이듬해 다시 嘉德大夫 樂安卿을 拜受하였다가 1472년(成宗 3)에 다시 '樂安君'에 還封되었다. 享年 58세. 謚號는 '夷安'이니 "마음을 편안히 갖고 安靜을 좋아하는 것을 '夷', 和睦을 좋아하고 다투지 않는 것을 '安'이라 한다"는 뜻이다. "성품이 寬厚하여 남을 거스르는 일이 없었다"고 史官은 評하였다(『成宗實錄』 권42, 성종 5년 5월 壬子(28일) '樂安君의 卒記').

14 『세종실록』 권8, 세종 2년 7월 丙子(10일).

15 『세종실록』 권8, 세종 2년 7월 戊子(22일).

는 이름으로 전승되어 온 절이었다. 건국초인 태조고황제 때에는 조계종(曹溪宗)의 본사(本寺)가 된 절이다. 세종 때에 불교정비 차원에서 종파를 선·교 양종(禪·敎 兩宗)으로 통합한 뒤에는 이 절에 악학도감(樂學都監)을 두기도 하였는데, 특히 세조(世祖) 때에 대군께서 주도하여 창건하신 원각사(圓覺寺)는 바로 이 흥복사 자리에 지어진 절이었으니[16] 흥복사는 효령대군(孝寧大君)과는 매우 관계가 깊은 절이었던 것이다.

한편, 어려서부터 효성이 지극하셨던 대군께서 모후의 환우중에도 식사를 걸러가며 병간호에 극진하셨고, 막상 운명하시매 더욱 애통해하며 식음을 폐하다싶이 하여 건강까지 해칠까 상왕께서 염려하시기도 했지만, 초종 장례 준비 중에는 상왕 또한 과로하시매 7월 25일 세종은 특별히 대군으로 하여금 상왕전(上王殿)에 나아가 시탕(侍湯)[17] 하게 하기도 하였다. 그리고 모후께서 훙(薨)하신지 삼칠일째 되던 7월 29일(乙未)에는 대자암(大慈庵)에서 삼재(三齋)를 베푸니, 대자암은 태종 18년 2월에 넷째 성령대군(誠寧大君) 종(褈)이 14세로 요서(夭逝)하자 그 영혼을 위로하고자 고양현(高陽縣) 산이동(酸梨洞)의 산소 옆에다 지은 암자(庵子)이다.[18]

8월 10일(丙午)에는 부왕께서 낙천정(樂天亭)[19]에 거동하셨는데, 이 자리에서 부왕은 산릉도감제조(山陵都監提調) 박자청(朴子淸)을 불러 상을 차려 노고를 치하하고, 이양달(李陽達) 등을 불러서는 장례날을 보게 하니 9월 19일이 좋겠다고 하였다. 장례날이 잡혀지자 상왕은 다시 그 밤으로 홍득경(洪得敬)을 보내서 "이 곳에서 주상을 대면한 뒤

---

16 大君께서 圓覺寺를 창건하시게 된 動機는, 世祖 10년(甲申, 1464) 4월 대군께서 楊州 檜巖寺 동쪽 언덕에 석가모니의 舍利를 안치하고 『圓覺經』을 강의하게 되었는데, 그 날 밤에 如來가 공중에 모습을 나타내고 사리가 分身하여 800여 개로 불어났다. 이에 5월 2일 대군은 조카인 世祖에게 이들 사리를 보이고서 含元殿에 나아가 함께 禮佛을 하게 되었는데, 사리가 또다시 400개로 분신하는 奇蹟이 일어나자 세조는 大赦令을 내리고 이튿날에는 興福寺 터에 거동하여 宗親 및 대신들과 그 자리에서 새로 원각사를 창건할 것을 논의한 바, 그 창건의 동기가 되었으며, 이에 대군의 건의에 따라 造成都監을 설치, 착공하여 3년만인 1467년에 완성을 보게 된 것이다.

17 『세종실록』 권8, 세종 2년 7월 辛卯(25일), 侍湯이란 어버이의 병환에 藥 시중을 드는 일.

18 『태종실록』 권35, 태종 18년 4월 甲申(4일).

19 서울 동남쪽 한강변에 있던, 태종 말년에 지은 離宮. 당시 皇臺山에 있었다고 한다. 뒤 2권(15장) 136쪽의 주33)과 137쪽의 주35)를 아울러 참조.

곧바로 풍양(豊壤)으로 돌아가겠으니, 내일 아침 주상을 이곳으로 나오도록 하게 하되, 유정현·이원·허조·원숙 등도 호가(扈駕)하여 함께 오게 하라"고 전지(傳旨)하였다.[20]

그러나 이튿날 아침부터 비가 내리므로 상왕은 임금의 낙천정 거동은 정지시키고, 유정현·허조·변계량·이원·원숙 등만 오게한 후 이들에게 이르기를,

> "주상이 시빈(侍殯)하느라 지나치게 애통해 하고, 나 또한 늙고 병들었으니 어찌하겠나. 내가 『가례』(家禮)를 보니 '석달이 지나면 장사지내라'는 글이 있고, 또 이양달 등에게 물어본즉 '9월 19일이 길(吉)하다' 하므로 내가 이미 그 날로 결정하였으니, 오늘 경들을 부른 것은 그에 대한 가부를 의논하려는 것이 아니고, 다만 장례 기일만을 알려 주는 것이니 비록 이의가 있다 하여도 내 듣지 아니할 것이다"[21]

하고 황후의 장례일을 9월 19일로 확정지었다. 한편 임금은 대비의 발원(發願)을 미루어 이룩해 드리기 위해 직제학 성개(成槪)·신장(申檣)과 급제(及第) 최흥효(崔興孝) 등으로 하여금 금(金)으로 『법화경』(法華經)을 내불당(內佛堂)에서 쓰게 하였다.[22]

조선시대에는 나라에 국상(國喪)이 나면 산릉(山陵)의 조성(造成)이 무엇보다 대 역사(役事)였고, 그러므로 여기에 동원되는 인원 또한 막대하여 전국 각지에서 군정(軍丁)이 징집되었는데, 이번 태후의 장례에도 산능조성 역사에 많은 군정이 징집되어 경기·충청도가 각각 3천명씩, 강원·황해도는 각각 2천명, 그리고 그 외에 수군(水軍) 4천명이 동원되었다.[23] 이와 같이 산릉 조성 역사에 동원되는 군정 수가 매우 많은 인원이고보니 역사 도중에 사고로 인하여 사망하거나 부상당하는 수 또한 많을 수밖에 없을 뿐 아니라 산릉 역사로 인한 민간 피해 또한 발생할 수 있으매 임금은,

---

20 『세종실록』 권9, 세종 2년 8월 丙午(10일).

21 『세종실록』 권9, 세종 2년 8월 丁未(11일).

22 위와 같음.

23 『세종실록』 권9, 세종 2년 8월 辛亥(15일).

"산릉에 동원되는 군정의 수가 만명을 넘으니 어찌 사망하는 자가 없을 수 없으며, 또는 길가에 벼와 곡식도 반드시 손상되었을 것이니 유사(有司)에게 명령하여 사망한 자는 부의(賻儀)하고 손상된 것은 보상해 주라"[24]

고, 그 대책을 지시하기도 하였다.

8월 16일에는 빈전(殯殿) 제사를 효령대군(孝寧大君)께서 특별히 주재하여서 올렸는데,[25] 맏이 양녕대군은 죄인의 몸이고, 임금 세종은 과도한 탓에 부왕의 분부대로 따른 것이었다. 그리고 동 25일에는 예조에서 의논하여 태후의 사후 칭호를 '대행후덕왕대비'(大行厚德王大妃)라 정한 후 시호(諡號)를 '원경왕태후'(元敬王太后)라 하고 능호(陵號)를 '헌릉'(獻陵)이라 할 것을 청하니 임금이 그대로 따랐다.[26]

태후의 장례일을 10여일 앞둔 9월 7일, 드디어 광주(廣州) 대모산(大母山, 현 서울 江南區 內谷洞)에 광중(壙中)을 파게 되었는데, 주척(周尺)으로 계량하여 깊이가 13자(尺) 3치(寸)이나 되었다. 흙의 빛깔은 밝고 윤택하나 물기는 없었다.[27] 그런데 사실 이곳은 상왕이 이양달을 시켜 수릉(壽陵)[28]으로서 살펴둔 곳이었는데, 진산부원군(晋山府院君) 하륜(河崙)과 지신사(知申事) 이사눌(李思訥)을 시켜 다시 살펴보게 하여 얻어 정하게 된 곳이었는 바 상왕은 천광(穿壙)한 것을 보시자 선지(宣旨)하기를 "조금 동쪽으로 하여, 그 오른편을 비워 두어서 나의 백세(百歲) 뒤에 쓰게 하라"[29] 고 하였다.

장례 절차 가운데 '호종'(扈從) 또한 매우 중대한 사안이었다. 어느 관료가 어떤 차례로 재궁(梓宮)을[30] 호종하고 재궁이 산능에 나갈 때에 그 기간 정부(政府)에 남아 있을

---

24 『세종실록』 권9, 세종 2년 8월 辛酉(25일).

25 『세종실록』 권9, 세종 2년 8월 壬子(16일).

26 『세종실록』 권9, 세종 2년 8월 辛酉(25일).

27 『세종실록』 권9, 세종 2년 9월 壬申(7일).

28 왕이 崩御하기 전에 미리 만들어 두는 임금의 陵墓.

29 『세종실록』 권9, 세종 2년 9월 壬申(7일).

30 임금의 棺, 梓室이라고도 함.

것은 누구인가도 미리 정해둘 일이었다. 이는 호종이 곧 국왕을 수행하는 것과 마찬가지로 정치권력과 직접 관계되는 일이기 때문이었다. 이에 9월 10일 예조(禮曹)에서 아뢰기를,

"재궁(梓宮)이 산릉에 나가실 때에 의정부(議政府)는 당상(堂上) 1인과 사인(舍人) 1인, 육조(六曹)는 당상 각 1인과 낭청(郎廳) 각 1인, 그리고 제사(諸司)에서, 각 2인씩만 서울에 남겨두고, 그 외는 모두 호종하게 하소서"[31]

하니 그대로 따랐다.

9월 9일에는 태후의 혼(魂)을 모시는 혼전(魂殿)의 칭호를 정한 바 '광효'(廣孝)라 하고,[32] 새로 조성될 헌릉(獻陵)과 '광효전'(廣孝殿)을 숙직할 '지기'[陵直]는 각각 두 사람씩 두도록하였다.[33] 한편, 이번의 태후의 상을 당하여서는 장례에 관한 각종 행사를 담당하는 직책의 명칭도 다수 고쳤으니, 재궁(梓宮)이 광중(壙中)에 도착되는 것을 이제까지는 임광전(臨壙奠)이라 불렀으나 이를 천전(遷奠)이라 고쳐부르고, 광중을 덮는 것을 종전까지는 엄광전(掩壙奠)이라 하였으나 이는 안릉전(安陵奠)이라 고치게 하였으며, 국장도감도제조(國葬都監都提調)는 총호사(摠護使)라 하여 상장(喪葬)의 모든 일을 다스리게 하고, 산릉도감도제조(山陵都監都提調)는 산릉사(山陵使)라 하여 산릉에 관한 제반사를 맡아보게 하였다.[34]

그리고 태후의 시호(諡號)는 이미 8월 25일에 정해 놓았지만 의식절차를 통해 종묘(宗廟)에 고(告)할 일이었는데, 상시(上諡)를 고하는 행사에 참예하는 집사관 및 모든 문무관원은 송제(宋制)에 따라 검정옷과 검정 띠를 사용하도록 하고,[35] 9월 13일 좌의정 박

---

31 『세종실록』 권9, 세종 2년 9월 乙亥(10일).

32 『세종실록』 권9, 세종 2년 9월 甲戌(9일).

33 『세종실록』 권9, 세종 2년 9월 甲申(19일).

34 『세종실록』 권9, 세종 2년 9월 甲戌(9일).

35 『세종실록』 권9, 세종 2년 9월 丙子(11일).

은(朴訔)을 보내어 대비에게 시책(諡冊) 올림을 종묘에 고하였다.[36]

태후가 홍하신지 2개월여가 지난 9월 13일에는 그동안 예조(禮曹)에서 주관하여 마련한 발인(發靷)하는 의식부터 졸곡(卒哭) 제사 의식에 이르기까지의 초종(初終) 장례(葬禮)에 관한 전반적인 절차가 마련 발표되었고,[37] 이제 여기에 의거해서 모든 장례행사가 진행될 것이었다. 발인하는 의식, 노제(路祭)지내는 의식, 천전(遷奠)제사 의식, 능침(陵寢)에 모신 뒤에 드리는 의식, 반혼(返魂)하는 의식, 우제(虞祭)지내는 의식, 졸곡제(卒哭祭) 거행 의식 등을 말함이며, 16일[辛巳]에 빈전에서 견전(遣奠)[38] 제사를 지냈는데, 백관이 모두 상복(喪服)을 입고 제사에 참예(參詣)하는 것으로 시작되었다.

한편 태후(太后)의 장례일을 며칠 앞둔 9월 14일(己卯)에는 세종(世宗) 임금이 여러 신하들을 거느리고 대행후덕왕대비(大行厚德王大妃)께 시호(諡號)[39]를 올렸는데, 모후에 대한 자식의 마음이 하도 간절하고 애틋하여 그 책문(冊文)의 전문을 옮겨본다. 즉,

> "(前略) 애자(哀子) 국왕 신 모(某)는 삼가 재배하고 머리 조아려 고하나이다. 간절히 생각하옵건대 지위를 바르게 하고, 높은 자리에 앉아 능히 내치(內治)를 이루시매 이름을 바꾸고 시호를 정하여 마땅히 뒷사람에게 보일 것이라, 삼가 옛 법에 따라 이에 휘호(徽號)를 올리나이다. 공손히 생각하옵건대 황비(皇妃) 후덕왕대비께옵서는 타고나신 성품이 맑으시고 아름다우시며, 행하시는 것이 겸손하고 공손하며, 생각을 항상 걱정[憂]과 부지런한 데 두시고, 일찍부터 집을 다스리는데 마땅한 덕이 현저하시며, 마음 가짐이 정성스럽고 조심하시와 나라를 건설하는데 남모를 공이 있으시고, 대보(大寶)를 받으시고 나라 일을 계승하시는 데 이르러 중궁(中宮)의 자리에 오르사, 높으신 분의 배필이 되시고, 곤원(坤元)의 순함을 깊이 따르시어, 이제 나라의 어머님이 되시는 의범(儀範)을 갖추셨으며, 건도(乾道)의 강하심을 공경해 받드셨고, 밝게 임금의 덕을 펴시니 숨은 교화는 이미 깊은 궁안에 높

---

36 『세종실록』 권9, 세종 2년 9월 戊寅(13일).

37 위와 같음.

38 遣奠祭:發靷할 때에 집의 문앞에서 지내는 제사, '路奠'이라고도 함.

39 先王이나 왕비의 功德을 칭송하여 붙이는 이름, 또는 生前의 行跡을 査定, 死後에 임금이 내려 주는 칭호.

으시고, 어지신 은혜는 널리 사방에 흡족하시니, 생각하옵건대 작은 몸으로 외람히 크나큰 왕통을 이어 받자와 이 기쁨 받들기를 백세까지 하려고 하였더니 어찌 하루아침에 이 비통함을 남기실 줄이야 알았겠나이까. 빛나도록 봉양하려던 지정은 비록 어긋났사오나 추숭(追崇)하려는 성대한 의식이야 어찌 올리지 않겠나이까. 삼가 옥책(玉冊)을 받들어 높으신 시호(諡號)를 올리어 원경왕후(元敬王后)라 하였사오니 우러러 생각하옵건대 밝으신 마음으로 이 정충(情衷)을 굽어 살피시와 크게 아름다운 칭호를 받으시고 달과 별빛 같이 드리우시와 길이 큰 복을 맞으시어 하늘과 땅의 장구한 것과 같이 되옵소서"[40]

라고 하였는 바 여기서 모후의 묘호(廟號)가 "원경왕후"(元敬王后)로 확정된 것이었다.

여기서, 오늘에 이르기까지 해마다 음력 5월 10일(太宗대왕 忌辰日)과 음력 7월 10일(元敬王后 忌辰日)에 향사(享祀)드리고 있는, 헌릉(獻陵)의 산릉제도(山陵制度)[41]에 대해 자세히 살펴보기로 하자.

헌릉(獻陵)의 규모(規模) ; 조선 초기 당시의 산릉제도에 있어 기본적으로 사용한 것은 영조척(營造尺)이었는데, 석실(石室)을 비롯한 헌릉 각부분의 규모를 표(表)로써 정리 작성하면 대개 아래의 표와 같다.

아래의 표로써 짐작할 수 있는 규모의 광중(壙中)을 파고 그 중앙에 큰 관(棺)을 안치하는 데, 깊이가 9척 4촌이나 된다. 그리고 사방 옆으로 지대석을 벌여 놓는 데 길이가 13척 4촌이며, 그 바깥쪽은 잡석(雜石)과 흙을 섞어서 큰 관을 안치하는 곳과 같이 평평하도록 메꾸니, 그 쌓은 실지의 두께는 4척이나 된다. 그런 뒤에 두께가 1척 4촌 되는 지대석을 다시 놓고 나서, 그 위에 석실을 만든다. 그리고 그 밑은 비우게 하는데, 그 만들어 놓는 차례는 먼저 북쪽에 모퉁이 돌 하나를 놓고, 다음에 양옆 돌 각각 한 조각씩을 놓으며, 다음에는 문 양가에 세우는 돌 두 개를 양옆 돌의 남쪽에 놓는데 각각 5촌이며, 이는 양옆 돌의 안으로 끼워진다. 다음에는 문지방 돌 한 개를 양편가에 세운 돌(立石)

40 『세종실록』 권9, 세종 2년 9월 己卯(14일).

41 『세종실록』 권9, 세종 2년 9월 辛巳(16일), '山陵制度'條 참조.

部位 名稱	너비(尺/寸)	높이(尺/寸)	길이(尺/寸)	두께(尺/寸)	備考
石室	8尺	7	11		
側面石(2)	8		11尺 5寸	2 / 5	
蓋石(2)	8		14	3	
加置蓋石	5		10 / 5	중앙2 / 4변1	
北隅石		8	11	2 / 5	
문기둥(2)	3 / 5	8		3	
문지방	3		7	2	
문설주(2)	3 / 5	7		1	
門倚石	7	7		2	
地臺石(12)	3		9寸	1 / 8	覆蓮조각
地面石(12)		2 / 8	4尺 8寸 5分	3	靈芝 / 雲紋
隅石(12)		2 / 8	3 / 9	3	
滿石(12)		1 / 8	9	3	仰蓮
引石(12)	1 / 1		6		모란 / 국화
돌난간					
地臺排石(12)	2		6 / 8	1 / 5	
石柱(12)		6 / 3			
童子石(12)	1 / 1	3 / 2			
地方石(24)	1 / 1		4 / 3	1	
竹石(24)			4 / 9		
石羊(4)	2 / 8	2 / 5	5		左右 각2
石虎(4)	2	3 / 9	4		좌우 각2
望柱石(2)		6 / 4			
石床	6 / 3		11	1 / 4	
足石(5)		1 / 6			
石人(4)	3		11 / 5	2 / 5	文官2 武官2
拜石	3 / 2		6 / 1		
담(墻)		2 / 3	55		
윗뜰	14(南北)	1	55 / 5		
아래뜰	27				

사이에 놓는다. 대개 서로 닿는 빈틈은 모두 기름에 갠 회(灰)로서 메운다. 그러고 나서 북우석(北隅石)과 양방석(兩傍石) 외에는 잡석(雜石)으로 쌓아서 메우되, 돌 높이까지 닿으면 그친다. 다음에는 덮개돌[蓋石] 두 개를 덮는데, 그 두 조각돌이 연잇는 곳은 기름회[油灰]로 메꾸고, 또 덮개 돌 한 개를 그 위에 다시 덮는다. 그리고 그 밑의 빈 곳에는 석회(石灰)와 세사(細沙)·황토(黃土)를 섞어 갠 것을 메꾸며 쌓는데, 두께가 2척쯤 되게 하고 끝낸다.

석실 안의 너비는 8척, 높이는 7척, 길이가 11척이다. 또 종이에 천문(天文)을 그려서(일(日)·월(月)·성신(星辰)을 모두 그림) 석실의 덮개 돌의 안쪽 면에 붙이고, 북우석과 양방석 위 바깥 3면에는 지대석 열 두 개를 놓는데, 무쇠로 걸쇠를 만들어 열 두 개를 연해 붙이고, 그 남쪽에는 비우게 한다. 그리고 우석(隅石)과 지면석(地面石) 각각 열 두 개를 지대석 위에 놓는데, 서로 사이하여 연해서 배열하며, 그 남쪽 면은 비워둔다. 다음에는 만석(滿石) 열두 개를 우석과 면석 위에 각각 놓고, 인석(引石) 12개는 만석 위에 놓으며, 흙으로 개석(蓋石)위를 덮고 차차 다진다. 또 열두 지대석 바깥으로 2척을 격하여 먼저 돌난간 첫 면의 지대배석(地臺排石) 12개를 놓고, 다음에는 우석 열둘을 서로 띄어서 연하여 배치하는데, 역시 그 남쪽 면을 비우게 하고, 돌기둥 열둘을 우석 뒤에 세우며, 동자주석(童子 柱石) 열둘은 초면(初面) 지대배석 위에 세운다. 그리고 아래에 지방석(地方石) 스물넷을 돌기둥과 동자 주석 사이에 놓는다.

다음에는 박석(薄石) 스물넷을 열두 지면석의 바깥과 초면 지대석 안에 놓고, 위에는 죽석(竹石) 스물넷을 돌기둥 사이에 대는데, 그 한 끝은 돌기둥·앙복련(仰覆蓮) 아래에 닿게 하고, 한 끝은 동자 주석 위에 닿게 한다. 이 때 죽석은 매양 열 두 돌기둥 사이에 둘씩을 대니까 도합 스물넷이 되는데, 차례대로 두루 돌려서 연하여 배치하되, 모두 그 남쪽을 비우게 하고, 기름회로 메운다. 또 차면(次面) 지대배석 열둘과 우석 열둘은 돌난간 밖에 서로 사이하여 연해 배치하고, 동·서·북 3면에 각각 뜰 한 층을 만든 후 담[堵墻]으로 두른다. 담 안에는 석양(石羊)과 석호(石虎)를 좌우에 각각 둘씩 각 넷을 벌여 세우는데, 석호는 남쪽에, 석양은 북쪽에 있게 하되, 서로 사이하여 놓는데 모두 밖을 향하게 한다.

남쪽에는 뜰 셋을 만드는데, 윗뜰에는 동서에 먼저 지대석 각각 하나씩을 놓고, 망

주석(望柱石) 각각 하나씩을 지대석 위에 세운다. 또 망주석의 서쪽에 땅을 파고 잡석을 넣어 다지고, 소전(燒錢)하는 대석(臺石) 하나를 잡석 위에 설치한다. 가운데 뜰의 동서는 땅을 파고 관대석인(冠帶石人) 각각 한 사람을 세우고, 아랫 뜰의 동서에는 땅을 파고 갑옷 입은 석인 각각 한 사람씩을 세운다. 또 아랫뜰 중앙에는 남쪽 가까이 땅을 파고 배석(拜石) 하나를 묻는데, 그 돌의 면이 아랫 뜰의 평평한 데와 같게 한다. 그리고 아랫뜰에서 정남쪽 50보(步) 2척 되는 곳에 정자각(丁字閣) 다섯 칸을 짓고, 정자각 서북쪽 뜰 위에도 소전하는 대석 하나를 설치하는데, 윗 뜰에 있는 소전대석(燒錢臺石)의 배열과 같이 한다. 또 능(陵)의 동남쪽 산아래 평지 60보 가량되는 곳에 능 지키는 재실(齋室) 17칸을 짓는다.

재궁을 석실에 봉안(奉安)하고 난 뒤에, 문설주 돌 두 개로 그 문을 막고, 문에 기대는 돌[門倚石] 하나를 설주 돌[扉石] 밖에 더 대고 기름회로 그 틈을 발라 메운다. 또 잡석에 흙을 화합하여 다져 메운 뒤에 남쪽 면의 지대석을 놓고, 다음에는 우석(隅石)과 지면석(地面石)·만석(滿石)·인석(引石)을 놓고, 또 돌난간을 두르되, 다같이 상항(上項)의 3면을 배치하듯 하여 두루 돌리기를 다 마치면, 곧 덮는 돌을 먼저 다졌던 위에 다시 흙으로 채우고 단단히 다지니, 능의 높이가 13척 7촌이다. 또 능 남쪽 가까운 곳(즉 石床의 북쪽)에 땅을 파고 지석 두 쪽을 묻는데(靑石이니 강원도 旌善郡에서 산출되는 것을 사용), 길이가 각각 3척 3촌, 너비가 각각 3척, 두께가 각각 3촌인데, 그 하나는 뚜껑이며 '지문'(誌文)이라 새긴 것이다.[42]

산릉도감에서 주관하는 능(陵)의 축조공사가 이와 같이 전체적으로 완료되자 9월 17일에는 드디어 아침부터 서둘러 천전(遷奠)의식[43]을 거행한 후, 재궁(梓宮)을 받들어 현궁(玄宮)에 하관하였다.[44] 그리고 이어 입주전(立主奠)을 거행하고, 우주(虞主)에 제주(題主)하여 광효전(廣孝殿)[45]으로 봉환 후 초우제(初虞祭)를 지냈는데, 효령대군(孝寧大

---

42 『세종실록』 권9, 세종 2년 9월 辛巳(16일).

43 梓宮(임금의 棺)이 壙中에 도착됨을 이제까지는 '臨壙奠'이라 불렀으나, '遷奠'이라 고쳐 부르게 된 것임.

44 『세종실록』 권9, 세종 2년 9월 壬午(17일).

45 『세종실록』 권9, 세종 2년 9월 甲戌(9일) 참조.

君) 이보(李補)가 여막(廬幕)으로 돌아가니 임금[世宗]도 내전으로 들지 않고 여막에 함께 와서 이르되,

"경들의 수고함으로 대사를 무사히 치렀고, 일기 또한 청명하니 나도 슬픈 중에도 감사하게 여기노라. 일기가 추워지면 내 마땅히 내전으로 들어갈 것이며, 졸곡(卒哭) 후에는 마땅히 상복을 벗겠지만, 정사를 돌볼 때에는 소복(素服)으로 할 것이고, 삭망(朔望)을 당하면 다시 상복으로 제사 지내어서, 이렇게 기년(朞年)을 마칠 것이다"[46]

하고 상복을 입은채 반우(返虞)하니, 상왕은 환관을 보내어 임금을 효유해서 말하기를,

"내가 주상을 생각해서 산릉일이 끝난 후에는 마땅히 소복(素服)으로 반우하라고 하였는데, 이제 들으니 여러 신하들과 같이 상복을 입은채로 반우하였다 하니 어인 일인가, 또 3년 상을 강등하여서 기년으로 한 것도 내가 있기 때문에 그렇게 한 것인데, 이제 내 말을 듣지 아니함은 또한 무슨 까닭인가. 나는 정부(政府)나 육조(六曹)에서 미리 정하지 않은 것에 대해 섭섭하게 여기는 것이니, 주상은 마땅히 즉일로 상복을 벗고, 칠우(七虞) 후에는 백의흑립(白衣黑笠)으로 와서 보게 하라"[47]

하였다.

모후(母后)를 헌릉(獻陵)에 모시고 닷새째 되던 21일(丙戌) 삼우(三虞)에는 상왕께서 특별히 효령대군(孝寧大君)을 보내어 헌릉에 가서 모든 일을 점검하게 하고 인하여 대추, 밤 등 절과(節果;햇과일)을 드리게 하였다.[48] 23일에는 임금이 다시 직접 백관을 거느리고 광효전에 나아가 오우제(五虞祭)를 올렸다.[49] 그리고 이튿날은 비로소 임금이 편전(便殿)

46 『세종실록』 권9, 세종 2년 9월 壬午(17일).

47 『세종실록』 권9, 세종 2년 9월 壬午(17일).

48 『세종실록』 권9, 세종 2년 9월 丙戌(21일).

49 『세종실록』 권9, 세종 2년 9월 戊子(23일).

에서 정사를 보았는데, 이날 부왕께서는 낙천정(樂天亭)에 거동하시어 삼정승과 육조판서 및 빈전(殯殿)·국장(國葬)·산릉(山陵)도감의 제조(提調), 산릉도감 낭청(郎廳)들을 불러서 술을 주며 그간의 노고를 치하하니 산릉 일이 완료되었기 때문이다.[50]

그런데 이 날은 공교롭게도 신의왕후(神懿王后) 한씨(韓氏)의 기신제(忌辰祭)였는데, 임금이 "신의왕후는 태조와 한 곳에 봉안하였으니 혼자만 제사드릴 수 없고 그렇다고 태조에게까지 제사지낸다고 하면, 또 종묘에는 지내지 않고 원묘(原廟)에만 제사지낸다는 것도 그러하니 제사지내지 않는 것만 같지 못하다" 하여 신의왕후의 기신제는 지내지 않게 되었다.[51]

한편 돌아가신 원경왕후(元敬王后)의 왕생극락(往生極樂)을 기원하기 위한 불교의식인 수륙재(水陸齋)[52] 행사에 대해 이 날 의논이 있었는데, 박은(朴訔)·변계량(卞季良) 등은 "전부터 왕실의식 때에는 법석(法席)을 열어 법화(法華)·화엄(華嚴)·삼매참(三昧懺)·능엄(楞嚴)·미타(彌陀)·원각(圓覺)·참경(懺經) 등의 불경을 읽었는데, 이제 법석을 혁파하였으니 지금부터는 국가에서 거행하는 수륙재에는 이상의 여러 불경을 칠칠일(七七日)에 분속시켜 각각 그 날에 읽게 하소서" 하였으나, 유정현(柳廷顯)·이원(李原)·허조(許稠) 등은 "국가에서 거행하던 법석은 이제 이미 혁파하여 없앴는데 만약 법석에서 여러 불경을 칠칠일에 분속시키면 그 불경의 권수(卷數)가 많아서 하루 동안에 다 읽지 못할 것이므로 반드시 승려 백여명을 불러모아서 법대로 할 것이고 그러면 법석과 다를 것이 없어서 폐해가 여전할 것이니 전날에 내리신 교지에 따라 그대로 수륙재만 거행하게 하소서" 하니, 부왕께서도 "이미 법석을 혁파하였는데 무슨 일로 불경을 읽어야 하는가 아주 없애버려라"[53] 고 하여 결국 수륙재만을 거행하게 된 바, 이 무렵에 대군께서는 이미 불심(佛心)에 깊이 들던 때로 짐작되거니와 이 같은 분위기를 지켜보며, 대군의 마음은 어떠하였을까 생각하게 하는 대목이라 하겠다.

---

50 『세종실록』 권9, 세종 2년 9월 己丑(24일).

51 위와 같음.

52 佛家에서 水陸의 雜鬼를 달래기 위하여 齋를 올리며 經文을 읽는 일. 水陸會라고도 한다.

53 『세종실록』 권9, 세종 2년 9월 己丑(24일).

27일(壬辰)에는 임금이 대군 및 백관을 거느리고 광효전에 나아가 칠우제(七虞祭)를 행한 후 풍양이궁(豊壤離宮)으로 향하였다.[54] 이틀 후에는 대군의 맏형인 양녕대군(讓寧大君) 제(禔)가 헌능에 배알(拜謁)하였는데, 실제로 왕후의 맏아들인 양녕이 뒤늦게서야 헌능에 성묘(省墓)를 하게 된 것은, 세자 책봉 무렵부터 세종 즉위 이후까지 고치지 못한 '실행'(失行) 때문에 그동안 이천(利川) 땅에 부처(付處) 중이기 때문이었다.

이날 임금은 환관 박춘무를 시켜 역마(役馬)를 주어 이천까지 호위하게 하고, 경기 관찰사에게는 "매달 한 차례씩 양녕이 헌능에 내왕할 때에 역마 세 필씩을 대어주게 하라"고 전지(傳旨)하였다.[55] 맏형 양녕(讓寧)을 다시 이천(利川)으로 떠나보내던 그 날 저녁때 광효전(廣孝殿)에서 졸곡제(卒哭祭)를 지내게 되었는데, 임금의 통곡하는 소리가 밖에까지 들렸다고 한다.[56] 30일에는 예조에서 헌릉에 배알하는 의식과 광효전 삭망(朔望) 때에 친히 지내는 의식을 계하였는데,[57] 특히 헌능(獻陵)에 배알(拜謁)하는 의식(儀式)은 졸곡(卒哭) 후 사시(四時)로 올리는 큰 제사와 명절날에 별달리 올리는 제사, 그리고 초하루와 보름에 차례 올리는 것이 모두 이와 같았다.

10월 1일은 모후를 헌능(獻陵)에 모신 뒤 맞은 첫 번째 초하룻날, 임금은 효령대군(孝寧大君) 등 대소 신료를 거느리고 광효전(廣孝殿)에 나아가 삭제(朔祭)를 올린 후, 편전(便殿)에 돌아와 정사를 보니 정부와 공신, 육조(六曹)·대간(臺諫)들 또한 국상(國喪) 후에 처음으로 정사를 열었다.[58] 그 중에 공조판서(工曹判書)의 "이번의 산능(山陵) 공역(工役)에 동원된 공장(工匠)이 모두 224명이었는데, 그들의 공로의 등급에 따라 시상(施賞)케 하소서"라는 건의에 따라, 공로의 등차대로 쌀을 내려주게 하였다.[59]

---

54 『세종실록』 권9, 세종 2년 9월 壬辰(27일).

55 『세종실록』 권9, 세종 2년 9월 甲午(29일).

56 위와 같음.

57 『세종실록』 권9, 세종 2년 9월 乙未(30일).

58 『세종실록』 권10, 세종 2년 10월 丙申(1일).

59 위와 같음. 한편 12일에는 산능역사에 부역하다 죽은 군인들에게 거주지 관청에 지시하여 쌀과 콩을 주어 喪葬을 치르게 하였다.

삭제(朔祭)는 그 날 오후에 헌능에 가서 지내게 되었는데, 이 헌능 삭제에서 효령대군(孝寧大君)께서는 행향사(行香使)[60]를 맡으셨다. 그런데 실은 지난 달 29일 본래 행향사를 정할 때에, 임금이 먼저 정부와 예조에 전지(傳旨)하기를, "내가 양녕대군(讓寧大君)으로 내달 초하루 헌능(獻陵) 제사(祭祀) 때에 행향사로 삼고자 하는데 어떨까" 하였더니, 모두 "불가하다"고 대답하므로, 임금이 또 말하기를 "효령대군(孝寧大君)은 어떨까" 하니, 모두가 "가(可)하다"고 대답하여 이와 같이 정해지게 된 것이었다.[61]

---

60 임금의 命을 받들고 宗廟나 陵所에 香을 가지고 가서 焚香하는 使臣.

61 『세종실록』 권9, 세종 2년 9월 甲午(29일).

[illegible]

[illegible]ᄧᅥᆨ이 名명言언 밧긔 얼ᄉᆞ시니

覺路ᄂᆞᆫ 則解脫이 返流ㅣ라 位會逆流이시매 因이

窮ᄒᆞ야 趣果ㅣ라 義說這發이시니라 敵障ᄂᆞᆫ 則實行이

已立ᄒᆞ샤 不藉名言이시니 止觀에 云ᄒᆞ샤ᄃᆡ 自證

은 不可說이라 ᄒᆞ시니라 跡은 行이오 解ᄂᆞᆫ 泯也ㅣ라 然이나

緣四句ᄂᆞᆫ 說有多途ᄒᆞ니 學者ㅣ 審而詳之이니라

각路롱ᄂᆞᆫ 解ᄒᆡᆼ脫퇋이 흘루메 두르혀 산[illegible]

[illegible]ㅣ며 [illegible] 當당ᄒᆞ시며 因인이[illegible]

5

父王 太上王의 薨逝와 山陵都監

효령대군 25세, 10월 ~ 28세, 3월

그 해 10월 13일에는, 임금이 대자암(大慈庵) 법석(法席)에 쓸 향(香)과 축문을 친히 전하면서, 부윤(府尹) 성억(成抑)에게 명하여 "그 일을 감독해서 대비(大妃;母后)의 원(願)을 미루어 이룩하게 하라"고 하니[1] 이튿날 대자암에서 법화법석(法華法席)을 베풀고 물품은 본궁에서 마련하여 주게 하였다.[2] 보름날은 임금이 효령대군 등과 광효전에 나아가 망제(望祭)를 행하고 곧바로 풍양이궁에 가서 상왕께 문안하였다.[3]

17일은 모후 원경왕태후(元敬王太后)의 백일제(百日祭)에 쓸 향과 축문을 친히 전하여 주었다. 그리고 그동안 모후의 초종 장례(初終 葬禮)도 무사히 치렀고, 이제는 모든 것이 다시 일상으로 돌아오매 정사(政事)도 새롭게 시작할 필요에서 맹사성(孟思誠) 등에게 관직을 고쳐 제수한 바 대군의 빙장(聘丈)인 정역(鄭易)은 예문관 대제학(藝文館 大提學)에 제수되었다.[4] 이 날 상왕께서는 양주(楊州) 조곡산(早谷山)에서 사냥하고, 이어 저녁

---

1 『세종실록』 권10, 세종 2년 10월 戊申(13일).

2 『세종실록』 권10, 세종 2년 10월 己酉(14일).

3 『세종실록』 권10, 세종 2년 10월 庚戌(15일).

4 『세종실록』 권10, 세종 2년 10월 壬子(17일).

에는 도혈(陶穴)에 머물러 주무시었다.

10월 21일, 이날은 모후(母后) 원경왕후(元敬王后)께서 훙거(薨去)하신지 100일째가 되는 날이었다. 부왕께서 임금이 상주(喪主)가 된지 백일이므로 개소(開素)[5]하도록 명하니, 임금이 울면서 고사하였으나 끝내 부왕의 분부를 어기지는 못하였다.[6] 27일에는 얼마 전부터 '일본국왕이 우리나라가 명(明)의 연호(年號)인 '永樂'(영락)을 사용하는 것에 대해 힐난한다'고 하는 소식이 전해지매, 일본에서 온 사신을 억류한 가운데 조정에서는 다시 또 대마도를 정벌하여 일본을 응징할 것인가, 또는 왜(倭)의 사신을 돌려보내 인내심을 가지고 효유할 것인가에 대하여 22일부터 수차에 걸쳐 상왕과 임금이 자리를 함께 하는 주연을 겸한 회의가 있었다.

이 자리에는 효령대군(孝寧大君)께서도 매번 입시하여 유정현·변계량·허조·박은·한평군(漢平君) 조연(趙涓)·총제(摠制) 홍부(洪敷)·이교(李皎) 등 중요 대신들과 자리를 함께 한 것이었는데, 한편 이 자리는 특정 정책을 결정하는 자리가 아니라 이것저것 정치 돌아가는 일에 대해 의논하는 자리였는지라 일본에 대한 의논 뿐 아니라 헌능(獻陵)에 관해서도 의논이 있었는 바 상왕께서 말씀하시기를

> "헌릉(獻陵) 능실(陵室)의 두 방석(傍石)과 개석(蓋石)을 전석(全石)으로 쓰려면 운반하기도 매우 어려울 것이니 이는 죽은 사람에게도 도움될 것이 없을 뿐 아니라 백성에게만 폐가 되니 오늘 정한 일을 길이 법으로 이룩하여 헌능의 형지안(形止案)[7]에 명백히 기록한 후 후세 자손으로 하여금 다 이 법을 따르게 하라.[8]

는 명령도 있으셨다.

한편 국상(國喪) 중에는 가무나 음악은 절대 금지되었기 때문에 비록 머지 않아 송

---

5 素食하던 사람이 肉食을 다시 하는 것, 母親喪을 당하여 소식하였던 것인데, 다시 육식을 시작함을 뜻함.

6 『세종실록』 권10, 세종 2년 10월 丙辰(21일).

7 形止案:, 어떤 事實의 顚末을 기록한 文書, '形止記'라고도 함.

8 『세종실록』 권10, 세종 2년 10월 壬戌(27일).

구영신의 새해가 돌아와 하례(賀禮)를 하게 되어도 "원경왕후 소상(小祥) 전에는 무릇 향궐하례(向闕賀禮)에 춤추는 것을 제외하고는 악부(樂府)에서는 악기만 진열하고 연주(演奏)는 하지 못하도록"[9] 되어 있었다. 그리고 "원경왕후의 소상 전에는 각도의 관찰사·절제사·수령들이 배전(陪箋)할 때와 수령들의 영명(迎命)할 때에는 모두 흰 옷과 검정 사모[烏紗帽]와 검은 각대[黑角帶]를 쓰도록"[10] 되어 있었다.

11월 9일에는 부왕께서 풍양에 계시므로 임금과 대군 등이 이궁에 나아가 상수연(上壽宴)[11]을 베풀었다. 유정현·박은·이원·변계량·맹사성·윤회·정초(鄭招) 등이 시연(侍宴)하였는데, 이 자리에는 효령대군의 큰 매부(妹夫)인 청평부원군(淸平府院君) 이백강(李伯剛)과 둘째 매부인 평양군(平壤君) 조대림(趙大臨)·넷째 매부 의산군(宜山君) 남휘(南暉) 등 부왕의 사위들도 자리를 함께 하였다. 여러 신하들이 각기 차례대로 잔을 올리니, 상왕이 말하기를 "오늘이 가절(佳節)인데 주상이 대신들과 헌수하니 내가 어찌 취하지 않겠는가" 하고 매우 흥겨워하시며, 원숙(元肅)에게는 상에 놓인 감과 귤을 내려주며 "노모에게 갖다 드리라" 하고, 번(番)들었던 재추(宰樞)와 대언(代言)에게 술을 주며 병조청(兵曹廳)에까지 내려주게 하였다.[12]

11월 17일에는 상왕이 양화진(楊花津;현 양화대교 부근)에 거둥하여 전함(戰艦)을 관람하였는데 새로 건조한 우리의 전함이 과연 얼마나 빠른가를 실험하기 위해서였다. 앞서의 대마도정벌에서도 보았듯이 상왕은 셋째 세종(世宗)에게 양위하면서도 군사(軍事)는 당신께서 직접 지휘하면서 세종으로 하여금 안정된 위에 왕정을 펼 수 있도록 후견자로서의 역할을 다하였던 것이었는데, 얼마 전 남해에 침입한 왜선(倭船)을 각도에서 건조한 전함들이 쫓아가다가 왜선이 워낙 빨랐기 때문에 미쳐 따라가지 못하고 놓치고 말았다. 이에 상왕이 매우 안타깝게 여겨 대호군(大護軍) 윤득민(尹得民)에게 명하여 쾌속정

---

9 『세종실록』 권10, 세종 2년 11월 乙丑(1일).

10 『세종실록』 권10, 세종 2년 11월 丁卯(3일).

11 上壽宴;임금(여기서는 上王)에게 慶賀할 일이 있을 때에, 신하들이 주인공에게 오래도록 살기를 바라는 뜻으로 베풀어 드리는 잔치.

12 『세종실록』 권10, 세종 2년 11월 癸酉(9일).

3척을 만들게 하였는 바 이제 그 성능을 실험하는 것이었다.

귀화 한 왜인(倭人)을 시켜 먼저 왜선(倭船)을 타고 10여 보(步) 가량이나 먼저 출발하게 한 후 득민과 대호군 최해산(崔海山), 그리고 군기부정(軍器副正) 이예(李藝)를 시켜 수군을 거느리고 각기 배 1척씩을 타고 쫓아가게 하였는데 득민의 배가 항상 앞서게 되어 경첩(輕捷)하고 빠르기가 왜선 보다 우수하였다. 이에 상왕이 기뻐하며 수군들에게 주식(酒食)과 정포(正布)를 상으로 차등있게 하사하고, 그 날은 서이궁(西離宮)으로 드시었다. 이에 임금도 서이궁에 나아가 주안을 마련케 했는데 이 자리에는 효령대군(孝寧大君) 이보(李補)와 유정현, 박은·이원·조말생·이명덕·원숙이 함께 입시(入侍)하였다.[13] 이틀 후 다시 풍양이궁으로 돌아온 상왕은 그 날부터 거의 격일 간격으로 매사냥을 구경하기 위해 거둥하였는데, 사실 말년에 부왕은 사냥도 가끔 하였지만 특히 매사냥 구경하기를 매우 즐겨하였다.[14]

섣달 초하룻날은 임금이 광효전에 나아가 삭제(朔祭)를 올렸는데, 비로소 처음으로 육찬(肉饌)을 썼고,[15] 13일(丁未)에는 역시 광효전에서 납향(臘享)제사를 봉향하였다. 25일에 임금과 효령대군 등이 광효전에서 별제(別祭)를 한번 더 봉행하고 섣달 그믐날에는 풍양이궁에 나아가 새해 맞이를 하였는데, 백관에게 명하여 멀리 명나라 황제에의 정초(正初) 하례(賀禮)만 거행케 하고, 아직 상중(喪中)이었으므로 본조(本朝)의 하례는 정지하게 하였다.[16]

세종 3년이 시작되는 1421년(辛丑) 정월 초하루, 임금과 대군들은 상왕을 모시고 풍양이궁에서 새해의 설을 축하하였다. 이 날의 설 축하연은 근래에 보기 드문 성대한 연회였다고 하니 지난해 모후 상을 당하고 새해로 바뀌면서 분위기도 일신할겸 성대한 설날 축하연을 기획하였던 것 같다. 2월 25일에는 오랜만에 강원도(江原道) 진부(珍富) 일대에서 강무행사를 실시하였는데, '강무'(講武)란 조선시대에 일정한 지역에서 장수·군졸·

---

13 『세종실록』 권10, 세종 2년 11월 辛巳(17일). 뒤 2권(10장) 33쪽의 주25)를 참조.

14 『세종실록』 권10, 세종 2년 11월 癸未(19일).

15 『세종실록』 권10, 세종 2년 12월 乙未(1일).

16 『세종실록』 권10, 세종 2년 12월 癸亥(29일).

일반 서민을 모아 임금이 주관하여 사냥을 통해서 무예(武藝)를 연마하는 것이었는데, 이번 강무 행사는 강원도 진부(珍富)일대에서 할 예정으로 25일부터 출발 준비에 들어갔던 것이다.

강무 첫 날은 두 임금이 양주(楊州) 초두(草豆)에서 만나 이번 행사의 성공을 기축(祈祝)하는 뜻으로 장전(帳殿)에서 주연부터 베푸니 효령대군(孝寧大君) 이보(李補)를 비롯하여 경녕군(敬寧君) 이비(李裶)와 함녕군(諴寧君) 이인(李䄄) 등 상왕의 아들들과 청평부원군 이백강(李伯剛)·평양군(平壤君) 조대림(趙大臨) 등 사위들, 그리고 찬성사 조연(趙涓)·참찬 최윤덕(崔潤德)·도총제 권희달(權希達)·이명덕(李明德)·성엄(成揜) 등이 시연(侍宴)하였다. 그리고 우선 사냥해서 잡은 새[野鳥]를 종묘·광효전·공정대왕(恭靖大王; 定宗) 혼전(魂殿)에 천신(薦新)하여 올렸다.[17]

이튿날은 진부로 가는 도중인 양평 용문산(龍門山)에서 사냥을 하게 되었는데 상왕이 손수 사슴을 쏘아 잡았고, 임금과 효령대군(孝寧大君)은 거상을 마치지 않은 상태였으므로 활은 잡지 아니하고 한 곳에 말을 세우고 부왕이 잡는 것을 구경만하였다. 사냥을 마치고 상왕이 "지금부터는 강무할 때에 사냥하여 잡은 것으로 제사에 쓰게 하라"고 하였으므로 이 날 잡은 사슴 12마리를 봉상시(奉常寺)[18]에 보내어 절구어 쓰게 하였다.

그런데 무예 연마(硏磨)를 목적으로 가끔 실시하는 이와 같은 강무는 단지 몇 사람이 하는 사냥놀이가 아니었다. 실시 구역도 넓지만 기간도 며칠씩 걸렸고, 짐승 몰이를 위해 동원되는 인부만도 2천명이나 되었다. 강무하는 동안 소요되는 부식(副食)의 분량도 엄청났거니와 임금과 수행하는 신하들이 소비할 술과 과일도 모두 서울로부터 조달(調達)되었으므로 규모도 꽤 큰 행사였다.

3월 2일은 인부 2천명을 동원하여 눌두산(訥豆山)에서 짐승몰이를 하고 저녁을 평창(平昌) 대화역(大和驛)에서 머문 후 5일은 이번 강무의 목적지인 진부에 머물게 되었는데, 효령대군(孝寧大君)과 우의정 이원(李原), 강원도관찰사 목진공(睦進恭)이 상왕을 모

---

17 『세종실록』 권11, 세종 3년 2월 戊午(25일)

18 조선시대에 祭享과 諡號에 관한 사무를 맡아보던 관청, 별칭은 太常.

시고 오전산(五錢山)에서 몰이를 하는 도중 비가 내렸다. 저녁에는 의례히 장막에서 술자리를 벌였다.[19] 진부(珍富)에서 사흘을 더 머문 후 8일에서야 서울로 향하게 되었는데, 이때 원주에 있는 각림사(覺林寺) 주지 석휴(釋休)가 와서 알현하니 임금이 쌀 2백석을 하사하였는 바 각림사는 상왕(上王)이 잠저(潛邸)시에 공부하던 곳이며, 석휴는 일찍이 상왕을 시중들던 공로가 있기 때문이었다.[20]

사실 상왕께서는 학문에도 능하셨지만 강무와 사냥 등 무예(武藝)에도 뛰어나 문무(文武)를 겸전하신 데다 또 워낙 즐기시어 거둥하심이 잦아 진부에서 돌아오신지 얼마 안된 3월말에는 또다시 포천·영평(永平) 등지에 거둥하신 바 이 때에도 효령대군(孝寧大君)과 경녕군, 영의정 유정현·좌의정 박은·우의정 이원 등 26인의 신료가 행차에 수행하였고, 갑사(甲士) 5백명과 대장·부대장과 별군(別軍)·보병 2천명 등이 짐승 몰이에 동원되었다. 상왕은 왕방산(王方山) 아래에서 노루를 쏘고, 또 깊은골[深谷] 남쪽 산 아래에서 사슴을 쏘아 잡았으며,[21] 영평 강시(江時) 뜰에서 머문 이튿날에는 보장산(寶藏山;天寶山)에서 멧돼지를 네 마리나 잡았다.

9일에는 회안대군(懷安大君) 방간(芳幹)이 유배지인 홍주(洪州)에서 병사(病死)한 바[22] 부왕인 상왕의 바로 손윗형이며 효령대군(孝寧大君)과는 숙질(叔姪)간이었으나, 박포(朴苞)의 충동으로 저질렀던 소위 '제2차 왕자의 난' 이후 여러 곳을 적거(謫居) 중이었는데, 태종 17년 이래의 마지막 유배지인 홍주에서 57세를 일기로 사망한 것이었다. 상왕은 12일에서야 비로소 형님이 타계한 것을 아시고 중사(中使) 정원룡(鄭元龍)을 홍주에 보내어 조문하고 제사 지내게 하였다.[23] 그리고 3일 후에는 3공신이 상왕께 헌수연(獻壽宴)을 올리려고 하자 상왕이 회안대군의 죽음을 슬퍼하여 아직 고기 반찬을 들지 않으려고 하시매 임금이 지신사(知申事) 김익정(金益精)과 좌대언(左大言) 정초(鄭招)에게 명하여

---

19 『세종실록』 권11, 세종 3년 3월 丁卯(5일)

20 『세종실록』 권11, 세종 3년 3월 庚午(8일)

21 『세종실록』 권11, 세종 3년 3월 辛卯(29일)

22 『세종실록』 권11, 세종 3년 3월 辛未(9일)

23 『세종실록』 권11, 세종 3년 3월 甲戌(12일)

이에 대해 정부와 육조에 의논케 했더니 모두가 말하기를,

> "상왕께서 이방간을 위하여 소찬(素饌)을 드심은 우애의 정(情)이지만 공신이 헌수하려고 함은 온 나라 신하들의 소망입니다. 하물며 이방간은 왕실의 족보에서 이미 끊어져 나간 자 아니옵니까"[24]

하였다.

4월들어 3일에는 길창군(吉昌君) 권규(權跬)가 졸하니 상왕의 세째 부마(駙馬)요, 대군에게는 세째 매부이다. 권규는 양촌(陽村) 권근(權近)의 아들로서 12세에 경안공주(慶安公主)[25]에게 장가들어 상왕의 부마가 되었다. 상왕 13년(1413)년에 명나라 영락제(永樂帝)가 남경에서 북경(北京)으로 수도를 옮길 때에 표전문(表箋文)을 받들고 가서 문안을 드렸고, 동 16년에는 길창군에 봉해져 계급이 숭록대부(崇祿大夫)에 올랐다. 세종이 즉위하면서 임금의 사랑과 대우가 특별히 남달랐는데 이 때에 병으로 죽으니 나이가 29세였다. 성격이 온후하고 겸손하였으며, 생활은 매우 검소하였고, 사랑과 공경으로 어머니를 모셨다고 한다. 아들은 권담(權聃)과 권총(權聰)인데, 시호(諡號)를 '제간'(齊簡)이라 하였다. 집이 워낙 가난하여 규정에 의한 예장(禮葬) 외에 모든 것을 관가에서 준비하였다고 하는데,[26] 5일에는 상왕이 환관을 보내어 그 제사를 지내게 하였다.

이 무렵, 연화방(蓮花坊)에 새로 건축 중인 신궁(新宮)이 완공되었는데, 그 낙성(落成)을 기념하여 5월 4일과 5일, 이틀에 걸쳐 석전놀이를 크게 벌였다. 임금이 상왕을 받들어 종루(鐘樓)에 행차한 가운데 상왕이 직접 병조참판 이명덕을 보내어 석전할 사람 수백명

---

24 『세종시록』 권11, 세종 3년 3월 戊寅(16일)

25 본 책 앞 2장 66쪽의 '慶安公主의 죽음' 및 같은 면의 주18)을 참조. 慶安公主의 '卒記'에 "慶安은 忠寧大君과 天性·氣稟이 서로 닮아서, 궁중에서는 그 어짊[賢]을 함께 일컬었고, 公主가 매양 '忠寧의 德器가 날로 이루어짐을 감탄' 하였으니, 보통 사람이 아니었다"고 한 것으로 보아 특히 忠寧과 친했던 것 같으며, 따라서 權跬에 대해서도 상왕과 임금의 사랑과 대우가 더욱 특별하였을 것이었다.

26 『세종실록』 권11, 세종 3년 4월 乙未(3일)

을 모집, 좌우대(左右隊)로 나누게 하니 왼편은 방패(防牌)가 3백여명이고, 오른편은 척석군 1백5십명이었다. 효령대군(孝寧大君) 등 종친(宗親)과 입직한 총제(摠制)와 병조의 당상관과 육대언(六代言)이 시립(侍立)하였는데 인하여 주연도 베풀었다.[27]

18일에는 임금이 대군 등과 상왕을 모시고 낙천정(樂天亭)에 거둥하여 오위(五衛)의 진법 훈련을 열병(閱兵)하였는데, 이는 앞서 상왕이 참찬 변계량(卞季良)에게 옛날의 병법(兵法)을 상고하여 진법을 연구케 한 위에 임금이 손수 그린 진법도(陣法圖) 한 축(軸)을 내려 주어 연구시켜 훈련관(訓鍊觀)으로 하여금 그 진법에 의거 교습(敎習)하게 한 것이었던 바 열병 후에는 '손으로 서로 치는 놀이'[手拍戲]를 관전하고 술잔치를 베풀어 삼군(三軍)의 장수들을 위로하였다.[28]

이즈음 소경공(昭頃公;誠寧大君 褈)이 후사(後嗣)없이 세상을 떴던 터이므로[29] 세종은 그 셋째 아들 용(瑢;安平大君)으로서 후사를 삼고, 성녕대군이 살던 집의 북쪽에는 사우(祠宇)를 지어주게 명하였다.[30] 그리고 한 달쯤 후에는 모후(母后)와 성녕의 넋을 위로하기 위해 지은 대자암(大慈庵)[31]에 전토(田土) 50결(結)을 더 주게 하였고,[32] 다시 한 달 후에는 모후와 성녕(誠寧)의 혼을 달래기 위해 그 둘째 사위인 평양군(平壤君) 조대림(趙大臨)을 보내어 대자암에서 법석(法席)을 배설하게 하였다.[33]

지루한 장마철도 지나 사냥하기에 알맞은 초가을로 접어든 8월 하순, 임금과 대군(大君) 형제는 평소에 매사냥 구경하기를 즐기시던 상왕을 모시고 풍양(豊壤) 남교(南郊)에 거둥하여 매사냥을 구경한 뒤 한강 건너 광주(廣州)까지 나들이하며 최윤덕(崔潤德)·

---

27 『세종실록』 권12, 세종 3년 5월 乙丑(4일)

28 『세종실록』 권12, 세종 3년 5월 己卯(18일)

29 태종의 제4자로서 12세에 摠制 成抑의 딸과 결혼하였으나 자식이 없는채 14세에 瘡疹으로 사망하였다. 卞韓國昭頃公이라 贈謚하였다. 『태종실록』 권35, 태종 18년 2월 乙酉(4일) '誠寧大君의 卒記' 참조.

30 『세종실록』 권12, 세종 3년 7월 丁卯(7일).

31 현 高陽市 碧蹄面 大慈里에 있던 절. 태종 18년(1418) 4월, 14세에 夭折한 성녕대군의 넋을 위로하고자 왕명으로 高陽縣 북쪽 酸梨洞에 있는 성녕의 분묘 곁에 지은 암자이다.

32 『세종실록』 권13, 세종 3년 8월 戊戌(8일).

33 『세종실록』 권13, 세종 3년 9월 甲子(4일).

이명덕(李明德)·윤회(尹淮)·조말생(趙末生) 등 신료들과 주석(酒席)을 베풀었는데, 날이 저물자 이 날은 두 임금이 함께 낙천정으로 드셨다.[34]

그리고 며칠 후 다시 상왕을 모시고 송계(松溪)의 야산에서 매사냥을 구경한 뒤에 점심 때가 되자 중랑포(中浪浦)에서 술자리를 베풀었는데, 좋은 절기(節氣)에 오곡(五穀)이 무르익는 황금 물결의 풍성한 들판을 바라보며 두 임금이 여유롭게 즐기시는 광경이, 마치 태평성대의 기분처럼 느껴졌던지 입시하던 병조참의(兵曹參議) 윤회(尹淮)가 임금 앞에 나아가 즉흥시(卽興詩)를 읊었는데,

"여름 밭두렁 산들바람에 보리 이삭 길어지고,	夏隴風微麥穗長
가을 들판에는 흡족한 비로 벼꽃 향기롭나니,	秋郊雨足稻花香
우리 임금 한번 놀이로 삼농(三農)을 바라보매,	一遊正合三農望
시월달 타작 마당에 풍년은 들고 말리".	準擬豊登十月場

라고 노래하니, 상왕은 즐거워하시며 웃으셨다. 이 날 상왕은 낙천정(樂天亭)으로, 임금은 환궁(還宮)하였다.[35]

그리고 또 며칠 후, 이번에는 임금과 대군(大君) 형제만이 상왕을 모시고 광나루[廣津]에 거둥하여 물고기 노는 것을 완상한 후 오붓한 술좌석을 베풀고 저녁에는 가까운 낙천정으로 들었다.[36] 그로부터 열흘쯤 후에는 효령대군(孝寧大君)께서 상왕을 모시고 낮참으로 철관포(鐵串浦)에 나아가셨는데, 벌써 날씨가 추워지는지라 일찌감치 낙천정으로 돌아오셨다.[37]

이보다 며칠 앞서 9월 7일에는 임금 형제들이 담복(淡服)을 차려입고 광효전(廣孝殿)

---

34 『세종실록』 권13, 세종 3년 8월 辛亥(21일).

35 『세종실록』 권13, 세종 3년 8월 丙辰(26일).

36 『세종실록』 권13, 세종 3년 9월 壬戌(2일).

37 『세종실록』 권13, 세종 3년 9월 丁丑(17일).

에 나아가 원경왕태후의 담제(禫祭)를 거행하였는데[38] 이 날 의정부에서 전(箋)을 올려 상왕의 휘호(徽號) 올릴 것을 계청(啓請)하였다. '지난 해 봄부터 상왕께 태상왕(太上王)으로 휘호를 올릴 것을 청하였었으나 사양하고, 또 상변(喪變)을 당하여 그동안 천연(遷延)되어왔지만 이제는 더 이상 사양치말고 허락하시라'는 내용이었으나 상왕은 또한 굳이 사양하였다.[39] 이튿날 상왕은 임금과 독요포(禿要浦)에서 매사냥을 구경하고 중랑포에 이르러서는 양녕(讓寧)·효령(孝寧) 대군 등이 입시한 가운데 주석을 베풀었는데, 이 자리에서 이명덕 등이 상왕께 또다시 봉숭(封崇)의 예에 대해 계청(啓請)하니 마침내 상왕이 허락하였다. 이 날 두 임금이 낙천정으로 돌아오셨는데 상왕이 말씀하기를,

> "내가 태상왕으로 휘호를 올리는 것을 사양하는 것은 세 가지 이유 때문이다. 첫째는 우리 태조(太祖)께서 태상왕이 되셨다는 것이요, 둘째는 인덕전(仁德殿;定宗을 가리킴)을 태상으로 봉하지 못하였던 것이요, 셋째는 내가 덕(德)이 미치지 못한 것이라"[40]

하였다.

9월 12일 드디어 옥책(玉冊)과 금보(金寶)로써 상왕을 '성덕신공태상왕'(盛德神功太上王)이라 존숭하는 의식을 거행하니 이 날 이후 부왕(父王)은 이제 상왕(上王)이 아니라 '태상왕'(太上王)으로 불리우게된 것이다. 임금이 면복(冕服)을 갖춘 후 여러 신하를 거느리고 친히 책(冊)과 보(寶)를 진책관(進冊官) 영의정부사(領議政府事) 유정현과 진보관(進寶官) 우의정 이원(李原)에게 각각 주어 인정문(仁政門)까지 이르러 보내어 정현(廷顯) 등이 의장과 풍악을 갖추고 책과 보를 받들고, 이 때에 상왕께서 계시는 낙천정에 나아가니 태상왕이 책받는 예는 정지케하고 다만 책과 보는 궁중으로 가지고 들어오라 했는데, 책문(冊文)에 이르기를,

---

38 『세종실록』 권13, 세종 3년 9월 丁卯(7일), 禫祭란 大祥을 치른 다음다음 달에 지내는 제사. '禫祀'고도 함.

39 위와 같음.

40 『세종실록』 권13, 세종 3년 9월 戊辰(8일).

「성덕이 지극히 높으니 미루어 높이려 해도 더 위가 없고, 신성한 공이 지극히 커서 보답하려 해도 베풀 것이 없도다. 오직 아름다운 칭호로써 성대하고 아름다운 것을 밝히려 하노니, 공손히 생각하건대 성덕신공상왕 전하는 나라를 열어 놓을 계책을 세우시고, 사직을 안정하게 하는 기틀을 결정하셨다. 어버이를 사랑하고 형을 공경하심은 생민들을 위하여 표준을 세우셨고, 이웃나라와 사귀고 큰 나라를 섬기는 것은 세상의 도를 돌려서 평정한 데로 놓으셨도다. 제사를 올리면 신령이 계신 듯이 정성을 극진히 하시고, 정사를 하시면 가엾고 불쌍하고 의탁할 데 없는 무리부터 먼저하셨다. (중략) 엎드려 생각건대 함께 기르시는 자애를 드리우시고, 넉넉히 용납하는 도량을 넓히시어 여러 사람의 바라는 것에 굽혀서 따르소서, 엎드려 일곱 글자의 큰 이름을 받으시고 하늘이 주신 아름다운 복을 크게 맞아 길이 만년의 성수를 누리소서」[41]

하였다.

임금이 낙천정에 나아가 상수례(上壽禮)를 거행하였다. 효령대군(孝寧大君) 보(補)와 유정현(柳廷顯) 등 여러 재상 및 대간(臺諫) 각 한 사람씩이 입시하고, 아래로 호위하던 군사까지 모두 술과 고기를 내려주었다. 악장(樂章)에 이르기를,

거룩하신 태상께서는 공덕의 소문이 심히 밝았도다	於皇大上 德音孔昭
착한 도리를 계승하시어 백성을 안보하신 은혜가 실로 크셨네	克嗣令緖 保惠實多
공을 이룩하고 다스림이 안정되어 예가 갖춰지고 안락 화평하였다	功成治定 禮備樂和
끼쳐주신 규모를 그대로 밟으셔 이 세상 승평한 데로 올려주셨네	燕翼貽謀 躋世昇平
이 아름다운 전례를 들어 행하여 높으신 영광으로 올려 모시니	爰稱徽典 載崇尊榮
백가지 복록을 짊어지시어 오래도록 수하시고 강녕하시어	百祿是荷 壽考維康
아아 만년까지 이 세월에 무한한 복록을 내리시리라	於萬斯年 垂裕無彊

41 『세종실록』 권13, 세종 3년 9월 壬申(12일).

하였다.

봉숭(封崇)의 의식을 마침에 따라 상왕께 드리는 진상(進上)의 칭호도 달라져 지금까지는 상왕전에 진상하는 것을 '수강궁(壽康宮) 진상'이라 하였는데, 이 때에 이르러 '태상전 진상'(太上殿 進上)라고 고쳐 부르게 되었다.[42] 한편, 상왕께서 봉숭하는 것에 대해 윤허를 내리시던 9일, 이미 태어난 원자(元子)의 이름을 '향'(珦;뒷날의 文宗)이라고 명하고,[43] 열흘쯤 후에 당도하기로 되어 있던 명(明)나라 사신에게 세자(世子)를 보일 것에 대해 의논하였다.

부왕(父王)께서 '태상왕'(太上王)으로 숭봉(崇奉)되시고[44] 열흘쯤 후인 9월 21일, 명(明)나라 사신(使臣) 해수(海壽)가 왔으므로 임금이 백관을 거느리고 태상왕을 받들어 모화루(慕華樓)[45]에 거둥하였다. 사신이 가지고 온 명 황제의 칙서(勅書)를 맞아들이기 위해서였다. 명 사신을 경복궁(景福宮)에 안내하여 대궐 뜰에 이르니 태상왕이 먼저 예를 행하고 칙서를 받았다. 칙서는 임금[세종]과 태상왕 앞으로 각각 갖춰져 내려졌다. 먼저 태상왕께 내려진 칙서의 내용은,

> "소감(少監) 해수(海壽)를 사신으로 보내어 칙서로서 이르노니 말(馬) 1만필(匹)을 보내면 마땅히 값을 치를 것이며, (태상)왕과 왕비에게 채단으로 옷감을 보내니 나의 지극한 마음을 알아기 바란다. (태상)왕에게는 저(紵)·사(紗)·채(綵)·견(絹)을 각 50필(疋)씩, 왕비에게도 저·사·채·견을 각 25필씩을 보낸다"

는 내용이었다. 그리고 임금에게 보내온 칙서의 내용인 즉,

---

42 『세종실록』 권13, 세종 3년 9월 己卯(19일).

43 『세종실록』 권13, 세종 3년 9월 己巳(9일).

44 『세종실록』 권13, 세종 3년 9월 壬申(12일).

45 명의 사신을 영접하던 慕華館 초기 명칭. 1407년(태종 7) 사신을 영접하기 위해, 開京의 영빈관을 모방하여 敦義門 서북쪽에 지은 건물. 1429년(세종 11) 규모를 확장 개수하고 慕華館이라 개칭하였다.

> “칙서가 도착되는대로 곧 말 1만필을 (明에)보내어 국용(國用)에 쓰이도록 하면, 마땅히 값을 치를 것이며, 왕과 왕비에게 저·사·채·견을 각 40필과 20필씩을 보낸다”[46]

는 것이다.

요컨대 조선의 국왕 부자가 책임지고 말 1만필을 명에 보내라는 일방적인 통고이며, 그 답례로 보낸 것이 고작 저(紵)·사(紗)·채(綵)·견(絹) 모두 합하여 비단 540필(疋)이었다. 말 1만필의 대금은 추후 지불한다는 것이지만, 그야말로 약속 어음 한 장 없이 아무 보장할 수 없는 막연한 것이었다.

어쨌든 모화루에서 명 황제의 칙서 전달식을 마치고 명의 사신이 그 숙소인 태평관(太平館)[47]으로 돌아가니, 부왕과 임금도 태평관까지 거둥하여 하마연(下馬宴)[48]을 베풀었는데, 이 자리에서 태상왕이 명 사신 해수에게,

> “(明의 말1만필 요구에 대해)비록 하기 어려운 일이긴 하나, 마땅히 최선을 다할 것이며, 이런 일에 감히 마음을 다하지 않겠는가”

라고 말하고, 해수에게 술 한 잔을 권한 후 좌정하니, 임금은 명 사신 앞에 나아가 무릎 꿇고 술을 받아 부복(俯伏)하고 마시는데 명 사신은 그대로 앉은 채 일어나지도 아니하였으니, 이는 ‘명 황제를 대신하여 사신이 (朝鮮 國王을) 존엄(尊嚴)으로 누르기 위함’이었다.[49]

우리는 위의 한 장면을 통하여 당시 조선의 대명(對明) 관계의 일단을 엿볼 수가 있겠는 데, 실상 조선왕조의 대명외교(對明外交)관계는 건국 이래 ‘이소사대’(以小事大) 정신에 바탕하여 전개되어 온 것이었다. 여말 이래 이성계장군을 중심으로 하여 대두된 신흥

---

46 『세종실록』 권13, 세종 3년 9월 辛巳(21일).

47 조선시대 명나라 사신을 접대하던 숙소의 하나. 崇禮門(南大門) 안 皇華坊(지금의 貞洞부근)에 있었음.

48 조선시대에 외국 사신에게 베풀어 행하던 宴會.

49 『세종실록』 권13, 세종 3년 9월 辛巳(21일).

유신세력은 대외적으로 친명(親明) 정책을 내세워 사대관계의 틀을 마련한 바, 그것은 신왕조의 개창과 국토 확장에 따른 양국간의 마찰을 피하고 친선을 유지하는 속에 부국강병(富國强兵)을 꾀하려는 의도적인 데서였고, 나아가 건국 후에는 조선 왕실(王室)의 권위(權威)를 보장받기 위해서도 필요하였던 것이다.

그리하여 조선에서는 명에 대하여 1년에 3회 정기적으로 사절(使節)을 파견하게된 바, 하정사(賀正使:또는 正朝使)·성절사(聖節使)·천추사(千秋使)[50]가 그것이었다. 나중에 정기적 사행(使行)으로 동지사(冬至使)가 추가되었지만, 그 외에도 양국 군주의 훙거(薨去)나 사위(嗣位), 그리고 왕비 책봉[冊妃] 등과 또 그밖에 서로 알리고 승인이 필요한 일이 있을 때마다 부정기적 사절이 파견되었다.[51] 이러한 사절의 파견은 그 목적이 주로 정치적인 것이었으나, 한편 문화(文化)의 수입과 물품의 교역(交易)도 이를 통하여 행하여졌다. 말하자면 사행(使行)은 양국간의 교역 수단이기도 하였으며, 조선으로부터는 말·인삼(人蔘)·모피·모시·화문석(花紋席) 등이 명에 수출되었고, 수입 물품은 견직물·약재(藥材)·서적(書籍)·도자기 등이었으니, 위에서 보는 바와 같은 명 사신의 '말1만필 요구'도 말하자면 사대관계에 바탕한 '진헌(進獻)과 회사(回賜)' 형태의 일종의 교역이라고 보면 될 것이었다.

한편 명나라 사신으로부터 선물받은 것이 세종 임금으로서는 왕위에 오른 뒤로 이번이 처음이었으므로 의정부와 육조의 참판(參判) 이상, 도진무(都鎭撫)·육대언(六代言)·병조참의(兵曹參議)·지사(知事) 등에게 단자견(段子絹) 1필씩을 나눠 내려주었다.[52] 그런데 중국 사신이 다녀가는 과정에도 절차가 있었으니, 그 영·송 과정(迎·送 過程)은 대체로 칙사(勅使)가 벽제관(碧蹄館)에 이르면 영접사(迎接使)를 파견하고, 왕은 왕세자 이하 문무신하를 거느리고 모화루(慕華樓)에 거둥하여 영칙의(迎勅儀)에 따라 칙사를 맞이하게 되어 있었다. 그리고 경복궁으로 안내하여 칙서를 전달받은 후 다례(茶禮)를

---

50 賀正使(正朝使)는 정월 초하루의 신년하례를 위한 것이고, 聖節使는 황제의 생일축하 위해 파견된 사절, 千秋使는 명 황태자의 생일 축하 사절,

51 謝恩使, 奏請使, 進賀使, 陳慰使 등은 부정기적 사절이었다.

52 『세종실록』 권13, 세종 3년 9월 癸未(23일).

베풀고 이어 태평관(太平館)에 머물게 하는데, 첫 날은 하마연(下馬宴)을 베풀어 대접하고, 다음 날은 임금이 거둥하여 익일연(翌日宴)을 베푼 후에, 일단 국사를 논의하고 물러가면 마지막으로 전별연(餞別宴)을 베풀어 전송하는 것이었다.

그리고 이와 같은 칙사 영송 절차에 따라 양국간의 현안(懸案)문제를 처리하게 됨으로써 태평관은 외교상의 중요 기능을 다하게 되었던 것이었다. 명사(明使)가 온지 4일째 되던 날, 태상왕이 사신을 위로하는 잔치를 수강궁(壽康宮)에서 베풀고 안구(鞍具)와 준마(駿馬) 1필과 매[鷹] 1마리를 준 후에 원자(元子, 珦;후에 文宗)를 보이면서, "지금 왕의 맏아들인데 장차 세자로 책봉하려 하니 명 황제에게 잘 주달(奏達)하여 주기를 바란다"[53] 고 말하는 장면에서 우리는 사신 접대 과정이 바로 현안문제 해결의 장소임을 알 수가 있는 것이다.

명사(明使)가 올 때는 영접사를 보내어 마중하지만, 돌아갈 때에는 선위사(宣慰使)를 뒤따라 보내 위로하는 바, 이번에도 효령대군(孝寧大君)과 영의정부사 유정현(柳廷顯)·참찬(參贊) 변계량(卞季良) 등을 벽제역(碧蹄驛)까지 보내어 선위사로서 위로하게 하였고, 지돈녕부사 김점(金漸)은 의주(義州)까지 동반케 하였으며, 부왕은 큰 사위 청평부원군(淸平府院君) 이백강(李伯剛)을, 임금은 작은 매부(妹夫) 의산군(宜山君) 남휘(南暉)를 각각 보내어 유후사(留後司)[54]에서 사신 일행의 노고를 위로하게 하는 한편, 임금은 또 별도로 황주(黃州)·평양(平壤)·안주(安州)·의주(義州)에도 모두 선위사를 보내어 위로해서 보내도록 하였다.[55]

10월 13일날은, 풍요로운 가을 경치에 모처럼 국왕 부자분께서 임강현(臨江縣) 들판에 나들이하여 주석(酒席)을 베푸시매, 효령대군(孝寧大君)과 경녕군 비(敬寧君, 裶)와, 우의정 이원(李原), 병조참판 이명덕 등 여러 중신들이 입시하였다. 자연 정사에 관한 것이 거론되고 도성수축(都城修築)문제도 제기된 바, 우의정 이원이 '도성(都城)은 집으로 말

53 『세종실록』 권13, 세종 3년 9월 甲申(24일).

54 留後가 사무를 보던 官衙. '留後'란 조선초기에 개성을 맡아 다스리던 관직으로 품계는 정2품 이상.

55 『세종실록』 권13, 세종 3년 10월 乙未(6일).

하면 울타리와 같은 것이니, 금년은 벼농사도 풍년이 들었으므로 (都城을) 수축(修築)하는 것이 좋겠습니다' 하니, 곧 도성수축도감(都城修築都監)을 설치토록 하명이 있었고, 즉석에서 도제조(都提調) 등 도감의 각 직책이 정하여졌다.[56]

그 날은 저녁 무렵 우봉(牛峰) 우현동(牛峴洞)에 이르러 야영한 후 이틀 후에는 임진(臨津)나루를 건너 가론원(街論院) 들판에서 주정(晝停)하여 술자리를 베풀었는데, 효령대군(孝寧大君) 등이 입시(入侍)하였다. 이 날 여러 날만에 태상왕은 신궁(新宮)으로 가시고, 임금은 환궁하니 여러 신하들이 예궐(詣闕)하여 문안하였다.[57]

추수(秋收)도 다 끝낸 11월 11일, 바야흐로 사냥철로 들어서자 두 임금은 군신(群臣)을 거느리고 풍양(豊壤) 근교에서 매사냥을 구경한 후 이궁(離宮)에 돌아와 술자리를 베풀고 풍악을 연주하였는데, 효령대군(孝寧大君)·이명덕 등이 함께 모시었다.[58] 이튿날은 신궁으로 돌아와서도 다시 주연(酒宴)은 베풀었는데 이 자리 또한 효령대군께서 함께 하셨다. 열흘 후, 이번에는 임금이 포천 지을동(知乙洞)에 머물러 점심을 드셨는데 역시 대군께서 자리를 함께 하신 바,[59] 이처럼 대군(大君)께서 임금과 함께 하심이 빈번하였는데, 특히 모후(母后)께서 훙서(薨逝)하신 후로는 대군(大君) 형제분들께서 함께 하시는 일이 더욱 많아졌다.

12월 25일에는 임금이 태상왕(太上王)에게 헌수(獻壽)하였는데, 양녕대군(讓寧大君) 이채(李䄄)·효령대군(孝寧大君) 이보(李補)·경녕군 이비(李裶)·공녕군 이인(李䄄)·청평부원군 이백강(李伯剛)·평양군 조대림(趙大臨)·의산군 남휘(南暉)·운성군 박종우(朴從愚)·영평군 윤계동(尹季童) 등이 각각 풍정(豊呈)을 바쳤으며, 익평부원군 이석근(李石根)·의평군 이원생(李元生)·순평군 이군생(李群生)·광록경(光祿卿) 권영균(權永均) 등 또한 잔치에 배석하였다. 입직한 재추(宰樞)와 병조 당상(堂上)과 대언(代言)에게는 외청(外廳)에서 잔치를 내렸으며, 아래로 군사들에 이르기까지 모두 술을 내렸다. 땅거미가 질

---

56 『세종실록』 권13, 세종 3년 10월 壬寅(13일).

57 『세종실록』 권13, 세종 3년 10월 乙巳(16일)

58 『세종실록』 권14, 세종 3년 11월 庚午(11일).

59 『세종실록』 권14, 세종 3년 11월 辛巳(22일).

무렵에는 병조(兵曹)와 대언들도 모두 들어와서 술잔을 올리게 하고, 밤이 2경(更)에 이를 때까지 흡족하게 즐기고 파하였다.[60]

임인(壬寅)년 새해가 밝았다. 아우 세종(世宗)이 보위(寶位)에 오른지 4년째, 서기(西紀)로는 1422년이며 명(明) 영락(永樂)[61] 20년이다. 효령대군(孝寧大君)께서는 춘추(春秋) 27세가 되셨으니, 12세 되던 1407년(태종 7, 丁亥) 10월에 해주(海州) 정씨(鄭氏)와 결혼한지 15년째가 되는 해이다. 장남 의성군(誼城君, 寀)이 12세, 차남 서원군(瑞原君, 寀)은 10세, 3남 보성군(寶城君, 峇) 7세, 4남 낙안군(樂安君, 寍) 6세에 이어, 제5남 영천군(永川君, 定)을 이 해에 또 얻게 되었으니 다섯 아들의 아버지가 되신 해이기도 하다.

초하룻날 임금과 세자(珦, 뒤에 文宗)가 부왕(父王)이신 태상왕(太上王)이 계신 신궁(新宮)에 문안하여 4배(四拜)하는 예(禮)를 행하고, 옷의 겉감과 안찝과 안마(鞍馬)를 바쳤다. 효령대군 등 종친(宗親)과 기로(耆老)·문무(文武) 2품 이상의 관원과 입직한 호군(護軍) 이상의 관원은 궁정에 나아가 신년 하례(賀禮)하였다.[62] 그런데 마침 이 날은 개기(皆旣) 일식(日蝕)을 하였으므로 임금은 소복(素服)을 입고 인정전(仁政殿) 월대(月臺)에 나아가 일식을 구(救)하는 의식을 행하였다.[63] 이튿날에도 임금이 신궁에 문안하여 부왕께 헌수(獻壽)하였는데, 양녕대군(讓寧大君)·효령대군(孝寧大君)·경녕군 비(敬寧君 裶)·공녕군 인(恭寧君 䄄) 등이 들어와 함께 모셨다. 사흗날에도 임금이 신궁에 문안하니 이번에는 태상왕께서 잔치를 베풀었다. 효령대군 등 종친들이 들어와 두 임금을 모시고 즐겼는데, 잔치가 파하자 양녕대군은 이천(利川) 사제(私第)로 돌아갔다.[64]

정월 4일, 새해들어 처음으로 태상왕과 임금이 내정(內庭)에서 격구(擊毬)놀이를 하였는데, 효령대군(孝寧大君)과 경녕군·공녕군 등이 함께 모시고 즐겼다. 두 임금은 11일과 19일에도 종친들을 거느리고 내정에서 구(毬)를 치고, 22일에는 경복궁 경내에서 술

---

60 『세종실록』 권14, 세종 3년 12월 甲寅(25일).

61 明의 제3대 황제 成祖(1403~1424)의 年號.

62 『세종실록』 권15, 세종 4년 1월 己未(1일).

63 위와 같음.

64 『세종실록』 권15, 세종 4년 1월 辛酉(3일).

자리를 베풀고 풍악을 연주하며 격구하였다.[65] 이 당시의 격구하는 방법은 두 편으로 나누어 승부를 겨루는 것으로 구를 치는 몽둥이의 모양은 숟가락과 같고 크기는 손바닥만 한데, 물소 가죽에 대나무를 섞어서 손잡는 자루를 만들었다. 구의 크기는 달걀만한데 나무로 만들었다. 땅을 밥주발만 하게 파고 혹은 섬돌 위나 평지에도 구멍을 만들어 놓아 구를 치는 사람은 혹은 서서하기도 하고 꿇어앉아 치기도 하는데 구가 날아 넘어가기도 하지만 굴러가서 구가 구멍에 들어가면 점수를 얻게 되는 것이다. 그 절목(節目;경기 규칙)이 매우 많고 까다로운 편이다[66]. 두 임금은 2월 들어 2일과 4일, 6일, 8일에도 내정에서 격구를 하고, 매번 효령대군(孝寧大君)·경녕군·공녕군과 이원생·이석근·조연 등이 들어와 함께 모셨는데[67], 격구를 자주하는 것은 단순히 오락 놀이로서가 아니라 심신단련 차원에서 특히 겨울철에 즐겨하는 운동놀이였다.

13일에는 호조 참의 허해(許晐)를 북경에 보내어 마적(馬籍)을 전달해서, 명(明)에 바치기로 작년에 약속했던 말 1만 필을 이미 다 바쳤음을 아뢰니,[68] 이는 작년(세종 3년) 9월, 명나라 사신 해수(海壽)가 왔을 때에 칙서(勅書)를 통해 말 1만 필(匹)을 요구하므로, 그 즉시 10월 2일에 제1차 3백필, 10월 7일 2차 5백필을 시작으로 성의를 다해 보내어 불과 1백여일만에 '1만 필의 약속'을 지킨 것이었다.

2월 16일에는 왕녀(王女)를 '공주'(公主)라 일컬어, 내직(內職)의 궁주(宮主) 등의 칭호와 구별하게 한 바, 이조(吏曹)에서 아뢰기를,

> "『원사』(元史)에 왕녀(王女)를 대개 공주(公主)라 일컬은 글이 있는데, 본조(本朝)의 예제(禮制)는, 명호(名號)는 걸핏하면 옛날 것을 본받는데 다만 왕녀와 내직(內職;內外命婦)만은 모두 궁주(宮主)라고 일컬으니, 대개 전조의 것을 그대로 받아 고치지 못한 것입니다. 옛날의 제도에 의거하여 왕녀는 공주(公主)라 일컬어 내직의 칭호와 구별하기를 원합니다"

---

65 『세종실록』 권15, 세종 4년 1월 庚辰(22일).

66 『세종실록』 권14, 세종 3년 11월 甲申(25일).

67 『세종실록』 권15, 세종 4년 2월 己丑(2일).

68 『세종실록』 권15, 세종 4년 1월 辛未(13일).

하니, 그대로 따른 것이었다.[69]

부왕(父王)께서는 어려서부터 문무(文武)를 겸전(兼全)하여 일찍이 고려 조정에서 문과(文科)에 급제했을 뿐 아니라, 신왕조 창건의 어려운 시기, 무력(武力)을 앞세운 실권이야말로 왕권 확립에 있어 가히 결정적 역할자일 수가 있었던 것이다. 그리고 근자의 잦은 수렵(狩獵) 행차도 알고 보면 그동안 연마된 체력 덕택이었지만, 장년이 되어서도 무예 연습[70]과 아울러 신료(臣僚) 장악 등의 다목적 차원에서 쉬임없이 계속하는 정치적 운동놀이였다.

4월로 바뀐 첫 날에도 철원(鐵原) 고석정(高石亭) 등지에서 사냥하여 태상왕이 노루와 산돼지를 각각 한 마리씩 잡았고, 이튿날은 갈마재에서 사슴 두 마리를 쏘아 잡았다.[71] 4일에는 불록산(佛祿山)에서 산돼지 한 마리를 잡았고, 익일에는 신전동(薪田洞) 종현산(鍾懸山)에서 산돼지와 사슴을 각각 한 마리씩 쏘아 잡았다.[72]

당시 두 임금이 참가하는 사냥놀이는 그 규모면에 있어서도 매우 큰 행사였다. 우선 수행하는 각급의 신료(臣僚) 외에도 행사 때마다 교대로 동원되는 군졸과 몰이꾼(驅軍)· 방패(防牌) 등의 인원은 수백을 헤아리는 규모였다. "도진무(都鎭撫) 최윤덕(崔潤德)과 절제사(節制使) 최운(崔雲)에게 명하여, 출번(出番)한 군사를 거느리고 교외(郊外)에 둔숙(屯宿)하고 그 이튿날 서울로 들어가게 하였으니, 군사들의 노고(勞苦)를 염려한 때문이었다"[73] 라고 한 것이라든지, "태상왕과 임금이 철원(鐵原)등지에 거둥하였는데, 두 의정(議政)과 사옹(司饔)·사복(司僕)·내금(內禁)·내시위(內侍衛)의 절제사(節制使)·도진무(都鎭撫)·좌우 사금(司禁)의 절제사가 어가(御駕)에 따라갔다"[74] 라고 한 것, "두 임금이 적점(狄岾)·마산(馬山) 등지에서 사냥하고 포천(抱川)의 유전(杻田)에 돌아와 유숙하였

---

69 『세종실록』 권15, 세종 4년 2월 癸卯(16일).

70 『세종실록』 권15, 세종 4년 3월 丙寅(9일),

71 『세종실록』 권15, 세종 4년 4월 戊子(2일).

72 『세종실록』 권15, 세종 4년 4월 辛卯(5일).

73 『세종실록』 권15, 세종 4년 3월 癸酉(16일).

74 『세종실록』 권15, 세종 4년 3월 乙酉(28일).

는데, 몰이꾼(驅軍)·방패(防牌) 5백명을 놓아 보냈다"[75]라고 한 기사를 통하여 그 규모를 짐작할 수가 있는 것이다.

뿐만 아니라 두 임금의 사냥 행사는 그 진행되는 현지 지방관에게 주는 부담 또한 적지 않은 일이었다. 두 임금이 우봉 등지에서 무예 연습할 때에 경기감사(京畿監司)가 경력(經歷)·양주부사(楊州府使) 등을 거느리고 와서 알현하고 방물(方物)을 바친 것[76]이라든지, 임강(臨江)에서 사냥하고 저동(猪洞)에 머물 때에 황해감사(黃海監司)가 찰방(察訪) 등을 거느리고 와서 각기 방물을 바치고, 평안감사 또한 사람을 보내어 방물을 바친 것[77] 을 비롯하여, 저동 때(3월 12일)에는 판해주목사(判海州牧使)가, 우봉 이현(梨峴,3월 13일)에서는 유후(留後), 포천 하교(下郊)에 머물 때(28일)에는 경기감사가 와서 알현하고 방물을 바쳤으며, 강원도관찰사 또한 사람을 보내어 방물을 바쳤다.[78]

한편 중앙 신료들은 위에서 처럼 행차 때에 어가(御駕)를 따르기도 하였지만, 서울에 남은 많은 신하들은 대표 관료를 보내어와서 문안하고 술과 과일을 바치기도 하고,[79] 행사 중간에 서울로부터 현지에 와서 문안드리는가 하면,[80] 행차를 마치고 환궁할 때에는 정부와 육조가 모두 나와서 문안하였다.[81] 태상왕께서는 장년(壯年)이 되신 후에도 무예 연습을 겸한 신체단련을 위해서 운동놀이를 꾸준히 하셨음을 알 수 있지만, 날씨가 아직 추운 1,2월 겨울철에는 주로 내정(內庭)에서 격구(擊毬)를, 그리고 추위가 풀린 3,4월에는 자주 사냥을 즐기셨음을 아울러 알 수가 있는데, 3월에만도 초하룻날 갈마고개 사냥을 시작으로 그믐날의 보장산·금장산 사냥까지 전후 12회에 걸쳐 사냥 행차를 하셨던 것이다.

---

75 『세종실록』 권15, 세종 4년 4월 己亥(13일).

76 『세종실록』 권15, 세종 4년 3월 丙寅(9일).

77 『세종실록』 권15, 세종 4년 3월 戊辰(11일).

78 『세종실록』 권15, 세종 4년 3월 乙酉(28일).

79 『세종실록』 권15, 세종 4년 3월 庚午(13일)과 4월 戊子(2일).

80 『세종실록』 권15, 세종 4년 4월 壬辰(6일).

81 위와 같음.

이 무렵, 부왕께서는 주로 천달방(泉達坊) 신궁(新宮)에서 거처하시었다. 아드님에게 양위하신 세종 즉위년에 곧바로 상왕전의 신궁을 지어 수강궁(壽康宮)이라 하고[82] 거처를 옮기셨는데, 3년 후에 다시 연화방(蓮花坊)의 신궁이 낙성되매 그리로 옮겼다가[83] 세종 4년 3월 천달방 신궁이 이뤄지매 다시 옮긴 것이었다.[84] 한편 연화방 신궁 때, 정의궁주(貞懿宮主) 권씨(權氏;成均 樂正 權弘의 딸)를 봉하여 의빈(懿嬪)으로 삼고, 신녕옹주(愼寧翁主) 신씨(辛氏)를 궁주(宮主)로 삼았는데, 부왕이 천달방 신궁으로 옮긴 그 해 4월에는, "원경왕후(元敬王后)가 돌아간 뒤, 이미 의빈(懿嬪)과 명빈(明嬪;金氏)이 있으나, 신녕궁주가 항상 궁안의 일을 주장하였으므로"[85] 궁주도 천달방 신궁으로 같이 옮겨간 것이다.

4월 10일은 세종의 탄신일(誕辰日), 그러나 모후의 기년상을 마친지도 얼마 되지 않거니와, 아직 장년이신 부왕 앞에서 신료들로부터 조하를 받는다는 것이 불효스럽게만 여겨졌던지 임금은 탄신의 조하(朝賀)를 정지시키고,[86] 신궁의 태상왕께 문안드리는 것으로 대신하였다. 그러자 부왕께서 오히려 아드님의 탄신을 축하하는 술자리를 베풀고 풍악을 잡히게 되었는데, 종친(宗親)·정부(政府)·육조 판서와 광록시 경(光祿寺卿)·도총제·지돈녕(知敦寧)·예조참판·병조참판·지신사(知申事) 등이 연회에 참석하고, 나머지 당번 재추(宰樞)와 대언(代言)·병조는 바깥 대청에서 먹게 하였으며, 아래로 군사와 노복(奴僕)에 이르기까지 모두 술과 과일을 내렸다. 이 자리에는 임금의 형, 양녕(讓寧)도 불러 참예케 하였다.

추운 겨울에도 불구하고 그렇게도 열심히 격구를 하고, 봄이 되어서는 근교에 나가 자주 사냥을 즐기셨건만, 부왕께서 그만 병환에 드시고 말았다. 4월 22일(戊申), 임금이 이른 아침에 천달방 신궁에 문안한 뒤, 두 임금은 동교(東郊)에 나가 매사냥을 구경하고

---

82 『세종실록』 권2, 세종 즉위년 11월 己酉(3일). 앞 3장 113쪽의 주37)을 참조.

83 『세종실록』 권12, 세종 3년 5월 乙丑(4일).

84 『세종실록』 권15, 세종 4년 3월 戊寅(21일).

85 『세종실록』 권16, 세종 4년 4월 庚寅(4일).

86 『세종실록』 권16, 세종 4년 4월 丙申(10일).

낙천정(樂天亭)에서 점심을 든 후에 태상왕은 신궁으로, 임금은 환궁하였는데, 조금 있다 태상왕께서 병환이 나신 것이다. 이에 임금이 급히 신궁으로 달려가 곁에서 간호하니, 이후 종친·부마(駙馬)·문무 2품 이상 관원들은 날마다 문안하고, 특히 종친들은 궁중에서 유숙하였다.[87]

이후 임금은 고기 반찬을 일체 들지 않고, 의정부에서는 도전(道殿)·불우(佛宇)와 명산(名山)에 기도드리기를 청하니, 임금이 각처로 사람을 나눠 보내 기도하게 하게 하는 한편, 양녕대군(讓寧大君)을 광주(이천?)에서 불러와 곁에서 간호하게 하였다.[88] 그러나 태상왕의 병환이 더욱 심해짐에 임금도 너무 걱정하고 답답한 나머지 참찬 변계량(卞季良)·대사헌 김자지(金自知)·봉상소윤(奉常少尹) 정종본(鄭宗本)·공정고 부사(供正庫 副使) 이통(李通)에게 명하여 성요법(星曜法)[89]으로 길흉을 점(占)쳐보게까지 하였다.[90] 그렇다고 신통한 해답이 나올리 없고 병환은 점점 깊어만 갔는데, 아마도 이번 부왕의 병환은, "이달에 서울과 지방에서 큰 역질(疫疾)이 있어, 죽은 사람이 매우 많았다"[91] 고 한 것을 보면, 당시 서울 지방에 퍼졌던 전염병에 걸리신 게 아닌가 싶기도 하다.

어쨌든 부왕의 병환이 점점 더해져 어렵게 되어감에 임금이 어찌할 줄을 모르는 중에, 유정현·이원(李原)이 다시금 "신당(神堂)과 불전 중 영험 있는 곳에 기도하고, 또 서울과 지방의 일죄(一罪;死罪囚) 이하의 죄인을 석방시키자"고 아뢰니, 임금이 "신당과 불전에 비는 것은 그만두라" 하고, 곧 하교(下敎)하기를,

> "부왕 전하께서 병환드신지 오래되었다. 영락 20년 5월 2일 기유(己酉) 이전을 한하고, 모반대역(謀反大逆)과 조부모와 부모를 때리거나 죽인 자, 처나 첩으로 남편을 죽인 자, 노비로서 상전을 죽인 자, 요망한 독약과 마술로써 고의로 살인하려 꾀한 자와, 다만 강도를 범

---

87 『세종실록』 권16, 세종 4년 4월 戊申(22일).

88 『세종실록』 권16, 세종 4년 4월 壬子(26일).

89 병든 날짜를 들어서 질병을 알아내는 점서(占筮)의 일종.

90 『세종실록』 권16, 세종 4년 5월 丁巳(1일).

91 『세종실록』 권15, 세종 4년 3월 丙戌(29일).

한 자로서 자식이 아비를, 처가 남편을, 종이 상전을 죽이려고 한 자는 미수에 그쳤다 할지라도, 증거가 드러난 자를 제외하고 이미 발각된 것이나, 발각되지 아니한 것이나, 또 이미 판결한 것이나 판결하지 아니한 것을 막론하고 모두 사면하여 석방하되, 감히 대사(大赦) 이전의 일을 고하여 말하는 자는 그 죄로 고한 자를 죄하라"

하고, 지인(知印)을 각도에 나눠 보내어 선포케 하였다.[92]

그럼에도 부왕의 병환이 차도를 보이지 않고 점점 위중해져감에 혹시 일을 당할지도 모르므로 궁성 주변에 대한 경계를 삼엄하게 강화하기 시작하였다. 여러 위(衛)에 엄명을 내려, 태상왕과 임금이 계신 천달방 신궁의 동구(東口)를 나누어 지키고, 수직하는 갑사(甲士)의 수를 증가하는가 하면, 의정부와 제조(諸曹)의 현임·전임 재추(宰樞)로서 문안 온 자는 궁 앞에 나오지 못하게 하고, 각각 동구에 모여서 정부 당상(堂上) 한 사람과 제조(諸曹) 당상 한 사람이 병조(兵曹)에 들어와 문안하고 물러가게 하며, 궁중은 근신하여 사람들의 출입과 소란피우는 것을 금하였다.[93]

그리고 호위하는 군사를 두 번으로 나누어 번갈아 입직케 하고, 진무(鎭撫) 각각 1명과 대졸(隊卒) 각각 6명을 더 보내 도성문(都城門)을 나눠 지키게 하여, 만약의 사태에 대비하게 하였다. 한편 우의정 정탁(鄭擢)을 흥천사(興天寺)에, 곡산부원군(谷山府院君) 연사종(延嗣宗)을 승가사(僧伽寺)에 보내어 약사정근(藥師精勤)을 배설하고, 판좌군도총제부사 이화영(李和英)을 개경사(開慶寺)에 보내어 관음정근(觀音精勤)을 배설케하였다.[94]

5월 8일, 마침내 임금이 태상왕을 연화방(蓮花坊) 신궁(新宮)으로 옮겨 모셨다. 병환이 위독해지니 방위를 피하기 위함이었는데, 임금과 여러 왕자들이 모두 걸어서 갔다. 그런데 임금이 태상왕을 직접 간호한 이래 약품이나 음식과 반찬을 모두 친히 받들어 올리고, 병환이 심할 때에는 밤새도록 간호하여 잠시라도 옷을 입은채 주무셨으므로 여러

---

92 『세종실록』 권16, 세종 4년 5월 戊午(2일).

93 『세종실록』 권16, 세종 4년 5월 己未(3일).

94 『세종실록』 권16, 세종 4년 5월 庚申(4일).

신하들이 모두 걱정하였다.[95] 연화방 신궁으로 옮겨 모시고부터는 삼군의 장수가 군사를 거느리고 더욱 철통같이 신궁을 호위하였는데, 이튿날 저녁 무렵에 태상왕의 병환이 더욱 심해지자 밤 이고(二鼓;밤10시경)에 임금이 승정원(承政院)에 이르기를, "부왕의 병환이 나으실 것 같지 아니하니, 유사(有司)에게 명하여 재궁(梓宮)을 준비하게 하라" 하였다.[96]

5월 10일, 마침내 태상왕이 연화방(蓮花坊) 신궁(新宮)에서 훙(薨)하시니, 향수(享壽) 56세이었다. 태상왕 별세 후에 사관(史官)이 평(評)한 실록(實錄) 기사를 찾아 보자.

"태상왕은 총명하고 영특하며, 강직하고 너그러웠다. 경전(經典)과 사기(史記)를 박람(博覽)하여 고금의 일을 밝게 알고, 어려운 일을 많이 겪어 사물의 진위(眞僞)를 밝게 알며, 한 가지 재주와 한 가지 선행(善行)이 있는 자도 등용하지 아니한 일이 없었다. 선대의 제사에는 반드시 친히 참사(參祀)하였고, 재상에게 제반 국사(國事)를 위임하고 환관을 억제하며, 상 줄 데 상 주고 벌 줄 데 벌 주되, 친소(親疎)로 차등을 두지 아니하였으며, 관직을 임명하되 연조(年條)로 계급을 올려주지 아니하였다. 문교(文敎)를 숭상하고 무비(武備)를 닦으며, 검박한 덕을 행하고 사치와 화려한 것을 없애어, 20년 동안에 백성이 편하고 산물이 풍부하여, 창고는 가득 찼고, 해적들이 와서 굴복하였다. 예의가 바르고 음악이 고르며, 모든 법의 강령이 서고 조목이 제정되었다. 성품이 신선과 부처의 법도를 좋아하지 아니하고, 시사(寺社)를 개혁하여 노비를 거두고 전답(田畓)을 감하였으며, 원경왕태후의 초상(初喪)에는 유학의 예법을 준행하고 불사(佛事)는 하지 아니하였다. 다만, 칠재(七齋)만 배설하게 하였는데, 모두 검약하게 하였으며, 능 옆에는 사찰(寺刹)을 건축하지 못하게 하였다."[97]

---

95 『세종실록』 권16, 세종 4년 5월 甲子(8일).

96 『세종실록』 권16, 세종 4년 5월 乙丑(9일).

97 『세종실록』 권16, 세종 4년 5월 丙寅(10일).

당일 임금이 신궁 안에서 발상(發喪)하고 곡(哭)하였는데, 발 벗고 머리를 풀은채였다. 백관들 또한 곡하였는데, 흰 옷과 검정 사모에 검정 각대를 띠고 궁중에 들어와 지정한 자리에 나아가 곡하는 것이다. 통찬(通贊)이 '곡하라'고 하면, 여러 관원은 열 다섯 번 소리를 내어 곡하고, 다시 통찬이 '사배하라'고 하면, 여러 관원은 네 번 절한다. 사배를 마친 다음 통례문이 여러 관원을 인도하여 반(班)을 옮겨 동쪽 가까이 간다. 여러 관원은 꿇어 앉고, 반수(班首)가 명단을 내어놓고 위문하면, 통례문이 여러 관원을 인도하여 나오게 되었는데, 여러 신하는 목소리가 변할 정도로 곡하였고, 집례자(執禮者)도 절차를 차릴 수 없을 정도에 이르렀으며, 복례(僕隸)라 할지라도 쉽게 울지 않는 자가 없었다.[98]

목욕(沐浴) 후, 반함(飯含)·빙반(氷盤)·습(襲)·전(奠)을 차례로 드리고, 영좌(靈座)·혼백(魂帛)을 설치한 뒤 명정(銘旌)을 세웠는데, 금분(金粉)을 개어 전자(篆字)로 '상승성덕신공태상왕재궁'(上昇聖德神功太上王梓宮)이라고 썼다. 그리고 조석전(朝夕奠)과 상식(上食)을 올리는데, 임금은 궤연(几筵) 곁에 있고, 부마(駙馬)가 전헌례(奠獻禮)를 행하니, 무릇 상제(喪制)는 모두 고례(古禮)에 의하여 진행된 것이었다.[99] 다만, 예조에서 아뢴대로, '성덕신공태상왕의 상제는 태조(太祖) 강헌대왕(康獻大王)의 상제와 공정대왕(恭靖大王;定宗)의 상제를 참작하여 시행한 것'이었다. 이어 예조에서 아뢰기를, "(태상왕께서)돌아가신 뒤부터 졸곡(卒哭)에 이르기까지 사직(社稷)을 제외하고 대·중·소의 모든 제사는 정지하고, 정사(政事)는 10일간 정지하며, 시장(市場)은 5일간 정지하고, 졸곡 전에는 혼인과 도살도 금하며, 3년동안 음악을 사용하지 아니하되, 졸곡 뒤 대사(大祀)에만 음악을 사용하게 하소서" 하니 그대로 따랐다.[100]

한편 태상왕의 부음(訃音)은 시급히 명(明)나라에 알리고 아울러 시호(諡號)도 청해야 할 일이었다. 이에 형조판서 이발(李潑)과 좌군동지총제(左軍同知摠制) 이수(李隨)를

---

98 『세종실록』 권16, 세종 4년 5월 丙寅(10일).

99 『세종실록』 권16, 세종 4년 5월 丙寅(10일).

100 위와 같음.

북경에 보내어 표전(表箋)을 받들고 부고(訃告)를 전하며 아울러 시호를 청하게 하였는데, 대행왕(大行王)의 행장(行狀)을 가지고 갔는 바, 그 행장에 이르기를,

"전 국왕의 휘(諱) 아무, 성은 이씨요 자(字)는 유덕(遺德)이라. 모비(母妃) 한씨(韓氏)가 오(吳)나라 원년 정미(丁未;1367 공민왕 16년) 5월 16일 신묘(辛卯)에 낳으셨다. 왕은 총명하고 학문을 좋아하여 일찍부터 어질다는 소문이 있었고, 홍무(洪武)[101] 16년 나이 열 일곱 살에 고려의 과거(科擧)에 합격하고, 무진(戊辰;禑王 14)년 10월 서장관(書狀官)으로 문하시중(門下侍中) 이색(李穡)을 따라 명(明)나라에 들어가 정조를 하례하고, 신미(辛未;공양왕 3)년 9월에 모비(母妃)가 돌아가자 왕이 산소 곁에 여막(廬幕)을 치고 상제(喪制)를 지키려고 하였다. 그러나 그 때는 고려조의 운수가 이미 다하여, 임금은 혼미하고 정치는 어지러웠으며, 강헌(康獻;태조대왕을 일컬음)의 공이 높고 덕이 성함을 시기하여, 강헌이 말에서 떨어져 위독한 틈을 타서 급히 강헌을 처치하려는 자가 있었다. 왕(태상왕)이 그 사실을 알고 의(義)를 부르짖으며 큰 정책을 결정하여 홍무 25년 임신(壬申;1392)년 7월에 여러 장상(將相)과 함께 강헌을 추대하여 임금으로 삼고, 집을 화하여 나라로 만들었다[化家爲國]. 강헌이 등극하자 왕을 정안군(靖安君)으로 봉하였다. 갑술(甲戌;1394)년 여름에 태조 고황제(太祖高皇帝;명 태조)가 친아들을 보내어 조공할 것을 명하였는데, 강헌은 왕(太上王)이 경서에 밝고 예에 통달하여 다른 아들보다 나으므로, 곧 금릉(金陵;南京)에 보내어 사실을 자세히 진술하니 명 태조가 특별히 대우하여 돌려보냈다. 무인(戊寅;태조 7)년 9월에 강헌이 병환에 걸려 인심이 겁을 먹고 의심하고 있을 때, 여러 장수와 정승 대신들이 모두 왕에게 후계를 촉망하였으나, 왕은 공정왕(恭靖王)이 맏이니 공정에게 전위하기를 청하고, 강헌이 또한 허락하였다. 공정이 생각하기를 '자기에게는 뒤를 이을 사람이 없고, 왕은 덕이 있고 공도 있다' 하고, 경진(庚辰;정종 2, 1400)년 2월에 세자(世子)로 책봉하고, 그 해 11월에 병환으로 왕에게 전위(傳位)하였다. 영락제(永樂帝)가 임금이 될 때에, 왕이 사신을 보내어 표를 올려 하례하니, 영락 원년 4월에 영락제가 도지휘사(都指揮使) 고득좌(高得左)와 통정(通政) 조

---

101 明 太祖(1368~1398)의 年號, 洪武 16년은 고려 禑王 9년(1383)임.

거임(趙居任)을 보내어 고명(誥命)과 인신(印信)을 주었고, 계속하여 한림 대조(翰林待詔) 왕연령(王延齡) 등을 보내어 곤면구장(袞冕九章)을 보냈으며, 이로부터 15년 동안 황제의 사물(賜物)이 거푸 이르러, 천하에서 부럽게 보았다. 무자(戊子;태종 8, 1408)년 5월에 강헌(康獻)이 승하(昇遐)하자, 왕이 크게 애통하여 다섯 달 동안 여막에 거처하며 최복(衰服)으로 상제를 마쳤고, 무술(戊戌;태종 18)년 6월에 왕이 세자 이제(李禔)가 덕이 없으므로 이를 폐하고 금왕(今王)을 봉하여 세자로 삼기를 청하고, 그 해 8월에 노병(老病)을 칭탁하고 지금 임금에게 전위하고, 기해(己亥;세종 원년) 7월에 대마도(對馬島) 왜적(倭賊)이 변경을 침범하므로 여러 장수를 나누어 보내서 해군으로 그 섬을 함락시켜, 광동(廣東)·절강(浙江) 등 위(衛)의 남녀로서 포로가 되어 섬 가운데 있는 자 1백 40명을 모두 북경(北京)으로 보내니, 8월에 명나라 임금이 태감(太監) 황엄(黃儼)을 보내 칙서를 가지고 와서 상사(賞賜)하였다. 영락 20년 임인 4월 22일에 왕이 병환이 들게 되어, 5월 10일에 정침(正寢)에서 훙(薨)하니, 향년(享年) 56세요, 임금의 자리에 있기를 19년, 상왕(上王)으로 있기를 4년이었다. 왕은 부지런하고 검소하며, 너그럽고 인자하며, 하늘을 무서워하고 백성을 생각하며, 학문을 숭상하고 제사에 정성을 다하며, 어진 이를 친하고 착한 것을 좋아하며, 정사의 여가를 이용하여 경서와 사기를 열람하여 매양 밤중에 이르게 되고, 의장(儀章)과 법도(法度)는 일체로 옛날 제도에 따라서 빛나게 정비되었다. 돌아가던 날에 신민(臣民)들이 사모하여 마치 부모를 잃어버린 것 같이 여기었다." [102]

하였다.

그런데 한편, 대군의 부왕께서 5월 10일에 훙하시면서, 그 후 염(殮)·빈(殯)·성복(成服)까지 모든 절차가 진행되었건만, 이미 그 전부터 궁중에 들어와 아직 그대로 머물고 있는 '죄인' 양녕대군의 존재가 신료들에게는 매우 못마땅한 일이었다. 사실 대군의 맏형이신 양녕대군은 4월 10일, 광주(이천?)로부터 동생인 금상(今上)의 생일에 참예하고 다시 나갔다가 부왕께서 4월 22일 발병하시고 점점 위중해지자 곁에서 간호키 위해 임금

102 『세종실록』 권16, 세종 4년 5월 辛未(15일).

의 부름을 받고 26일에 다시 들어와서 아직 그대로 금중(禁中)에 머물고 있던 것이는데, 5월 19일 사헌부(司憲府)에서 '양녕대군을 내쫓을 것을 상소'한데 이어 같은 날 사간원(司諫院)에서도 상소하기를,

> "신들이 생각건대, 양녕대군 이제(李禔)는 임금이요 아버지인 태상에게 죄를 얻어, 밖으로 쫓겨 나가 살다가 태상 전하의 병환을 당하여 금중(禁中)에 불려 들어왔는데, 염(殮)·빈(殯)·성복(成服)을 지난 지 이미 열흘이 되어도 아직 금중에 머물러 있으니, 대소 신료(臣僚)들이 대단히 혐의쩍게 생각하는 바입니다. 전하의 우애가 두터운 것은 좋으나, 종묘와 사직의 큰 일에는 어떠할까 합니다. 태상 전하께서 이미 결정한 명령이 있으니, 바라건대 대의(大義)로 단정하여 본디 있던 곳으로 돌려 보내서, 신민의 바람을 위로하여 주시면 종묘와 사직의 다행일까 합니다"[103]

하였는데, 임금이 아직 상차(喪次)에 계시므로 직접 아뢰지는 못하였다. 한편, 태상왕께서 돌아가시매 자손들로서 애통해함은 물론, 신료로부터 내명부(內命婦)에 이르기까지 슬퍼하지 않는 이가 없는 중에, 의빈(懿嬪) 권씨(權氏)와 신녕궁주(信寧宮主) 신씨(辛氏)는 임금에게 계(啓)하지도 아니하고 머리를 깎고 여승(女僧)이 되었고, 다른 후궁들도 서로 경쟁하여 머리를 깎고 염불하는 기구를 준비하여 아침 저녁으로 불법(佛法)을 행하였는데, 임금이 말려도 듣지 아니하였다.[104]

태상왕이 훙(薨)하시던 해는 그 전년의 극심했던 가뭄으로 흉작이 들어 겨울부터 기민(飢民)이 속출하였고, 봄을 지나면서 더욱 곤궁하게 되었다. 7월 들어서면서는 도성 안에 쌀이 귀하여, 백성들이 더욱 곤궁하므로 창고의 묵은 쌀을 방매하게 되었는데, 저화(楮貨) 1장에 쌀 한 되[升]씩 하게 정하였다.[105] 그런데 바야흐로 태상왕의 국상(國喪)

---

103 『세종실록』 권16, 세종 4년 5월 乙亥(19일).

104 『세종실록』 권16, 세종 4년 5월 丙子(20일).

105 『세종실록』 권16, 세종 4년 7월 癸亥(8일).

중이건만, 2년 전에 돌아가신 모후 원경왕후(元敬王后)의 상기(喪期)도 아직 끝나지 않은 때였으므로[106] 7월 9일에는 모후의 대상재(大祥齋)를 진관사에 배설하고, 동부대언 곽존중을 보내어 원경왕태후의 수릉관(守陵官) 민여익(閔汝翼)에게 의복과 안장 갖춘 말을 하사하였다.[107]

한편, 산릉의 역사(役事)에 착수한지 두 달 가까이 되어감에 따라 여러 가지로 일이 커졌고, 그 중에도 인력 동원은 가장 큰 문제였다. 임금이 그렇잖아도 산릉 역사는 중대하고 각도의 기근은 심하여 크게 근심하는 중에, 박자청(朴子靑) 등이 "인부 1만 명만 징발하면 일을 마칠 수 있다"고 하니, 대언(代言)들이 청하기를, "경기 수군 1천 명과 성중 여러 관청의 노예와 부자 동네에 있는 역부(役夫)가 1천 명은 될 것이고, 또 수레꾼 품삯을 특별히 주면, 소 수백 마리는 얻게 될 것이며, 한 마리 소의 힘이 10여명을 당할 수 있으니, 그렇다면 지방의 인부는 2천 명만 더 징발하면 될 것이다. (이것으로)넉넉히 돌을 운반해 올 수 있고, 돌을 옮기는 일이 끝나면 대위(隊尉)·공장(工匠)이 합하여 수천 명은 되니, 어찌 일을 끝내지 못하리오"함에, 박자청 등도 그렇게 생각하여, 근도(近道)의 인부 2천명을 징발, 10일에 한번씩 교체하게 하는 것으로 해결되었다.[108]

보름날은 임금이 백관을 거느리고 빈전(殯殿)에서 망제(望祭)를 거행하였다. 그리고 달이 바뀌어 8월 초하룻날, 삭제(朔祭)를 지내야 했는데, 임금은 공비(恭妃)가 또한 병환이 나서 위중하므로 효령대군(孝寧大君) 보(補)에게 빈전(殯殿) 삭제를 섭행(攝行)하라 명하였다.[109] 이 무렵, 산릉 역사가 대체로 마무리 되어 감에 예조에서 아뢰기를, "태종을 능으로 모신 후의 조석 상식(朝夕 上食)과 우주(虞主)가 광효전(廣孝殿)에 들어간 뒤의 조석 상식 및 삭망전(朔望奠)에는 왕후의 신위(神位)도 병설할 것입니다" 하니, 임금이 그대로 따랐다. 그런데 공비의 병환이 낫지 아니하므로, 동지돈녕부사(同知敦寧府事) 안수산(安壽山)을 보내어 흥천사(興天寺)에서 약사정근(藥師精勤)케 하고, 우의정 정탁(鄭擢)은

---

106 세종 2년(1420) 7월 10일(丙子) 正午에 昇遐함.

107 『세종실록』 권16, 세종 4년 7월 甲子(9일).

108 『세종실록』 권16, 세종 4년 7월 丁卯(12일).

109 『세종실록』 권16, 세종 4년 8월 乙酉(1일).

소격전(昭格殿)에서 초제(醮祭)를 올리게 하였다. 그러나 그래도 차도가 없자 임금은 더욱 걱정되어 평양군 조대림(趙大臨)은 진관사로, 찬성사(贊成事) 맹사성(孟思誠)은 승가사(僧伽寺)로 보내어 재를 올려 부처님께 기도하게 하였다.[110]

8월 8일, 예조에서 '성덕 신공 태상왕(聖德神功 太上王)의 묘호(廟號)'를 '태종'(太宗)[111]이라 올리기를 청하니, 그대로 따랐다.[112] 그리고 며칠 후 고부사(告訃使) 이발(李潑)이 북경(北京)으로부터 돌아왔는데, 고부사 일행이 북경에 이르렀을 때는 명 황제가 방금 전 북정(北征) 길에 떠난 뒤였고, 예부(禮部)에서는 부고(訃告)는 흉사라 하여 행재(行在)에는 알리지 못한다 하므로 다만, 표문(表文)만 접수하고 이발 등으로 하여금 그대로 환국케 한 것이었다. 따라서 대행(大行) 태상왕의 행장(行狀)을 예부에 바치지 못한 채 돌아온 것이다.[113]

태상왕의 책보(冊寶)를 평시에는 상의원(尙衣院)에 간직하도록 명하였는데, 시책보를 올리던 이 날은 중사(中使)를 이천에 보내어 양녕대군을 불러오게 하였다. 그리고 이튿날에는 효령대군(孝寧大君) 이보(李補)에게 하명하여 계빈(啓殯)하는 전(奠)을 거행하게 하니, 드디어 찬궁(攢宮)을 열고 조전(祖奠)을 거행하였다.[114] 한편, 안릉전(安陵奠)[115]의 과정 중에는 날씨가 매우 중요하므로 "일기가 청명하기를 사직에 빌기도" 하였다.

9월 4일, 효령대군(孝寧大君) 이보가 견전제(遣奠祭)[116]를 주관, 거행하였는데, 그 애책문(哀冊文)[117]에 말하기를,

---

110 『세종실록』 권16, 세종 4년 8월 壬辰(8일).

111 한 王朝의 先祖 가운데 그 功과 德이 太祖에 버금가는 임금에게 올리던 廟號. 太祖는 한 왕조의 첫 代 임금.

112 『세종실록』 권16, 세종 4년 8월 壬辰(8일).

113 『세종실록』 권16, 세종 4년 8월 丁酉(13일).

114 『세종실록』 권16, 세종 4년 9월 丁巳(3일).

115 임금을 장사 모실 때, 매장을 다 끝낸 후 제물을 차려놓고 지내는 제사를 말함.

116 發靷할 때 靈柩를 喪輿에 실은 다음 마지막으로 문앞에서 지내는 祭祀. 祝官이 술을 따라 올리고 꿇어앉아 遣奠祝을 읽으면 喪主 이하 상제들은 哭을 하며 두 번 절한 후 상을 치운다.

117 임금이나 왕비의 죽음을 애도하여 지은 글.

"유세차(維歲次) 영락(永樂) 20년 임인(壬寅) 오월 삭(朔) 정사(丁巳) 초10일 병인(丙寅)에, 성덕신공태상왕(聖德神功太上王)이 신궁에서 훙(薨)하시어 수강궁(壽康宮) 정전에 빈(殯)하였다가 9월 을묘삭 초6일 경신(庚申)에 헌릉(獻陵)에 장사드리게 된 것은 예대로 할 것입니다. 빈궁(殯宮)도 열게 되고, 삼막(縿幕)도 옮기게 되며, 백관들이 시종하는 데에 여러 가지 의장도 성대합니다. 새벽 이슬이 쓸쓸하게 보이는데 산천마저 슬프게 되고 스산히 부는 바람 초목도 설워하는 듯합니다, 성상께서는 땅을 두드려 하늘에 호소하는데, 궁중의 거처하시던 데를 우러러보면 계시는 듯할 뿐이며, 간(肝)이 부서질 듯 척추뼈가 물러날 듯 슬픕니다. 천안(天顔)이여 길이 뵐 날이 없겠습니다. 그래서 사신(詞臣)에게 명하여 바로 성대하신 덕을 선양시키나이다."

하고, 그 사(詞)에서는 이르기를,

"우리 동방(東方)은 왕씨(王氏) 때로부터 삼한(三韓)을 통일하여 거의 5백년이나 되었는데, 임금은 혼몽하고 정치는 어지러워 귀신도 원망하고 사람도 떠나게 되어, 하늘이 떳떳한 덕을 사랑하사 그로 하여금 큰 터전을 만들게 하였도다. 공손히 생각건대 우리 임금은 밝게 천명(天命)을 알아 성조(聖祖)를 부익(扶翼)하며 백성들을 어루만져 안정시켰고, 명나라 임금의 명령에 의하여 그의 조정에 손노릇도 하시었다. 말씀하기를 간곡하게 하시어 접대 받기를 총애스럽고 영광스럽게 하시었다. 기회를 타서 어려운 일을 안정시키니, 종묘와 사직은 이로부터 정해졌도다. 공정(恭靖)을 지성스럽게 섬겨서 더욱 사랑과 공경을 두텁게 하였고, 계속하여 임금의 자리에 오르게 되자 진실로 지극한 정치를 넓히셨다. 은혜는 날짐승과 물고기까지 미쳤었고, 송덕하는 소리는 멀고 가까운 데에 떠올랐다. 이웃나라 사귀는데도 도리가 있고, 큰 나라 섬기는 데에는 더욱 삼가서 하시었다. 명나라 임금의 사랑함은 정성스러웠고 조사(詔辭)도 다정하게 하였으며, 내려준 인장(印章)과 면복(冕服)은 광채가 찬란하였다. 섬 오랑캐들은 복종하게 되고, 국가는 태평하게 되어 공이 선조에 빛나고 덕은 뒷 사람에게 남겨주게 되니, 덕으로 말하면 성인이요 공으로 말하면 신기롭도다. 뛰어남이 전고(前古)에 없는 일이요, 능히 상천(上天)을 짝할만 하도다. 이러한 성대하고 아름다움을 거두어서 사책에 빛나는 것을 남길 것이다. 슬프고 서러워라. 도(道)로는 조화로 육성

시키는데 참예할만하고, 밝은 것은 살피지 못할 데까지 비치며, 예(禮)도 일어나게 되고 악(樂)도 제작하게 되었으며, 문치(文治)도 밝으려니와 무략(武略)도 위엄스러웠다. 종시 20년 동안에 여러가지 정치에 부지런하시고 노고하시다가 몸을 휴양시키려고 신성(神聖)한 아드님께 전하시었으나 하늘을 무서워하고 백성을 걱정하는 정성은 일찍이 잠깐 동안이라도 성정(聖情)에 망각하시지 아니하였도다. 거의 높으신 연령으로 길이 영화스러운 봉양을 받으시리라 하였던 것이 어찌하여 하루 아침에 우연히 하찮은 병환에 걸리셔서 마침내 대점(大漸)하여 나으시지 못하시었으니, 망극(罔極)한 서러움만 남기게 되었도다. 슬프다! 신민(臣民)들이 박복하여 하늘의 태양이 길이 감추어지게 되었구나. 슬프고 서러워라 종묘에 엄숙히 모시매 예에 극진하였고, 보책을 올리매 아름다움이 드날렸도다. 오직 성상(聖上)의 가슴에 맺힌 서러움은 궁도에 빠진 사람으로 돌아갈 데가 없는 것과 같도다. 궁액(宮掖)에는 먼지만 끼어 있고, 신민들은 눈물이 비오듯 하도다. 영이(靈輀)를 붙잡고 몸부림치는데, 산릉만 바라보고 하늘을 원망하도다. 슬프고 서러워라. 생각하건대 수명의 길고 짧은 것은 운수에 매인 것이니 비록 성지(聖智)라 하여도 면할 수 없는 것이나, 오직 공덕(功德)의 지극히 큰 것은 일월 같이 높도다. 아! 슬프고 서러워라![118]

라고 하였다.

견전제를 마치자 곧 재궁(梓宮)을 받들고 수강궁 문을 나와 유거(柳車)에 태운 후에 길흉(吉凶)의 의장(儀仗)이 차례로 앞을 인도하는데, 임금은 종친을 거느리고 울면서 걸어서 궁문을 나와 소연(素輦)을 탔다. 백관들은 도보로 뒤를 따라서 흥인지문(興仁之門)으로 나오고, 서울에 남아 있을 백관과 기로(耆老)·승도(僧徒)와 생도(生徒), 회회(回回)는 각기 문밖에서 하직(下直)을 드리는데, 곡하는 소리가 시가(市街)에 진동하였다. 마전포(麻田浦)에 이르러 부교(浮橋)를 타고 강을 건넜다. 산릉에 이르러 재궁을 받들어 장전(帳殿)에 모시고 임금은 상차(喪次)로 들어갔다.[119]

---

118 『세종실록』 권17, 세종 4년 9월 戊午(4일).

119 위와 같음.

9월 6일, 장지(葬地)에서의 당일은 천전(遷奠)[120] 부터 시작되었다. 임금이 백관을 거느리고 천전을 거행하는데, 재궁을 받들어 현궁(玄宮) 산 언덕을 향할 때는 공조참판 이천(李蕆)이 만든 사륜차(四輪車)를 썼다. 앞은 낮고 뒤는 높게 하여 재궁을 받들어 끌고 산으로 오르는데도 평지에 있는 것과 같았다. 임금은 백관을 거느리고 재배하고 곡하며 하직하였고, 영의정 유정현(柳廷顯)과 사헌부 집의(執義) 박안신(朴安臣)은 맨 뒤에서 현궁문을 감독하고 닫았다. 임금과 여러 신하는 모두 목이 쉬도록 우는데 우는 소리가 산골을 울렸으며, 시위 군사(侍衛 軍士)들은 밤이 새도록 서럽게 울어 해가 뜰 때까지 그치지 아니하였다. 임금이 길유궁(吉帷宮)에 나아가니 백관들은 그 밖에 차례로 섰다. 이윽고 임금이 우주(虞主)를 쓰고 상차(喪次)에 돌아왔고, 유사(有司)가 전을 진설하니 임금이 백관을 거느리고 예를 거행하기를 의식과 같게 하였다. 유사가 우주를 받들어 떠날 즈음, 임금은 도보로 홍살문(紅箭門)까지 걸어가 소연(素輦)을 타고, 백관들은 홍살문 밖에서 백 보쯤 걸어나와 말에 올라 뒤를 따랐다. 그리고 서울에 남아 있던 여러 신하들은 흥인문 밖에서 마중하여 우주를 광효전(廣孝殿)에 봉안하고 초우제(初虞祭)를 거행하게 되었다.[121]

그런데 어느 때보다 경건 신중해야 할 산릉 행사에서 약간의 실수가 있었다. 처음 재궁(梓宮)이 산릉에 나갈 때에 남쪽으로 머리를 돌렸었는데, 현궁(玄宮)으로 들어가려 할 때에는 북쪽으로 머리를 돌리게 되었었다. 그런데 호조판서 신호(申浩)가 관을 받들고 인도하여 현실문(玄室門)에 이르러, 이미 북쪽으로 머리 돌린 것을 깜빡 잊어버리고 걸멘자로 하여금 재궁을 돌려 메게해서 하마터면 남쪽으로 머리를 둔 채 현궁에 모시게 되었던 바, 이천(李蕆)이 재궁을 털고 닦는 과정에서 그릇된 줄을 알고, 그제서야 북쪽으로 머리를 돌려 봉안하게 된 것이었다.

이에 사람들이 모두 신호의 잘못이라 하고, 판내시부사 김용기(金龍奇) 또한 현궁문에 따라왔다 하여 아울러 의금부에 가두는 일까지 있었는데, 어쨌거나 부왕이신 태종대

120 靈柩가 發靷하려고 옮길 때에 지내는 祭式.

121 『세종실록』 권17, 세종 4년 9월 庚申(6일).

왕의 능침(陵寢)을, 2년 전 대군의 모후(母后) 원경왕후(元敬王后)가 홍서했을 때 이미 자리잡은 헌릉(獻陵)에 쌍분(雙墳)으로 모시게 되었고,[122] 부왕께서 홍하신지 두어 달 동안의 산릉축조공사 끝에 준공, 안장하게 되었던 것이다.

이튿날 9월 7일에는 임금이 백관을 거느리고 광효전(廣孝殿)에 나아가 재우제(再虞祭)를 거행하고 여차(廬次)로 돌아왔다.[123] 8일의 삼우제(三虞祭)에 이어 10일에는 사우제(四虞祭)를 거행하였는데, 이 날은 전지(傳旨)로서 광효전 입직(入直)의 윤번을 정하니, "효령대군 이보(李補)·경녕군(敬寧君) 이비(李裶)[124] ·공녕군(恭寧君) 이인(李䄄)[125]은 윤번으로 광효전에 입직하는데, 만일 유고(有故)하면 청평부원군 이백강(李伯剛)·평양군 조대림(趙大臨)·익평부원군 이석근(李石根)·의산군(宜山君) 남휘(南暉)·의평군(義平君) 이원생(李元生)·순평군(順平君) 이군생(李群生)이 차례로 입직하라"[126]고 한 것이었다. 그 후로 12일(丙寅)의 오우제(五虞祭)와 14일(戊辰)의 육우제(六虞祭), 16일(庚午)의 칠우제(七虞祭)까지 마치자 여러 신하들의 청에 따라 임금이 여차(廬次)로부터 창덕궁(昌德宮)으로 이어(移御)하였다.[127] 그리고 열흘쯤 뒤 9월 18일에는 임금이 백관을 거느리고 광효전에 나아가 졸곡제(卒哭祭)[128]를 거행하였는데, 비로소 육선(肉饍)을 바치게 하였다. 제사 후 임금이 환궁하여 상복(喪服)을 벗고 백의와 오사모(烏紗帽)·흑각대(黑角帶)를 차리

---

122 현재 서울 강남구 내곡동 산 13-1 大母山 남쪽 기슭, 史蹟 194호로 지정되었다.

123 『세종실록』 권17, 세종 4년 9월 辛酉(7일).

124 1402(태종 2)년~1458(세조 4)년, 孝嬪 金氏 소생, 태종 17년 敬寧君에 책봉되고 태종의 특별한 사랑을 받아 科田200결을 받았다. 세종 1년에는 謝恩使로 명에 다녀왔는데, 명 황제가 특히 총애하여 돌아올 때 『新修性理大全』과 『四書五經大全』 등 하사품을 매우 후하게 받아왔다. 시호는 齊簡.

125 ? ~ 1467(세조 13)년, 信嬪 辛氏 소생, 字는 整卿, 시호는 襄靖. 天性이 순수하고 莊重하였다고 한다. 1417(태종 17)년 공녕군에 책봉되고, 1433(세종 15)년에 諴寧君으로 개봉되었는데, 형제 중에도 특히 忠寧을 잘 따랐다고 한다. 세종 11년(1429)에는 당시 세종이 明에게 金銀 歲貢을 면제해주기를 요청할 때, 計稟使로 명에 가서 명 황제로부터 후한 대접을 받고 왕의 요청까지 허락받고 와서, 세종이 매우 기뻐하여 田地80결과 노비 8口까지 받았다고 한다.

126 『세종실록』 권17, 세종 4년 9월 甲子(10일).

127 『세종실록』 권17, 세종 4년 9월 庚午(16일).

128 三虞祭를 지낸 뒤에 號哭을 끝낸다는 뜻으로 지내는 제사.

고, 무릇 계사(啓事)와 구전(口傳)·왕지(王旨)는 모두 옛 제도대로 회복시켰다.[129]

한편, 졸곡제를 마쳤으매 이후 축문의 내용도 달라져야 하였으니, 예조에서 계하기를 "원경왕태후의 졸곡에 제축(祭祝)을 애자(哀子)라 하였는데, 이제 『의례경전통해속』(儀禮經傳通解續)을 상고하건대, '제(祭)에는 효자(孝子)·효손(孝孫)'이라 하게 되고, '상(喪)에는 애자(哀子)·애손(哀孫)'이라 하며, (그런데) 주(註)에는 '제(祭)는 길제(吉祭)를 말한다' 하였으니, 졸곡으로부터 뒤 제사를 말한 것입니다. 길(吉)이면 효자의 마음을 펼 수 있기 때문에 효(孝)라 일컫게 된 것이요, 상(喪)은 우(虞)로부터 그 이전을 말한 것이니, 애통함을 펴지 못하였다 하여 애(哀)라 일컫는 것이니, 졸곡 이후 제사에는 모두 효자(孝子)를 쓰소서"[130] 하니, 그대로 따른 것이었다. 따라서 그동안의 초종장례와 졸곡제까지 모두 마친 이튿날, 임금이 비로소 소복(素服)으로 정사를 편전(便殿)에서 보니, 정부와 공신(功臣)·대간(臺諫)·총제(摠制)들이 또한 들어와 일을 계(啓)하게 되었다.[131]

그 해 말에는 "종친(宗親)으로서 자헌(資憲) 이상의 시호(諡號)는 법식대로 아뢰어 점(點)을 받기고 하고, 이를 항식(恒式)으로 삼으라"고 명하였다.[132] 한편, 이 해에 효령대군의 다섯째 아들 영천군 정(永川君 定)[133]이 출생(出生)하였다.

해가 바뀌어 계묘(癸卯, 1423)년 새해가 되니, 세종 즉위 5년째, 효령대군(孝寧大君)께서는 28세가 되셨다. 지난 해 10월초, 헌릉(獻陵)에 비석(碑石)을 세우기로 정한 바가 있었는데,[134] 새해가 되자 곧 일에 착수하여 정월 21일에는 예조에서 이에 대해 아뢰기를,

---

129 『세종실록』 권17, 세종 4년 9월 壬申(18일).

130 『세종실록』 권17, 세종 4년 9월 辛未(17일).

131 『세종실록』 권17, 세종 4년 9월 癸酉(19일).

132 『세종실록』 권18, 세종 4년 12월 丁未(24일).

133 1422(壬寅, 世宗 4)~1512(壬申, 中宗 7), 1440년(세종 22) 正義大夫 永川君에 제수되고, 4년 뒤 中義大夫에 오르면서 永川尹으로 改授되었다. 1460년(세조 6) 永川卿에 올랐다가 1468년 영천군으로 還封되고, 1484년(성종 15)에 昭德大夫에 올랐다. 1489년에는 興祿大夫에 이르렀는데, 詩와 그림을 잘했다. 詩思가 청신, 畵格이 奇異하였다. 諡號 '胡安'.

134 『세종실록』 권18, 세종 4년 10월 丙戌(2일), 당시 예조에서 비석 세울 것을 건의하여, 허락은 하였으나 후에 世宗은 近侍에게 말하기를 "임금의 功德은 歷史에 갖추 기재되어 있으니, 굳이 비석을 세울 필요가 없고, 또 옛날에는 능 곁에 비석 세우는 법이 없었지만, 그러나 健元陵에 이미 비석을 세웠으니, 이제 세우는 것도 옳

"지금 헌릉의 비석은 길이와 너비, 두껍고 얇은 것을 건원릉(健元陵)의 비석 체제에 의할 것입니다" 하니, 아뢴대로 시행하도록 명하였는데, "다만 돌을 다듬을 때에 길이와 너비를 모름지기 여유가 있게 하라"고 한 바, "건원릉 비석은 길이가 13척2촌인데 지금(헌릉은) 1척8촌을 더하고, 너비는 3척5촌이니 5촌을 더하고, 두께는 1척인데 2촌을 더하게 하라"고 한 것이다.[135]

지난해 부왕의 국장을 무사히 잘 마치고 일상의 정사로 돌아와 이미 해도 바뀌었건만, 임금이나 대군 형제분들에게는 마음 편치 않은 일이 남아 있었다. 다름 아닌 '양녕(讓寧) 형님의 문제' 때문이었다. 부왕 초종 장례 때에도 양녕을 대궐에 머물지 못하게 집요하게 반대하여 결국 이천으로 나가게 하였지만, 이제 와서 다시금 논죄를 속개하기 시작한 것이다. 2월 19일에는 정부(政府)와 육조(六曹)·양부(兩府)[136] 이상의 관원들이 대궐에 나아가 내정(內庭)에 서고, 대간(臺諫)은 합사(合司)하여 외정(外庭)에 서서 양녕에게 죄주기를 굳이 청하면서 해가 지도록 물러가지 않으니 임금이 이르기를, "법에 처하려고 한다면 나는 차마 할 수 없으나, 방금(防禁)[137]하는 것은 작량(酌量)하여 시행할 것이다"라고 말하고, 며칠 후 전지하기를, "양녕 대군은 녹봉 과전(祿俸 科田)으로 농사짓는 것을 없애고, 월봉(月俸)으로 제급(題給)하게 하고, 또 거느리고 있는 노비는 숫자를 정하여, 잡인으로 하여금 사적(私的)으로 통하지 말게 하라"고 하였으니, 정부와 육조·양부 이상의 관원이 대성(臺省)에서 소(疏)를 올려 죄를 청했기 때문이다.[138]

3월도 하순에 이르니 봄도 무르익어 백화는 만발하고 날씨 화창한 계절로 되었다. 이 화창한 계절에 임금이 친히 경복궁 근정전(勤政殿)에 나아가 문과(文科) 과제(科題)를 내고 과거를 시행하였는데, 이번 시험은 특이한 과거였다. 조선시대의 과거제는 매3년마다 시행하는 식년시(式年試) 같은 정기 과거(定期 科擧)와 증광시(增廣試)·춘당시(春塘

다" 하였다고 한다.

135 『세종실록』 권19, 세종 5년 1월 癸卯(21일).

136 議政府와 中樞府를 이름.

137 못하게 막아서 금함, 즉 일정한 곳에 가두어 행동을 단속하는 것

138 『세종실록』 권19, 세종 5년 2월 丙子(25일).

試)·알성시(謁聖試)와 같은 부정기 과거가 있는데, 이번 시험은 임금이 근정전에 친임하여 과제를 직접 낸 것도 특이하지만, 시제(試題)의 내용이 관행대로 유교의 경전(經典)에 관한 것이 아니라 현실 정책에 관한 의견을 묻는 것이라는 점에서 그러하다. 부왕을 여의고 직접 통치를 하게 되면서 해결하고 극복해야 할 제반 난관뿐만 아니라 천재지변 등, 임금으로서도 어찌할 수 없는 어려움을 겪게 되면서 만인(萬人)의 생각을 들어보고 싶었던 것만 같다.

[illegible]
ᄢᅢ져이 名명言언
ᄉᆞ그 업ᄉᆞ시니
覺路ᄂᆞᆫ 則解脫이오 逐流ㅣ라 位當逐逐이며 시 因이
窮ᄒᆞ야 趣果ㅣ라 義說逐登이니 시라 轉轉ᄂᆞᆫ 則聖行이
已立ᄒᆞ샤 不藉名言이니 시 止觀애 云ᄒᆞ다 사 自證
은 不可說이시니라 ᄒᆞ라 跡은 行이오 轉ᄂᆞᆫ 說也ㅣ라 就
然四句ᄂᆞᆫ 說有多途ᄒᆞ니 學者 審而詳之니
각路로ᄅᆞᆯ ᄂᆞᆫ 解ᄒᆡ脫ᄐᆞᆯ이 ᄒᆞᆫ후메 두르ᄒᆞᆫ 이산이니
位위ᄅᆞᆯ 이 ᄆᆞᆫ 란 니 ᄆᆡ 當당 당ᄒᆞ 시 ᄆᆞ 國 인이 다 란

6

王世子 冊封과 兩殿의 祔廟

효령대군 28세, 4월 ~ 29세, 7월

4월초에는 명(明)나라로부터 사신(使臣)이 왔다. 지난해 부왕의 부음을 듣고, 자국 사정 때문에 당시 곧바로 오지 못했다가 뒤늦게 오게 된 것인데, 명 황제가 보내는 시고(諡誥)와 제문(祭文)과 부물(賻物)을 가지고 온 것이다. 6일날, 명(明)의 내관(內官) 유경(劉景)과 예부 낭중(禮部 郎中) 양선(楊善)이 입경하게 돼 있었고, 예정대로 태평관(太平館) 문으로부터 밖으로 성문에 이르기까지 모두 채붕(彩棚)을 만들고 향탁(香卓)도 설치하여놓고 나례(儺禮)를 행하였다. 인시(寅時;새벽 4시)에 임금이 백관을 거느리고 모화루(慕華樓)에 거둥하여 고명(誥命)을 맞아 들였는데, 두 사신이 이르러서, 임금이 나와 맞이하는 것을 보고 모두 말에서 내리니, 그들을 맞이하여 태평관에 이르러 행례(行禮)하기를 끝마쳤다.

임금이 백의와 오모(烏帽) 차림으로 두 사신 앞에 나아가 읍례(揖禮)를 행하는데, 임금이 눈물을 흘리니 사신도 또한 울었다. 임금이 사신에게 이르기를, "근년에 수재와 한재로 인하여 평안도에 흉년이 들었는데, 도중에 어떻게 경과하시나 하여 밤낮으로 근심하였소" 하니, 사신이 말하기를 "후대하지 않는 데가 한 군데도 없었습니다" 하고, 또 말하기를, "지난 해에는 마침 천하의 일이 긴절(緊切)하였기 때문에 즉시 사신을 보내어 와서 조문하지 못하였습니다" 하니, 임금이 대답하기를 "사번(事煩)한 가운데에도 폐하께서 깊이 생각하시어 사신을 보내 주시니, 감사한 마음 자못 깊습니다" 하고 곧 다례(茶禮)를 행하였다.

임금이 돌아서서 악차(幄次)로 나아가니 사신이 말하기를 "오늘 왕께서 우시매, 여러 신하들도 모두 우는 것으로 보아 더욱 부왕께서 인후(仁厚)한 덕에 감동된 것임을 알겠고, 이 나라가 비록 번국(藩國)이라 하여도 오늘 일에 조금도 실례된 것이 없으니, 참으로 중화(中華)라 할 수 있습니다" 하였다. 오시말(午時末;낮 1시경)에 하마연(下馬宴)을 베풀고 잔치가 파하자 세자(世子:후일의 文宗)가 백의와 오모(烏帽) 차림으로 들어와 두 사신을 보고 재배례를 행하니, 사신이 말하기를 "복스러운 기품이 전하(殿下)와 같다. 우리 조정에서 만약 세자의 장대(壯大)함이 이와같은 줄을 알면 어찌 봉(封)하지 아니하겠는가" 하였다.[1]

이 날, 지신사(知申事) 조서로(趙瑞老)와 총제 원민생(元閔生)에게 명하여, 두 사신에게 의복과 갓·신과 안장 갖춘 말과 교상(橋床) 등의 물건을 증정하게 하였는데, 사신이 처음에는 받지 아니하다가 강청(强請)한 뒤에야 비로소 받았다. 그리고 이튿날 다시 조서로로 하여금 두 사신에게 문안하게 명하고, 이날부터 돌아가는 날까지 대언(代言)을 보내어 문안케 하고, 의정부와 육조에서도 또한 순번으로 돌려가며 문안하게 하였는데, 사신이 말하기를, "어제 전하께서 이미 지성으로 후대하셨고, 또 안장 갖춘 말과 의복을 증정하여 주셨으니 감사하오. 그런데 의복은 가하나 말은 결코 받아 갈 수 없지만, 증여하는 처음부터 받지 아니하면 인정에 어긋나는 듯하여 할 수 없이 받았습니다"고 하였다.[2]

한편 같은 날 오시말(午時末)에 임금이 태평관(太平館)에 몸소 거둥하여 조서로와 원민생에게 명하여 두 사신에게 묻기를, "고명안(誥命案) 앞에서 고두례(叩頭禮)를 행하고자 하는데, 예에 어떠한가" 하니, 두 사신이 말하기를 "전하께서 이 예를 거행하고자 하는 것은 심히 옳습니다" 하였다. 임금이 길복(吉服) 차림으로 고안(誥案) 앞에 나아가 고

---

1 『세종실록』 권20, 세종 5년 4월 丙辰(6일).

2 『세종실록』 권20, 세종 5년 4월 丁巳(7일).

두례를 행하고, 소복(素服)으로 다시 고쳐 입은 후 대청으로 올라가 익일연(翌日宴)[3]을 거행하였는데, 두 사신이 전하에게 찬(贊)하기를, "한 말씀 한 동작이 모두 법도에 맞고, 충성이 일월(日月)을 꿸만한 것은 꼭 우리 동궁(東宮)과 같다"고 하였다.

임금이 종친들에게 명하여 차례로 술을 돌리게 하였는데, 효령대군(孝寧大君)이 술을 돌릴 때에 임금이 일어서서 술잔을 받았다. 이윽고 사신이 말하기를 "오늘은 자못 위로되니 우리들은 마음껏 마시고 사양하지 않겠습니다" 하였다. 임금이 유시(酉時;오후 6시경)에 환궁하였는데, 두 사신이 관반(館伴) 황희(黃喜)와 같이 서로 말하기를, "오늘 잔치에 전하께서 효령대군이 술을 돌릴 때에 어찌하여 일어서시었는가" 하니 황희가 말하기를, "군신(君臣)의 분의(分義)로서 진실로 이와 같이 할 것은 없으나, 전하께서 일어서신 것은 천륜(天倫)을 중히 여긴 것이라"고 하였더니, 사신이 감탄하여 말하기를, "옛날 촉부(蜀府) 전하(殿下;바로 명 황제의 母弟를 말함)가 들어와 뵈올 때에는, 폐하가 동궁에게 명하여 연회에 나가게 하면, 동궁이 길을 양보하였었다. 오늘날 전하께서 효령대군을 대우하는 예도 또한 우리 동궁과 꼭 같도다" 하면서 매양 임금의 덕을 칭송하여 찬미하기를 마지 아니하였다.[4]

이번에 명 사신이 가지고 온 것은, '사시고명안'(賜諡誥命案)·'사제문'(賜祭文)·'사부물'(賜賻物)의 세 가지였는데, 사시고명안은 '황제가 내관 아무개와 예부 낭중 아무개를 보내어, 조선국왕 이모(李某)에게 시호(諡號)를 '공정'(恭定)이라 내린다'는 것이었고, 사부물은 생초(生綃) 5백 필, 마포(麻布) 5백 필, 단향(檀香) 일주(一炷), 전향(箋香) 3근 등과 물목이며, 사제문은 명의 황제가 훙서한 조선국왕을 위한 제사를 준비하여 제문(祭文)까지 지어 보낸 것이었다.

4월 13일에 사제(賜祭)를 지내게 되었는데, 사인(舍人) 이미(李敉)가 여러 절차에 대하여 사신에게 물으니, 양선(楊善)이 대답하기를, "대개 집사자(執事者)가 모두 다 꿇어앉는 예(禮)는 없고, 또 축(祝)을 만약 한어(漢語)로 읽는다면 선왕(先王)의 영혼이 아마도

---

3 중국에서 온 사신을 맞은 이튿날에 나라에서 使臣에게 베풀던 宴會.

4 『세종실록』 권20, 세종 5년 4월 丁巳(7일).

알아듣지 못할 것이니, 마땅히 조선음[鄕音]으로 읽어야 할 것"이라 하였다.[5] 그리고 고명안(誥命案)도 이미 왔으므로, 이번 사제를 올린 뒤로는 광효전이나 헌릉 여러 제축문(祭祝文)에, '황고태종공정성덕신공문무광효대왕'(皇考太宗恭定聖德神功文武光孝大王)라고 쓸 것이었다.[6]

13일 인시(寅時)에 임금이 여러 신하들을 거느리고 광효전에 나아가고, 사신은 백의와 오모(烏帽) 차림으로 친왕(親王)의 예(例)로써 사제례(賜祭禮)를 행하였는데 그 제문에,

> "황제는 내관(內官) 유경(劉景)과 예부낭중(禮部郎中) 양선(楊善)을 보내어 조선국왕 이모(李某)의 영(靈)에 유제(諭祭)한다. 오직 왕은 돈후(敦厚) 지성(至誠)하고, 총명(聰明) 현달(賢達)하여, 동토(東土)의 울타리[藩]가 되어 조정을 공경하여 섬겨, 충순(忠順)한 마음이 시종 여일하였다. 지난 날에 나이 많다 하여 (국왕의 자리를 내놓고)집에서 휴양하므로 오래 수(壽)하여 안영(安榮)하기를 바랐더니, 어찌하여 병에 걸려 덧없이 작고하였는가. 멀리서 부음(訃音)을 듣게 되니 진실로 슬픔이 깊도다. 이에 특별히 휼전(恤典)을 융숭히 하여 시호를 '공정'(恭定)이라 내리고, 사신을 보내어 생품(牲品)과 의물(儀物)로 사제(賜祭)하니, 영(靈)이여 앎이 있다면 이 지극한 뜻을 살피라"[7]

하였다. 그리고 제물(祭物)로는 양(羊)·시(豕)·계(鷄)·아(鵝)가 각각 두 마리이고, 주면(酒麪)·화과(花果)·의장(儀仗)·백폐(帛幣)·지전(紙錢) 등의 물건이 대단히 많았다. 제사를 마치고 사신은 관사(館舍)로 돌아가니, 임금이 문밖에서 배송(拜送)하였다. 사시(巳時) 초(오전 9시경)에 임금이 환궁하여 좌의정 이원(李原)에게 명하여 태평관에 나아가 두 사신에게 사례하기를, "대사(大祀)를 이미 행하였으니 온 나라가 감사해 한다"고 하니, 두 사

---

5 『세종실록』 권20, 세종 5년 4월 辛酉(11일).

6 『세종실록』 권20, 세종 5년 4월 壬戌(12일).

7 『세종실록』 권20, 세종 5년 4월 癸亥(13일).

신이 서로 읍하면서 말하기를, "우리들이 황제의 명을 받고 와서 삼가 대사(大祀)를 행함에 조금도 그릇됨이 없었고, 예식도 허물됨이 없었다" 하며, 황희(黃喜)에게 이르기를, "부생(副牲)으로 양(羊)·시(豕)·아(鵝)가 각각 한 마리씩 있으니, 내일 사부(賜賻)할 때에 겸하여 가지고 가는 것이 가하겠소" 하니, 황희가 말하기를 "사부(賜賻)는 황제가 내리는 것이고, 이것은 두 사신이 사사로이 주는 것이니, 오늘이라도 가할 것이라" 하매, 사신이 말하기를 "그대의 말이 옳다. 그대가 즉시 받들어 올리라" 하니, 희가 가지고 가서 임금에게 바치니, 임금이 대답하기를 "제(帝)의 명을 받들고 와서 지성껏 사흘 동안 재계(齋戒)하여 술과 고기도 들지 아니하고 공경히 사제를 행하였으니, 황은(皇恩)이 망극하여 감사함이 매우 깊다" 하고, 곧바로 명하여 양(羊)과 시(豕)는 전구서(典廐署)에, 당안(唐雁)은 예빈시(禮賓寺)에 내려 기르도록 하였다.[8]

조선은 건국초부터 대명외교(對明外交)에 있어 사대(事大)를 원칙으로 외교를 해오는 중에 정기적으로 사신을 파견하였는 바, 진하사(進賀使)·동지사(冬至使)·성절사(聖節使)·천추사(千秋使)·사은사(謝恩使) 등이 그것이다. 그 중 성절사는 명 황제의 생일을 축하하기 위해 보내는 사절이었는데, 마침 부왕의 조문을 위해 사신이 와서 있는 4월 17일이 영락제(永樂帝)의 생일이므로 한양에서 성절 하례(聖節 賀禮)를 하게 되었다. 이에 하루 전인 16일에 지신사 조서로(趙瑞老)와 사인(舍人) 이미(李敉)를 보내어 사신에게 묻기를 "17일의 성절(聖節) 하례(賀禮)를 어느 곳에서 행할 것이냐" 하니, "우리들은 사객(使客)의 예(例)에 의해 이 관사(館舍)에서 향로를 차리고 삼고두(三叩頭)할 뿐이라"고 하였다. 그리하여 당일 임금이 길복(吉服)으로 백관을 거느리고 성절 하례를 거행하기를 의식과 같이 하였는데, 삼무도(三舞蹈)는 행하지 아니하고, 악부(樂部)는 벌여 놓기만 하고 연주는 하지 않았다.[9] 하례를 마친 후 병시(丙時;오전 11시)에 임금이 사신이 묵고 있는 관사에 거둥하여 잔치를 배설하고 유시(酉時;오후 6시)에는 파하여 환궁하였는데, 두 사신이 접반사(接伴使)들과 말하기를 "전하께서 우리 나라를 높여 섬기는 뜻을 돌아가 어

8 위와 같음.

9 『세종실록』 권20, 세종 5년 4월 丁卯(17일).

전(御前)에 아뢰려 하나, 말로는 다 할 수가 없겠소" 하고 칭찬하기를 마지 아니하였다.[10]

19일에는 온짐연(溫斟宴)[11]을 베풀게 되었는데, 임금이 진시(辰時)에 경복궁에 거둥하여 두 사신을 청하였다. 두 사신이 연못가에 이르러 말하기를, "『시경』(詩經)에 '왕이 늪가에 있는데 아아! 물고기가 가득히 뛰노는도다' 한 그대로이다" 하고 누(樓)에 오르며 감탄하기를 "동산 가운데는 노루와 사슴도 있거니와 경치도 다채로우니 중국의 황학(黃鶴)·취선(醉仙)의 누(樓)와 다르게 없다"고 하였다. 두 사신에게 안장 갖춘 말 각 1필을 주고 신시(申時;오후 4시경)에 파하였다.[12] 23일에는 임금이 태평관에서 전별연(餞別宴)을 베풀고, 이튿날은 모화루(慕華樓)에 거둥하여 사신을 전송하였는데, 사신이 말하기를 "전하의 두터운 위로에 감동됩니다" 하며 눈물을 흘리면서 하직하였다. 임금이 읍하며 문밖에서 보내고, 지신사 조서로와 우의정 정탁(鄭擢), 예조판서 김여지(金汝知)를 보내어 사신을 벽제역(碧蹄驛)까지 전송하였는데, 반송사(伴送使)로 형조판서 이발(李潑)이 함께 떠났다.[13]

5월 10일은 부왕께서 홍서하신지 일주년이다. 임금이 백관을 거느리고 광효전(廣孝殿)에 나아가 소상제(小祥祭)를 의식과 같이 거행하였는데 그 제문에 말하기를,

> "거룩하시다. 소고(昭考)께서는 덕이 하늘과 짝할만하건마는, 받들어 모신 지 얼마 되지 아니하여 용어(龍馭)를 타고 신선에 오르셨습니다. 날과 달이 지나는 동안에 어느덧 연기(練期)가 되었구나. 복(服)이 제감(除減)되므로 콧물과 눈물이 턱에 흐르도다. 힘써 예제(禮制)를 따라 이에 변변하지 못한 의식을 올리오니, 행여 돌보아 흠향하시어 저의 효사(孝思)를 살피옵소서"[14]

---

10 위와 같음.

11 중국 사신을 맞은 지 닷새째 되는 날에 베풀던 宴會.

12 『세종실록』 권20, 세종 5년 4월 己巳(19일).

13 『세종실록』 권20, 세종 5년 4월 甲戌(24일).

14 『세종실록』 권20, 세종 5년 5월 己丑(10일).

라고 하였다. 제례가 끝나매 임금은 환궁하였다.

무더운 7월도 끝나갈 무렵, 평안도 도절제사(都節制使) 최윤덕(崔潤德)이, "(중국)사신 소감(少監) 해수(海壽)와 예부낭중(禮部郎中) 진경(陳敬)이 두목 20명을 거느리고 이 달 7월 27일에 용봉참(龍鳳站)에 이르러 유숙한다"는 급보를 보내왔다. 조정에서는 즉시 한성판윤 권진(權軫)을 원접사(遠接使)로 삼아 선온(宣醞)[15]을 가지고 가게는 했지만,[16] 이번 사신이 무슨 목적으로, 무엇을 요구하러 오는 것인지, 또 가지고 오는 것이 조서(詔書)인지, 칙서(勅書)인지 조차 모르고 있었는데, 마침 미리 북경(北京)에 가 있던 통사(通事) 김언용(金彦容) 등 3인이 돌아와서 아뢰기를,

> "사신이 오는 일은 (우리의)세자(世子) 책봉(冊封)하는 일 때문이고, 또 말 1만 필을 청구하려는 것이니, 장차 달달(達達)을 정벌하려고 하는 것입니다. 황제께서 금년 4,5월에 병환이 나서 6월 보름 후에 회복되었으나, 정사를 보는 것은 태자가 보살피게 되었습니다."[17]

라고, 중요한 정보를 알림에, 이들에게 각기 의복 한 벌씩을 내렸다. 이에 조정에서는 다시 평양선위사(平壤宣慰使) 지돈녕 이담(李湛)과 안주선위사(安州宣慰使) 우군총제(右軍摠制) 원민생(元閔生)으로 하여금 선온을 받들고 떠나게 하였다.

한편, 이번 주문사(奏聞使)의 사신 입국은 조선에게 크게 부담스러운 것이었다. 세자의 책봉을 허락한다는 것이었지만 댓가로 말 1만 필을 요구하는 것이었기 때문이다. 그렇잖아도 1년여 전에 말 1만 필을 요구받고 1년 넘는 동안에 걸쳐 힘겹게 채워 보낸 후 호조참판 허해(許咳)를 보내어 마적(馬籍)을 바쳐 '1만 필의 약속'을 이행 완료한 것이 금년(세종 5년) 1월 13일이었는데, 또다시 1만 필을 요구하니 조선으로서는 너무나 큰 부담이 아닐 수 없었다. 임금 앞에서 이조판서 허조(許稠)가 아뢰는 걱정을 들어보자.

---

15 궁중의 司醞署에서 빚어 신하에게 내리던 술.

16 『세종실록』 권21, 세종 5년 7월 戊申(30일).

17 『세종실록』 권21, 세종 5년 8월 己酉(1일).

“중국에서 지난 해에 말을 1만 필을 요구하고 지금 또 1만 필을 청구하니, 본국의 말은 예전에 비하여 감소되고, 또 강장(强壯)하지도 못합니다. 지난 날에는 사대부(士大夫)집에는 말이 두서너 필 이상이 있었고, 서민(庶民)들도 모두 충실한 말이 있었으나, 지금은 사인(士人)의 집에도 한 필에 지나지 못하고 또한 모두 피약(疲弱)한데, 하물며 서민이겠습니까. 군정(軍政)은 말보다 급한 것이 없는데, 충실한 말 2만 필을 골라 바치게 되면, 이는 2만의 기병(騎兵)을 감소시키는 결과가 됩니다. 이 일 때문에 신은 밤중에도 자지 못하고 걱정하는 것입니다. 우리 태조께서 고황제(高皇帝) 때에 말을 3,4천 필을 바친 적도 없었으니, 신은 반(半)을 감하기를 주청(奏請)하여 다만 5천 필만 바치는 것이 편할 것입니다. 부득이 하여 다 바치게 된다면, 내년을 기다려 바치는 것이 옳겠습니다. 지금 황제의 모든 하는 일이 도리가 아닌 일이 많사온데, 북적(北狄)이 크게 소란하여 전쟁이 그치지 않게 되면, 편소한 우리나라로서 어떻게 그 한정 없는 요구에 응하겠습니까. 만일에 천명이 이미 다하여 이 무리[北狄]들의 뜻대로 된다면, 끝까지 (명나라에게) 신하의 절개를 지킬 수 없사오니, 이를 계승한 나라도 반드시 이 수효로써 청구하기를 마지 않을 것입니다. 신의 어리석은 생각으로는 지금 주청(奏請)하여 감(減)하지 않는다면 만세의 걱정이 될 것입니다.”[18]

라고 하여 명측이 요구한 말 1만 필을 5천 필로 줄여보자는 건의였고, 병조판서 조말생(趙末生) 또한 같은 뜻으로 아뢰었는데, (이들이)이미 나가자 임금이 육대언(六代言)과 더불어 이를 의논하니 모두 아뢰기를,

“허조의 말은 깊이 생각하고 먼 앞일을 헤아린 계책이라 할 수 있습니다. 더구나 전일 말을 바칠 때에 의주(義州)가 피곤했었는데, 지금 또 흉년이 들어 사료 콩이 모자랄 형편이므로 평안도 한 도가 폐해를 받음이 적지 않을 것입니다. 그러나 한편, 전하께서 왕위에 오른 지 오래 되지 않았는데, 황제의 총은(寵恩)이 이미 지극하니 (그 명령에) 따르지 않을 수도 없을 것입니다.”

18 『세종실록』 권21, 세종 5년 8월 庚戌(2일).

라고 하였다.[19]

그러나 어찌하랴. 그 자리에서 임금이, "그렇지 않다. 지금 이 주문(奏聞)은 늦출 수 없는 것이다"라고 말한 것처럼, 명측의 요구를 결코 거부할 수 없는 것이었다. 이에 이틀 후에는 중국에 보낼 말을 도별(道別)로 할당해서 정하니, 서울에서 2천5십필, 유후사(留後司) 2백5십필, 경기도 6백5십필, 경상도 2천2백필, 전라도 1천3백5십필, 충청도 1천2백필, 강원도와 황해도 각 8백필, 함길도 5백필, 평안도 6백필, 합계 1만4백필로 신축(辛丑, 세종 3)년의 예에 따른 것이었다.[20] 그리고 사흘 후에는 대군의 넷째 매부(妹夫) 남휘(南暉)[21]를 황주선위사(黃州宣慰使)로 삼아 선온을 받들고 떠나 보내고, 12일에는 부왕의 만사위이이자 대군의 첫째 매부 이백강(李伯剛)[22]이 유후사(留後司)의 선위사가 되어 역시 선온을 받들고 길을 떠났으니.[23] 사신을 맞으며 온갖 성의를 다 보이는 모습이었다.

그런데 말 1만 필을 보내는 것도 큰 부담이었지만, 여기에 부수되는 부담 또한 적지 않은 것이었으니, 말에게 줄 사료, 즉 그 많은 콩을 확보하여 운반하는 일도 큰 일이었다. 호조에서 평안도관찰사의 관문(關文)에 의하여 계하기를,

> "지금 중국에 말 1만필을 보내는데, 길 가는 도중 의주(義州)에 머물면 동팔참(東八站)에서 먹일 사료로 콩을 주기로 하였으나 지나온 길가의 각 고을과 의주 창고에 저장된 것을 계산하면 지급하는데 넉넉하지 못하오니 청컨대 참(站)에 가까운 각 고을의 묵은 콩 1만 1천 석(石)을 각 참과 의주로 운반하여 지급케 하소서"

---

19 위와 같음.

20 『세종실록』 권21, 세종 5년 8월 壬子(4일).

21 ? ~ 1454년(端宗 2, 甲戌), 貞善公主(1404~1424)의 夫, 우의정 南在의 손자, 宜山君, 시호 '昭簡'.

22 1381년(禑王 7, 辛酉)~1451년(文宗 1, 辛未), 淸平府院君, 貞順公主(1460년, 世祖 6, 庚辰 卒)의 夫, 李居易의 아들, 시호 '靖節'.

23 『세종실록』 권21, 세종 5년 8월 庚申(12일).

하니, 그대로 따랐다.[24] 라고 한데서 짐작할 수가 있다. 그리고 그 댓가로 조선국왕이 받을 것이란, 임금이 세자(世子) 이하의 문무 백관을 거느리고 모화루(慕華樓)에 나가서 길복(吉服) 차림으로 칙사(勅使)를 맞이하여 창덕궁의 인정전(仁政殿)에 이르러 예를 의례와 같이 거행하고서 받은,

> "황제는 조선국왕 이씨(李氏)에게 칙유(勅諭)하노라. 나라 사람들이 왕 적자(嫡子) 이향(李珦)을 세워 세자를 삼으려고 청하므로, 지금 특별히 청한 바를 윤허하여 이향으로 조선국왕세자를 삼는다. 왕은 효제충신을 가르치어 덕의(德義)에 나아가게 하여 나라 사람들의 바라는 바를 맞게 할 것이다. 이에 소감 해수(海壽)와 예부낭중 진경(陳敬)을 보내어 칙서를 가지고 가서 왕에게 유고하니 왕은 짐(朕)의 지극한 마음을 몸받을 것이다(중략). 황제는 조선국왕 이씨에게 칙유(勅諭)한다. 지금 소감(少監) 해수(海壽)를 보내어 칙서를 가지고 가서 왕에게 유고(諭告)한다. 왕은 즉시 말 1만 필을 뽑아 바치어 국용(國用)을 도우라. 아울러 은냥(銀兩)과 채폐(綵幣)로써 왕에게 내리니, 왕은 짐의 지극한 마음을 몸받을 것이다. 그러므로 유고한다. 은(銀)1천 양쭝, 저사(紵絲)1백50 필, 직금(織金)20 필, 암세화(暗細花)30 필, 생명주[素]1백 필, 선라(線羅)1백50 필과 직금10 필, 생명주1백40필, 숙소견(熟素絹)4백 필을 내린다"[25]

라는 내용의 칙서(勅書) 한 장뿐이었다.

8월 18일에는 세자(世子)가 분사(分司)의 백관과 함께 태평관에 가서 사신에게 두 번 절하는 예를 행하였다. 세종(世宗) 임금의 맏아들이며 효령대군(孝寧大君)의 조카 **이향(李珦)이 중국 황제로부터 세자 책봉(冊封)을 공인받았으니**, 이를테면 처음으로 정식 신고식을 하는 셈이었다. **세자의 나이 10세였다.** 세자의 절을 받은 두 사신이 뜰에 내려와서

---

24 『세종실록』 권21, 세종 5년 8월 壬戌(14일).

25 『세종실록』 권21, 세종 5년 8월 丙寅(18일).

세자의 손을 잡고 칭찬하며 손을 이끌고 올라가서 함께 앉아 다례(茶禮)를 행하였다.[26] 세자의 사신 상견례 다례가 끝나자 같은 날, 임금이 태평관에 다시 행차하여 하마연(下馬宴)[27]을 베풀었는데, 풍악은 쓰지 않았다. 이 자리에서 사신 해수가 황제의 교지를 선유(宣諭)하였는데, "노왕(老王) 때에 부리던 환자(宦者) 30내지 50인을 바치게 하라"는 내용이었다.[28] 그리고 이튿날에는 지신사 조서로(趙瑞老)에게 명하여 사신에게 문안하고 인하여 두 사신에게 각기 안장 갖춘 말과 갓·신·의복 한 벌을 주었고, 이후 사신들이 돌아갈 때까지 대언(代言)과 육조에서 날마다 윤번(輪番)으로 문안토록 하였으니, 전례(前例)에 따른 것이었다.[29]

말 1만 필을 보내는 것도 큰 부담이었지만, 선왕 때에 부리던 환자들을 중국으로 아주 보내는 일 또한 어려운 일이었다. 그래서 조서로·원민생에게 명하여 해수에게 알리기를, "부왕(父王) 때의 환자(宦者)들은 이미 나이 모두 늙었고, 그 중에 젊은 자도 또한 모두 어리석어 부릴 수가 없습니다"고 하니, 해수가 말하기를 "내가 이미 선유한 바, 황제의 교지를 전했으니 이 일은 오로지 전하께서 처리할 것입니다" 하였다. 이에 하는 수 없이 화자(火者) 30인을 각도에서 뽑게 되었다.[30]

9월 21일에는 전판사(前判事) 유계문(柳季聞)·전사인(前舍人) 권맹손(權孟孫)·병조정랑 최흥효(崔興孝)·부교리(副校理) 안지(安止)·봉상소윤(奉常少尹) 고득종(高得宗)에게 명하여 『법화경』(法華經)을 문소전(文昭殿)의 불당(佛堂)에 금자(金字)로 쓰게 하였으니, 신녕궁주(信寧宮主) 신씨(辛氏)가 부왕 태종을 위해 명복(冥福)을 빌고자 했기 때문이었다.[31] 신녕궁주 신씨는 신영귀(辛永貴)[32]의 딸로서 원경왕후가 중궁전(中宮殿) 정비(靜妃)

---

26 『세종실록』 권21, 세종 5년 8월 병인(18일).

27 외국의 사신이 왔을 때, 임금이 직접 베풀던 잔치.

28 『세종실록』 권21, 세종 5년 8월 丙寅(18일). 여기서 老王은 太宗을 가리킴.

29 『세종실록』 권21, 세종 5년 8월 丁卯(19일).

30 위와 같음.

31 『세종실록』 권21, 세종 5년 9월 己亥(21일). 뒤 202쪽의 주59)를 참조.

32 信寧宮主의 父, 檢校 工曹參議를 지내고 세종 11년 7월 4일 종1품에 추증되었다.

일 때의 가비(家婢)였다. 태종의 총애를 받아[33] 태종 14년 1월 13일에 신녕옹주(信寧翁主)가 되고, 세종 4년 2월 20일에 신녕궁주(宮主)가 되었는데 3남(恭寧君 䄄·溫寧君 袓·謹寧君 襛)과 7녀(貞信翁主·貞靜翁主·昭信翁主·淑貞翁主·淑寧翁主·淑慶翁主·淑謹翁主)를 낳았다. 세종 2년에 부왕이 승하하자 의빈(懿嬪) 권씨(權氏)와 더불어 임금에 계(啓)하지도 않고 머리를 깎고 여승(女僧)이 되었다.[34]

12월 29일, 세종은 지춘추관사(知春秋館事) 유관(柳觀)과 동지관사(同知館事) 윤회(尹淮)에게 『고려서』(高麗史)를 개수(改修)하도록 명하였다. 『高麗史』는 이미 정도전(鄭道傳)·정총(鄭摠) 등이 이색(李穡)·이인복(李仁復)이 저술한 『금경록』(金鏡錄)을 근거로 하여 37권을 편찬한 바 있으나 문제가 있다 하여 다시 개수하도록 한 것이다. 이 해에 효령대군의 아드님 여섯 가운데 막내 원천군(原川君) 의(宜)[35]가 태어났다.

갑진(甲辰, 1424)년 새해가 되니, 세종 치세(治世) 6년째가 되었는데, 새해로 바뀌고 며칠 안 된 정월 25일에 임금과 대군의 동모(同母) 제매(弟妹)인 정선공주(貞善公主)가 타계하였다. 의산군(宜山君) 남휘(南暉)에게 하가(下嫁)하였는데 이제 나이 21세, 9년 전인 태종 15년에 향년 23세로 타계한 경안공주(慶安公主) 누이보다 11년 아래요, 대군(大君)보다는 8년 연하(年下)이다.

임금이 매우 슬퍼하며 찬수(饌需)를 거두고 조회를 3일간 정지하였다. 염빈(斂殯)·예장(禮葬)·조묘(造墓)를 삼도감(三都監)에게 설치하게 하니, 예조판서 신상(申商)이 아뢰기를,

"을미년(태종 15, 1415년) 경안공주 초상(初喪) 때에 은례(恩禮)가 진실로 상례(常例)와 달랐으나, 흥안공주(興安公主)의 상에는 태종의 매씨(妹氏)이면서도 그 상장(喪葬)의 예(禮)는

---

33 태종의 여러 후궁 중 가장 총애를 받았고, '태종이 사랑하였던 까닭으로 임금도 사랑하였다'(『세종실록』 권77, 세종 19년 6월 甲戌(16일)).

34 앞 5장 170쪽의 주104)를 참조. 信嬪 辛氏는 세종 17년 2월 2일에 卒(본 책 2권(11장) 36쪽의 주3)을 참조).

35 1423년(癸卯, 세종 5)~1476년(丙申, 성종 7) 5월 25일, 宜는 太宗의 넷째 왕자 誠寧大君 褈에게 出系하였는데, 嫡子는 없이 孽子만 셋을 두었다.

그에 미치지 못하였나이다. 신이 생각하건대 친소(親疎)로 말하면 왕의 딸은 왕의 매씨와 다릅니다"

고 하니, 임금이 말하기를,

"내가 지난번 옛글에서 보았는데, '왕의 딸이 왕매(王妹)에 미치지 못한다'는 말을 보았으나, 왕매가 하가(下嫁)할 때에 자장(資粧)과 예물이 진실로 왕녀(王女)보다 낫게 하는 것인데, 어찌 매의 초상이라 하여 도리어 박하게 할 것인가. 일체로 경안공주 상장(喪葬)의 예(例)에 의하라"

하고, 또 말하기를

"공주의 주상(主喪)은 당연히 동성(同姓)으로 할 것이나, 원윤(元尹)과 정윤(正尹) 중에 한 사람도 할 자가 없고, 또 공주의 아들은 아직 어리니, 남휘의 아우 사헌부 감찰(監察) 남간(南簡)이 주장하게 하라"

하고, 초상 소용으로 정포(正布) 50필을 내려 주었다.[36] 그리고 당일, 청주(淸州) 목사에게 내밀(內密)히 전교하기를

"이달 정월 25일에 정선공주가 돌아갔으니, 큰 오라비 양녕대군(讓寧大君)에게 통지를 전하라"

고 하였다.[37]

---

36 『세종실록』 권23, 세종 6년 1월 壬寅(25일).

37 위와 같음.

그런데 이즈음 영의정(領議政) 유정현(柳廷顯)의 사가(私家)에서 효령대군(孝寧大君)에 연루되는 고리대(高利貸) 행위가 드러나 대군에게 크게 꾸지람을 당하는 일이 벌어졌다. 다름 아니라 효령대군의 빙장(聘丈)인 전판부사(前判府事) 정역(鄭易)의 집종[家奴] 구노(具奴)가 유정현 집의 돈을 장리(長利)로 빌렸었는데, 마침 흉년으로 궁핍해서 미처 갚지를 못하였더니, 유정현이 수행하는 조례(皁隸)[38]를 구노의 집에 보내어 가마 솥 등을 모조리 빼앗아 갔다. 이에 정역이 사위 효령대군에게 알려 정현에게 되돌려줄 것을 청하게 하니, 대군이 정현의 아들 총제(摠制) 유장(柳璋)을 불러 말하기를,

> "네 아비가 지위가 수상(首相)에 이르러 국녹(國祿)을 받는 것이 적지 아니하고, 또 주상(主上)의 백성을 아끼시는 뜻을 몸받아 살게끔 구휼하여 주는 것이 그의 직분이거늘, 이제 궁핍한 종놈의 솥과 가마를 빼앗아 가니, 수상된 자의 본의가 어디에 있는가. 만일 되돌려 보내지 아니하면 내가 조례를 잡아다가 엄하게 매질하고 임금에게 계달(啓達)할 것이니, 너는 돌아가 너의 아비에게 고하라"고 하니, 장이 말하기를 "제 아비가 저의 말을 듣지 아니한 지 오래 되었으니, 다른 사람을 시켜 고하는 것이 좋을 줄로 압니다"

하였다. 정역(鄭易)은 예성부부인(蘂城府夫人)의 친정아버님이다. 정현(廷顯)의 사람된 기품이 성질이 심히 인색하여 추호(秋毫)도 남에게 주는 일이 없고, 동산[園]에 있는 실과(實果)도 모두 시장에 팔아서 조그마한 이익까지 챙기며, 그의 반인(伴人)으로 능히 장리 준 돈을 다 받아 들인 자에게는 상을 주며 역승(驛丞)의 임명까지 하게 되어, 이로써 부자가 되어 곡식을 쌓은 것이 7만여 석이나 되었다. 백성들이 원망하기를, "비록 굶어 죽을 망정 다시는 영의정의 장리는 꾸어 쓰지 않겠다" 하였다고 한다.[39]

2월 초이튿날에는 내관(內官) 최득룡(崔得龍)에게 명하여 정선공주(貞善公主)에게 사제(賜祭)하였는데, 그 교서(敎書)에 말하기를,

---

38 조선시대 '七般賤役'의 하나. 서울의 각 관아에 속한 하인을 이름. 官奴婢.

39 『세종실록』 권23, 세종 6년 1월 丙午(29일).

"왕은 말하노라. 죽을 때가 되어 죽게 되는 것은 비록 기수(氣數)에 관계된다 하나, 동기(同氣)되는 마음은 유명(幽明)이 다를지라도 간격이 있을 수 없도다. 오직 너 공주는 성품이 정숙(靜淑)하고 곧으며 행실은 공손하고 착하였다. 중곤(中壼;대궐)에 있을 때로부터 극진한 효성이 숙성하였고, 집을 가지기에 이르러서는 근검함이 더욱 나타났다. 바로 규문(閨門)의 화목함을 이루었고, 이로써 척리(戚里)[40]의 규범을 보여주었다. 그래서 소고(昭考;돌아가신 아버지)께서도 특히 종정(鐘情)하셨고, 나도 두터이 권애(眷愛)하였다. 바야흐로 길이 수(壽)하기를 기대하여 함께 안락한 영화를 누리고자 하였더니 어찌 뜻했으랴. 젊은 나이에 우연히 병에 걸려서 백약이 무효하여 세상을 떠났으니 길이 수족(手足)이 이지러짐을 생각하니 어찌 심간(心肝)을 베어내는 듯한 아픔을 이기리오. 하물며 부왕의 상복(喪服)도 끝나기 전에 또 체(棣)나무가 꺽여졌다. 조용히 생각하여 보니 어찌 이렇게 서러울 수가 있는가. 어린 아이가 있으나 급작히 믿고 의지할 곳을 잃었도다. 슬픔을 머금고서 말을 엮어 사관을 보내어 전(奠)을 드리노라. 슬프다! 살아서는 동기로서 항상 친애한 마음을 두터이 하였고, 죽어 가니 유명의 길이 다르므로 특히 조휼(弔恤)하는 전례를 더하노라"[41]

고 하였다. 부왕을 여읜데 뒤이어 졸지에 누이까지 떠나보낸 대군이나 임금의 당시 슬픈 심경을 엿보게 해주는 대목이다. 정선공주의 묘지명(墓誌銘)을 예문관 제학(藝文館 提學) 윤회(尹淮)가 지었는데, 그 묘지명에 이르기를,

"정선공주는 우리 태종 비(妃)이신 원경왕태후(元敬王太后)의 막내 따님이다. 여흥부원군 문도공(文度公) 민제(閔霽)가 그의 외조(外祖)이다. 숭록대부 의산군(宜山君) 남휘(南暉)에게 출가하였으니, 의령부원군 충경공(忠景公) 남재(南在)의 손부(孫婦)이었다. 공주는 나면서부터 어질고 예뻤으며, 덕과 용모가 아름다웠다. 이미 출가하여 남편을 순하게 받들며 시어머니 섬기기를 예(禮)로 하였고, 치가(治家)함에 부지런하고 검박하게 하여 조금도 귀

---

40 임금의 外戚이 모여 사는 곳이라는 뜻으로, 임금의 외척을 이르는 말.

41 『세종실록』 권23, 세종 6년 2월 戊申(2일).

한 세력이라 자긍(自矜)하지 아니하였다. 아들 하나를 낳았으니 원손(元孫)이요, 딸 하나는 어리다. 영락(永樂) 22년 정월 임인(壬寅)에 병환으로 돌아가니 나이 21세였다. 모년 모월 모일에 모주(某州)의 모원(某原)에 장사하였다. 그 명(銘)에 이르기를,

왕가의 파벌로서 무성한 오얏나무에 광채 더하였네　天潢演派 穠李增華
엄숙하고 화한 덕은 남편이나 가인에게 마땅하게 하였고　肅雍之德 宜室宜家
수명이 비록 짧다고 하나 그 남은 것은 길도다　壽雖云短 其存者長
좋은 돌에다 명(銘)을 새겨 오래도록 잊지 아니하리라.　刻銘貞石 以永不忘

라고 하였으니, 예문 제학(藝文提學) 윤회가 찬한다.[42]

이 무렵, 임금은 사랑스러운 누이를 갑자기 잃은 허망한 마음에 양녕 형님의 처지를 생각하니 더욱 울적한 마음이었던 듯하다. 더구나 태종께서 양녕을 위해 이천에 저택을 지어놓고 영구히 식읍(食邑)을 만들려고 하셨던 것을, 임금 대에 와서 한양(漢陽)에서 더욱 먼 청주(淸州)로 옮겨놓았으니, …정선(貞善) 누이의 사제를 지낸 며칠 후, 임금이 양녕대군을 청주에서 다시 이천으로 옮기는 문제를 놓고 신하들과 실랑이를 벌인 장면이 눈에 띈다. 임금이 정부(政府)와 육조(六曹)에 이르기를,

"내가 지난번 사람을 시켜 청주(淸州) 있는 양녕(讓寧)의 안부를 물었더니, '양녕이 초가(草家) 두어 칸을 짓고서 그 집에 거처하면서 마음 편히 지내고 있다' 고 하고, 또 말해 오기를 '주상(主上)이 소신(小臣)을 잊지 아니하시고 중사(中使)를 보내어 특히 문위(問慰)함을 내리니 감사하기 한량없다. 다만 한스러운 것은 소신이 불초하여 스스로 조격(阻隔)되게 만들어서 편히 집에서 거처하면서 임금의 덕을 받지 못한 것이라' 고 하였다. 내가 듣고 나서 마음이 심히 편치 않고 거듭 생각하니, 태종께서 양녕을 위하여 저택을 이천(利川)에 지어 놓고 영구히 식읍(食邑)을 만들려 하였는데, 다만 지난 해에 조금 그가 나의 뜻을 거스린 일이 있어 거듭 대신(大臣)과 대간(臺諫)의 청을 어겨 가면서 청주로 옮기게 한 것은 행여나

42 『세종실록』 권23, 세종 6년 3월 壬午(6일).

궁곤(窮困)하므로 스스로 새 길을 열까 하였던 것이나, 귀양간 처소가 좁고 누추함이 비할 데 없다 하니, 한갓 생각하는 마음만 더욱 간절하니 나는 그를 이천으로 다시 돌아와 있도록 하려고 한 지가 이미 오래였으나, 감히 내 마음대로 결정할 수가 없어서 경들의 말을 듣고자 하노라"

하였다.

하지만, 우여곡절 끝에 신료들의 집요한 반대에도 불구하고 임금은 양녕 형님의 이천으로의 이주를 단행케 하여, 2월 18일 마침내 이천 집으로 돌아오게 되었고, 양녕이 다시 이천 집으로 돌아온 그 날, 왕세자(王世子)가 비로소 『논어』(論語)를 읽었다.[43] 세종대왕의 뒤를 이어 뒷 날 문종(文宗)으로 즉위한 왕세자 향(珦)의 나이 이제 10세인데, 벌써 『논어』까지 읽은 것을 보면, 매우 총명하였던 것 같다. 세자가 자신을 닮아서 총명하다고 생각하면서 세종이 무던히 기뻐했을 것으로 짐작된다. 그러나 기쁜 마음도 잠시, 며칠 후에는 주변의 사랑을 듬뿍 받으면서 자란, 향(珦)의 누나인 왕녀(王女;貞昭公主)가 불과 열 세 살의 나이로 갑자기 세상을 떠난 것이다.[44]

"왕녀(王女)가 궁중에서 졸(卒)했으니, 나이 13세였다. 3일 동안 조회와 저자를 정지하고 육선(肉饍)도 철수하였다. 예장(禮葬)·조묘(造墓) 두 도감(都監)을 설치하여 부정윤(副正尹) 이석(李碩)으로 하여금 상례를 주장하게 하였다. 문무백관·종친(宗親)·전함 재추(前銜 宰樞)들이 모두 전정(殿庭)에 나아가 위문을 올렸다." 이 때, 예조에서 계하기를, "앞서 왕자·왕녀의 초상에 염빈(斂殯)·국장(國葬)·조묘(造墓) 세 도감을 두었는데, 국장으로 하기는 혐의쩍은 일이니 지금부터는 염빈도감을 혁파하고, 여러 일은 예장도감(禮葬都監)으로 하여금 겸하여 맡게 하소서"

---

43 『세종실록』 권23, 세종 6년 2월 甲子(18일).

44 당시 기록에, "서울과 지방에 疫疾이 성행하였다"(『세종실록』 권23, 세종 6년 3월 丁丑)라고 한 것을 보면 왕녀의 死亡 原因은 傳染病이었던 것 같다.

하니, 그대로 따랐다.[45]

애지중지 하던 어린 딸을 잃은 임금의 슬픔은 이루 말할 수 없어, 어떻게 하면 영혼에 위안이 될까 하는 마음뿐이었다. 이에 왕녀의 습(襲)과 대·소렴(大小斂)과 전(奠)의 품수(品數)를 지난번의 정선공주(貞善公主)의 예(例)에 의하도록 명하였다. 그리고 따로 전지(傳旨)하기를, "왕녀의 수륙재(水陸齋)를 2품 이상의 예에 의하여 시행하라"[46] 하고, 빈소(殯所)는 광연루(廣延樓)의 서문으로 나가서 총제(摠制) 이맹균(李孟畇)의 집에 차리게 하니, 이것은 왕녀가 일찍이 맹균의 집에서 자랐기 때문에 그 집에다 빈하라고 명(命)한 것이며, 종친(宗親)·부마(駙馬)가 다 모였다.[47]

3월 3일에는 내관(內官) 최득룡(崔得龍)에게 명하여 왕녀에게 사제(賜祭)하였는데, 딸을 보내는 아빠의 애절한 마음이 너무도 간절하므로 제문(祭文) 전문을 옮겨본다.

> "왕은 말하노라. 수요(壽夭) 이미 정해져 있는 것은 비록 옮길 수 없는 것이나, 부자간의 지극한 정리(情理)는 스스로 끊을 수 없구나. 아! 슬프다. 너의 일생은 연약한 여식(女息)으로 자라났다. 자태(姿態)가 단정하고 맑으며, 품성은 곧고 아름다웠다. 손을 이끌고 다닐 때부터 효제(孝悌) 함이 너의 행실이었다. 나이는 어렸지마는 성인(成人)과 같았다. 자애의 정이 쏠리어 어루만져 사랑하기를 더욱 두터이 하였다. 네가 결혼하여 함께 편히 영화를 누리려 하였더니, 어찌 어린 나이로 하찮은 병에 걸려 좀 더 살지 못하고 드디어 대고(大故)를 당할 줄 뜻하였으랴. 조섭(調攝)을 잘못하였던가, 기도함이 궐(闕)하였던가, 어찌 이 지경에 이르렀는가. 성음(聲音)과 용모는 완연하건만 정상(精爽)한 넋은 어디로 갔는가. 가슴을 치면서 슬퍼하며 눈물을 참으려 하니 가슴을 적신다. 빈실(賓室)에 치제(致祭)하여 슬픈 회포를 펴고자 하니, 넋이 알음이 있거든 내 이 말을 알리라."[48]

---

45 『세종실록』 권23, 세종 6년 2월 辛未(25일).

46 『세종실록』 권23, 세종 6년 2월 壬申(26일).

47 위와 같음.

48 『세종실록』 권23, 세종 6년 3월 己卯(3일).

그리고 이튿날에는 어린 세자가 중사(中使)를 보내어 먼저 간 누나에게 치제(致祭)하였는데, 그 제문에 말하기를,

"아아! 영(靈)은 자태가 아름다웠고, 품성 또한 유순하고 아름다웠다. 양궁(兩宮)께서 사랑하셔 집을 이루기를 원하였더니, 슬프다 조물(造物)이여, 어찌하여 너에게 긴 나이를 주지 아니하였는가. 한 탯줄의 정이 간절하여 가슴만 만지며 눈물 흘리노라. 영원토록 길이 떠났으니 이 술 한 잔을 권하노라. 영(靈)이여 흠향하라. 오직 나의 슬픔을 고하노라" 하였다.[49]

불과 20여일 전에 정선공주의 묘지명을 지은 예문관(藝文館) 제학(提學) 윤회(尹淮)가 또한 왕녀(王女)의 묘지명(墓誌銘)도 찬(撰)하였는데, 그 묘지명에 말하기를,

"영락(永樂) 22년 갑진 2월 경자(庚子)에, 우리 주상 전하의 맏딸이 병으로 졸(卒)하였으니 연령이 겨우 13세이다. 특히 공주(公主)의 칭호를 주시고, 올해 4월 신유(辛酉)에 고양현(高陽縣) 북쪽 산리동(酸梨洞) 언덕에다 장사한다. 공주는 나면서부터 현숙하고 완순(婉順)하며, 자태와 용모가 단정하고 개결(介潔)하였다. 총명하고 슬기롭기가 범인(凡人)과 달랐으며, 자라서는 장중(莊重)하고 말이 적었으며, 즐거워하고 성냄이 얼굴빛에 나타나지 아니하였다. 양궁(兩宮)께서 자애하기를 더욱 두터이 하였으며, 궁액(宮掖) 가운데에서 모두 공경하고 우러러보아, 엄숙하면서 화목한 행실이 있어 길이 귀척(貴戚)들의 의범이 될 것을 기대하였더니, 불행하게도 나이가 계(笄)할 때도 미치지 못하고 급거히 양궁의 슬픔을 끼치었으니, 진실로 천도(天道)란 앎이 없는 것이라 하겠다. 아아! 슬픈 일이로다. 명(銘)에 말하기를,

애처롭다 현철한 아가씨여 일찍부터 태교를 받으셨네	嗟嗟淑媛 夙承胎教
덕도 있고 용모도 뛰어났고 능히 삼가며 효도했는데	有德有容 克愼克孝
천도가 창망하여 어느덧 유명(幽明)을 달리했도다	天道蒼茫 奄爾不淑
국인(國人)들의 슬픔을 어찌 다함이 있으리오	國人之哀 曷其有極

49 『세종실록』 권23, 세종 6년 3월 庚辰(4일).

길(吉)한 땅으로 점(占)을 치고 좋은 날로 정했으니　　卜地之吉 揆日之良
이미 굳고 또 정밀하여 만세토록 갈무려 계실 곳이라.　　旣固且密 萬世之藏

하였으니, 예문 제학 윤회(尹淮)가 찬(撰)한 것이다.[50]

3월 26일에는 효령대군(孝寧大君) 이보(李補)가, 정치권력에 대해 함부로 발설한 유학(幼學) 곽장(郭璋)을 의금부(義禁府)에 가두고 삼성(三省)[51]이 합동하여 국문케 한 일이 있었다. 이 일은 처음에 곽장(郭璋)이 효령대군(孝寧大君)의 저택에,

"대저 병권(兵權)은 한 사람에 너무 오래 잡게 해서는 안될 일이다. 오래 잡고 있으면 반드시 국가에 이롭지 못한 것이다. 만약 전(前)찬성 맹사성(孟思誠)이나 이조판서 허조(許稠)·전 대사헌 원숙(元肅)·대사성 황현(黃鉉)·소윤(少尹) 정회(鄭繪)·직학(直學) 김문(金汶) 같은 자가 병권을 잡았다면, 비록 오래되어도 무엇을 의심하겠는가"

라고 투서(投書)한 것이 문제의 발단이었다. 곽장이 지난 임인(壬寅, 세종 2)년 겨울에 유후사(留後司)로 향발하여 가던 도중에 한 사람을 만났는데, 자칭 총제(摠制) 조뢰(趙賚)의 반인(伴人)이라고 하였다. 둘이 함께 통제원(通濟院)에서 유숙하면서 이야기하다가 장(璋)이 말하기를, "총제의 딸 조씨(趙氏)는 태상전(太上殿)에 들어간 지 얼마되지 않아 태상이 승하(昇遐)하셨으니, 평생에 단연코 개가(改嫁)할 이치는 없을 것"이라 하니, 반인이 말하기를, "개가할 수가 있다" 하므로, 장이 묻기를, "어째서 그런가" 하니, 대답하기를 "대(代)가 바뀌게 되면 개가해도 된다"고 하였다. 장이 다시 말하기를 "그것은 무슨 말이냐" 하니, 대답하기를 "판서(判書) 조말생(趙末生)이 오랫동안 병권을 잡게 되어 위령(威靈)이 중외(中外)를 움직이고 있으니 그 세력이 반드시 대(代)를 바뀌게 할 것이다. 그렇다면 개가할 수 있는 것 아닌가" 하였다. 곽장이 그 말을 듣고 유후사에 가서 머물렀다가 돌아와

50 『세종실록』 권23, 세종 6년 3월 己亥(23일).

51 의정부·사헌부·의금부를 가리킴.

서 효령대군댁에 가서 그 말을 고(告)하려 하였는데, 종[奴] 한 사람이 이르기를, "대군(大君)께서 오늘 광효전(廣孝殿)에 당번으로 들어가셨다"고 하므로, 여러 날을 덮어두고서 즉시 상달(上達)치 못한 것이었더니, 대군께서 이 투서를 보시고 곧바로 곽장을 결박하여 예궐(詣闕)해서 계주(啓奏)하고 의금부(義禁府)에 하옥(下獄)시키게 한 것이었다.[52]

익일 27일에는 타계한 왕녀를 '정혜공주'(貞惠公主)로 추증(追贈)하기로 하였다.[53] 이보다 앞서 23일에 예조에서 계하기를, "아이로 성인(成人) 전에 죽은 왕녀에 대한 추증은 옛날 법제를 참고하여 보건대, 송나라 공복제(恭福帝)의 딸이 다섯 살에 훙서(薨逝)하여 수국공주(隋國公主)라고 봉하였으니, 이제 왕녀의 추증도 이 제도에 의하여 시행하소서" 하니, 그에 따른 것이었다. 그러나 며칠 후 왕녀의 시호(諡號) '정혜'(貞惠)를 고쳐 '정소'(貞昭)라고 하였으니, 이는 운성군(雲城君) 박종우(朴從愚)에게 시집 간 의빈(懿嬪;權氏)의 딸, 정혜옹주(貞惠翁主)와 시호가 같은 때문이었다.[54] 공주의 장사(葬事)는 4월 보름날, 고양현에서 지냈는데, 세 공신(功臣)과 의정부 육조 당상(堂上)이 성문 밖까지 장송(葬送)하고 각기 노제(路祭)를 베풀었다.[55]

한편, 3월 초하룻날에는 춘추관(春秋館)에서 덕흥사(德興寺)에 모여 비로소 공정대왕(恭靖大王;定宗)과 공정대왕(恭定大王;太宗) 두 임금의 『실록』(實錄)을 편수(編修)하였다는 보고가 있었다.[56] 지난해 섣달 24일에 변계량·윤회 등이 실록 편찬에 대해 건의한 이후 편찬에 관한 전반적인 계획이 수립된 중간 보고였다. 그리고 4월 9일에는 내일이 임금의 탄신일이므로 의정부에서 탄일(誕日)을 축수하는 재(齋)를 흥천사(興天寺)에서 베풀었는데, 막상 탄일 당일에는 하례(賀禮)를 정지하고, 정부가 백관을 거느리고 옷의 겉감과 안찝, 안장 갖춘 말을 드리고, 각 도의 하전(賀箋)과 방물(方物)만을 진상케 하였다.[57]

---

52 『세종실록』 권23, 세종 6년 3월 壬寅(26일).

53 『세종실록』 권23, 세종 6년 3월 癸卯(27일).

54 『세종실록』 권24, 세종 6년 4월 己酉(4일).

55 『세종실록』 권24, 세종 6년 4월 庚申(15일).

56 『세종실록』 권23, 세종 6년 3월 丁丑(1일).

57 『세종실록』 권24, 세종 6년 4월 乙卯(10일).

4월 20일에는 공녕군(恭寧君) 인(裀)을 대자암(大慈庵)에 보내어 법화 법광(法華 法廣)을 설행(設行)케 하였다.[58] 며칠 지나면 부왕 태종대왕의 대상(大祥)이 돌아오기 때문이었는데, 태종(太宗)이 승하하시고 작년 9월에 공녕군의 생모(生母)인 신녕궁주(信寧宮主) 신씨(辛氏)가 태종의 명복(冥福)을 빌고자 해서, 임금이 유계문·권맹손·최흥효·안지·고득종에게 명하여 금자(金字)로 『법화경』(法華經)을 써서 완성시킨 바 있는데,[59] 이때에 이르러 피람(披覽)하게 된 것이었다.

한편, 부왕의 대상제가 닥아오매, 임금은 지이천현사(知利川縣事)에게 전지(傳旨)하여, "오는 5월 10일은 태종의 대상이니, 헌릉(獻陵)에 제사 지낼 때에 양녕대군을 불러 참사(參祀)하게 하라"고 하였다.[60] 그리고 대상제 이틀 전부터는 조회와 저자를 정지하게 하고, 하루 전날 진관사(津寬寺)에서 대상재(大祥齋)를 베풀었다.

5월 10일, 부왕(父王) 태종대왕의 대상(大祥)날이다. 임금이 광효전에 나아가 악차(幄次)에 들어, 여러 신하를 거느리고 상복을 입은 후 들어와 곡(哭)하고 다시 악차로 돌아왔다. 효령대군(孝寧大君)·공녕군(恭寧君)·의평군(義平君) 등에게 명하여 섭행(攝行)한 뒤 다시 군신(群臣)을 거느리고 담복(禫服) 차림으로 들어와 매우 섧게 곡한 다음 사신(辭神)하고 돌아왔다. 이 제사에는 의정부·육조·사헌부가 모두 참신(參神)하지는 못하므로, 사헌부는 인혐(引嫌)하여 출사(出仕)하지 않았다. 본조(本朝)의 법에 3품 이하는 제사 반차(班次)에 먼저 들어가고, 2품 이상은 봉례(奉禮)가 인접(引接)하기를 기다려서 반차에 나아가는 것인데, 3품이 겨우 반차에 들어 왔을 때, 봉례 노영(盧泳)이 급하게 악차에 나아가서 외판(外辦)을 아뢰니, 임금이 들어와 참신하였다. 여러 재추(宰樞)는 방금 문밖에 있으면서 봉례가 나와서 인접하기를 기다리다가 곡하는 소리를 듣고 깜짝 놀랐다.[61]

6월 30일에는 임금이 담복(禫服) 차림으로 백관을 거느리고 정전(正殿) 남쪽 악차(幄次)에 나아가 행례를 마치고, 원경왕후에게 존호를 더 올린 옥책(玉冊)을 전하였다. 좌

58 『세종실록』 권24, 세종 6년 4월 乙丑(20일).

59 앞 191쪽의 주31)을 참조.

60 『세종실록』 권24, 세종 6년 4월 甲戌(29일).

61 『세종실록』 권24, 세종 6년 5월 甲申(10일).

의정 이원(李原)은 옥책을 받들고, 평양부원군 조대림(趙大臨;太宗의 둘째 駙馬, 慶貞公主)은 향(香)과 축(祝)을 받들어 광효전에 나아갔다. 각사(各司)에서 1명씩 시위하였는데, 삭제(朔祭)와 겸해서 옥책을 드리려는 것이었다.

대상제를 지내고 이틀 후에는 헌릉(獻陵)에 비석(碑石)을 세웠다. 강화도에서 빗돌을 실어와 작년 10월부터 착수, 이제 완성하여 세운 것이다. 좌대언(左代言) 김맹성(金孟誠)을 헌릉 비세우는 현장에 보내어 내온(內醞) 30병을 인부들에게 하사하였다. 7월에는 예문관 대제학 변계량(卞季良)·예조참의 성개(成槪)에게 각각 안장 갖춘 말을 하사하고, 영돈녕(領敦寧)으로 치사(致仕)한 권홍(權弘)[62]에게는 말을 하사하였으니, 계량(季良)은 헌릉(獻陵)의 비문(碑文)을 짓고, 개(槪)는 쓰고, 홍(弘)은 전액(篆額)을 썼던 까닭이다.[63] 그리고 9월 하순에는 비석 세우는 일 전체를 감독 조성한 공로로 총제(摠制) 이천(李蕆)에게는 안장 갖춘 말을 하사하였다.[64]

부왕(父王) 태종대왕의 대상제까지 모두 마치자 이제는 원경왕후(元敬王后)와 함께 두 분을 종묘(宗廟)에 부묘(祔廟)[65] 해야 할 일이었다. 이 때 예문관(藝文館)에서 태종공정대왕과 원경왕후를 부묘할 때 부르는 악장(樂章)을 지어 바쳤는데, 그 가사(歌詞)에,

"아아 황고(皇考)는 덕(德)이 하늘과 짝하시고	嗚呼皇考 德配于天
깊은 어지심과 뛰어난 공렬(功烈)은 옛사람보다 뛰어나셨도다	深仁盛烈 超邁古先
비궁(閟宮)이 엄숙하고 화한데 이에 변두(籩豆)를 올리다	閟宮肅穆 肇執豆籩
아~ 천만세(千萬世)토록 큰 복이 연면(延綿)하리이다	于千萬世 景祚延綿

라고 하였으니, 이름하여 '인명지곡'(仁明之曲)이라 하였다.[66]

---

62 태종의 후궁 懿嬪 權氏의 아버지.

63 『세종실록』 권25, 세종 6년 7월 戊戌(25일).

64 『세종실록』 권25, 세종 6년 9월 丁酉(25일).

65 왕실에서 三年喪이 지난 뒤에 그 神主를 宗廟에 모시는 일.

66 『세종실록』 권24, 세종 6년 5월 乙未(21일).

6월 10일에는 삼한 국대부인(三韓 國大夫人) 송씨(宋氏)가 졸(卒)하니, 효령대군(孝寧大君)과 금상(今上)의 외할머니요, 원경왕후(元敬王后)의 친정어머니이다. 임금이 백관을 거느려 거애(擧哀)하고 조회를 3일 동안 정지하였으며, 쌀·콩 각 1백 석, 종이 2백 권을 부의(賻儀)하였다.[67] 예조에서 계하기를, "죽은 삼한 국대부인 송씨의 염(斂)·빈(殯)·예장(禮葬)하는 모든 일은 정선공주(貞善公主)의 예(例)에 따라 시행하기를 청합니다" 하니, 그대로 따랐다. 16일에는 임금이 외조모께 전(奠)을 올려 치제하였는데 그 제문(祭文)에,

> "사생(死生) 기한(期限)은 진실로 명수(命數)에 매였으나, 은의(恩義)의 독실함은 곧 유명(幽明)에 간격(間隔)이 없도다. 성품은 바르고 아름다왔으며, 마음은 자혜(慈惠)에 돈독하였도다. 인현(仁賢)의 배필[伉儷]로서 근검을 궁행(躬行)하니 규문(閨門)이 엄숙하고 종족(宗族)이 화목하였도다. (우리)모후(母后)를 낳으시어 황고(皇考)에게 짝하였도다. 한 나라의 의범(儀範)으로서 영양(榮養)을 누리시며 적선(積善)하심이 두터워 후손이 창성하리로다. 내가 해제(孩提;어린 아이)였을 때 일찍이 어루만져 주심을 입었으며, 호시(怙恃)[68]를 잃고부터는 부인을 길이 의지하여 항상 기꺼이 받들어 기이(期頤)[69]에 이르려고 하였는데, 어찌하여 묵은 병환으로 불숙(不淑)하게 되었는가. 덕(德)을 갚으려고 하여도 이제는 할 수 없도다. 이 마음의 애통함이야 어찌 다 할 수 있으랴. 애오라지 애사(哀辭)를 서술하여 빈소(殯所) 옆에 치제(致祭)하오니 혼령(魂靈)이시여, 앎이 있으면 흠향하소서"[70]

하였다.

7월 스무날께는 예조에서, "여흥부원군(驪興府院君)을 예장할 때에는 단지 석양(石羊)과 석호(石虎)가 있을 뿐, 묘표(墓表)와 지석(誌石)은 없었는데, 이제 삼한 국대부인 송씨(宋氏)의 예장(禮葬)에는 정선공주의 묘표와 지석이 있는 예에 따라 부원군의 묘표와 지

67 『세종실록』 권24, 세종 6년 6월 癸丑(10일).

68 아버지와 어머니, 곧 父母.

69 百歲의 나이 또는 그 나이의 사람을 일컬음.

70 『세종실록』 권24, 세종 6년 6월 己未(16일).

석을 부인의 묘표와 지석에 아울러 기록하게 하소서" 하고 계(啓)하니, 그대로 따랐다.[71]

한편, 이 때에 이조(吏曹)에서 봉상시(奉常寺)의 첩정(牒呈)에 의하여 계하기를, "원경왕후에게 '창덕 소열'(彰德 昭烈)이라는 존호(尊號)를 더 올리소서" 하니 아뢴대로 시행하게 하였는데,[72] 그 옥책문(玉冊文)에 말하기를,

> "지극한 은혜를 갚지 못하여 한갓 슬프고 그리움만 간절합니다. 휘호(徽號)를 높이어 아름다움 칭송하려고 정성을 씀이오니 이 떳떳한 전례(典禮)에 따라 진실로 어진 법도대로 엄하게 하나이다. 공손히 생각하옵건대, 천품이 정숙하시고 아름다우시며 조행(操行)은 공손하고 순하신지라, 마음은 곤후(坤厚)함에 오로지 하시어 집안을 화합하게 하는 데에 아름다운 덕을 드러내셨고, 도리는 하늘[乾]의 덕[元]에 짝할 만하여 정사(定社)[73]할 때에 큰 공을 보이셨나이다. 관저(關雎)[74]의 덕화를 밝히시고, 인지(麟趾)[75]의 상서를 이룩하셨나이다. 엎드려 생각하옵건대 다행하게도 덮어 주신 덕에 힘입어 외람되이 빛나는 왕통을 계승하였나이다. 이에 특별한 칭호를 삼가 올려 길이 사모하는 정성을 펴볼까 하와 삼가 옥책을 받들어 존호를 더 올려 창덕 소열 원경 왕태후(彰德昭烈元敬王太后)라 하였사오니, 우러러 바라옵기는 정숙하신 신령께옵서 밝게 굽어 받으시와 큰 상서로움을 만대에 주시옵고 좋은 규모를 억만년에 끼쳐 주옵소서"[76]

라고 하였다. 그리고 곧 부왕의 담제(禫祭)도 거행될 것이므로 이천현사(利川縣事)에게 전지(傳旨)하여, 양녕대군을 전례에 따라 포마(鋪馬) 4필로 헌릉에 와서 담제(禫祭)에 참

---

71 『세종실록』 권25, 세종 6년 7월 甲午(21일), 驪興府院君은 大君의 外祖父 閔霽.

72 『세종실록』 권24, 세종 6년 6월 甲寅(11일).

73 '戊寅靖社'를 말함, 무인년에 宗社를 안정시켰다는 뜻, 태조 7(1398)년 8월의 소위 '제1차 왕자의 난'.

74 『詩經』의 篇 제목, 淑女의 德化를 찬미한 것임.

75 『詩經』의 篇 제목, 子孫의 번성함을 찬미한 것임.

76 『세종실록』 권25, 세종 6년 7월 甲戌(1일).

사(參祀)하도록 하였다.[77]

7월 2일에는 광효전(廣孝殿)에서 부왕이신 태종 공정대왕의 담제(禫祭)[78]를 지냈다. 임금이 백관을 거느리고 광효전에 나아가 담복(禫服)으로 갈아입고 제사하였는데, 제문에 말하기를,

> "아버님께서는 갸륵하신 덕이 하늘과 짝이 되시어 성조(聖祖)[79]를 도우시어 가없는 경사를 끼치셨나이다. 생각하옵건대 조그만 몸으로 외람되이 큰 계통을 계승하와 지극한 은혜를 보답하기 전에 활과 칼을 어느덧 버리시온 후, 세월이 흐르듯이 이미 두 돌이 넘사와 담제의 때가 또 이르렀사오니, 슬프고 사모함이 더욱 깊사와 박한 제물을 올리어 저의 효성을 펼까 하오니, 바라옵건대 돌보시와 흠향하옵소서"[80]

하였다.

종묘(宗廟)에 부묘(祔廟)하고 추향대제(秋享大祭)로 이어지는 제례 의식은 7월 11일부터 시작되었다. 임금이 강사포(絳紗袍)를 입고 원유관(遠遊冠)을 쓰고 군신들을 거느리고 광효전에 나아가 종묘를 바라보고 사배(四拜)하고 난 후에 돌아와서 수강궁 악차(幄次)에 머무르니 군신들이 각기 의막(依幕)에 나아가서 시위하였다.[81]

이튿날 12일에는 고유제(告由祭)를 광효전에서 거행한 후 신로(神輅)[82]가 떠나가니, 임금이 곤룡포와 면류관 차림으로 연(輦)을 타고 군신들을 거느리고 앞에서 인도하여 종묘에 이르러 부묘(祔廟)하고 인하여 추향대제(秋享大祭)를 행하였다. 효령대군(孝寧大

---

77 『세종실록』 권24, 세종 6년 6월 癸酉(30일).

78 大祥祭를 치른 다음다음 달 下旬, 丁日이나 亥日로 날을 정하여 지내는 祭祀. 대개 初喪으로부터 27개월만에 지냄. 禫祀라고도 함.

79 여기서는 太祖대왕을 이름.

80 『세종실록』 권25, 세종 6년 7월 乙亥(2일).

81 『세종실록』 권25, 세종 6년 7월 甲申(11일).

82 神主를 모시는 수레.

君) 이보(李補)를 시켜서 위판(位版)을 광효전에 봉안하고 추향(秋享)을 거행하기를 의식과 같이 하였는데, 그 종묘 일실(一室)의 축문(祝文)에 말하기를,

"때는 이제 7월이라 간소한 의식을 올리나이다. 상제(喪制)가 3년을 마쳤으므로 부묘(祔廟)하는 예법을 거행하오니, 흠향하시고 돌보심을 내리사 효도하는 생각을 통촉하소서"

하였고, 이실(二室)의 축문에는 말하기를,

"예전 법전에 좇아 부묘하는 의식을 거행하옵는데, 가을을 당하여 제사 의식을 거행하오니, 영명하신 돌보심을 내리시어 효도의 생각을 흠향하옵소서"

하였고, 삼실(三室)의 축문에서는 말하기를,

"은덕이 깊으시와 후손에게 내리시어 실로 큰 기업(基業)을 열으셨나이다. 때마침 깨끗한 제사를 올릴 때라 부묘하는 예법을 거행하니, 통촉하시고 흠향하시어 보호하심 넉넉하게 내리옵소서"

하였으며, 사실(四室)의 축문에는 말하기를,

"절후가 가을제사를 당하였으므로 법식대로 제사를 올리오며, 새로 부묘하는 예절을 겸하여 의식을 거행하오니, 효도하는 생각을 통촉하시고 흠향하시와 돌보소서"

하였고, 오실(五室)의 축문에는 말하기를,

"첫 가을이 이제 되었삽기에 깨끗한 제사를 올리오며, 옛 법을 상고하여 새로 부묘함을 엄숙히 거행하오니, 우러러 바라옵기는 영령(英靈)이 굽어 살펴 돌보시와 흠향하심을 내려주시옵소서"

하고, 육실(六室)의 축문에는 말하기를,

"부묘하는 시기가 되었삽고 마침 제사지내는 때를 당하였기에, 옛 법칙에 따라 깨끗한 제사를 지내오니 흠향하시고 돌보시와 저의 효도의 생각을 편하게 하여 주시옵소서"

하였다. 이어 문충공(文忠公) 하륜(河崙)·충무공(忠武公) 이영무(李英茂)·익경공(翼景公) 정탁(鄭擢)·양도공(襄度公) 이천우(李天祐)·경절공(景節公) 이래(李來) 등 다섯 공신(功臣)을 배향(配享)하는 교서(教書)에서는,

"우리 황고(皇考)께서 옛적 고려 말년에 우리 태조를 도와 집을 변하여 나라를 만드셨고[化家爲國], 즉위하신 뒤에는 다스리는 방법이 다 이루어져 모든 일이 밝아졌으니, 치공(治功)이 옛 시대보다 뛰어나셨고, 예악(禮樂)과 문물(文物)이 찬연(粲然)하게 밝았도다. 품어 주시고 생각해 주시는 마음이 만세에까지 끼쳐 주셨으니, 비록 하늘이 거룩하신 덕을 복주신 바이지만, 또한 경(卿)들의 보필과 힘쓴 공으로 된 것이라. 나는 성취된 왕업을 그대로 받았을 뿐이니 경들의 큰 업적을 아름답게 여기노라. 슬프다. 우리 황고(皇考)께서 문득 승하하시어 울부짖은 지 얼마 아니되어, 벌써 추위와 더위가 지나가서 대상(大祥)과 담제(禫祭)도 이미 끝났으니, 3년의 기간도 구극(駒隙)과 같은 것이어서, 슬프고 사모하는 마음은 하늘이 끝날 때까지라도 한이 없을 것이라. 이에 길(吉)한 날을 가리어 종묘에 부묘(祔廟)하고, 인해서 경들을 배향하는 자리에 올려서 으뜸가는 훈공을 보답하니, 유명(幽明)은 비록 다르나 감동되어 통하는 것은 가까우니, 진실로 만대에까지 흠향함에 참여하지 못한다면 어찌 능히 구천에까지 공을 갚는다 하리오. 아아! 계획이 있었고, 설시(設施)함이 있어서 큰 공을 한 세상에 세웠으니, 올려 주고 흠향하게 하여 마땅히 천추에 혈식(血食)하게 하리라"

고 하였다.

임금이 재전(齋殿)으로 돌아와 곤룡포와 면류관을 벗고 강사포와 원유관 차림으로 연을 타고 환궁한 후, 채붕(彩棚)을 맺고 여러 가지 놀이를 베풀고 성균관 학생과 교방(教

坊)에서는 모두 가곡과 노래를 올렸다.

그리고 나흘 후, 7월 16일에는 다시 그동안에 대상제(大祥祭)·담제(禫祭)뿐 아니라 또 중간에 왕매(王妹;貞善公主, 1월)와 왕녀(王女;貞昭公主, 2월)를 잇달아 잃는 궂은 일까지 겪었던지라, 하지만 이제는 다 마쳤으매, 그간의 분위기도 전환할 겸하여 오랜만에 임금이 광연루에서 군신들에게 크게 연회를 베풀었다.

"임금이 광연루(廣延樓)에서 군신(群臣)들과 연회할새, 왕세자·종친·부마와 의정부 및 육조 참판 이상의 공신 및 대제학 변계량·판부사 한장수(韓長壽)와 육대언(六代言)이 시연(侍宴)하였다. 그 나머지 시산(時散)과 재추(宰樞) 및 시신(侍臣)들에게는 인정전의 남쪽 행랑에서 잔치를 내렸다. 그리고 각사(各司)에게는 모두 조방(朝房)에서 잔치를 내리었다. 유사(有司)가 상[卓]을 올리고, 영의정 유정현이 작(爵)을 올리니, 군신들이 모두 북향하여 꿇어 앉았다. 군신에게 명하여 각기 자리에 나아가 취하고 기쁘게 놀기를 종일토록 하게 한 뒤 이내 파하니, 군신들이 인정전(仁政殿) 문밖에 나아가 사은(謝恩)하였다."[83]

그리고 열흘 후에는 임금이 편전에서 다시 여천부원군(驪川府院君) 민여익(閔汝翼)과 한평부원군(漢平府院君) 조연(趙涓)을 위로하는 연회를 베풀어 날이 저물어서야 파했는데, 민여익은 여막(廬幕)에서 대비(大妃)의 능(陵)을 3년 동안 모셨고, 조연은 태종(太宗)의 능을 3년동안 여막에서 모셨으므로 연회를 베풀어 위로한 것인데, 효령대군(孝寧大君) 이보(李補)·공녕군 이인(李䄄)·경녕군 이비(李裶)·의평군 이원생(李元生)·순평군 이군생(李群生)·청평부원군 이백강(李伯剛)·평양부원군 조대림(趙大臨)·판부사 한장수(韓長壽)·태경(太卿) 권영균(權永均)·병조판서 조말생(趙末生)·예조참판 이명덕(李明德)과 다섯 대언(代言)이 연회에서 모셨다.[84]

---

83 『세종실록』 권25, 세종 6년 7월 己丑(16일).

84 『세종실록』 권25, 세종 6년 7월 庚子(27일).

[illegible]

[illegible] 名명言언 [illegible] 업스시니

覺路ᄂᆞᆫ 則解脫이 返流ㅣ라 位當逆流ᄒᆞ며 이시 因이

窮ᄒᆞ야 趣果ㅣ라 義說逆發ㅣ니라 시 蹤晦ᄂᆞᆫ 則聖行이

已立ᄒᆞ샤 不藉名言이니 시 止觀애 云ᄒᆞ샤 自證[illegible]

은 不可說이시니라 라ᄒᆞ 蹤은 行이오 晦ᄂᆞᆫ 泯也ㅣ라 然이

然四句ᄂᆞᆫ 說有多途ᄒᆞ니 學者ㅣ 審而詳之ㅣ니 [illegible]

[illegible]

7

聘丈 鄭易의 別世와 '喜雨亭'시대

효령대군 29세, 8월 ~ 30세, 12월

8월 11일에는 동지춘추관사(同知春秋館事) 윤회(尹淮)가 교정하여 편찬한 『고려사』(高麗史)가 마침내 상재(上梓)되었는데, 그 서문(序文)에 말하기를,

"역사의 법은 예부터 있었다. 당(唐)나라와 우(虞)나라 적부터 이미 그러하였으니, 여러 서책을 살펴보면 가히 알 수 있을 것이다. 열국(列國)의 사관(史官)이 각기 그 때의 일을 기록하여 뒤에 편찬 기술하는 자가 상고(詳考)할 수 있게 되었다. 저 한고조(漢高祖) 같은 이는 관중(關中)에 들어가면서 소하(蕭何)를 시켜서 진(秦)나라의 문적(文籍)을 거두게 하였고, 당(唐)나라 태종은 위에 오르자 위징(魏徵)에 명하여 『수서』(隋書)를 편찬하게 하였으니, 전 세상의 쇠하고 흥한 연고를 거울삼아 뒷 임금의 착하고 약한 것을 본받고 반성하게 함이니, 이른바 나라는 가히 멸망시켜도 역사는 멸망시킬 수 없다는 것이 어찌 참말이 아닌가(下略)"[1]

---

1 『세종실록』 권25, 세종 6년 8월 癸丑(11일).

하였으니, 윤회(尹淮) 자신이 쓴 것이다.

9월 하순에는 임금이 동교(東郊)에서 대규모의 군대 사열(査閱)을 마친 후, 효령대군(孝寧大君) 이보(李補)를 위시한 종친과 자헌(資憲) 이상이 시연(侍宴)하는 잔치를 베풀었는데, 그 위용이 대단하였다. 문무 군신들이 갑주(甲冑)를 갖추고 시종하였는데, 임금이 금갑(金甲)을 입고 단(壇) 위에 나아가니 백관이 갑주를 갖춘 그대로 사배(四拜)하고 나서 좌우로 나누어 정렬하니, 오소(五所)의 장졸(將卒)들이 각기 그 열에서 역시 각 유사와 함께 일시에 사배하였다. 삼군(三軍)의 장수가 각기 그 소속을 거느려 앉고 일어나고 나아가고 물러감이 한결같이 의식과 같이 하니, 임금이 매우 가상히 여기었다. 군사의 수효는 모두 5천 15명이었는데, 사열을 마치고 낮참에 도비연(都飛淵) 동쪽에 머무르니, 의정부에서 헌수하고 종친과 자헌 이상이 시연하였다. 가정(嘉靖) 이하에게는 장전(帳殿)의 남쪽에서 따로 잔치를 베풀어 주었다.[2]

10월 3일에는 철원(鐵原) 고석정(高石亭) 벌에서 대군(大君)들과 제군(諸君)들이 입시한 가운데 특히 효령대군(孝寧大君) 이보(李補)를 위로하는 잔치를 베풀었다. 그 날은 고석정 벌판에서 사냥을 마치고 낮참에는 그 자리에서 주안상(酒案床)을 차리고 풍악(風樂)도 잡히면서 머무르게 되었는데, 궁중에 있던 대군과 제군(諸君)들이 모두 와서 입시하였다. 지신사(知申事) 곽존중(郭存中)·좌대언(左代言) 조종생(趙從生)·예조참판 이명덕(李明德)을 불러 이르기를, "삼년상(三年喪)이 지난 뒤 이번이 초행(初行)이라, 내일 경(卿)들을 위로하기 위해 오늘 우리 형님을 먼저 위로 하고자 하니, 경들은 각기 술이나 따라드리라" 하고, 또 특히 병조판서 조말생(趙末生)을 불러 이르기를, "경은 지응사(支應使)로서 검찰의 임무까지 겸하여 대사헌(大司憲)과 같으니 가까이 할 수는 없는 것이나, 어찌 친하고 두터운 정을 없애버릴 수야 있으랴. 경도 술을 따르라" 하였다. 저녁에는 영평(永平) 굴동(屈洞)에서 머물렀는데, 영평현감 민공(閔恭)이 조복을 갖추어 입고 마중나와 알현하였다.[3] 이천의 양녕(讓寧)대군 형님에게는 이튿날, 매[鷹] 1연(連)과 멧노루 네 마리

2 『세종실록』 권25, 세종 6년 9월 丙申(24일).

3 『세종실록』 권26, 세종 6년 10월 甲辰(3일).

를 보냈다.[4]

그런데 이튿날에는 정혜옹주(貞惠翁主)가 세상을 떠났다. 태종의 후궁(后宮) 의빈(懿嬪) 권씨(權氏)의 외동딸로 운성군(雲城君) 박종우(朴從愚)에게 하가(下嫁)하였는데, 아직 젊은 나이에 돌연 타계한 것이다. 효령대군에게는 이복 누이동생인 셈인데, 태종의 후궁 중 제일 먼저 후궁이 된 이가 의빈 권씨이다. 즉, 태종 2년, 성균 악정(成均 樂正) 권홍(權弘)의 딸 권씨가 현행(賢行)이 있다 하여 임금이 예(禮)를 갖추어 맞아 들이려고 할 때, 당시 중전인 정비(靜妃) 원경왕후가 특히 심하게 투기했던 그 후궁이었다.[5] 누이가 죽자 임금도 육선(肉膳)을 들지 않고, 조회(朝會)와 저자를 사흘 동안 정지시키고, 부의(賻儀)로 쌀·콩 1백 석과 종이 1백 권을 내리고, 관(官)에서 장례를 치러 주었다.[6] 그리고 14일에는 옹주의 빈소(殯所)에 사제(賜祭)하였는데, 그 제문에

> "왕은 말하노라. 오래 살고 일찍 죽는 것은 운명에 관계된 것이나 골육간의 애정은 죽거나 살거나 다르지 아니하다. 오직 너의 성품이 곧고 아름다우며 자질은 현숙하였다. 궁중에서 양육할 때부터 인자하고 효성스러운 이름이 나타났고, 결혼한 뒤에도 엄숙하고 화목한 것이 더욱 나타나 마침내 규문(閨門) 안에 화목을 가져오게 하여 척리(戚里)의 모범이 되었다. 그러므로 남매간의 온정을 두텁게 하여 작명(爵名)의 은총을 내린 것이다. 오래 살기를 기대하고 함께 영화를 누리려 하였는데, 어찌 젊은 나이로 이 세상을 떠날 줄 알았으리오. 성음(聲音)과 얼굴은 완연히 있는 듯한데 정령(精靈)은 어디로 갔는가. 죽음은 피할 수 없는 것이지만 너에게는 더욱 가석(可惜)한 일이다. 변변하지 못한 제물을 갖추어 하인을 보내어 소유(素帷)에 올리는 바이다. 아아! 한 몸에서 나누어 태어나, 친애하는 정이 평소부터 두터워 중심에서 서러움이 터져 나와 죽은 이에게 휼전(恤典)을 주노라."[7]

---

4 『세종실록』 권26, 세종 6년 10월 丙午(5일).

5 『태종실록』 권 3, 태종 2년 3월 庚寅(7일).

6 『세종실록』 권26, 세종 6년 10월 丁未(6일).

7 『세종실록』 권26, 세종 6년 10월 乙卯(14일).

하였다. 10월 27일에는 효령대군(孝寧大君)의 맏아들 이채(李寀)가 금년 14세로서 의성군(誼城君)에 봉(封)해졌고, 부왕(父王)의 후궁인 신녕궁주(信寧宮主) 신씨(辛氏;信嬪)[8] 소생의 셋째 아들 이농(李襛)은 근령군(謹寧君)에 봉해졌다.[9]

다사다난했던 시월도 다 가고 동짓달이 시작되매, 임금이 기분도 전환할겸 동기간 우애도 더욱 돈독히 할 모양으로 초하룻날은 내정(內庭)에서 격구(擊毬)를 치고 연회를 베풀었는데, 효령대군(孝寧大君) 이보(李補)·경녕군(敬寧君) 이비(李裶)·공녕군(恭寧君) 이인(李䄄)과 청평부원군(淸平府院君) 이백강(李伯剛)·평양부원군(平壤府院君) 조대림(趙大臨), 그리고 다른 종친·부마가 입시하였다. 이 자리에서 부왕의 맏사위인 이백강(李伯剛)에게 내구마(內廐馬) 한 필을 주었으니, 격구에서 이겼기 때문이었다.[10]

일헷 날도 효령대군(孝寧大君)·공녕군(恭寧君)·경녕군(敬寧君)·순평군(順平君)들이 입시한 가운데 내정에서 격구하고 조촐한 술상을 차렸고,[11] 닷새 후에 또 내정에서 격구를 치고 이어 술상을 차렸는데[12] 이번에도 효령·공녕·경녕·의평(義平)왕자들이 입시한 것을 보면, 세종(世宗)이 평소에 여러 형제 중 특히 가까이 하였던 왕자는 효령대군과 공녕군·경녕군이었던 것 같다.

일주일 후 19일에도 임금이 내정에서 효령대군·공녕군·경녕군·근령군·의평군과 격구하였는데, 이 날 공비(恭妃)는 영돈녕으로 치사(致仕)한 외조부 안천보(安天保)의 집에 거둥하였다. 종실(宗室)·척리(戚里)·재상(宰相)의 명부(命婦)들이 모두 명령을 받아 호종하고, 각사(各司)의 관원이 한 명씩 수행하였다. 장전(帳殿)을 천보의 집 북편, 심온(沈溫)의 집 앞에 설치하고 잔치를 배설하였는데, 중궁의 모친 안씨(安氏)가 나와 잔치에 참여하였고, 심씨네(中殿 昭憲王后의 親庭)·안씨네(中殿의 外家) 등 집안네 여인들이 모두 모여, 잔치에 참여한 자가 백여 명이었다. 음악을 연주하면서 지극히 즐기다가 날이 저물어

---

8 앞 5장 170쪽의 주104)와 192쪽의 34), 2권(11장) 36쪽의 주3)과 4)도 참조.

9 『세종실록』 권26, 세종 6년 10월 戊辰(27일).

10 『세종실록』 권26, 세종 6년 11월 壬申(1일).

11 『세종실록』 권26, 세종 6년 11월 戊寅(7일).

12 『세종실록』 권26, 세종 6년 11월 癸未(12일).

서야 (중전이)환궁(還宮)하였다.[13]

이 해도 저물어가는 섣달 26일, 우대언(右代言) 김맹성(金孟誠)을 보내어 내온(內醞)을 제군부(諸君府)에 하사하였는데, 한평부원군 조연(趙涓)과 여천부원군 민여익(閔汝翼)이 서로 이어가면서 헌릉(獻陵)을 수호하여 삼년상을 무사히 마쳤으므로, 이 날에 이르러 종친(宗親)들이 잔치를 베풀어 위로하는데 쓰기 위해서였다.[14] 한편 대군께서 29세 되던 이 해(1424, 세종 6)에 한강변(漢江邊), 현 양화대교(楊花大橋) 북단 하류쪽 전망 좋은 곳에 별서(別墅) 곧 정자(亭子)를 지으시고, **'합강정'(合江亭)**이라 이름지었다.

을사(乙巳)년 새해가 밝았다. 세종(世宗) 재위 7년째, 효령대군(孝寧大君)의 연세(年歲) 30세가 되셨다. 해가 바뀌고 또다시 한 달이 다 지날 무렵인 **26일에는 대군의 빙장(聘丈) 정도공(貞度公) 정역(鄭易)이 별세하였다.** 실록(實錄)에 적힌 졸기(卒記)를 보자.

> "공의 자(字)는 순지(順之), 본관(本貫)은 해주(海州)인데, 1375년(禑王 1, 乙卯) 처음 관직에 오른 후, 더욱 학문에 힘써 1383년(우왕 9, 癸亥)에 과거(科擧)에 급제, 좌정언(左正言)에 임명되었다. 그 후 교주도 안렴부사(交州道按廉副使)로 나갔다가 내직으로 들어와 사헌부 지평(司憲府 持平)·전리 정랑(典理 正郎)·형조 의랑(刑曹 議郎)을 역임한 후 다시 연안(延安)·안변(安邊)·남원(南原)·양주(楊州)·재령(載寧)·함주(咸州) 등 6읍 수령(守令)을 역임하였다. 다시 들어와 예문관직제학(直提學)·지형조사(知刑曹事)·좌간의(左諫議)·우사간(右司諫)·형조참의(刑曹參議)·호조참의(戶曹參議)를 거쳐 풍해도 도관찰사(豊海道 都觀察使)·중군동지총제(中軍同知摠制)에 임명되고, 하정사(賀正使)로 북경에 다녀와서 한성부윤(漢城府尹)을 거쳐 참지의정부사(參知議政府使)로 태종(太宗)의 원종공신(原從功臣) 녹권(錄券)을 받았다. 그 후 대사헌·예문관제학으로 옮기고, 다시 외직으로 나아가 충청도 도관찰사를 거쳐 판한성부사에 임명되었다. 예조·형조·호조·이조 등 4조의 판서(判書)를 역임하고, 의정부 찬성사(贊成事)가 되었다가 다시 한성부사로 있을 때 사사연사(謝賜宴使)가 되어 북경에 다녀

13 『세종실록』 권26, 세종 6년 11월 庚寅(19일).

14 『세종실록』 권26, 세종 6년 12월 丁卯(26일).

와서 의정부 찬성사가 되고, 예문관 대제학과 판중군도총제부사를 역임한 후 병으로 사면하였다. 한가로이 살면서 두 아들에게 경계하여 말하기를, "나는 평생에 다만 임금께 충성하는 한 마음이 있었을 뿐이었다. 너희들도 나의 뜻을 본받으라" 하더니, 이에 이르러 병으로 졸하였다. 사람됨이 중후(重厚)하고 근검하여 집에서 거처하매 사치하지 않았으며, 비록 왕실과 혼인하여 벼슬이 1품에 이르렀으나 교만한 빛이 없었고, 행정에 있어서는 너그러움과 간소를 위주로 하였다. 태종이 일찍이 말하기를, "정역은 마음 가짐이 충직(忠直)하니 덕 있는 사람이다" 하고 그의 딸을 효령대군(孝寧大君)의 부인으로 삼았다. 임금도 또한 후한 예대(禮待)를 하였고, 그가 질병이 걸렸을 때에 어의(御醫)를 보내어 위문하고, 약물과 주찬(酒饌)을 내렸다. 졸함에 미쳐서는 내관(內官)을 보내어 조상(弔喪)하고 3일간 조회를 정지하였으며, 장사(葬事)를 관(官)에서 보게 하였다. '정도'(貞度)라 시호(諡號)를 내리니 청백으로서 절개를 지킨 것을 '정'(貞)이라 하고, 마음으로 능히 의(義)를 제어하는 것을 '도'(度)라 한다. 두 아들은 정충경(鄭忠敬)과 정충석(鄭忠碩)이다.[15]

2월 6일에는 임금이 예관(禮官)을 보내어 판부사(判府事) 정역(鄭易)에게 치제(致祭)하였는데, 그 제문에 말하기를,

"수명의 길고 짧음은 진실로 하늘에 달려 있으므로 면하기 어려우나, 은혜와 예우(禮遇)의 분수(分數)는 마땅히 임금에 있으니, 융후(隆厚)를 다해야 한다. 더욱이 저 어진 신하에게는 마땅히 융숭한 은전을 거행하여야 할 것이다. 생각하건대 경(卿)은 덕성(德性)이 돈독 중후하고, 흉금(胸襟)과 도량(度量)이 침심(沈深) 웅혼(雄渾)하였도다. 일찍이 경서(經書)에 뜻을 독실히 하였고, 항상 효제(孝悌)를 힘써 행하였도다. 재능은 경제에 뛰어났고, 식견은 시의(時宜)에 통달하였도다. 검소하여 화려한 외식(外飾)이 없었으며, 온화하면서 확고한 조수(操守)가 있었다. 간원(諫院)에 발탁되어 곧은 도로 행하여 옛 사람의 유풍(遺風)이 있

15 『세종실록』 권27, 세종 7년 1월 丁酉(26일).

다는 명성이 있었고, 여러번 언관(獻官)[16]이 되어 밝고 능하였다는 칭송을 얻었으며, 이미 조정에 벼슬하여서는 이름을 사림(士林)에 떨치었도다. 태종과 지우(知遇)를 맺어 드디어 그 공적을 원종공신에 기록하였고, 또 숙녀(淑女)를 낳아 드디어 우리 집과 인친(姻親)을 맺었으니, 그 은총과 사랑의 융숭함이 다른 관원에 비할 바 아니었다. 헌부(憲府)의 장관이 되어서는 풍기(風紀)를 진작(振作)시켰고, 경조(京兆)의 수반(首班)이 되어서는 기무(機務)를 맑게 정제하였다. 절월(節鉞)을 받아 도를 다스리어 은혜와 위엄이 아울러 행하여졌고, 여러 조(曹)의 판서를 역임하여 대소의 일을 모두 잘 거행하였으며, 묘당(廟堂)의 계획에 참여 결단하고 찬조하여 이룬 공훈이 매우 많았다. 명나라에 사명을 받들고 가서는 울연히 전대(專對)의 아름다운 공로가 있었으니, 진실로 국가의 주석(柱石)이요, 진신(搢紳;百官)의 모범이었도다. 내가 바야흐로 (老成한)옛 사람의 임용을 도모하였는데, 오랫동안 풍질(風疾)에 신음하더니 홀연히 부음(訃音)이 들리매 이 아픈 마음을 견딜 길이 없도다. 이에 예관에게 명하여 박략(薄略)한 전물(奠物)을 드리노라. 아! 큰 덕인이 이미 갔으니 그 충의(忠義)를 잊을 수 없음을 탄식하고, 위문의 은전을 특히 가하여 어둡지 않을 영령(英靈)을 위로하노라."

하였다.[17]

3월 아흐렛날에는 임금이 철원(鐵原)·평강(平康) 등지에서 대규모의 강무(講武)를 실시하였는데, 효령대군(孝寧大君) 등이 입시(入侍)하였다. 임금이 참관하는 일종의 군사 훈련이기도한 강무는 한번 나서면 여러 날에 걸쳐서 진행되는데, 이 날은 거가(車駕)가 출발하여 점심 참에 양주(楊州) 모래내 어구에서 머물렀다. 효령대군 이보(李補)를 위시하여 경녕군(敬寧君)·공녕군(恭寧君)과 효령대군의 장자인 의성군(誼城君) 이채(李寀)가 입시하고, 경기 감사 김겸(金謙)·경력(經歷) 안숭선(安崇善)·정역 찰방(程驛察訪) 이길배(李吉培)와 양질(楊秩)·양주부사 이승직(李繩直) 등은 조복(朝服)을 갖추고 영접하니, 거

16 조선시대 訴訟을 審理하는 官員.

17 『세종실록』 권27, 세종 7년 2월 丙午(6일). 墓가 果川縣 東 20리(현 서울 瑞草區)에 있었으나, 도시 개발로 驪州로 다시 遷墓함.

가를 수종하는 당상관(堂上官)에게는 친히 술잔을 내리고, 3품 이하에게도 술을 내리었는데, 이로부터 거가가 회정(回程)할 때까지 같은 예로 하였다. 저녁에는 풍천평(楓泉平)에 악차(幄次)를 설치하고 머무르니, 경기·충청·전라도의 감사는 말과 그 지방의 특산물을 바치고, 평안도 감사는 매[鷹] 3마리를 바치고, 경기 감사는 따로 술과 과일을 진상하였다.[18]

그리고 이틀 후 11일에는 아침 일찍부터 갈마고개의 동쪽 산에서 몰이하였는데, 임금이 노루 두 마리를 쏘아 잡고, 점심 참에는 철원 진의천(珍衣川) 냇가에 머무르니 효령대군(孝寧大君) 등 여러 종실 제군(諸君)이 입시하고, 철원 부사(鐵原府使) 유미(柳渼)가 조복을 갖추고서 맞아 알현하고, 감사는 술과 과일을 바치었다. 다시 오후에는 갈마고개의 서쪽 산에서 몰이하여 임금이 사슴을 쏘아 잡고, 저녁에는 철원 마산(馬山)에 악차를 배설하고 머물렀다. 사냥해서 얻은 날짐승[禽]을 거가를 수종하는 재상들과 대언과 진무소(鎭撫所)에 나누어 하사하고, 장군(掌軍) 절제사(節制使)에게는 술과 고기를 내려 주었다. 경기감사 김겸이 따로 술과 고기를 바치니 이를 군사들에게 나눠 주고, 평안도 도절제사 최윤덕(崔潤德)이 매와 사냥개를 바쳤다.[19]

이튿날에는 풍천역평(楓泉驛平)과 포평(浦平)·노곤족평(爐昆足平)에서 몰이하고, 점심 참에는 철원의 저산평(猪山平)에 머무르고 술자리를 벌였는데, 역시 효령대군(孝寧大君) 이보(李補) 등 종실 제군이 입시하였다. 저녁에는 평강(平康)의 갑비천(甲非川) 냇가에서 악차를 배설하고 머물렀다. 다시 이튿날 13일에는 천암곶(穿巖串)과 장망평(獐望平)에서 몰이하여 임금이 활을 쏘아 노루 두 마리를 잡고, 점심 참에는 장망산 서쪽 동구에 머물러 술 자리를 벌였는데, 효령대군 등 여러 군(君)이 입시하였고 감사(監司)가 술과 과일을 바치었다. 저녁에는 금음굴(今音堀)에서 악차를 배설하고 머물렀다.[20] 14일에도 사냥은 계속되어 분수령평(分水嶺平)과 유점산(杻岾山)에서 몰이하고, 점심 참에 유점산 동

---

18 『세종실록』 권27, 세종 7년 3월 己卯(9일).

19 『세종실록』 권27, 세종 7년 3월 辛巳(11일).

20 『세종실록』 권27, 세종 7년 3월 癸未(13일).

평(東平)에 머물러 술자리를 벌이니, 효령대군(孝寧大君)과 여러 군이 입시하고, 감사는 술과 안주를 바쳤다. 저녁에는 돌아와 전영(前營)에 머물렀는데, 감사가 따로 술과 어육(魚肉)을 바치니, 종친과 호종하는 대소 신료와 아래로 천한 자에 이르기까지 이를 나누어 주었다.[21]

임금이 직접 참가하는 행사였지만, 이번의 강무(講武)는 근래에 보기 드물게 10박 11일 동안 야영(野營)하면서 실시한 대규모 행사였다. 따라서 마무리 또한 성대하게 치루어졌다. 강무를 시작한 지 열하루만에 끝마치게 되었는데, 마지막 날은 거가가 녹양역평(綠楊驛平)에 이르러 매를 놓아 사냥하는 것을 구경하는 것으로 시작하였다. 우선 행사기간 중 특별히 수고한 경기감사 김겸과 경력 안숭선에게 각각 옷 한 벌씩을 하사하는 중에, 세자(世子;후에 文宗)가 와요평(瓦窯平)으로 영접하러 나왔다. 점심 참에는 다야암(多也巖) 남쪽 벌에 머물렀는데 임금이 악차에 임어하니, 성비전(誠妃殿)과 중궁(中宮)과 세자가 차례로 풍정(豊呈)[22]을 바치었다. 의정부와 육조에서도 또한 풍정을 바쳤는데, 종친(宗親)·부마(駙馬)와 이성(異姓)의 모든 군(君)과, 의정부와 육조의 참판(參判) 이상과 거가를 수종하는 재추(宰樞)·대언(代言)·대간(臺諫)·감사(監司)·경력(經歷)들이 모두 연회에 입시하니, 술과 고기를 3품 이하의 신하들과 천한 사람들에 이르기까지 모두 내려 잔치를 베풀었다. 뿐 아니라 서울에 머물러 있던 각 관아(官衙)에서도 모두 흥인지문(興仁之門;東大門) 밖으로 나와서 거가를 맞이하여 궁으로 돌아가는 것으로 행사는 종료되었다.[23]

4월 3일에는 임금이 광연루(廣延樓) 아래에 임어하니, 세 공신과 그의 적장(嫡長)들이 풍정(豊呈)을 바치고, 세자(世子)와 효령대군(孝寧大君)·공녕군·근녕군·의성군(誼城君)·지돈녕 이담(李湛)·도총제 박실(朴實)·총제 문효종(文孝宗)·이중지(李中至)·유은지(柳殷之)·지신사 곽존중·좌대언 조종생(趙從生)·좌부대언 김자(金赭)·우부대언 이대

21 『세종실록』 권27, 세종 7년 3월 甲申(14일).

22 임금 내외에 慶事가 있을 때 賀禮로 무엇을 바치던 일.

23 『세종실록』 권27, 세종 7년 3월 己丑(19일).

(李臺) 등이 연석(宴席)에 모시었다. 세 공신과 적장자에게 명하여 술을 올리게 하고 이어서 일어나 춤추게 하며 극히 즐기다가 파하였는데, 임금이 이번에도 양녕(讓寧) 형님을 생각하여 궁내의 술과 큰 잔치의 음식을 보내 드리도록 일렀다.[24]

이와 같이 강무를 통하여 야외에서, 또는 궁내에서 자주 큰 잔치를 벌였건만, 막상 4월 10일의 임금 탄신날에는 하례를 정지하였다. 이보다 앞서 예조에서 탄신일에 군신이 함께 잔치 베풀 것을 청하니, 임금이 말하기를 "사람이 아들로서 (자기가)태어난 날은 마땅히 곱절이나 비통해 할 것이어늘, 어찌 잔치하고 즐겨 할 수가 있겠는가" 하고 허락하지 않았기 때문인데, 의정부에서는 백관을 거느리고 표리(表裏)와 안장 갖춘 말을 바치고 각도에서는 하례하는 전(奠)과 방물(方物)을 진상하였다.[25]

4월 19일에는 "흥천사(興天寺)의 범종(梵鐘)을 옮겨다가 남대문(南大門)에 달게 하였다"[26] 고 했는데, 훗날 세조 8년(1462년)에 효령대군(孝寧大君) 이보(李補)가 감독하여 '監鑄 都提調 孝寧大君 臣 補'(감주 도제조 효령대군 신 보)라고 새겨 만든 '흥천사 범종'[27]은, 아마도 이 때 옮겨 없어진 범종을 다시 주조한 것이 아닌가 생각된다. 5월 초2일에는 임금의 제5왕자 이여(李璵;廣平大君)가 탄생하니, 정부와 육조에서 대궐에 나아가 하례를 올렸다.[28]

5월 11일에는 임금이 대언(代言) 등에게 이르기를, "내가 말을 탄 지가 날이 오래 되었으니 교외에 나가서 농사도 보고, 또 효령(孝寧)이 서교(西郊) 별서(別墅)의 강 위에 정자(亭子)를 짓고 나에게 와서 보라고 청하므로, 오는 13일에 효령대군(孝寧大君)과 함께 갈 것이니 그대들은 그리 알라"[29] 고 미리 당부해 두었다.[30]

---

24 『세종실록』 권28, 세종 7년 4월 壬寅(3일).

25 『세종실록』 권28, 세종 7년 4월 己酉(10일).

26 『세종실록』 권28, 세종 7년 4월 戊午(19일).

27 현재 德壽宮안의 光明門에 걸려 있음.

28 『세종실록』 권28, 세종 7년 5월 辛未(2일).

29 『세종실록』 권28, 세종 7년 5월 庚辰(11일), 지난 해에 지은 '合江亭'을 이름.

30 『청권집유』 續1의 '世宗大王 親筆御賜喜雨亭賜牌文御製'는, 세종의 喜雨亭 방문 날짜(5월 13일)보다 한달 가량 앞서 작성된 점, 또 4월에는 丁丑일이 없었던 점 등, 史料的 信憑性이 희박함(李秀澤, '御賜喜雨亭 효령대군 방

예정한 13일이 되자 임금은 아침부터 서둘러 나서서 먼저 모화루(慕華樓)에 거둥하여 서변(西邊)에 말을 머물러 격구(擊毬)하는 것을 잠간 구경하고 인하여 서강(西江)의 효령대군(孝寧大君) 이보(李補)의 별서(別墅)에 이르러 강 언덕 위 정자[合江亭]에 나앉아 발포(發砲)하는 것과 군사들의 말타고 활쏘는 것을 관람한 후 술자리를 벌였다. 이어서 효령대군에게 안장 갖춘 말과 본궁(本宮) 근처의 농토(農土) 40여 섬지기 땅을 하사하였다.

한평부원군(漢平府院君) 조연(趙涓)·청평부원군(淸平府院君) 이백강(李伯剛)·평양부원군(平壤府院君) 조대림(趙大臨)·여산군(礪山君) 송거신(宋居信)·경녕군(敬寧君) 이비(李緋)·공녕군(恭寧君) 이인(李䄄)·근녕군(謹寧君) 이농(李襛)·의성군(誼城君) 이채(李寀)·총제(摠制) 유은지(柳殷之)·문효종(文孝宗)·이천(李蕆)·병조판서(兵曹判書) 조말생(趙末生)·참판(參判) 성엄(成揜)·전절제사(前節制使) 왕인(王麟)·군자감 조성제조 전유후 정진(鄭津)·지신사(知申事) 곽존중(郭存中)들이 잔치에 참석하였다. 오대언(五代言)과 참의(參議)·첨총제(僉摠制)는 장막 남쪽에서 먹게 하고, 군사에게까지 음식을 내려주었다.

이 날 세종(世宗) 임금이 홍제원(弘濟院)에서 영서역(迎曙驛) 갈두[加乙頭] 들판에 이르기까지는 소 고삐를 잡고 천천히 걸어가며, 밀·보리가 무성한 것을 보고는 흔연히 기뻐하고, 이어서 정자 위에 올라서 막 잔치를 벌이려는데, 갑자기 소나기가 퍼부어 잠깐 사이에 사방 들판에 물이 벌창하니, 임금은 매우 기뻐서 즉흥적으로 정자 이름을 **'희우정'(喜雨亭)이라고 고쳐 지었다.**[31] **효령대군(孝寧大君)께서 30세(歲)이던 해이었다.**

이 세상에서 누구보다도 사랑하는 동생 금상(今上)이 자신의 정자(亭子)에까지 왕림해준 것만도 기쁜 일인데, 정자 명칭까지 개명(改名)해 주니 더 할 수 없는 광영스러운 일이었다. 이에 효령대군(孝寧大君)은 '성상(聖上)의 지어 주심을 빛나게 할 생각'에서, 당시 부제학(副提學)으로 있던 신장(申檣)으로 하여금 **'喜雨亭'** 세 글자를 현판(懸板)에 쓰게 해서 걸어 놓은 후, 이번에는 대군(大君)의 자(字)를 짓고 '자설'(字說)까지 써 준 예문관

문'(『李花』報, 2014, 通卷 248호)을 참조).

31 『세종실록』 권28, 세종 7년 5월 壬午(13일). 지금의 서울 麻布區 東橋路 8안길 23, '望遠亭'이다.

대제학(藝文館 大提學) 변계량에게 희우정에 대한 '기문'(記文)을 써 줄 것을 부탁한 바, 다음은 **변계량(卞季良)이 쓴「喜雨亭記」(희우정기)이다.**

「용산(龍山)의 입석(立石) 마을에 산하(山河)를 아울러 즐길 만한 곳이 있으니, 도성(都城)에서 겨우 몇 리쯤 되는 거리로서, 효령대군(孝寧大君)이 본디 별장을 두신 곳이다. 그 뒷편에는 한 언덕이 있어 펑퍼짐하고 꿈틀거리는 듯한 형상이 마치 용(龍)이 몸을 휘감고 엎드린 것 같다. 드디어 그 언덕 위에 한 정자(亭子)를 지어 휴식하는 곳으로 삼았다. 군후(君侯; 孝寧大君을 가리킴)께서 나 계량(季良)에게 말씀하시기를, "주상(主上) 전하(殿下)가 일찍이 이곳에 거둥하시어 농사를 살피시고 이어 이 정자에 오셔서 신(臣;孝寧大君)에게 주식(酒食)과 안마(鞍馬)를 하사하시었다. 그 때는 바야흐로 씨앗을 뿌리는 절기였으나 비가 흡족치 않았었는데, 술 자리가 한창일 무렵에 비가 시작하여 종일 세차게 퍼부었다. 이 때 임금께서 정자 이름을 '희우'(喜雨)라고 지으셨다. 신(臣)은 감격함을 이기지 못하고 '우리 성상(聖上)의 주심을 빛나게 할 생각'에서, 부제학(副提學) 신장(申檣)으로 하여금 '喜雨亭'(희우정)이라는 크게 세 글자를 쓰게 하여 벽에 걸어 놓았으니, 그대는 기문(記文)을 지어 주시게" 하시었다. 하루는 군후(君侯)를 모시고 가서 희우정에 올라 보니 정자의 지어진 규모가 사치(奢侈)하지도 않고 누추(陋醜)하지도 않았다. 화악(華岳;지금의 北漢山)은 그 뒤에서 굽어 보며, 한강(漢江)은 그 앞에서 출렁거리는데, 서남쪽의 여러 산들은 아득히 멀고 넓어서 구름 낀 하늘과 안개 낀 강 건너에 보일락 말락 나타날듯 말듯하였다. 굽어 보니 물고기 등을 또렷이 볼 수가 있고, 돛단 배와 백사장에 노니는 새는 궤안(几案) 아래에서 오가는 듯하다. 소나무 천여 그루가 푸르게 우거져서 술잔 안에 비치는데, 고상한 피리 소리가 다양하게 어울려져 들려오는 듯, 맑은 노래 소리가 바람결에 들려오는 듯 황홀하게 날개를 펴고 푸른 하늘에 오르는 듯이 호연(浩然)하게 바람을 타고 봉호(蓬壺)에서 놀이하는 듯하였다. 눈을 놀라게 하고 머리털을 곤두서게 하니 정신이 아른하여 오랫동안 대화하는 것조차 잊었다.

이에 돌아와서 생각하니 사람은 천지(天地)와 더불어 본래 한 몸이었다. 그러므로 이르기를, '중화(中和)[32]를 이룩하면 천지가 제자리에 자리하고 만물을 생육(生育)한다'고 하였다. 이리하여 한 말씀 한 생각의 미세(微細)한 것에 이르기까지 하늘과 사람의 서로 느끼는 기(氣)는 환하게 속일 수 없는 것이 있다. 비록 그러나 덕(德)에는 크고 작음이 있고 위(位)도 높고 낮음이 있듯이, 감응(感應)하는 효과는 넓고 좁음과 빠르고 더딤이 따르는데, 감통(感通)하는 묘리(妙理)를 능히 다 하는 것은 제왕(帝王)의 책임이요, 성왕(聖王)의 일이다. 공손히 생각하건대 주상 전하[世宗]는 하늘에서 준 덕을 다 갖춘, 세상에 드물게 뛰어난 자질(資質)로써 성인(聖人)의 학(學)을 집화(輯和;모아서 화합함)하사 중화(中和)의 덕을 이루시고 만물이 제 자리에 안주(安住)하는 효과를 극진하게 하신 것이 진실로 넓고 넓어서 어떻다고 이름할 수가 없다. 오늘의 일만 하더라도 특별히 그 한 끝이 나타난 것이다. 대저 우리 전하께서 백성을 사랑하는 마음이 가슴 속에 깊으시더니, 하루 아침에 들[郊]에 나가시어 농사짓는 것을 살피시다가 가뭄을 민망하게 여기시는 측은한 생각을 막을 수 없는데, 하늘의 감응하는 것이 일찍이 시각(時刻)을 넘기지 않았음도 이 때문일진저! 전하의 깊으신 어짐과 두터운 은택(恩澤)이 바로 이 비와 함께 넘치고 넘쳐 온 천지 사이에 가득하여 근심하던 자가 기뻐하고, 앓던 자가 나았으며, 풀 한 포기 나무 한 그루에 이르기까지 어찌 그 생생(生生)하는 본성(本性)을 이룩하지 못함이 있겠는가! 정자 이름을 희우(喜雨)라 한 것은 하늘에 준 것에 감사하여 잊지 못한 바이다.

아아! 저 진(秦)나라 한(漢)나라 이래, 중화를 해친 자가 많았으므로 민생(民生)이 고달프고 천지가 쓸쓸하여 애석하기도 하였다. 지금 세상에 태어나서 은택(恩澤)을 입는 것은 비록 금수(禽獸)나 초목(草木) 따위의 하찮은 것이라도 어찌 영행(榮幸;榮華와 幸福)이 아니겠는가. 하물며 몸에 청자(青紫)[33]를 걸치고 낭묘(廊廟;議政府)에 나아가서 특별한 돌봄을 입는 자이겠는가. 실로 천년에 한 번도 만날 수 없는 좋은 기회인 것이다. 군후(君侯;孝寧大君을 가리킴)께서는 왕실의 지친(至親)으로써 숭고하고 부귀함이 견줄 데가 없으시며 전하(殿下)의 우애(友愛)함을 깊이 입었음에랴. 하물며 전하께서 천승(千乘)의 존엄(尊嚴)하

32 치우치지 않고 過不足이 없는 바른 性情을 이름.

33 紆青拖紫의 略語, 高官을 뜻함.

심에 계시면서 이 정자에서 군후에게 술잔을 따르시어 조용히 응대함을 한결같이 잠저(潛邸) 때와 같이 하시니, 군후의 영광과 빛남은 지필(紙筆)로써 형용하기에 어려움이 많다. 이것은 우리 전하의 우애하시는 덕이 본성(本性)의 지성에서 우러나는 것으로 그 몸이 억조신민(億兆 臣民)의 임금님도 저절로 잊으셨던 것이다.

아아! 어지시도다 군후이시어! 겸손하고 온후하시며, 부귀에 잘 처신하시어 교만한 기미가 조금도 없으시니 종실(宗室)에는 의범(儀範)이 되고, 왕가(王家)에는 울타리[藩屛]가 되어서 전하의 이와 같이 지극한 우애를 받으셨도다. 생각건대 이 지역의 훌륭함은 천지가 개벽(開闢)한 때부터 있었던 것인데 어찌하여 오랜 세대(世代)를 지나도록 숨겨져 있다가 오늘날에야 발견되었음인가? 어찌 군후께서 몸은 비록 성명(聲名)과 부귀 속에 처하였으되, 진세(塵世)를 훌쩍 떠나려는 생각이 구학 강호(丘壑 江湖) 사이를 왕래하지 않은 적이 없었던 때문 아니었던가! 그러므로 천제(天帝)와 지신(地神)이 이 지역을 선물하여 위로한 것이었으리라.

그 산천 풍경(風景)의 아름다움과 조석 사시(朝夕 四時)로 변화하는 형태는 비록 병 들었으나 후일에 다시 군후를 모시고 이 정자에 와서 한가로이 유람(遊覽)하며 군후를 위해 글을 지으려 하거니와, 우선 거칠고도 서툰 말로써 나를 어렵게 여기지 않는 군후께 우러러 답(答)하는도다. 다만 성상께서 희우(喜雨)로써 정자 이름을 지으신 뜻을 밝힌 바가 없는데, 그 표주박으로 하해(河海)를 측량하고 붓끝으로 천지를 그리려는 것과 같아서 그 뜻을 밝히기는 거의 바랄 수가 없겠다. 비록 그러나 문자를 빙자하여 그 사이에 성명(姓名)을 붙일 수 있음은 어찌 신(臣)의 영광된 계제가 아니리요. 반딧불이가 해와 달을 의지하여 오래 남고, 초목의 하찮은 것도 하늘과 땅에 붙어서 없어지지 않음과 같음을 스스로 다행으로 여겨서 드디어 기꺼이 기록하고 또 따라서 노래로서 말하네,

날듯한 새 정자가 봉황새 나는 듯한데	翼彼新亭如鳳斯騫
그 누가 지었는가 어지신 군후이셨네	誰其作之君侯之賢
왕이 서교에 납시었으나 놀이함이 아니오	王出西郊匪遊匪畋
백성은 한창 씨앗뿌리는데 가뭄 걱정하심이었네	民方播種憂旱于田
왕이 정자에 계시니 때 맞춰서 비쏟아지고	王在于亭時雨霈然

왕이 군후와 잔치하시매 저 북소리 둥둥울리네	王宴君侯其鼓淵淵
정자 이름 내리니 빛나는 영화가 전에는 없었지	錫之亭名榮耀無前
군후 머리 조아리시니 임금의 덕은 하늘과 같네	君侯稽首聖德如天
군후 머리 조아리시며 우리 임금 만년수 축원하고	君侯稽首我后萬年
문인에게 부탁하여 그 전(傳)함을 길이 하실새,	思托文人以永厥傳
신이 절하고 글 지으니 많은 선비중 처음이로세	臣拜撰辭爲多士先
저 화봉을 바라보니 오직 돌에 새길만하여	瞻彼華峰維石可鐫
이 기리는 글을 새기어 천고에 밝게 알리네	刊此頌章千古昭宣

변계량(卞季良)은 짓는다[34]

하였다.

그런데 이 시절에는 호랑이가 꽤 많았던가 보다. 8월 초에는 유후사(留後司)가 있는 성안에 호랑이가 많으므로 삼군 진무(鎭撫)와 호랑이 잡는 갑사(甲士) 10명을 보내어 호랑이를 잡게 하였다.[35] 한편 9월 7일에는 양녕대군에게 산 노루를 내려 보내고, 이튿날에는 임금이 효령대군(孝寧大君)과 공녕군 이인(李裀)·근녕군 이농(李襛)·의성군(誼城君) 이채(李寀)를 불러 술자리를 베풀었다.[36] 그리고 왕자 형제들을 불러 술잔치를 벌이니 양녕 형님 생각이 또 났던지, 이튿날에는 다시 양녕에게 연어(鰱魚)를 내려 보냈다.[37]

가을도 깊어가는 9월 중순, 임금이 친히 동교에 행차하여 매사냥하는 것을 보고 낮참에는 도비연(都飛淵) 동쪽에 머물렀는데, 효령대군(孝寧大君) 이보(李補)와 경녕군(敬寧君) 이비(李祕)·공녕군(恭寧君) 이인(李裀)·의성군(誼城君) 이채(李寀)가 술자리를 함께 모셨다. 수행한 여러 대신 및 대언(代言)과 시위한 군사에게까지도 음식을 대접하도록 명하였다. 돌아오는 길에는 사복(司僕)·사금(司禁)·내금위(內禁衛)들이 말타고 활쏘는 것

---

34 이 '喜雨亭記' 原文은 『春亭集』과 徐居正의 『東文選』에도 실려 있다. 본 책 3권(27장) 158쪽의 주6)을 참조.

35 『세종실록』 권29, 세종 7년 8월 癸酉(7일).

36 『세종실록』 권29, 세종 7년 9월 甲辰(8일).

37 『세종실록』 권29, 세종 7년 9월 丙午(10일).

을 구경하고 날이 저문 뒤에야 환궁하였다.[38] 일주일쯤 후인 24일에도 동교에 행차하여 매사냥하는 것을 구경하고 점심 무렵에 도비연 냇가에 머물렀는데, 이 때에도 효령대군(孝寧大君)을 위시하여 경녕군·공녕군·의성군이 술자리에 모셨다. 그리고 이 날 역시 사복·사금·내복위들의 말타고 활쏘기하는 것을 보고 저물녁에 환궁하였다.[39]

그로부터 나흘 후에는 광주(廣州)지역에서 강무(講武)를 실시하였다. 이 날 낮참에는 검단산(黔丹山) 서쪽 들판에 머물렀는데, 효령대군(孝寧大君)·경녕군·공녕군·신의군(愼宜君) 이인(李仁)·근녕군·의성군(誼城君) 이채(李寀)들이 술자리를 모셨다. 경기감사 심도원(沈道源)·경력 안숭선(安崇善)과 강원도 찰방(察訪) 양질(楊秩)·충청도 찰방 이길배(李吉培)·광주목사(廣州牧使) 민심언(閔審言)·판관(判官) 이줄(李茁)이 또한 마중 나와 뵈었다. 호종(扈從)한 여러 신하에게 모두 음식을 대접하도록 명하고, 감사(監司)가 진상한 술은 시위한 군사들에게 나눠 주었는데, 천한 자에게도 몫이 돌아갔다.

이 날은 검단산에서 몰이하여 임금이 친히 사슴 한 마리를 쏘아 잡았는데, 저녁에는 검단산 아래 들판에서 유숙하였다. 사약(司鑰) 박천등(朴天登)을 보내어 종묘 제사에 쓸 사슴 6마리와 중궁에게 사슴 2마리를 가져가게 하였다. 임금이 황상(黃象)·조비형(曺備衡)에게 화살을 주면서, "내가 이런 화살을 만들도록 한 것은 오로지 경들 때문이니, 이 화살로써 한번 쏘아 보아라" 하였다.[40] 사흘 뒤 10월 초하룻날은 광주 문현산(門懸山)에서 사냥하고 낮참에는 산 아래 들판에서 머물렀는데, 효령대군(孝寧大君) 등 수행한 종친들이 술자리에 모셨다. 또한 호종한 여러 신하들에게도 음식을 대접하고 시위 군사에게도 술을 내렸다. 저녁 때에는 대왕평(大王坪)에서 머무르니, 의정부와 육조에서는 이조판서 허조(許稠)를 보내어 문안드렸다.[41]

시월 중순에 들면서 효령대군(孝寧大君)께서 시름시름 병환이 나셨는데, 다행히 며칠만에 쾌차하심에 25일에는 임금이 잔치를 베풀어 위로하였다. 이 자리에는 공녕군(恭

---

38 『세종실록』 권29, 세종 7년 9월 甲寅(18일)

39 『세종실록』 권29, 세종 7년 9월 庚申(24일).

40 『세종실록』 권29, 세종 7년 9월 甲子(28일).

41 『세종실록』 권30, 세종 7년 10월 丙寅(1일).

寧君) 이인(李裀)·경녕군(敬寧君) 이비(李䄄)·순평군(順平君) 이군생(李群生)·신의군(愼宜君) 이인(李仁)·근녕군(謹寧君) 이농(李襛), 그리고 대군의 장남 의성군(誼城君)이 입시하였는데, 지신사(知申事) 곽존중(郭存中)·우대언(右代言) 김맹성(金孟誠)·동부대언 정흠지(鄭欽之) 등에게 번갈아 들어와서 술잔 드리기를 명하고, 날이 저물도록 한껏 즐긴 후에 파하였다.[42]

동짓달로 바뀌고 초하룻날, 아직 날씨가 그다지 춥지 않으므로 임금이 악차(幄次)에서 술잔치를 베풀었는데, 큰 성과를 거두고 북경(北京)에서 돌아온 이원(李原) 등을 위로하기 위해서였다. 이번 연회에는 효령대군(孝寧大君)과 경녕군·공녕군·영돈녕(領敦寧) 유정현(柳廷顯)·영의정 이직(李稷)·우의정 유관(柳寬)·청평부원군 이백강(李伯剛)·한평부원군(漢平府院君) 조연(趙涓)·평양부원군 조대림(趙大臨)·김맹성(金孟誠)·김자(金赭)·이대(李臺)·정흠지(鄭欽之) 등이 입시(入侍)하여 종일토록 한껏 즐기다가 파하였다.[43]

어려서부터 형제간에 우애가 워낙 돈독했는지라 왕자들과 연회하며 즐거울 때면 의례히 양녕 형님의 일이 생각나매 잔치를 치룬 그 이튿날은, 이천(利川)의 양녕대군에게 귤[柑子]을 내려 보냈다.[44] 그리고 닷새 후에는 고기를 내려 보내 드리고, 다시 열흘 뒤에는 주육(酒肉)과 화투(靴套;신발과 외투)를 보냈다. 12월말에는 연말도 되고 하여 내선(內膳)과 초관(貂冠)·표피(豹皮)·녹비(鹿皮) 등의 물건을 보냈는데,[45] 이와는 별도로 섣달 그믐 날과 정월 보름 날에 보낸 것 처럼 내선은 대개 보름 간격으로 보내드렸다. 3월에는 홍단(紅緞) 1필과 궁중의 음식을 내려 보내기도 하였다.

11월 24일에는 「의례상정소(儀禮詳定所)에서 계하기를, "태종공정대왕(太宗恭定大王)과 원경왕후(元敬王后)의 상장의궤(喪葬儀軌) 세 벌의 편찬을 이미 마쳤으니, 청하건대 예조(禮曹)와 충주(忠州)의 사고(史庫)와 가각고(架閣庫)에 나눠 보관케 하소서" 하니, 그대

42 『세종실록』 권30, 세종 7년 10월 庚寅(25일).

43 『세종실록』 권30. 세종 7년 11월 丙申(1일).

44 『세종실록』 권30, 세종 7년 11월 丁酉(2일).

45 『세종실록』 권30, 세종 7년 12월 壬辰(27일).

로 따랐다」고[46] 하였는데, 사고(史庫)란 왕조실록(王朝實錄)이나 『선원보』(璿源譜) 등 국가 중요 서책이나 문적(文籍)을 외적의 침입이나 병화(兵火)에도 안전하게 보관될만한 곳에 지은 서고(書庫)를 말한다.

이 무렵, 임금은 또한 『태조실록』(太祖實錄)에도 관심이 많아, 경연(經筵)에서 지신사 곽존중에게 이르기를, "『태조실록』은 다만 한 책만 썼기 때문에, 만약 후일에 유실(遺失)된다면 안될 것이니, 또 한 책을 베껴서 춘추관(春秋館)에 납본(納本)하고, 한 책은 내가 항상 볼 수 있도록 춘추관에 전교(傳敎)하라" 하니, 지관사(知館事) 변계량(卞季良)이 아뢰기를, "『태조실록』에는 실로 비밀로 해야 할 일이 많습니다. 신(臣)과 하륜(河崙)이 알고 있을 뿐이고, 다른 사람은 알지 못하는데, 또 한 책을 베껴서 여러 사람들로 하여금 알게 하는 것은 불가합니다. 청컨대 좋은 날을 받아 사고(史庫)에 넣게 하소서" 하니, 그대로 따랐다.[47]

그리고 11월 27일에는 효령대군(孝寧大君)께서 임금이 직접 거둥하고 세자가 호종한 가운데, 동교 살곶이[箭串] 냇가에서 방포(放砲) 훈련하는 것을 관람하였다. 이 날에 앞서 미리 군기감(軍器監)에서 갑주(甲冑)를 입힌 풀로 만든 사람[草人] 3백을 장막의 서쪽 1백 50보의 위치에 세워 놓았는데, 먼저 화약수(火藥手)로 하여금 방포케 하고, 다음은 대호군 권복(權復)과 호군 김윤수(金允壽) 등 6인에게 명하여 (활을)쏘게 하여, 방포한 것과 활로 쏜 것으로 갑옷을 꿰뚫은 차이를 비교 실험하였다.

또 군기감으로 하여금 광주산성(廣州山城) 및 도성(都城) 백악(白堊)에 군사를 나누어 보내서 방포로 신호하게 하여 포성(砲聲)의 멀고 가까움을 실험하였었다. 이 날은 관람 후 살곶이 들판에서 점심을 들었는데, 이 날의 훈련 행사에는 경녕군 이비(李裶)·공녕군 이인(李裀)·순평군 이군생(李群生)과 효령대군(孝寧大君)의 장남 의성군(誼城君) 이채(李寀) 등이 함께 모셨다. 대가(大駕)를 수행한 크고 작은 여러 수레의 대소 군신들은 장막의 남쪽에서 공궤(供饋)하라 명하고, 또 술과 안주를 시위하는 군사들에게 나누어

---

46 『세종실록』 권30, 세종 7년 11월 己未(24일).

47 『세종실록』 권30, 세종 7년 12월 庚午(5일).

주었는데, 그 몫이 미천한 자들에게까지 돌아갔다. 임금은 신시(申時;오후 6시)가 되어서야 환궁하였다.[48]

섣달 초의 인사 이동에서는 신녕궁주(信寧宮主) 신씨(辛氏)의 소생 이정(李裎)이 가정대부(嘉靖大夫) 온녕군(溫寧君)으로 봉군(封君)되었고,[49] 금상(今上)과 함께 효령대군이 어려서 학문을 가르침 받았던 이수(李隨)는 중군도총제(中軍都摠制)에, 하연(河演)은 이조참판, 이천(李蕆)은 병조참판, 성억(成抑)은 공조참판에 각각 제수되었다.

이 무렵 효령대군(孝寧大君)의 춘추(春秋) 30세에 불과하나, 아우는 금상(今上)이고 양녕 형님은 이천에 유배(流配) 중이니, 사실상 왕실에서는 제일 어른이시었다. 따라서 효령대군의 사저(私邸)에서는 연회(宴會)가 잦을 수밖에 없었는데, 한편 임금은 한 나라의 국왕으로서 백성들의 삶을 걱정하지 않을 수 없는 사정, 국왕 노릇하기 어려운 장면도 자주 겪어야 했다. 어느 날 밤, 세종이 경회루(慶會樓)에 나가 연못가를 거닐며 산책을 하고 있었는데, 어디선가 풍악소리와 노랫소리가 밤새도록 그치지 않으매, 이튿날 사헌부 집의(執義) 정연(鄭淵)을 불러 이르기를,

> "요사이 밤에 술 마시기를 좋아하는 것을 알 수 있다. 한데 사헌부에서는 어찌하여 이를 금하지 않느냐, 내가 깊은 궁중에 있으면서도 오히려 이 소리를 들었는데, 그대들은 알지 못하였다고 말하겠느냐. 내가 연사(年事)가 흉년이므로 자주 연회를 하지 않았으나, 근일에 효령대군(孝寧大君)이 족친(族親)을 모아 연회를 엶으로 내가 술을 보내주었고, 공신들이 이원(李原)이 사행(使行)에서 돌아온 것을 위로하므로 내 또한 술을 보냈었다. 그런데 비록 내가 이러한 일을 하더라도 그대들은 직책이 규찰(糾察)에 있으니 마땅히 (나에게)그 까닭을 물어야 했을 것이었다. 전조(前朝; 高麗朝)의 말기에 밤에 술 마시기를 너무 좋아하여 그 폐풍(弊風)이 극도에 이르렀었다. 이 점 사헌부에서는 유의(留意)하라"

---

48 『세종실록』 권30, 세종 7년 11월 壬戌(27일).

49 『세종실록』 권30, 세종 7년 12월 己巳(4일).

하니, 정연이 대답하기를,

"평민의 집은 쉽게 수색 체포할 수 있으나, 조관(朝官)들의 집은 집안이 깊숙하고 지키는 것이 강고(强固)하여서 법을 집행하는 관리도 또한 들어갈 수 없습니다. 또 낮이면 법리(法吏)로 하여금 살피게 할 수 있으나 밤은 순찰하는 관리의 직책이므로 사헌부에서 감찰할 수가 없습니다"

하니, 임금이 다시 말하기를,

"나도 본래부터 '탁주(濁酒)를 마시는 자는 붙잡히고 청주(淸酒)는 마시는 자는 무사하다'는 것을 알고 있다. 그러나 밤에 술 마시는 폐해는 적지 않으니 사헌부에서는 유의하라"

하였다.[50]

50 『세종실록』 권30, 세종 7년 12월 己卯(14일).

8

講武 행사와 瑞原君의 謝恩使行

효령대군 31세, 1월 ~ 35세, 9월

병오(丙午, 1426)년 새해가 밝았다. 세종(世宗) 즉위 8년째에, 효령대군(孝寧大君)께서는 보령(寶齡) 31세가 되셨다. 새해 첫날, 효령대군(孝寧大君) 이하 종친(宗親)들이 모두 입시(入侍)한 가운데 임금이 경회루에 나아가 신년 연회를 베풀었다. 임금이 지신사 곽존중에게 명하여 술을 따르게 하며 말하기를, "옛 사람들은 큰 제사를 지낸 뒤에 갇힌 죄인을 풀어 주는 이도 있고, 축하의 예를 받기도 하였으나 지금 내가 그렇게 하지 않는 것은 제사가 자주 있기 때문이다" 하였다. 좌대언 조종생과 우부대언 김자(金赭)가 차례로 술을 따랐는데, 날이 저물어서야 연회를 끝냈다.[1]

새해가 되고 한 달쯤 지난 27일에는 나라에서 '王者의 科田法'을 제정하였는데, 그 내용은, "왕의 아들, 왕의 형제(兄弟), 왕의 백부(伯父)나 숙부(叔父)로서 대군(大君)에 봉해진 자는 3백 결(結), 군(君)에 봉해진 자는 2백 결, 부마(駙馬)로서 공주(公主)의 남편은 2백50결, 옹주(翁主)는 1백50결이고, 그 밖의 종친(宗親)은 각기 그 과(科)에 의한다" 하였다.[2]

1 『세종실록』 권31, 세종 8년 1월 丙午(11일).

2 『세종실록』 권31, 세종 8년 1월 壬戌(27일).

2월 13일에는 의성군(誼城君) 이채(李寀)·경녕군(敬寧君) 이비(李裶)·공녕군 이인(李裀)·신의군(愼宜君) 이인(李仁;益安大君 芳毅 손자, 益平府院君 李石根 아들)·순평군 이군생(李群生)과 좌의정 이원(李原)·우의정 조연(趙涓) 등이 수행하는 가운데, 임금이 친히 강원도 횡성(橫城) 등지에서 강무를 실시하였다. 이 날 행차가 도성을 출발하여 묘적사(妙寂寺)의 북쪽 산에서 몰이하고, 낮참에는 시우동(時雨洞)에 머물렀는데, 행차에 따라온 여러 신하에게 음식을 먹이고 군사들에게도 술과 안주를 나눠주었으니 관례에 의한 것이었다. 시우현(時雨峴) 아래의 동구에서 몰이하고 용진(龍津)을 건너서 머물으니, 광주목사 민심언(閔審言)과 판관 이줄(李茁)이 마중 나와 뵙고, 함길도 감사 이종선(李種善)과 병마도절제사 하경복(河敬復), 충청도 감사 최사강(崔士康) 등이 사람을 보내어 매와 사냥개와 방물을 올렸다.[3]

4월 10일에는 효령대군(孝寧大君) 등이 입시(入侍)한 가운데, 명나라 사신(使臣) 윤봉(尹鳳)이 서대(犀帶)와 각궁(角弓)을 바치기 위해 하례하니 임금이 경회루에서 연회를 베풀었는데, 신시(申時;오후 6시)가 되어서야 파하였다. 이 자리에는 효령대군(孝寧大君)과 의성군(誼城君)의 부재(父子)분 외에도 경녕군(敬寧君)·공녕군(恭寧君)·신의군(愼宜君)·순평군(順平君)·청평부원군(淸平府院君) 이백강(李伯剛)·운성군(雲城君) 박종우(朴從愚)와 접반사(接伴使)인 찬성(贊成) 권진(權軫) 등이 참예하였다.[4]

세종(世宗)의 즉위 이후, 말하자면 효령대군 아우로서의 치세(治世)로 되고, 대군이 양녕 형님을 대신하여 사실상 왕실의 제일 어른이 되면서는, 가솔(家率)에 대한 단속도 일일이 제대로 할 수 없게 되었다. 아무래도 대군의 지체를 이용하는 가솔들의 폐단이 발생하였던 것이다. 5월 13일에 임금이 충청도 감사(監司)에게 전지(傳旨)한 아래의 기사는 바로 이러한 대군의 가솔들 때문에 발생한 일이었다. 즉, 임금이 충청도 감사에게 전지(傳旨)하기를,

---

3 『세종실록』 권31, 세종 8년 2월 丁丑(13일).

4 『세종실록』 권32, 세종 8년 4월 癸酉(10일).

"도내(道內) 충주(忠州)의 청룡(青龍)·금생(金生)·용두(龍頭)·엄정(嚴政)·억정(億政)·향림(香林) 등의 사전지(寺田地)가 다른 사람들에게 부당하게 빼앗겼는 데도, 수령(守令)이 이를 금하지 않을 뿐만 아니라 비록 고소한 사람이 있더라도 시일을 지체하고 판결하지 않으며, 간혹 사정을 알면서도 지휘한 사람도 있으니, 윗 항목의 것을 빼앗아 차지한 사람의 관직(官職)·성명(姓名)과 사정을 잘 알면서도 지휘한 사람과 시일을 지체하여 판결치 않은 수령을 추핵(推覈)하여 아뢰라"

고 하였는데, 이는 임금이 효령대군의 가신(家臣)과 노자(奴子)들이 부당하게 빼앗아 폐단을 만든다는 말을 들은 까닭으로 이러한 명령이 있게 된 것이었다.[5]

이 해 여름이 유난히 더워서 그랬던지 효령대군(孝寧大君)께서 몸살로 한동안 매우 편찮으셨다. 이에 8월에 들어서면서 임금이 대언(代言)들에게 특별히 당부하시기를,

"지난날 효령대군(孝寧大君)의 병환이 심할 때에 내가 가서 문병(問病)하려고 하였으나, 마침 나 역시 또한 편찮아서 문병하지 못한채 마음 속으로 '다시 서로 보지 못하리라' 생각하며 밤낮으로 근심하며 두려워하였더니, 이제 회복되셨다니 기쁘기 한량없다. 그래서 오는 추석제(秋夕祭) 후에 내 몸소 가서 위로해 드리고자 한다"

고 하였다.[6]

추석날이 되자 임금이 여러 신하를 거느리고 광효전(廣孝殿)에 나아가서 추석제를 거행하고 환궁(還宮)해서는 잔치를 베풀어 효령대군(孝寧大君) 이보(李補)를 위로하였는데, 이는 며칠 전 대언들 앞에서 임금이 약속한 일이었다. 이 위로연에는 경녕군·공녕군·신의군 이인(李仁)·순평군 이군생·온녕군(溫寧君) 이정(李程)과 대군의 장남(長男) 의성군(誼城君) 이채(李寀), 그리고 대군의 매부(妹夫) 평양부원군 조대림(趙大臨)·의산

5 『세종실록』 권32, 세종 8년 5월 丙午(13일).

6 『세종실록』 권33, 세종 8년 8월 壬申(11일).

군(宜山君) 남휘(南暉)·운성군(雲城君) 박종우(朴從愚)·일성군(日城君) 정효전(鄭孝全)·파성군(坡城君) 윤우(尹愚)와 판부사 한장수(韓長壽) 등에게 명하여 입시(入侍)하게 하였는데, 이 날 잔치는 밤 늦게서야 비로소 파하였다.[7] 한편 이 날 춘추관(春秋館)에서는 정종(定宗)의 『공정대왕실록』(恭靖大王實錄)이 완성되어 임금께 바치었다.

추석 보름을 지내고 사흘 후에는 임금이 서교(西郊)에 거둥하여 농사의 실태를 살펴보고, 이내 효령대군(孝寧大君)의 별서(別墅)인 희우정(喜雨亭)에 납시어 위로연을 베풀었는데, 임금이 대언들에게 이르기를, "대군(大君)이 이곳에서 피병(避病)하여 이제 나았으므로 이에 내가 와서 위로드리는 것이다" 하였다. 이 잔치에는 청평(淸平)·평양(平壤)의 두 공주도[8] 또한 참석하니, 내구마(內廐馬) 각 1필씩을 주고, 날이 저물도록 즐기다가 환궁하였다.[9] 9월 초순에 임금이 다시 서교에 거둥하여 매를 놓아 사냥하는 것을 관람하였는데, 온녕군(溫寧君) 이정(李裎)이 어린 나이에 꿩을 쏘아 맞히니, 임금이 기뻐하여 내구마(內廐馬) 1필을 하사하였다.[10]

9월 하순에는 임금이 친임한 가운데, 효령대군(孝寧大君)께서도 동교에서 행한 대열(大閱) 행사에 참석하였다. 24일에 동교(東郊)에서 대열(大閱) 하기를 의식(儀式)과 같이 하였는데, 임금은 대열 행사에 일찍 참석하기 위해 전날 밤 경복궁에 거둥하여 그곳에서 머물러 잤다. 군사는 총수 6천 7백명에, 찬성(贊成) 최윤덕(崔潤德)과 도총제(都摠制) 황상(黃象)·공조판서 조비형(曺備衡)·도총제 이순몽(李順蒙) 등을 좌·우 대상(大廂)의 장수(將帥)로 나누어 삼고, 진(陣)을 변경할 때마다 한 번씩 도전(挑戰)하여, 좌·우 상(廂)이 서로 이기고 지고 하다가 제5차의 도전에 이르러 좌상군이 이기고 우상군이 패하였는데, 그 좌상(左廂)의 군졸이 쇠[金]소리를 듣고도 물러가지 않으니 임금이 병조판서 이발(李潑)에게 이르기를, "북[鼓]을 울리면 진군하고, 쇠[金]를 울리면 퇴군하는 것은 군중(軍中)의 상법(常法)이거늘 이제 사졸들이 물러가지 않은 것은 병법(兵法)에 어긋나는 것

---

7 『세종실록』 권33, 세종 8년 8월 丙子(15일).

8 李伯剛에게 출가한 장녀 貞順公主와 趙大臨에게 출가한 둘째 慶貞公主.

9 『세종실록』 권33, 세종 8년 8월 己卯(18일).

10 『세종실록』 권33, 세종 8년 9월 丙申(6일), 李裎은 后宮 信嬪 辛氏의 소생임.

이다. 전일(前日)에 미리 연습한 본의가 어디에 있는가" 하였다. 병조에서 계하기를, "좌·우상의 장수가 능히 군사를 지휘하지 못하여, 쇠소리를 듣고도 물러가지 아니하고 명령을 어기면서 싸움을 강행하였으니, 청하건대 이를 유사(有司)에 내려 그 연유를 국문(鞫問)하도록 하소서" 하니 그대로 따랐다. 낮참에는 도비연(都飛淵) 동쪽에 머무르니 의정부에서 헌수(獻壽)하였다. 자헌(資憲) 이상의 종친(宗親) 및 여러 재추(宰樞)가 시연(侍宴)하고, 가정(嘉靖) 이하의 종친 및 육조 참판 이하의 대언(代言)과 참의(參議)는 명하여 악차(幄次)의 남쪽에서 음식을 먹이게 하고, 또 술과 안주를 군사들에게 각기 내려 주었으니, 그 몫이 천한 자들에게까지 돌아갔다. 임금은 연희궁(衍喜宮)으로 돌아갔다.[11]

아우가 국왕인 치세에서, 효령대군께서 왕실의 제일 어른이 되신 뒤로는 가솔(家率)들에 대해 일일이 단속할 수가 없게 됨에, 지난 5월 13일에는 가솔들에 의한 폐단이 구체적으로 발생하게 되었다고 이미 지적한 바 있지만,[12] 10월 들어서는 그에 대한 판결이 내려지게 되었다. 즉 사헌부에서 계하기를,

> "효령대군의 가신(家臣) 김이(金利)와 종[奴] 석이(石伊)는 충주의 청룡(青龍)·엄정(嚴政)·억정(億政) 등의 절[寺] 소속의 전지(田地) 도합 15결(結)을 위의 절에 사는 중들이 아내를 가졌다고 허물을 돌리어 (그 토지를) 점탈하고, 또 절 아래에 있는 각 마을의 농우(農牛)와 인력(人力)을 빌린다고 칭탁하고 (그들로 하여금)경작하게 하여 침노해서 소요를 일으키는 폐단을 지었고, 또한 절의 중들이 저축한 밀과 보리 37석을 공공연히 빼앗았으며, 한편 이를 제지하는 중들을 위력(威力)으로 구타하였사오니, 율(律)에 의하여 수범(首犯) 김이는 장(杖) 60대에 도(徒) 1년을 처하시고, 종범(從犯) 석이(石伊)는 장 1백에 처하소서. 또한 판충주목사(判忠州牧使) 김사청(金士清)과 판관 김후생(金厚生)은 권세에 아부하여 김이 등의 행위를 금하지 않았을 뿐만 아니라 도리어 어물어물 감싸서 결급(決給)해 주었고, 원통함을 호소하는 중들을 도리어 잡아 가두어 침포(侵暴)한 기세를 길러 주었사오니, 율에 의해서 수

11 『세종실록』 권33, 세종 8년 9월 甲寅(24일).

12 위 235쪽의 주5).

범 사청(士淸)은 장(杖) 80에 처하고, 종범(從犯) 김후생(金厚生)은 장 70에 처하소서" 하니, (임금이)명하여 아뢴대로 하라 하고, 사청은 그 직첩(職牒)을 거두도록 하였다.[13]

10월에 들어서 효령대군(孝寧大君)께서 임금이 친히 참석하는 사냥놀이 강무(講武) 큰 행사에 자주 동참하였는데, 6일 첫날에는 철원(鐵原) 가마현(加麻峴)에서 몰이하고, 낮참에는 병교(竝橋)에서 머물러 간략한 술자리를 베풀었다. 여러 종친과 부마(駙馬)가 들어와 모시고, 재추와 대언은 밖에서 먹게 하였다. 또 술과 안주를 군사들에게 나누어 주니, 미천한 자에게까지 몫이 돌아갔다. 저녁에는 마산(馬山) 들판에 이르러 머무르니 강원도 도사(都事) 문승조(文承祚)가 와서 뵈었다.[14] 셋째날 9일에는 철원 고석정(高石亭)에서 몰이하고 낮참까지 그곳에 머물러 간략한 주석(酒席)을 베푸니 종친과 부마가 들어와 모셨는데, 명하여 재추와 대언에게는 밖에서 먹도록 하고, 군사들에게도 술과 안주를 나눠 주었다. 이어 마구이산(馬驅伊山)에서 몰이하고 저녁에는 영평(永平)의 굴동(堀洞)에 이르러 머무르니 포천 현감 민공(閔恭)이 맞아 뵈었다.[15]

11일에는 세자가 종친과 재추를 거느리고 나와 맞아 술자리를 베풀고, 세자와 종친과 부마가 옆에서 모셨다. 명하여 어가(御駕)를 따르는 재추·6대언·원윤(元尹)·정윤(正尹)·세자의 요속(僚屬)들은 밖에서 먹도록 하고, 군사들에게 술과 안주를 나눠 주었다. 환궁하자 각사(各司)가 시좌궁(時座宮)[16]에 시위(侍衛)하되 막(幕)에 거하였다.[17] 그런데 이번의 강무(講武) 행사 중에 삼군 진무(三軍 鎭撫) 양수(楊脩)가 의성군(誼城君) 이채(李寀)를 능욕하는 일이 발생하여, 환궁한 이튿날(12일) 임금은 양수를 의금부에 가두라고 명하였다. 즉, 강무 행사 중, 삼군 진무 양수가 어가(御駕)를 따를 때에 의성군(誼城君) 이채(李寀)와 더불어 날짐승을 잡으려고 다투면서 무릎을 나란히 하고 말을 타고 달리

13 『세종실록』 권34, 세종 8년 10월 癸亥(3일).

14 『세종실록』 권34, 세종 8년 10월 丙寅(6일).

15 『세종실록』 권34, 세종 8년 10월 己巳(9일).

16 당시 임금이 거처하던 곳, 처음에 時御所라고 한 昌德宮의 별칭

17 『세종실록』 권34, 세종 8년 10월 辛未(11일).

다가 서로 언쟁을 한 것이었는데, 이에 대해 20일 의금부에서 계하기를, "율(律)이 장(杖) 80에, 도(徒) 2년에 해당합니다" 하니, "장 90대에 처하라"고 명하였다.[18]

헌릉(獻陵)에 비석(碑石)을 세운 것이 재작년, 세종 6년 9월이었다. 변계량(卞季良)이 찬(撰)하고, 성개(成槪)는 쓰고, 권홍(權弘)이 전(篆)을 썼으며, 비석 세우는 일 전체의 감독은 이천(李蕆)이 맡았었다. 그런데 2년이 지난 세종 8년에 와서 오자(誤字)가 발견된 것이다. 임금이 예조판서 신상(申商)에게 이르기를, "공정대왕(恭靖大王;定宗)께서 즉위한 날은 실상 무인(戊寅)년 9월 정축(丁丑)인데, 헌릉 비문에는 정묘(丁卯)라고 잘못 기록되어 있고, 원경왕후(元敬王后)께서 황제(皇帝)의 하사품(下賜品)을 받은 것이 모두 여섯 번인데, 비문에는 다섯 번이라고 잘못 기록되어 있으니 마땅히 사실대로 고치도록 하라" 하였다.[19] 요컨대 '丁丑'이 '丁卯'로, '六'字가 '五'字로 잘못 새겨져 있는 것이었다.

동짓달 보름날에는 효령대군(孝寧大君)께서 임금이 경회루(慶會樓) 아래에 임어하여 베푼 잔치에 다른 종친들과 참석하였는데, 이 잔치에는 부마(駙馬) 및 가선(嘉善) 이상 여섯 대언(代言)들도 시연(侍宴)하였다.[20] 12월 27일에는 임금이 양녕대군에게 내선(內膳)을 내리었다. 그리고 이틀 뒤 29일에는 군자전(軍資田)전이 다소 부족하므로 전지(傳旨)하여 "풍양 이궁(豊壤 離宮) 근처의 본궁(本宮)과 신녕궁주(信寧宮主) 신씨(辛氏)·효령대군(孝寧大君) 이보(李補)·공녕군 이인(李䄄) 등이 경작하는 전답(田畓) 64결(結) 43부(負)를 군자전에 붙이게 하였다.[21]

바야흐로 가을철로 들어서자 10월초부터 광주(廣州)에서 강무(講武) 행사를 벌이기로 되어 있었다. 그런데 광주가 어디인가? 양녕대군이 가 있는 이천 땅의 이웃이 아닌가? 임금이 이 좋은 기회를 놓칠세라 미리부터 정흠지(鄭欽之)에게 다짐을 해두고 있다. 9월 그믐날 임금이 정흠지에게 이르기를, "전일에 대간(臺諫)이 여러 번 양녕의 일을 말하였으나 내가 끝내 윤허하지 않았더니, 두 번이나 사장(辭狀)을 바쳤지만, 내가 또 들어주지

---

18 『세종실록』 권34, 세종 8년 10월 庚辰(20일).

19 『세종실록』 권34, 세종 8년 10월 己丑(29일).

20 『세종실록』 권34, 세종 8년 11월 甲辰(15일).

21 『세종실록』 권34, 세종 8년 12월 戊子(29일).

않고 회유(回諭)하기를 '앞으로 내가 만약 (양녕을)불러 볼 때에는 먼저 여러 신하들에게 이를 알리겠다' 고 하였다. 그런데 내가 서울 안에 있을 때에도 오히려 불러 보고자 하는데, 하물며 지금 행차하려는데서 겨우 30리 가량 떨어져 있으니 불러 보지 않을 수 있겠는가. 정부와 육조에 전유(傳諭)시켜 비록 말이 있더라도 나는 윤허하지 않을 것이니, 아울러 이를 유시(諭示)하라"고 한 것이다.[22]

10월 1일, 예정대로 광주에서 강무를 실시하였다. 이 날 낮참에 신원동(新院洞)에서 머문 후 검단산(黔丹山)에서 몰이하고 돌아와 저녁에 신원평에서 유숙하였는데, 경기감사 김효손(金孝孫)·도사(都事) 최효손(崔孝孫)·광주목사 민심언(閔審言)·판관(判官) 이줄(李茁)이 맞이하여 뵈었다. 이튿날에는 미라사(彌羅寺)와 건지산(乾止山)·이보재(梨甫峴) 등지에서 몰이하고 낮참에는 광지원(廣知院) 하동(下洞)에서 머물렀는데, 양녕대군 이제(李禔)가 와서 뵙고, 중궁은 내관 한길문(韓吉文)을 보내어 문안드렸다. 저녁에 벌천(伐川)에서 유숙하였다. 그리고 다음 날은 성아령(城芽嶺) 북쪽에서 몰이하고 고개 아래에서 낮참하였다. 경안역(慶安驛) 동쪽 산에서 몰이하고 저녁에는 역 앞에서 유숙하였다. 그런데 정흠지에게 그토록 일렀건만, 장령(掌令) 윤수미(尹須彌)가 계하기를, "초하룻날 양녕대군을 부르셨을 때, 신은 초차(草次)에서만 잠간 뵈올 따름이라 생각하였는데, 이제까지 돌아가지 않고 사격장에 출입하니 진실로 합당치 않습니다" 하니, 임금이 말하기를 "오늘은 날도 저물었으니 내일 회가(回駕)할 때 돌려보내겠다" 하고, 다시 청하였으나 윤허하지 아니하였다.[23]

이튿날에는 효령대군(孝寧大君) 이보(李補)도 가담하니, 오랜만에 모처럼 삼형제분이 매사냥을 즐기게 되었다. 드디어 갈마재(加乙麻峴;지금의 渴馬峙) 남쪽에서 몰이하고 인하여 길에서 낮참하였는데, 저녁 때에 양녕대군이 이천으로 돌아가니 술과 사슴을 하사하였다. 밤에는 탄천변(炭川邊)에서 유숙하였다. 그 이튿날, 금번 4박5일간의 강무행사를 마치면서 감사 김효손과 도사 최효손에게 겹옷 한 벌씩을 하사하고, 왕세자가 살곶이

---

22 『세종실록』 권37, 세종 9년 9월 甲寅(29일).

23 『세종실록』 권38, 세종 9년 10월 丁巳(3일).

벌[箭串坪]로 마중을 나오매 저녁녘에 대궐로 돌아왔다.[24]

동짓달 18일에는 왕자 이림(李琳)이 탄생하니 일곱 번째 왕자 평원대군(平原大君)인데, 정부와 육조 및 여러 종친들이 대궐에 들어가 하례하였다.[25] 한 달쯤 후, 연말이 가까워오자 양녕대군이 이천(利川)에서 오니 임금이 편전(便殿)에 나아가 잔치를 베풀었는데, 효령대군(孝寧大君)을 위시하여 종친 대군(大君) 이하가 입시(入侍)하였다. 날이 저물어서 양녕대군은 이천으로 돌아갔다.

무신(戊申, 1428)년 새해가 밝았다. 세종 즉위 10년째에, 효령대군(孝寧大君)께서는 춘추(春秋) 33세가 되셨다. 초하룻날 임금이 면복(冕服) 차림으로 왕세자와 문무 여러 신하를 거느리고 망궐례(望闕禮)를 행하고, 근정전(勤政殿)에서 여러 신하들의 조회를 받은 후, 다시 경회루(慶會樓)에서 종친(宗親) 및 2품 이상의 관원에게 연회를 베푸니, 중궁(中宮)도 역시 내전(內殿)에서 연회를 베풀었다.[26]

그런데 앞에서도 말한 바 있지만, 아우가 금상(今上)인 치세에서 사실상 효령대군(孝寧大君)께서는 왕실(王室)의 제일 어른이시고 보니, 가솔(家率)들에 대한 단속을 일일이 하기가 어렵게 되었고, 따라서 가솔들에 의한 폐단이 자주 발생하였다. 새해가 되자마자 대군을 빙자한 불미한 일이 또 발생한 것, 효령대군(孝寧大君)댁의 가노(家奴)가 과전(科田)의 조(租)를 대행(代行) 징수하면서 부당하게 쌀 10석, 콩 7석, 종이 50권과 잡물(雜物)을 과다하게 더 거둔 것이 적발되어 헌부(憲府)에 내려 국문하게 한 것이다.[27]

이 일에 대해 사헌부에서 조사해 보니, 효령대군댁의 서리(書吏) 신유정(申惟精)과 장예생(張禮生)이 종[奴隸]들을 시켜 전조(田租)를 불법하게 거둔 것이었다. 이에 자초지종을 갖추어 아뢰니, 명하기를 신유정은 직첩(職牒)을 회수하고, 장예생은 곤장(棍杖) 60대에, 그 종은 태(笞) 40대를 치게 하였다. 유정은 공신의 아들이므로 직첩만을 거둔 것이

---

24 『세종실록』 권38, 세종 9년 10월 己未(5일).

25 『세종실록』 권38, 세종 9년 11월 壬寅(18일).

26 『세종실록』 권39, 세종 10년 1월 甲申(1일).

27 『세종실록』 권39, 세종 10년 1월 己亥(16일).

다.[28] 그리고 불법하게 더 거둔 쌀·콩 10여석은 배상시켜 각각 본주인에게 돌려주게 하였다.[29]

한편, 1월 16일에는 순성군(順城君) 이개(李䛦)에게 명하여 약(藥)을 가지고 역마(驛馬)를 이용하여 이천(利川)의 양녕대군(讓寧大君)에게 다녀오게 하였다. 또한 2월 13일에는 세종의 둘째 딸 정의공주(貞懿公主)를 죽성군(竹城君) 안맹담(安孟聃)에게 시집보냈는데, 안맹담은 관찰사 안망지(安望之)의 아들이다.

4월 5일에는 임금이 오랜만에 효령대군(孝寧大君) 이하 여러 종친(宗親)들을 불러 내전에서 격구(擊毬)놀이를 하였다. 그런데 이 무렵에는 세자도 많이 성장하였고, 효령대군 등 숙부와 사촌간의 예법(禮法)도 중요하므로, 7월 초하룻날에는 임금이 정사를 보는 중에 대신들과의 면담 자리에서 이르기를, "세자가 효령대군(孝寧大君)과 숙부(叔父)와 여러 아우를 대접하는 예법을 자세히 정해서 아뢰도록 하라"고 말하니, 판부사(判府事) 변계량(卞季良)·예조판서 신상(申商) 등이 대답하기를 "이 예법은 매우 중대한 것이니 경솔히 의논할 수 없습니다" 하였다. 임금이 다시 말하기를 "마땅히 속히 참작해서 정하도록 하라"고 일렀다.[30] 이에 대신들이 의논한 결과로 7월에는 처음 정식으로 종학(宗學)을 세워 대군(大君) 이하 종실(宗室)의 자제(子弟)들로 하여금 나아가서 배우게 하였다.[31] 8월 27일에는 "명하여 태종공정대왕(太宗恭定大王)과 원경왕후(元敬王后)의 상장 의궤(喪葬儀軌)를 충주 사고(忠州 史庫)에 간수하게 하였다."[32]

9월말경에는 개정한 각품의 반인(伴人;수행원) 수를 엄격히 지킬 것을 병조(兵曹)에 전지(傳旨)하였는데, "이제 개정한 각품(各品) 반인(伴人)의 수는 대군(大君)에 20명, 여러 왕자에 10명, 봉군(封君)한 종친에게 7명, 원윤(元尹)에게 3명, 공주부마(公主駙馬)에게 10명, 옹주부마(翁主駙馬)에게 7명, 좌·우의정과 공신 제군(功臣 諸君)에게 10명, 시산(時

28 『세종실록』 권39, 세종 10년 2월 辛未(19일).

29 『세종실록』 권40, 세종 10년 윤4월 乙酉(4일).

30 『세종실록』 권41, 세종 10년 7월 辛亥(1일).

31 『세종실록』 권41, 세종 10년 7월 壬戌(12일).

32 『세종실록』 권41, 세종 10년 8월 丙午(27일).

散) 2품 이상에게 5명, 집현전 부제학(副提學) 이상에게 3명으로 하였으니, 모두 차첩(差牒)을 주고, 경외(京外)에 역사가 있는 자와 정한 숫자 이외에 함부로 받은 자는 전에 수교(受敎)한 바에 의하여 규찰(糾察)하라" 하였다.[33]

세종 11년, 기유(己酉)년 새해가 되면서 왕실은 분위기도 일신 할 겸, 사정전(思政殿)과 경회루(慶會樓)를 중수키로 하고 임금은 임시 상림원(上林園)으로 이어(移御)하였다. 그리고 다시 열흘 후에는 임금은 동궁(東宮)으로, 동궁은 상림원으로 이거하였다.[34] 그리고 3일 후, 20일에는 제3왕자 안평대군(安平大君) 이용(李瑢)이 12세로서 좌부대언(左副代言) 정연(鄭淵)의 딸에게 장가들었다. 한편 2월초에는 이조(吏曹)에서 종학 교수관(宗學敎授官)의 임명에 대해,

> "종학 교수관을 종3품·종4품·종5품·종6품으로 각각 한 자리씩을 설치하되, 그 반열의 차서(次序)는, 3품은 봉상시 윤(奉常寺 尹)의 아래에, 4품은 종부시 소윤(宗簿寺 少尹)의 아래에 두며, 5품은 종부 판관(宗簿 判官)의 아래에, 6품은 집현전(集賢殿) 부수찬(副修撰)의 아래에 두며, 직위(職位)와 품계(品階)가 상당한 자로 2인을 임명하시기를 청하나이다"

고 건의한 바, 그대로 윤허하였다.[35]

그리고 같은 날, 예조(禮曹)에서는 흥천사(興天寺)의 중수(重修)를 권면하도록 다음과 같이 건의한 바, 선종(禪宗)의 정문(呈文)에 의거하여 계하기를,

> "흥천사(興天寺)는 본래 태조께서 창건하신 원찰(願刹)이요, 명나라와 이웃나라의 사객(使客)들도 또한 모두 유람하는 것이온대, 이제 그 사리탑전(舍利塔殿)의 바깥절[表刹]이 기울어져 위태하옵고, 종루(鐘樓) 또한 비가 새어 썩고 파손되었으므로 이제 신도들의 시주(施

---

33 『세종실록』 권41, 세종 10년 9월 癸酉(24일).

34 『세종실록』 권43, 세종 11년 1월 甲子(17일).

35 『세종실록』 권43, 세종 11년 2월 己卯(3일).

主)를 걷어 이를 수리하게 하고자 하오니, 시주와 조역하는 승려에게 혹은 벼슬로 상을 주고 혹은 도첩(度牒)을 주어 이를 권면하도록 하소서"[36]

하니, 임금이 윤허(允許)하면서 대언(代言) 등에게 이르기를,

"흥천사의 사리전(舍利殿)은 태조(太祖)께서 창건하신 것이다. 이제 들으니 건물이 기울어져 위태하므로 중들을 모집하여 수리하려 한다고 하니, 도첩(度牒)을 주어 수리하게 하여, 석수(石手)와 목공(木工)은 선공감(繕工監)에서 주장하고, 감역관(監役官)은 조성도감(造成都監)에서 이를 주관하는 것이 좋겠다"[37]

하였는데, 흥천사는 태조 때에 원찰로 창건되어 왕실에서 중요시 한 사찰이기도 하지만, 효령대군(孝寧大君)과는 특히 인연이 깊어 뒷날 세종 17년 5월의 흥천사 사리탑전(舍利塔殿) 중수(重修) 때에는 왕명(王命)으로 대군이 총 주관한 바 있고, 세조 8년(1462)의 흥천사 대종(興天寺 大鐘) 주조(鑄造) 때에는 대군이 감주(監鑄) 도제조(都提調)로서 직접 감독한 바도 있는 사찰이다.

2월 8일에는 예조(禮曹)에서 악학(樂學)의 정문(呈文)에 의하여 '주종소'(鑄鐘所)의 설치를 건의한 바 있는데, 훗날 대군이 원각사 대종(圓覺寺 大鐘)이나 흥천사종(興天寺鐘)을 감주(監鑄)한 사실도 있으므로, 건의 내용에 대하여 살펴보기로 하자. 예조에서 악학의 보고에 의해 계하기를,

"옛 사람의 종(鐘)을 주조(鑄造)하는 법은 구리[銅]와 주석(朱錫)을 일정한 중량[斤兩]의 비율로 배합하는데 이를 일러 제(齊)[38]가 있다 하나니, 이는 더하든지 덜하든지 할 수 없는

---

36 『세종실록』 권43, 위와 같음.

37 『세종실록』 권43, 세종 11년 2월 辛巳(5일).

38 두 종류 이상의 금속을 배합하여 만든 복합물을 총칭하여 합금, 약칭하여 齊라고 하는데, 古代에서 합금한 品數의 等次를 말하는 것으로서, 考工記 輈人에 의하면, "金에 六齊가 있는데 그 금을 여섯으로 나누어, 거기

것입니다. (중략)청컨대 주종소(鑄鐘所)를 설치하고 법식대로 주조해 만들도록 하소서"

하니 그대로 따랐다.[39]

이튿날은 임금이 효령대군 등 여러 종친들과 자선당(資善堂)에 나아가 격구하고, 다시 이틀 후에도 여러 종친들 입시하에 구(毬)를 쳤다.[40] 심신단련 차원에서 하는 격구는 3월 17일과 4월 2일에도 속개되었는데, 4월 3일에는 그간 보수중인 사정전(思政殿)이 완공되매, 8일에는 종친들 입시하에 사정전 뜰에서 격구하였다.[41]

주종소를 설치한 지 한 달 정도 되자 벌써 일이 시작되었다. 3월 중순, 예조에서 중국 편종(編鐘)의 체제에 따라 종을 주조하기를 건의한 것이다. 예조에서 계하기를,

> "주종소(鑄鐘所)에서 정문(呈文)하기를 '이제 편종의 체제를 살펴본즉, 송나라 인종(仁宗) 때에 범진(范鎭)이 만든 편종은 황종(黃鐘)으로부터 응종(應鐘)에 이르기까지 그 종체(鐘體)의 대소에 따라 그 소리의 청탁(淸濁)을 정하고, 그 후박(厚薄)의 정도는 본조의 것과 같사옵고, 중국에서 가져온 편종은 황종으로부터 응종에 이르기까지 그 종체의 후박에 따라 그 소리의 청탁을 정하고 그 대소의 규격은 같사오니, 이번에 주조할 종은 범진의 체제에 따라서 종의 대소를 가지고 주조할 것입니까, 아니면 구종(舊鐘)의 체제에 따라서 종의 몸체의 후박으로써 주조할 것입니까, 또 전조 때에 중국에서 가져온 편종에는 그림이 있어 사치스럽고 화려하였사오며, 병술(丙戌;태종 6)년에 중국에서 내린 편종은 그림이 없으며 질박하고 검소하였습니다. 앞으로 어느 종의 체제에 따라 주조하오리까. 제향(祭享)에는 검소한 악기를 쓰고 조회(朝會)에는 화려한 악기를 쓰는 것이 어떠하오리까'고 하였사오니, 청하옵건대 편종의 체제는 몸체의 후박을 좇아 주조하되, 모두 병술년에 중국에서 보내온 편종의 체제를 따라서 주조하게 하소서"

에 朱錫이 하나 들어가는 것을 鐘·鼎·齊라 이른다" 하였는데, 이렇게 여섯 종류의 합금법 이 있었음.

39 『세종실록』 권43, 세종 11년 2월 甲申(8일).

40 『세종실록』 권43, 세종 11년 2월 丁亥(11일).

41 『세종실록』 권44, 세종 11년 4월 癸未(8일).

하니, 그대로 따랐다.[42]

12월 하순에는 효령대군(孝寧大君)의 둘째 아들 서원군(瑞原君) 이친(李寀)이 사은사(謝恩使)의 정사(正使)로서 명나라에 가게 되었다. 건국초부터 조선은 대명(對明)관계에서 막대한 양의 세공품(歲貢品)을 명에 진상(進上)하여 왔는데, 그 중에도 금·은 세공이 가장 큰 부담이었고, 그래서 명과 교섭한 결과 금·은 대신에 말[馬]과 베[布]를 보내기로 합의한 바, 이번의 사행(使行)은 그에 대한 사은(謝恩)의 뜻에서 파견되는 것이었다. 18일날, 임금이 사정전에 나아가 왕세자와 모든 종친들이 입시한 가운데, 사은정사(謝恩正使)로 명(明)에 가는 서원군(瑞原君) 이친(李寀)과 부사(副使) 대제학 이맹균(李孟均)을 전별하고,[43] 이틀 후에는 사은하는 표·전문(表·箋文)을 받들고 떠나게 하였는데, 이 날은 임금이 약간 몸이 불편했으므로 왕세자가 명을 받들고 백관을 거느린 가운데 배송(拜送)하니, 표문에 이르기를,

"그윽이 생각하옵건대, 폐방(弊邦)이 아득히 먼 변방에 위치해 있사오나, 오직 금·은이 산출되지 않는 것은 조정에서 아시는 바로 믿사오며, 공사간에 예부터 저장하였던 것이 모두 다하매 조판(措辦)할 계책이 없사옵고, 세시(歲時)로 바치는 상공(常貢)마저도 이어나가기가 어렵게 되니 군색하고 절박함이 실로 깊삽기에, 감히 그 사유를 갖추어 이를 진달하고 견면(蠲免)의 명을 내리실 것과 대신 토산물(土産物)로서 진헌(進獻)할 것을 희망하였더니, 홀연히 윤음(綸音)을 받자오니 욕망하는 바를 굽어 좇으신지라, 어찌 일국의 수많은 신민이 조석으로 기뻐 날뛸 뿐이겠습니까. 선대 조고(祖考)의 영혼도 지하[泉壤]에서 감격의 눈물을 흘릴 것입니다. 하물며 우매(愚昧)하온 어린 아우가 우악하신 사랑의 은혜를 입었고, 또 밝으신 윤음이 특히 성상의 중심에서 나와 소방(小邦)이 마땅히 행할 전례(典禮)를 유시하시고, 신(臣)의 부자의 공경을 다함이 해를 지날수록 더욱 정성스럽다고 이르시니, 엎드려 읽고 나매 두렵고 황송한 마음이 그치지 않사오며, 은총과 광명이 이와 같은 예는 전고

---

42 『세종실록』 권43, 세종 11년 3월 己未(13일).

43 『세종실록』 권46, 세종 11년 12월 庚寅(18일).

(前古)에 듣기 드문 바입니다. 이는 대개 평시 구중(九重)에 계시면서 만리를 내다보시고는 천지 같으신 도량을 넓히시고, 부모 같으신 은혜를 미루어 베푸시와 드디어 잔열한 자질로 하여금 거듭 특별하신 은혜를 입게 하시니, 신은 마땅히 즐겁게 신민들과 더불어 공경히 집양(執壤)의 예를 닦아 맹세코 자손 대에 이르도록 하늘과 가지런히 수(壽)하옵실 것을 갑절 축원하겠나이다"[44]

하였고, 방물표(方物表)에는 이르기를,

"황제의 사랑이 가중하여 특별히 우악한 은혜를 입었사온대, 토산물이 비록 박(薄)하오나 애오라지 사례하는 정성을 표하고자 하여, 삼가 황세저포(黃細苧布) 50필(疋), 흑세마포(黑細麻布) 2백 필, 사마겸직포(絲麻兼織布)와 백세면주(白細綿紬) 각 20필, 황화석(黃花席)과 만화석(滿花席), 잡채 화석(雜彩 花席)·만화 방석(滿花 方席) 각각 20장, 만화염석(滿花簾席) 10장, 인삼과 잣 각 2백근, 오미자(五味子) 50근, 잡색마(雜色馬) 50필을 갖추었사온대, 위의 물건들은 그 제조가 정밀하지 못하고 종류가 몹시 적사오나, 오직 충정에서 나온 정성임을 살피시고 받들어 올리는 예를 굽어 용납하소서"[45]

하였다.

한편, 예물(禮物)은 백세저포(白細苧布) 20필, 흑세마포 50필, 만화석·잡채 화석·만화 방석 각 10장, 인삼(人蔘) 50근, 잣 1백근, 잡색마 6필이었다. 그리고 황태후(皇太后)에게 올리는 예물은 홍세저포(紅細苧布) 20필, 흑세마포(黑細麻布) 50필, 만화석과 잡채 화석 각 10장이었다. 그리고 따로 이친(李案)이 사적(私的)으로 진헌할 마른 연어 2천 마리, 대구어 1천 마리, 문어 5백 마리도 아울러 받들고 갔는데, 임금이 정사(正使)인 서원군에게는 초구(貂裘)·모관(毛冠)·이엄(耳掩)·전(氈)·초립(草笠)·유의(襦衣) 각 1습(褶)과 호슬

44 『세종실록』 권46, 세종 11년 12월 甲午(22일).

45 위와 같음.

(護膝) 및 신[靴]을 하사하였고, 부사(副使) 이맹균에게는 초구·모관과 유의 한 벌, 그리고 갓과 신을 하사하였다.[46]

효령대군(孝寧大君)께서 대공덕주(大功德主)가 되시어 관악산(冠岳山)의 연주암(戀主庵)을 세번째 중수(重修)하시고, 약사여래상(藥師如來像)·미륵존상(彌勒尊像)과 5층석탑(石塔)을 새로 조성(造成)하신 것이 바로 이 해라고 전해오고 있다.[47]

정월 대보름을 지내고 이틀 후에는 사정전(思政殿) 앞뜰에서 잔치를 베풀고 격구(擊毬)를 하니, 효령대군(孝寧大君) 이하 여러 종친들이 입시하였는데, 이는 양녕대군을 위로하기 위함이었다.[48] 이 날, 좌헌납(左獻納) 이뇌(李賴)가 봉장(封章)을 올렸으나, 잔치 때문에 뜯어보지는 아니하였는데, 양녕대군은 저녁 무렵에 이천(利川) 거소로 돌아갔다. 아니나 다를까, 며칠 후 임금이 조참(朝參)을 받고 정사를 보았는데, 대사헌(大司憲) 이승직(李繩直)이 아뢰기를 "태종께서 양녕을 이천으로 귀양보내어 서울에 들어오지 못하게 하셨음은 그 계교하심이 깊고 멀리 생각하심이 지극하셨사온대 이제 자주 불러 올리시니, 이는 태종의 뜻을 어기심이 아니겠습니까" 하니, 임금이 말하기를,

> "대간(臺諫)을 소중히 여기는 것은 그 사리에 합당하여 들을 만한 일을 말하기 때문이다. 양녕의 일은 대간이 다투어 간(諫)한 지가 오래 되었지만, 내가 들어주지 않는다는 것은 경들도 전부터 아는 일일 것이다. 옛 사람이 말하기를 '비록 조그마한 분노(忿怒)가 있더라도 지친(至親)은 폐하지 않는다'고 하였는데, 하물며 양녕과 나와의 사이는 이 때까지 아무런 허물도 없었으니 서로 보지 않을 수 있겠느냐. 이천으로 나가서 산 지가 벌써 오래 되었는데도 돌아오라고 하지 못하는 것은 곧 태종의 뜻을 따르기 때문이다. 나는 결단코 경들의 말을 듣지 않을 것이니, 경은 다시는 말하지 말라"[49]

---

46 『세종실록』 권46, 세종 11년 12월 甲午(22일).

47 『청권집유』 '年譜' 450쪽.

48 『세종실록』 권47, 세종 12년 1월 戊午(17일).

49 『세종실록』 권47, 세종 12년 1월 壬戌(21일).

하니, 우의정 맹사성(孟思誠)도 굳이 간하였으나 끝내 윤허하지 아니하였다.

재작년(세종 10년) 9월말에는 각품(各品) 반인(伴人;수행원)의 수를 정한 바 있지만, 3월초에는 구사(驅史)[50]의 수를 정하였는데, 5일에 형조(刑曹)에 전지하기를 "구사(驅史)의 수효는 왕자 대군(王子大君)에게는 10명을 주고, 왕자 군(君)에게는 8명을 주며, 종친(宗親)인 여러 군(君)에게는 6명을 주되, 공주 부마(駙馬)에게는 8명, 옹주(翁主) 부마에게는 5명을 주라"고 하였다.[51]

한편, 4월 18일에는 병조판서(兵曹判書) 이수(李隨)가 별세하니, 효령대군(孝寧大君)께서 소년 시절에 아우 충녕과 함께 가르침을 받은 사부(師父)였다. 이수는 자(字)가 택지(擇之)로 황해도 봉산군(鳳山郡) 사람이었는데, 태조 5년(1396), 그러니까 효령대군이 출생하던 해에 생원시(生員試)에 장원(壯元)하고, 태종 10년(1410)에는 임금이 '경학(經學)에 밝고 행실을 닦는 사람'을 찾아 구하니, 황해감사의 도천(道薦)으로 추천되었다. 그러나 얼마 안있어 과거시험 준비한다는 이유로 귀향하였는데, 이듬해에 왕명으로 다시 상경, 이 때부터 연년생인 효령(孝寧)·충녕(忠寧)대군 형제에게 학문을 지도하기 시작한 바, 대군 14,5세 무렵이었다. 태종 14년(甲午) 가을에 임금이 성균관에 거둥하여 선비를 뽑았는데, 이 때에 넷째로 뽑혀 전사주부(典祀主簿)에 제수되었다. 그 후 공조·예조(禮曹)의 정랑(正郞)을 거쳐 태종 17년(1417)에 전사소윤(典祀少尹)에 임명되고, 이듬해 세종이 즉위하자, 선공감 정(繕工監 正)에서 동부대언(同副代言)으로 특수(特授)되었다. 이듬해 동지총제(同知摠制)에 올랐는데, 노부(老父)가 황해도에 있으므로 황해감사(黃海監司)로 나갔다가 이듬해 다시 들어와 이조참판이 되고, 세종 7년(1425) 도총제(都摠制)가 되었다가 세종 9년 가을에 이조판서(吏曹判書)가 되고, 다시 병조판서로 옮겼는데, 술에 취해 말을 타다가 낙상하여 죽으니 향년(享年)이 57세였다. 성품이 중후(重厚)하여 겉치레를 좋아하지 않았으며, 궁(窮)하든지 통(通)하든지, 얻든지 잃든지 일찍이 기쁜 빛이나 노여운 빛을 나타내지 않았으며, 치산(治産)함을 일삼지 않았다고 한다. 임금이 부음을 듣고 슬

---

50 임금이 종친이나 공신에게 驅從으로 주는 관노비, 丘史라고도 함.

51 『세종실록』 권47, 세종 12년 3월 乙巳(5일).

퍼하며 특히 거애(擧哀)하고 3일 동안 철조(輟朝)하였다. 부의(賻儀)로 쌀·콩 모두 50석을 주고, 동궁은 20석을 내주었다. 임금이 지신사(知申事) 허성(許誠)으로 하여금 예장(禮葬)의 가부를 의논케 하니, 좌의정 황희(黃喜)·우의정 맹사성(孟思誠)·찬성(贊成) 허조(許稠) 등이 "수(隨)의 직위로는 비록 예장하는 예(例)에 미치지 못하지만, 이미 은혜를 더하여 거애까지 하였사오니 예장을 하는 것이 마땅합니다"[52] 고 말하므로 드디어 유사(有司)에게 명하여 장례를 치르도록 하였다. 시호(諡號)는 '문정'(文靖)이다.

효령대군 소년 시절의 사부(師父)였던 이수(李隨)가 별세하고 한 주일 뒤인 4월 25일에는, 대군(大君)의 자(字)를 '선숙'(善叔)이라 작명해 주고 해설[字說]까지 써 준[53] 판우군부사(判右軍府事) 변계량(卞季良)이 서거(逝去)하였다. 대군과는 학문적 교유 또한 많았던 인물이다. 변계량의 자는 거경(巨卿), 호는 춘정(春亭)인데, 밀양부(密陽府) 사람 변옥란(卞玉蘭)의 아들이었다. 어려서부터 총명하여 4세에 고시대귀(古詩對句)를 외우고 14세에 진사시(進士試), 15세에는 생원시(生員試)에 합격하고, 17세에는 대과(大科)에 급제, 전교 주부(典校 主簿)에 보임되었다. 그 후 성균 악정(成均 樂正)을 거쳐 예문관 직제학(藝文館 直提學)에 제수되고, 정해(丁亥, 태종 7)년 중시(重試)에서 을과(乙科) 장원(壯元)으로 뽑혀 특별히 예조 우참의(右參議)에 임명되고, 2년 후 예문관 제학(提學)에 승진하였다. 을미(乙未, 1415)년에는 크게 가물어 임금이 심히 근심하니, 계량이 아뢰기를 "하늘에 제사하는 것은 비록 예(禮)가 아니라고 말할 것이나, 일이 이미 박절하오니 원단(圓壇)에 기도하옵소서" 하니, 곧 계량에게 글을 지어 제사지내라고 명하였다. 정유(丁酉, 1417)년에 예문관 대제학에 제수되고, 이듬해에 예조판서(禮曹判書)로 옮겼다가 이내 의정부 참찬(參贊)으로 옮겼다.

4월 그믐날, 사은 정사(謝恩 正使) 서원군(瑞原君) 이친(李案)과 부사(副使) 대제학 이맹균(李孟昀), 그리고 진헌사(進獻使) 대호군 윤수미(尹須彌) 일행이 북경(北京)으로부터

---

52 『세종실록』 권48, 세종 12년 4월 丁亥(18일), '병조판서 李隨의 卒記.'

53 『淸權輯遺』「字說」(卞季良 撰) 및 卞季良 『春亭集』 권5, 「孝寧大君 字說」 참조. 1권 앞(3장) 111쪽 주29).

돌아왔다.[54] **서원군 이친(李案)이 작년 12월 18일에 한양을 출발한 지 4개월 13일만에 임무를 훌륭하게 수행하고 무사히 귀환한 것이다. 이친 18세 때의 일이다.** 그런데 이 보다 이틀 앞선 4월 28일에 좌의정 황희(黃喜)·우의정 맹사성(孟思誠)·찬성(贊成) 허조(許稠)·예조판서 신상(申商) 등은, 명 황제가 서원군 이친을 매우 후하게 대접(待接)하였다는 말을 미리 전해 듣고 이에 대한 사례를 임금께 헌의(獻議)하였는 바, "황제가 서원군(瑞原君) 이친(李案)을 후하게 대접하였다 하오니 사례하지 않을 수 없습니다. 만약 창성(昌盛;중국사신)이 속히 오면 마땅히 사표(謝表)에 함께 기록하여 사례할 것이오나, 창성의 오는 것이 늦고 빠름을 알기가 어려우므로 지금 사표에 (미리)함께 기록하게 하는 것도 가합니다" 하니, 총제 정초(鄭招)와 제학 윤회(尹淮) 등은 아뢰기를, "지금 (왕세자에게)조복(朝服)을 하사한 것은 특별한 은혜로써 중한 일이온대 다른 일을 사표에 섞어 기록할 수는 없습니다. 이 앞서 올린 사표에 몇 가지 일을 겸하여 사례한 일이 비록 있었사오나, 일이 서로 비슷하여 크게 다르지 않았었습니다. 이제 만약 서원군을 후대한 일로써 함께 기록하면 두 가지 일을 겸해서 사례하는 것이 되오니 진실로 타당치 못합니다" 하였으나, 임금은 황희 등의 의논에 따랐다.[55]

임금이 왕세자와 백관을 거느리고 사은 표전(謝恩 表箋)을 배송(拜送)한 것은 5월 4일이었다. 정사(正使) 도총제 문귀(文貴)와 부사(副使) 동지총제 김익정(金益精) 등이 표(表)와 전(箋)을 받들고 출발하였다. 한편 같은 날, 임금이 경회루(慶會樓)에 나아가 사은사(謝恩使) 이친(李案)과 부사(副使) 이맹균(李孟畇)에게 잔치를 베풀어 위로하니, 왕세자 및 종친(宗親)과 부마(駙馬)들이 모두 입시하였다.[56]

5월 17일에는 진평대군(晉平大君) 이유(李瑈)·안평대군(安平大君) 이용(李瑢)·임영대군(臨瀛大君) 이구(李璆)에게 명하여 성균관(成均館)에 입학하게 하니, 좌우에서 보고 듣는 이가 모두 '글을 숭상하는 아름다운 일'을 감탄하지 않는 이가 없었다. 대군들이 드

---

54 『세종실록』 권48, 세종 12년 4월 己亥(30일) 李孟畇은 귀국 3일 전인 27일에 藝文大提學으로 승진하였음.

55 『세종실록』 권48, 세종 12년 4월 丁酉(28일).

56 『세종실록』 권48, 세종 12년 5월 癸卯(4일).

디어 종학(宗學)에 나아가 배우게 되매, 이로부터 종친(宗親)들이 잇따라 종학에 입학하였다.[57]

5월 25일에는 효령대군(孝寧大君)이 김수남(金守南) 등과 함께 전라도 월출산(月出山) 무위사(無爲寺) 극락전(極樂殿)에 시주(施主)하고 서명(書名)하시었다.[58]

6월 26일에는 임금이 정사(政事)를 보는 데에 왕세자(王世子)를 처음으로 참예(參預)케 하니, 이는 '왕노릇'을 견습시키기 위함이었다.[59] 그리고 7월 그믐날에는 종친들이 중국 사신(使臣)과 연회를 할 때에 술을 따라 권하는 예절에 대해 논의한 바, 먼저 임금이 정사를 보는 자리에서 좌우 신하에게 이르기를, "종친들이 사신과 연회할 때, 서로 술을 따라 권하는 예절을 어떻게 하면 되겠는가"물으니, 판서 권진(權軫)이 대답하기를 "모든 종친이 효령(孝寧)대군과 진평(晉平)·안평(安平)의 세 대군(大君)에게는 읍례(揖禮)를 행하고 무릎 꿇고 바치게 하고, 그 나머지는 서로 읍하고 마시는 것이 옳을 것입니다" 하고, 찬성 허조(許稠)는 아뢰기를 "모두 무릎 꿇고 마시게 하되, 효령대군(孝寧大君)만은 서서 받아 마시게 하는 것이 옳을 것입니다" 하였다. 그러자 임금이 다시 좌의정 황희·우의정 맹사성과 더불어 같이 의논하게 하니 모두 아뢰기를,

> "진평대군(晉平大君) 이유(李瑈) 이하의 모든 종친이 사신에게 술을 따라 올린 뒤에 효령대군(孝寧大君) 이보(李補)에게도 읍례를 행하고 무릎 꿇고 바치며, 효령은 그냥 서서 받아 마시고 나면, 또 읍례를 행하고, 나머지 종친들은 다만 서로 읍례만을 행하게 하며, 효령이 술을 따라 권할 때에는 모든 종친들도 또한 이와 같이 하며, 관반(館伴)[60]은 효령대군 이하 모든 종친에게 읍례만을 행하고 무릎은 꿇지 않게 하며, 모든 종친들이 술을 따라 권하는 예절도 또한 같게 하소서. 좌차(座次)에 있어서는 효령(孝寧)·진평(晉平) 및 안평대군(安平大君)은 동벽(東壁)으로 하고, 경녕군(敬寧君)·공녕군(恭寧君) 이하 모든 종친은 서벽

57 『세종실록』 권48, 세종 12년 5월 丙辰(17일).

58 『청권집유』 續5輯, '月出山 無爲寺 極樂殿 墨書銘', 1983년 6월, 極樂殿補修 공사중 上樑文이 발견됨.

59 『세종실록』 권48, 세종 12년 6월 乙未(26일).

60 漢陽에 머물고 있는 외국 사신을 접대하기 위해 임시로 임명하는 정3품 벼슬.

(西壁)으로 하되, 효령대군의 자리에 대하여 약간 아래로 내려서 하고, 오직 신의군(愼宜君)·순성군(順成君)은 동벽의 대군들 아래에 자리하되, 약간 뒤로 정하게 하소서"[61]

하였다. 추석(秋夕)을 앞 둔 8월 13일에는 이천에 있는 양녕대군에게 고기를 내려 보냈다. 그리고 추석을 지내고 23일에는 효령대군(孝寧大君) 이보(李補)와 예조판서 신상(申商)·우부대언 윤수(尹粹) 등에게 명하여 헌릉(獻陵)으로 뚫린 고갯길을 폐색(閉塞)하는 것이 좋을지, 개방(開放)하는 것이 편의할 지의 여부를 현장 답사해서 살펴보게 하였다.[62]

9월 12일에는 부왕(父王) 태종대왕의 둘째 사위이며 대군(大君)과 임금에게는 매부(妹夫)인 조대림(趙大臨)이 별세하였다. 조대림의 자(字)는 겸지(謙之), 개국공신(開國功臣) 문충공(文忠公) 조준(趙浚)의 아들이다. 태종 2년 생원시에 합격하고 이듬해 효령대군 8세 때에 대군의 누이 경정공주(慶貞公主)와 결혼, 태종 6년 평양군(平壤君)에 봉해졌다. 태종 10년에는 명(明)의 북방 평정을 하례하는 사절로 북경에 다녀왔고, 태종 19년에는 사은사(謝恩使)로 다시 갔다. 세종 4년 평양부원군(平壤府院君)이 되었는데, 이에 병사하니 향수 44세이었다. 천성이 겸허(謙虛) 근신(謹愼)하였다고 한다. 임금이 부음을 듣고 3일간 조회를 정지하고, 쌀·콩 아울러 70석, 종이 2백권을 부의로 내리고, 시호(諡號)를 '강안'(康安)이라 내리니, 온공(溫恭) 유화(柔和)하여 화락함을 즐기는 것을 '강'(康), 너그럽게 용납하고 화평스러운 것을 '안'(安)이라 이른다. 1남 4녀를 두니 아들은 무영(武英)이다.[63]

---

61 『세종실록』 권49, 세종 12년 7월 戊辰(30일).

62 『세종실록』 권49, 세종 12년 8월 辛卯(23일).

63 『세종실록』 권49, 세종 12년 9월 庚戌(12일), '平壤府院君 趙大臨의 卒記'

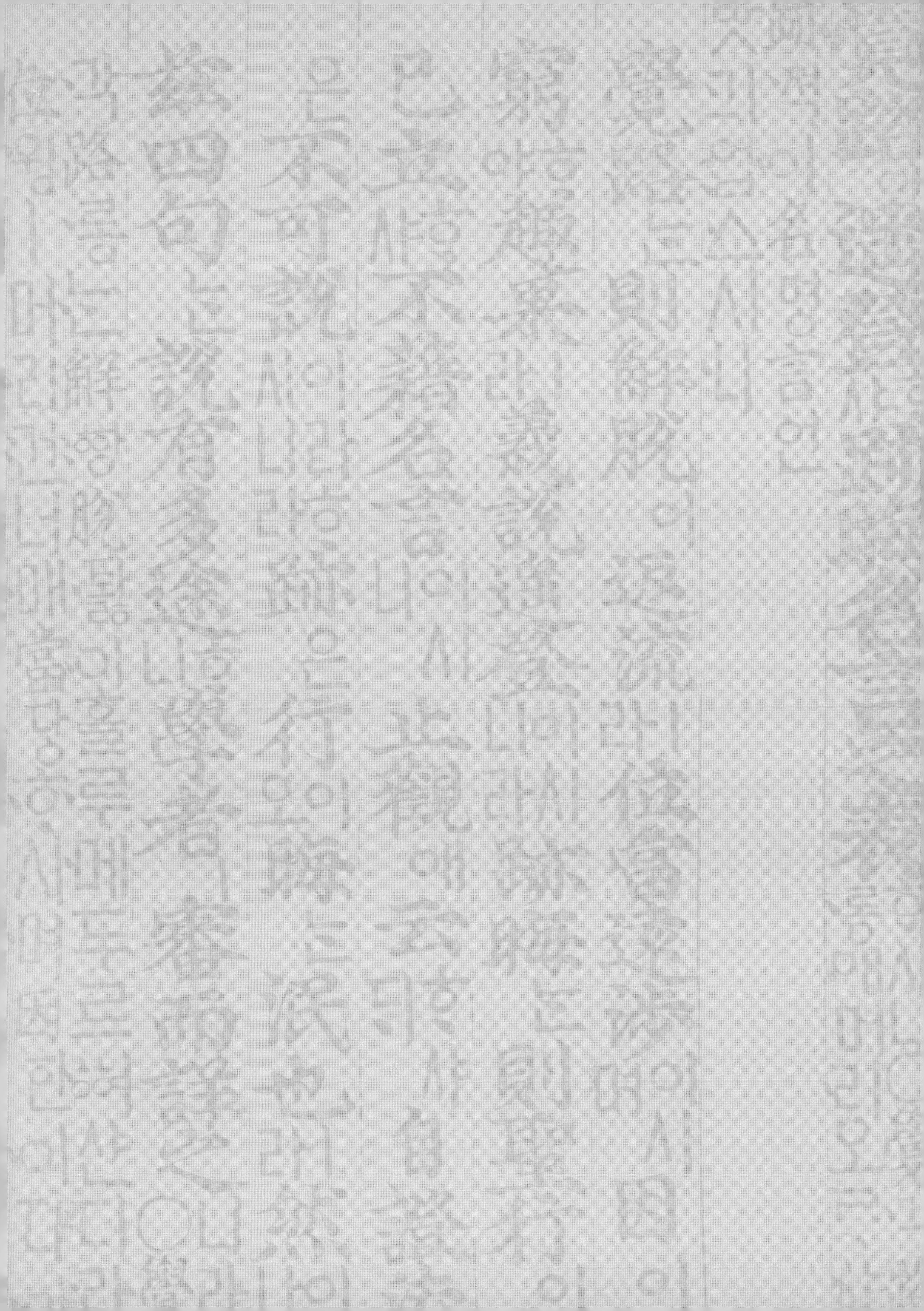

9

'蘂城府夫人'의 爵號와 한강 水陸齋

효령대군 35세, 9월 ~ 37세, 12월

한편 이 해(세종 12년) 가을 9월에는, 효령대군(孝寧大君)께서 전라남도 강진(康津) 만덕산(萬德山;陶岩面 萬德里) 백련사(白蓮寺) 중창(重創)에 대공덕주(大功德主)가 되시어 지난날의 행호(行乎) 큰 스님을 적극 지원, 7년간에 걸친 대불사(大佛事)에 이바지하였다.[1]

11월 22일에는 효령대군(孝寧大君) 이보(李補)에게 명하여, 임금의 화상(畵像)과 『선원록』(璿源錄)을 새로 건축한 선원전(璿源殿)에 모시게 하였다.[2] 그런데 같은 날, 임금과 대군의 스승이던 전 판서 이수(李隨)의 아내인 신씨(申氏)가 상서하기를, "일찍이 한양에 살면서 환곡(還穀)으로 쌀 26석을 대출하여 남편과 부모의 초상(初喪)을 치르는 데 썼는데, 집이 가난하여 아직 갚지 못하고 있다가 계속 독촉을 받자와 이번에 갚고자 지방으로 나가서 주(州)의 창고에 바치려 하오니 허락하여 주소서" 하매, 임금이 그를 딱하게 여기어 징수하지 말라고 명하였다.[3]

---

1 본 책 2권(11장) 50쪽의 주24)·25)를 참조.

2 『세종실록』 권50, 세종 12년 11월 己未(22일).

3 『세종실록』 권50, 위와 같음.

그로부터 일주일이 지난 29일에는 이조(吏曹)에서 정식으로 종친부(宗親府)의 설치를 건의하였는데,

"과거에는 종부시(宗簿寺)가 중앙에 있는 제군부(諸君府)에 예속되어 부중(府中)의 모든 물품을 겸장(兼掌)했었으나, 지금은 본시(本寺)가 따로 하나의 관청이 되어 오로지 규찰(糾察)을 관장하고 있으므로, 본부(本府)에는 소속된 관료가 없게 되었습니다. 그러니 지금부터는 중앙에 있는 제군부(諸君府)를 종친부(宗親府)라고 명칭을 고치고, 소속 관료를 설치하여 이를 전첨사(典籤司)라 하고, 전첨(典籤) 1인을 정4품으로, 부전첨(副典籤) 1인을 종5품으로 하되, 사무가 간단한 각 관청의 봉급 받는 관리 가운데서 같은 계급으로 겸임하게 하고, 녹사(錄事) 1인은 종8품으로, 부녹사(副錄事) 1인은 종9품으로 하되, 사무가 간단한 공신도감(功臣都鑑)의 승(丞)과 녹사(錄事) 1인씩을 전임(轉任)시키어 모든 사무를 관장하게 하옵소서"[4]

하니, 임금이 곧 윤허하여, 이후 종친에 관한 사무는 종친부(宗親府)에서 총괄(總括) 전담하게 되었다.

12월 3일에는 이제(李禔)를 양녕대군(讓寧大君), 이보(李補)를 효령대군(孝寧大君), 이유(李瑈)를 진평대군(晉平大君), 이용(李瑢)을 안평대군(安平大君), 이구(李璆)를 임영대군(臨瀛大君), 이비(李䄄)를 경녕군(敬寧君), 이인(李䄄)을 공녕군(恭寧君), 이농(李襛)을 근녕군(謹寧君), 이정(李裎)을 온녕군(溫寧君), 이우(李衦)를 후령군(厚寧君), 이치(李袳)를 익녕군(益寧君)으로 각각 삼았는데, 임금의 친아들과 친형제를 정1품(正一品)에 임명하고 산관(散官)[5]에 쓰지 아니하는 것이 이 때부터 시작되었다.[6]

한편, 종학(宗學)을 세우는 등 평소 종친의 교육에 힘쓰던 세종은 12월 10일에는

4 『세종실록』 권50, 세종 12년 11월 丙寅(29일).

5 벼슬의 品階, 곧 職位만 있고 일정한 職務가 없이 俸祿만 받는 벼슬.

6 『세종실록』 권50, 세종 12년 12월 己巳(3일), 李祉는 윤12월 14일(庚戌) 추가로 惠寧君에 封해짐

주자(鑄字)로 인쇄한 『고문선』(古文選)을 문신(文臣) 뿐 아니라 종친에게도 내리게 하였다.[7] 그런데 이 무렵, 새해가 되면 왕세자(王世子)가 18세가 되어 장가갈 때가 되었으므로 14일에는 왕세자 가례색(嘉禮色)을 설치하고 중앙과 지방에 결혼 금지령을 내렸다. 윤12월 초하루에는 임금이 종친들을 데리고 내전(內殿) 뜰에서 격구(擊毬)를 하였다. 그리고 닷새 후에는 중궁(中宮)이 어머니 안씨(安氏) 집에 가서 헌수(獻壽)를 하니 친족의 여러 부녀들이 시연(侍宴)하였는데, 이 전까지는 안씨가 죄인 심온(沈溫)의 아내였으므로 가지 못하다가 지난번부터 가게 된 것이었다.

윤12월 6일에도 임금이 효령대군(孝寧大君) 등 종친들과 격구를 하고, 22일에는 임금이 백관을 거느리고 문소전(文昭殿)[8]에서 제사를 드렸는데, 왕세자가 아헌(亞獻)을 하고 효령대군(孝寧大君) 이보(李補)가 종헌(終獻)하였다. 제사가 끝난 후 임금이 문소전 안에 붙인 춘첩자(春帖子)[9]를 보고 승정원에 명하기를, "상서(祥瑞)를 맞이하는 시(詩)로 된 입춘(立春)을 축(祝)하는 글씨의 내용은 모두 나에게 해당한 것인데, 선조의 전각(殿閣)에다 붙이는 것은 타당하지 못하니 예조로 하여금 토의하여 올리게 하라"고 하였다.[10] 23일에는 백관을 거느리고 광효전(廣孝殿)[11]에서 제사를 드렸다. 연말이 닥아오매 25일에는 사정전(思政殿)에서 효령대군(孝寧大君) 이보(李補)를 모신 가운데 종친들에게 연회를 베풀었다.[12]

다시 해가 바뀌어 신해(辛亥, 1431)년 새해가 되었다. 세종 즉위 13년째, 대군의 춘추 36세이고, 양녕 형님은 38세였다. 1월 1일, 구랍(舊臘)에는 양녕대군도 이천에서 올라와 아직 대궐에 머물렀더니, 초하룻 날부터 지평(持平) 허후(許詡)가 양녕대군의 대내(大內)

---

7 『세종실록』 권50, 세종 12년 12월 丙辰(10일).

8 대군의 할머니 神懿王后 韓氏의 位牌를 모신 祠堂, 1396년에 처음 짓고 仁昭殿이라 했는데, 태종 8년 文昭殿이라 고치고 세종 18년에는 태조와 태종도 함께 모셨다.

9 立春날에 대궐 안 기둥에 써 붙인 賀禮詩.

10 『세종실록』 권50, 세종 12년 윤12월 戊午(22일).

11 太宗대왕과 元敬王后의 魂殿.

12 『세종실록』 권50, 세종 12년 윤12월 辛酉(25일).

유숙(留宿) 허용의 불가함을 아뢰었다. 그리고 뒤를 이어 정언(正言) 최수(崔脩)도 소(疏)를 올리매, 양녕대군은 그 날로 이천으로 돌아갔다.[13]

21일에는 종친부(宗親府)에서 종학에서의 잡사를 담당할 전첨사(典籤司)의 설치와 그 관장에 대해 건의하여,

> "일찍이 전지를 내리시어, '종학에 입학한 종친으로서 부모와 처자의 질병을 고해 오면 휴가를 주고, 이내 의원(醫員)을 파견하여 그 진위(眞僞)를 조사하게 하라'고 하셨는데, 그러하오나 상항(上項)의 이유로 일시에 고장(告狀)을 제출한 자가 자못 많사오니, 이제부터는 입학 첫 날엔 종학에 고장을 내게 하고, 그 뒤엔 예궐(詣闕)하여 (이를 고해서)휴가를 청하게 할 것이며, 또 본부(本府)에서는 규찰 임무를 전장(專掌)하고 있기 때문에 이조(吏曹)에서 교지를 받고, 또한 전첨사(典籤司)를 설치하여 잡물(雜物)을 관장케 하였사오니, 청하옵건대 이제부터 종친으로서 예(禮)를 어겼거나 법을 범하는 등의 일은 본부에서 관장하고, 그 나머지 월말 또는 10일에 한 차례씩 계달하는 출석의 근만(勤慢)과 읽은 글의 통부(通否), 그리고 종학 안의 잡사(雜事)는 모두 전첨사로 하여금 관장하게 하옵소서"[14]

하니, 그대로 따랐다.

3월 5일에는 종학에 전지하기를, "이제부터 종친으로서 금령(禁令)을 다섯 번 범한 자와 강독(講讀)에 세 번 불통(不通)한 자는 병과(竝科)로 벌(罰)을 주고, 3개월 마다 잡고(雜故)를 통산하여 가장 많은 자는 그의 구사(丘史)를 거두어 들이도록 하라" 하였다.[15] 13일에는 효령대군(孝寧大君) 이보(李補)·진평대군 이유(李瑈)·안평대군 이용(李瑢)·임영대군 이구(李璆)와 죽성군(竹城君) 안맹담(安孟聃;世宗 駙馬 延昌尉, 貞懿公主) 등에게는 각각 강축(杠軸)[16] 두 개씩을 내리고, 경녕군(敬寧君) 이하 종친에게는 각기 한 개씩을 내

---

13 『세종실록』 권51, 세종 13년 1월 丙寅(1일).

14 『세종실록』 권51, 세종 13년 1월 丙戌(21일).

15 『세종실록』 권51, 세종 13년 3월 己巳(5일).

16 사람이 밀고 끌던 대형 수레. 당시에 주로 明에서 수입하였다.

려주니, 대개 스스로 귀티나게 가까운 행차에 사용하게 하고자 함이었다.[17]

그리고 17일에는 춘추관(春秋館)에서 마침내 『태종실록』(太宗實錄)을 편찬하여 올리니 모두 36권인데, 춘추관에서 『태종실록』을 올리고 3일쯤 지나서 임금이 실록(實錄)을 열람하는 것에 대한 논의가 있었다. 세종으로서는 누구보다도 『태종실록』의 내용이 궁금하고 보고 싶었으리라. 임금이 말하기를,

> "전대(前代)의 제왕들은 선왕(先王)의 실록(實錄)을 친히 보지 않은 자가 없는 것 같은데, 태종께서는 『태조실록』(太祖實錄)을 보지 않으시매, 이 때 하륜(河崙) 등은 이를 보시는 것이 옳다고 말하고, 변계량(卞季良)은 보시지 않는 것이 옳다고 말하여, 태종께서는 계량의 논의를 따랐던 것인데, 이제 『태종실록』(太宗實錄)을 춘추관에서 이미 그 편찬을 마쳤으니, 내가 이를 한번 보려고 하는데 어떤가."

하니, 우의정 맹사성(孟思誠)·제학(提學) 윤회(尹淮)·동지총제 신장(申檣) 등이 아뢰기를,

> "이번에 편찬한 실록은 모두 가언(嘉言)과 선정(善政)만이 실려 있어 다시 고칠 것도 없으려니와 하물며 전하께서 이를 고치시는 일이야 있겠습니까. (그러하오나)전하께서 만일 이를 보신다면 후세의 임금이 반드시 이를 본받아서 고칠 것이며, 사관(史官)도 또한 군왕이 볼 것을 의심하여 그 사실을 반드시 다 기록하지 않을 것이니 어찌 후세에 그 진실함을 전하겠습니까"

하매, 임금이 "그럴 것이다"[18] 하였다. 4월 25일에는 예문관(藝文館) 검열(檢閱) 김문기(金文起)를 보내어 『태조실록』(太祖實錄)·『공정실록』(恭靖實錄;定宗實錄)·『태종실록』(太宗實

---

17 『세종실록』 권51, 세종 13년 3월 丁丑(13일).

18 『세종실록』 권51, 세종 13년 3월 甲申(20일).

錄)을 충주 사고(忠州 史庫)에 봉안(奉安)하였다.[19]

최근 대한민국 정부의 국가기록원 대통령기록실에 응당 보관되어 있어야 할 '남북 정상간의 대화록'이 없어졌다고 야단법석인 요즘, 조선시대에는 사관(史官)의 기록, 사초(史草)·실록(實錄)이 얼마 만큼 중요시되었는가를 말해주는 대목 또 하나를 소개한다. 5월 17일에는 춘추관(春秋館)에서 사관(史官)의 사초(史草)를 당대(當代)에 수납하는 일이 없게 해달라고 주청한 바, 춘추관에서 아뢰기를,

> 사관(史官)의 사초(史草)는 임금의 잘잘못과 재상들의 어질고 어질지 않음과 현시 정치의 아름다운 것과 악한 것을 기록하는 것입니다. 만약 당대(當代)에서 그 사초를 거두어 들인다면 착하고 밝으신 임금의 시대에 있어서 비록 의심할 만한 것은 없을지라도, 그러나 펴보실 때에 혹은 사초 때문에 죄를 받을 것을 두려워하여 사관이 드디어 직필(直筆)로 일을 기술(記述)하는 자가 없을 것이니, 마땅히 당대에서 수납(收納)하는 일이 없게 하소서. 그리고 징은금고(徵銀禁錮)의 법은, 청컨대 다시 의논하게 하소서"

하니, 이를 곧 상정소(詳定所)에 내렸다.[20] 한편 8월 14일에는 춘추관에서 사초(史草)를 잃어버린 사람에 대한 조치에 대해 아뢰었는데, "지금부터 사초(史草)를 잃어버린 사람에게는 은(銀) 20냥쭝을 징수하고 다시는 서용(敍用)하지 않으며, 그 자손으로서 전해 받아 잃은 사람에게도 또한 위의 항목에 의거하여 시행케 하소서" 하니, 그대로 따랐던 것이다.[21]

6월 초하룻날에는 임금이 효령대군(孝寧大君)과 더불어 종친들이 활 쏘는 것을 구경하고, 이튿날에도 경회루 아래에 나가서 효령대군 이보(李補) 이하 여러 종친들에게 활을 쏘게 하고, 끝난 후에는 내구마(內廐馬) 20필을 나누어 주었다.[22] 6일에도 경회루 아래에

---

19 『세종실록』 권52, 세종 13년 4월 己未(25일).

20 『세종실록』 권56, 세종 14년 5월 甲戌(17일).

21 『세종실록』 권57, 세종 14년 8월 庚子(14일).

22 『세종실록』 권52, 세종 13년 6월 甲午(2일).

거둥하여 종친들이 과녁에 활 쏘는 것을 구경하였다. 그리고 13일에도 경회루에서 종친들이 과녁에 활 쏘는 것을 구경하였는데, 차등 있게 물품도 하사하고, 또 군사들로 하여금 인형[塑]을 희롱하여 매질하는 것도 익히게 하였다.[23]

그런데 새로 종친부(宗親府)를 설치한 후에도 전첨사(典籤司)는 소속된 바가 없어서 고찰하여 포폄(褒貶)하는 곳이 없었으므로, 이조(吏曹)에서 아뢰기를, "청컨대 (전첨사(典籤司)는)본조에 붙여서 종부시(宗簿寺)의 예에 의하여 본시(本寺) 제조(提調)와 더불어 등제(等第;등급)를 같이 의논하게 하옵소서" 하니, 그대로 따랐다.[24] 그러나 한 달쯤 후, 효령대군(孝寧大君) 이보(李補)와 경녕군(敬寧君) 이비(李褔)가, 전첨사가 소속된 바가 없다고 하여 이조(吏曹)에 붙이는 것에는 문제가 있음을 들어 통첩(通牒)의 양식에 대해 아뢰기를,

> "이 앞서 전첨사(典籤司)에서 육조 낭청(六曹郎廳)에 대하여 의정부 사인사(舍人司)의 예에 의거해서 관문(關文)으로 통첩하였더니, 이제 이조(吏曹)에서 본부[宗親府]를 이조의 소속(所屬)이라고 하며 관자(關子)를 쓰지 말고 정장(呈狀)이라 하라고 하였는데. 그러나 당상(堂上)에게 의논을 합한 말[합의한 바]도 없는데 마음대로 정장이라고 함은 옳지 못하며, 만약 당상에게 의논을 합하는 말을 기록한다면 정장하는 예가 없으니, 의정부(議政府) 사인(舍人)의 사례(司例)에 의하여 시행하게 하옵소서"

하니 임금이 명(命)하여, "이조(吏曹)에 소속(所屬)시키지도 말고, 또 포폄(褒貶)하지도 말라"고 하였다.[25]

8월 어느 날에는 마침 중국 사신이 와서 머물고 있는 중에, 임금이 마음도 번거로운데다 내시들은 복잡한 사연을 밖에 일일이 정확하게 전하지 못할 것 같으므로 전지하

---

23 『세종실록』 권52, 세종 13년 6월 乙巳(13일).

24 『세종실록』 권52, 세종 13년 6월 乙卯(23일).

25 『세종실록』 권53, 세종 13년 7월 己丑(27일).

여, 좌대언(左代言) 김종서(金宗瑞)로 하여금 밤낮으로 공소(公所)에 머물면서 임금의 말을 밖에 전하게 하였다. 그래서 드디어 종서(宗瑞)를 불러들여 말하는 중에, "(중략)내가 30살 전에 매던 허리띠가 모두 헐거워졌으니, 이것으로 허리 둘레가 줄어진 것을 알겠는데, **내 나이가 이제 서른 셋(33세)인데,**[26] 빈모(鬢毛) 두 오락이 갑자기 희어졌으므로 곁에 모시는 아이들이 놀라고 괴이히 여겨 뽑고자 하기에, 내가 말리며 말하기를 '병이 많은 탓이니 뽑지 말라'고 하였다. 나의 쇠함과 병이 전에 비해 날마다 더욱 심하니 경은 그런 줄을 알라" 하였다.[27]

10월 17일에는 이조(吏曹)의 건의에 따라, 종실(宗室)의 딸을 군주(郡主)·현주(縣主)라 칭하기로 하였는데, 이는 그동안 왕녀(王女)는 공주(公主)·옹주(翁主)라 일컬은데 비해 종실 딸에게는 칭호가 없어 예제(禮制)에 어긋나므로, 고제(古制)를 상고해서 그렇게 한 것이었고, 다만 종실이지만 소원한 사람은 임금의 특지(特旨)가 있어야만 주게 하였다.[28] 그리고 이튿날에는 임금이 장전(帳殿)에 나아가 양녕대군(讓寧大君) 이제(李禔)를 불러 보고 이어서 연회를 베풀었다. 왕세자와 효령대군(孝寧大君) 이보(李補) 이하의 여러 종친이 입시하였는데, 제(禔)에게는 말과 매를 내려주었다. 그런데 이 날 아침에 승정원에 전지하기를 "진헌(進獻)의 큰 일에 관계되는 외에는 일체 공사는 계달하지 말도록 하라" 고 미리 일러두었고, 그래서 대간이 비록 왔지만, 또한 아뢰지 말도록 한 까닭으로 대간의 상소도 모두 아뢰지 못하게 되었다.[29]

11월 19일에는 임금이 황희·맹사성·권진·허조 등 중신들을 불러 의논하는 중에, "종학(宗學)의 종친에게 일찍이 유사(有司)를 두었으니 경녕군(敬寧君)이 이 사람인데, 나는 생각하기를 친척 사이에 유사라고 일컬으면서 그 과실(過失)을 기록하여 서로 꾸짖

---

26 지금까지 世宗은 효령대군과 連年生으로, 태조 6(丁丑, 1397)년 4월 10일 출생으로 알려져 왔는데, 세종 13(辛亥, 1431)년에 스스로 33세라고 말한 것을 보면 태조 7(戊寅, 1398)년 출생이라야 옳다(뒤 2권(11장) 51쪽의 주28)과 1권 285쪽의 「권말 부록 2」를 아울러 참조).

27 『세종실록』 권53, 세종 13년 8월 庚戌(18일).

28 『세종실록』 권54, 세종 13년 10월 戊申(17일).

29 『세종실록』 권54, 세종 13년 10월 己酉(18일).

는다면 혐의가 일어날까 두려우므로 일찍이 종부시(宗簿寺)에 교지를 전하기를, '지금부터는 종학에는 종친의 유사를 없애고 종학 안의 일은 교관(敎官)이 살피고, 종학 밖의 일은 종부시에서 살피도록 하라'고 했는데, 내가 다시 생각해 보니, 종학 안에서 과실을 기록하는 것도 교관의 할 일은 아니니, 그렇다면 유사를 정하든지 정하지 아니하든지 이를 어떻게 처리하면 좋겠는가" 하니, 황희 등이 말하기를 "엄한 스승의 매질과 사랑하는 어머니의 꾸지람은 다만 그 은혜만 보일 뿐이며, 그 원수되는 일은 보이지 않는 법인데, 종학 안의 유사는 또한 착한 일을 하도록 권장하고 은혜를 상하게 하지는 않을 것이니 마땅히 그대로 두었다가 폐단이 생기는 것을 기다려 혁파하더라도 늦지는 않을 것입니다"[30] 하였는데, 이 의논에서 종학의 사무총장격인 유사에 경녕군(敬寧君) 이비(李裶)를 임명한 것을 보면, 그가 여러 왕자 중에 똑똑하기도 하지만, 부왕 태종에 이어 이복형인 세종 또한 매우 그를 아꼈던듯하다.

한 해가 다 끝날 무렵인 12월에는 효령대군(孝寧大君)이 탐오죄에 연루되었다는 모함(謀陷)으로 잠시 사헌부의 탄핵을 당할뻔한 것을, 임금의 전지(傳旨)로 모면한 일이 있었다. 즉 사헌부(司憲府)에 전지(傳旨)하기를, "김사신(金士信)이 일찍이 여연(閭延)의 수령(守令)으로 있을 적에 토표(土豹) 가죽을 효령대군(孝寧大君) 이보(李補)에게 보내었으나, 대군이 받지 않고 돌려보냈었는데, 지금 사헌부에서는 사신이 '대군이 이미 받았지만 일이 발각되니 이에 돌려보냈다'는 말만 믿고 대군을 두 번이나 탄핵했다고 하니, 대군이 비록 그것을 받았다고 해도 마땅히 벌을 주어서는 안될 것인데, 하물며 받지도 않았다고 하는데, 더구나 대군의 말은 믿지를 않고 김사신(金士信)[31]의 말만 믿으니 더욱 옳지 못하구나. 다시는 묻지 말라"고 하였던 것이다.[32] 섣달 28일에는 임금이 효령대군(孝寧大君) 등 종친들을 모아 나례(儺禮)를 구경한 후 조촐한 연회를 베풀었다.

임자(壬子)년 새해가 밝으니, 세종 즉위 14년. 서기로는 1432년이다. 초하룻날 임금이

---

30 『세종실록』 권54, 세종 13년 11월 庚辰(19일).

31 金士信은 이듬해 6월, 官物 착복과 뇌물 贈與罪로 杖1백대와 流3천리 및 刺字刑으로 治罪되었다.

32 『세종실록』 권54, 세종 13년 12월 丙申(5일).

왕세자와 효령대군(孝寧大君) 등 종친과 여러 신하들을 거느리고 망궐 하례(望闕 賀禮)를 거행하였다. 그런데 이 날은 일식(日蝕)이 있을 것이라고 하여 악부(樂府)는 베풀어 놓기만 하고 잡히지는 아니하였고, 그래서 본조(本朝)의 하례도 정지하였다.

정월 대보름을 지내고 이튿날에는 왕자 이여(李璵) 등에게 벼슬을 제수하고, 종실 명부(命婦)의 작명(爵名)을 고쳐 결정하였다. 즉, 왕자 이여(李璵)로 광평대군(廣平大君)을 삼고, 이무생(李茂生)은 원윤(元尹)을 삼았는데, 이보다 앞서 종실 대군(大君)의 아내를 삼한 국대부인(三韓 國大夫人), 부원군(府院君)과 제군(諸君) 및 공신(功臣)의 아내는 모두 아무개[某] 한국 대부인(大夫人)이라고 일컬었었다. 그러나 신하의 아내를 국(國)을 붙여 일컫는 것은 온당치 못하므로 일찍이 상정소에 명령하여 옛 제도를 상고하게 하였더니, 이에 의논하여 아뢰기를,

> "종실 명부(宗室 命婦)로서 정1품의 처(妻)는 모부(某府)부인(夫人)이라 일컫고 도호부(都護府) 이상의 관호를 사용하며, 종1품의 처는 모군(某郡)부인이라고 일컫고, 정·종2품의 처는 모현(某縣)부인이라고 일컬으며, 정·종3,4품의 처는 예전대로 신인(愼人)·혜인(惠人)이라고 일컬으며, 공신의 명부로서 정1품의 처는 모군부인이라 일컬으며, 정·종2품의 처는 모현부인이라 일컫고, 문무관 각 품의 처는 예전대로 할 것이며, 다만 2품 이상의 처에게 3품 이하의 처의 예에 좇아 이조에서 직첩을 주는 것은 온당하지 아니하니, 이조에서 여러 사람의 논의에 서명해서 합하여 계문(啓聞)하고 임금이 임명하게 하며, 또 위에서 말한 종실·공신·문무 2품 이상의 수절(守節)한 적모(嫡母)로서 옛 제도에 따라 아들의 직위로 인하여 가작(加爵)하는 이에게는, '대'(大) 자(字)를 더하도록 하소서"[33]

하니, 명부(命婦)의 작명(爵名)을 이 때 이르러 고쳐 결정한 것이었고, 이에 따라 **대군(大君)의 부부인(府夫人) 정씨(鄭氏)도 이 때부터 작호(爵號)를 '예성부부인'(蘂城府夫人)이라 칭하게 되었다.**

---

33 『세종실록』 권55, 세종 14년 1월 丙子(16일).

2월에는 형조(刑曹)에 전지(傳旨)하기를, "종친(宗親)의 자손으로서 공천(公賤)이나 사천(私賤)인 첩(妾)의 소생(所生)은 비록 기한 전일지라도 속신(贖身)의 절차를 거치지 않고 모두 양민(良民)의 신분이 되게 하라"고 하였다.[34]

2월 14일에는, **효령대군(孝寧大君) 주장(主掌)으로 수륙재(水陸齋)[35]를 7일 간에 걸쳐 한강(漢江)에서 성대하게 개설하였다.** 임금이 직접 향(香)을 내려주고, 삼단(三壇)[36]을 쌓아 승려 1천여 명에게 음식 대접을 하며 모두 보시(布施)를 주고, 길 가는 행인에게 이르기까지 음식을 대접받지 않는 자가 없었다. 날마다 백미(白米) 두어 섬을 강물 속에 던져서 물고기들에게도 먹이를 베풀었다. 나부끼는 깃발과 일산(日傘)이 강을 덮었으며, 북소리와 종소리가 하늘을 뒤흔드니 서울 안의 선비와 부녀(婦女)들이 구름 같이 모여들었다. 양가(良家)의 부녀들도 또한 더러는 맛좋은 음식을 장만하여 가지고 와서 공양(供養)하였다. 불가(佛家)의 풍속에는 남녀가 뒤섞여서 구별이 없었다. 전 판관(判官) 길사순(吉師舜)이 글을 올려 (중지할 것을)간(諫)하였으나 듣지 아니하였다.[37]

4월 3일, 이 날에는 비도 많이 왔는데, 임금이 면류관과 곤룡포(袞龍袍) 차림으로 여러 신하들을 거느리고 제향(祭享)을 친행(親行)하매, 왕세자가 아헌(亞獻)하였다. 대궐에 돌아와 경회루(慶會樓) 아래에서 음복연(飮福宴)을 베푸니, 왕세자와 효령대군(孝寧大君) 등 종친들이 시연(侍宴)하였다. 드디어 종친들의 활 쏘는 것을 관람하고, 의정부의 여러 집사(執事)들에게도 연회를 베풀었다.[38] 7일에는 양녕대군(讓寧大君) 이제(李禔)가 이천으로부터 와서 뵈니, 경회루 아래에서 연회를 베풀어 위로하고, 효령대군(孝寧大君) 등 종친들로 하여금 활을 쏘게 하다가 밤이 되어서야 폐회하였다.[39]

---

34 『세종실록』 권55, 세종 14년 2월 辛丑(12일).

35 물과 육지에서 떠돌아 헤매는 영혼을 위로하기 위해 올리는 불교 의식의 하나.

36 佛敎의 三施의미로 세개의 壇을 쌓고 중에게 음식 대접한 것을 말하는데, 三施란 金錢·衣服·飮食등의 財施와, 설교의 法施, 병자나 고독한 사람을 위로해 주는 無畏施의 세 布施를 말함.

37 『세종실록』 권55, 세종 14년 2월 癸卯(14일).

38 『세종실록』 권56, 세종 14년 4월 辛卯(3일).

39 『세종실록』 권56, 세종 14년 4월 乙未(7일).

그런데 이즈음에 명나라 사신 창성(昌盛)·윤봉(尹鳳)이 와서 머물고 있었는데, 6월 2일에는 창성이 모시[紵絲] 8필을 임금에게 진상하고, 중궁(中宮)과 동궁(東宮)에게 각 7필씩, 빈궁(嬪宮)에는 6필을 바치고, 효령대군(孝寧大君) 이보(李補)·진평대군(晉平大君) 이유(李瑈)·안평대군(安平大君) 이용(李瑢)·임영대군(臨瀛大君) 이구(李璆)에게 각 2필씩을 증여(贈與)하였다. 그리고 윤봉은 따로 모시 4필을 진상하고, 중궁·동궁·빈궁에게는 각각 2필씩을 바치고, 효령·진평·안평·임영대군에게 각 2필씩 증여하였다.[40] 7월 27일에는 임금이 양녕대군에게 향온(香醞)과 소주(燒酒)를 내려 보냈다.

추석 대보름 날에는 임금이 경회루(慶會樓) 아래에 나아가서 양녕(讓寧)·효령(孝寧)의 두 형님을 모신 가운데, 여러 종친들이 투호(投壺)하는 것을 구경하고 이내 연회를 베풀어 밤중이 되어서야 파하였다.[41] 이처럼 양녕이 대궐에 들어와 모처럼 즐기고 가매, 신하들의 상소가 또 없을 수 없었다. 바로 이튿날 먼저 사간원(司諫院)에서 상소하고, 이어서 대사헌 신개(申槪) 등이 상소하기를, '전하께서는 대효(大孝)를 따르시고 사은(私恩)을 억제해 끊으셔서 다만 존문(存問)만을 통하고 그 왕래를 끊는다면, 제(禔)의 남은 수명도 보전되어 지성으로 우애하여 길이 세상을 마칠 수 있을 것이니, 종사(宗社)에 매우 다행이겠다'는 요지로 아뢰니, 임금이 말하기를 "진부(陳腐)한 말들을 주워 모아서 소(疏)로 써서 올리니, 전후에 올린 장소(章疏)를 모두 다 불태워라" 하였다. 이에 안숭선(安崇善)·정갑손(鄭甲孫) 등이 아뢰기를, "대간(臺諫)의 말은 일찍이 옳지 않은 것이 없으며, 성상께서 윤허하지 않으시는 것도 또한 옳지 않은 것이 없사온데, 어찌 간(諫)하는 소(疏)를 불태워서 뒷 세상의 평판을 끼치겠습니까. 비록 이 소(疏)를 불태우시더라도 사관(史官)이 모두 또 이를 쓸 것이니, 무엇이 이익이 있겠습니까" 하니, 임금이 말하기를 "그렇도다"고 하였다.[42]

10월 10일에는 예조판서 신상(申商)이 남계영에게 사유(師儒)의 직임을 줄 것을 임금

---

40 『세종실록』 권56, 세종 14년 6월 己丑(2일).

41 『세종실록』 권57, 세종 14년 8월 辛丑(15일).

42 『세종실록』 권57, 세종 14년 8월 壬寅(16일).

께 아뢰었는데, 전 감찰(監察) 남계영(南季瑛)은 효령대군(孝寧大君) 이보(李補)의 아들을 가르친 인물이었다. 신상이 아뢰기를, "전 감찰 남계영은 경사(經史)를 배워서 통달한지라 그의 교훈을 받은 자 1백여 명이 본조(本曹)에 글월을 올려 고하기를, '계영(季瑛)에게 사유(師儒)의 직임을 주기 바란다' 고 하였으나, 신이 일찍이 계영의 과실(過失)을 들어 전하께 여쭌 일이 있으므로 감히 아뢰지 못할 뿐이옵니다" 하니, 임금이 말하기를,

> "남계영을 일찍이 효령대군에게 붙여서 대군의 아들을 가르친 바 있었는데, 그래서 대군이 나에게 그를 서용(敍用)하기를 청한 적이 있었다. 그러나 내가 말하기를 '(계영이)모친상을 당한지 3년 안에 장가를 들었으매, 선비로서의 행실이 모자란다'고 했었다. 그 때 계영이 스스로 말하기를, '아버지의 분부 때문에 부득이 장가를 들은 것이며, 저의 본심은 아니었다'고 했지마는, 그러나 의리로서 굳게 사양하였다면 아버지인들 어찌 억지로 할 수 있었겠는가. 가령 아버지의 분부라서 거역하지 못하였다고 한다면, 아버지인들 또한 어찌 국법을 어기면서 그 아들의 상기(喪期)를 제마음대로 줄이게 하였겠는가. 계영(季瑛)은 비록 훈고(訓詁)의 작은 재주는 있지만 모름지기 효행(孝行)이 없으니 어찌 천용(薦用)하여 풍화(風化)를 더럽힐 수 있겠는가."[43]

하였다.

11월 5일에는 임금이 효령대군(孝寧大君)과 종친(宗親)들이 격구(擊毬)하는 것을 보고, 술잔치를 베풀어 밤새도록 '경신'(庚申)을 지키려[夜守庚申] 하였으나,[44] 마침 천둥과 번개가 심하기 때문에 그만 두었다.[45] 11일과 그 이튿날에도 사정전(思政殿)에 나아가 종친들의 공치는 놀이를 구경하였다. 연말이 닥아오매, 12월 27일에는 왕세자와 효령대군(孝寧大君) 이보(李補)·진평대군(晋平大君) 이유(李瑈)·안평대군(安平大君) 이용(李瑢)·임

43 『세종실록』 권58, 세종 14년 10월 乙未(10일).

44 庚申日에는 잠을 자지 않고 밤을 지켜야 총명해지고 福을 얻는다는 道教에서 나온 풍습.

45 『세종실록』 권58, 세종 14년 11월 庚申(5일).

영대군(臨瀛大君) 이구(李璆)·연창군(延昌君) 안맹담(安孟聃)이 풍정(豊呈)을 바쳤다. 양녕대군(讓寧大君) 이제(李禔)는 저녁 때에 이천으로부터 와서 시연(侍宴)하고, 또 여러 종친이 경회루(慶會樓) 아래에서 잔치하였다.[46]

이 해에 사복시정(司僕寺正) 겸판중추부사 최윤덕(崔潤德)과 이조참판 정연(鄭淵)에게 명하여 주부(主簿) 조순생(趙順生) 주관하에 뚝섬벌의 화산(華山) 낙천정(樂天亭)의 북쪽 언덕에 화양정(華陽亭)을 짓게 했는데, 정자 이름은 유사(有司) 유사눌(柳思訥)이 『주서』(周書)의 '歸馬于華山之陽'이란 글귀에서 따서 지은 것이다.[47]

세종(世宗)~성종(成宗) 연간의 명신(名臣) 눌재(訥齋) 양성지(梁誠之)가 어느 따사로운 봄날에, '화양정'(華陽亭)에 대하여 읊은 시(詩)가 있다.

한가할 제 말이 가는 대로 세상 밖에 나오니
저 멀리 들판에 봄 풍경이 새롭네
하늘 닿은 먼 산은 푸른 것이 그린 눈썹 같고
비 온 뒤 싱그런 풀은 푸른 이불 깔은 듯

꾀꼬리 오르락내리락 아침 햇볕에 울고
소와 말은 부산하게 사방으로 흩어지네
흥겨운 봄바람에 춘삼월은 늦어지는데
술 가지고 나가서 좋은 경치나 구경하네

46 『세종실록』 권58, 세종 14년 12월 壬子(27일),

47 『신증동국여지승람』 권3, 漢城府 樓亭條 74쪽 '華陽亭'

[illegible]쟉이 名명言언

[illegible]긔 엄스시니

覺路ᄂᆞᆫ 則解脫이 返流ㅣ라 位當遠涉이며 시 因이

窮ᄒᆞ야 趣果ㅣ라 義說選登이니라 시 跡晦ᄂᆞᆫ 則聖行이

已立ᄒᆞ샨 不籍名言이니 시 止觀애 云ᄒᆞ샤 自證

은 不可說이시니라 라ᄒᆞ 跡은 行이오 晦ᄂᆞᆫ 泯也ㅣ라 然

經四句ᄂᆞᆫ 說有多途ᄒᆞ니 學者ㅣ 審而詳之니라

각 路ᄅᆞᆯ ᄂᆞᆫ 解[illegible] 脫[illegible] 이 흘루 메 두르 [illegible]

[illegible]

「효령대군의 탄생 시기[年月日]에 대하여」

1. 지금까지 전해 온 효령대군 '出生 年月日'의 現況

효령대군(孝寧大君)의 출생(出生) 시기(時機)와 관련하여 가장 이른 시기(時期)의 것으로 보이는 기록은, "내가 젊은 시절에 아들 셋을 연이어 여의고 갑술(甲戌, 태조 3, 1394)년에 양녕(讓寧)을 낳았는데 그도 죽을까 두려워서 본방댁(本方宅;太宗의 妻家인 驪興府院君 閔霽의 집)에 두게 했고, 병자(丙子)년에 효령(孝寧)을 낳았는데 열흘이 채 못돼 병(病)을 얻었으므로 홍영리(洪永理)의 집에 두게 했다"[1] 라고 한 '실록 기사'(實錄 記事)이다. 요컨대, 병자(丙子; 태조 5, 1396)년이 효령대군께서 출생하신 해[年]라는 기사(記事)인데, 그 뒤 어디에도 대군의 출생에 대한 기록은 보이지 않고, 다만 효령대군의 '졸기'(卒記)(成宗 17, 丙午, 1486년)에, "이 때에 이르러 졸(卒)하니 나이가 91세였다"[2] 라고 보일 뿐, 출생하신 달[月]이나 날짜[生日]에 관한 기록은 전혀 나타나지 않은 상태로 전해 내려온 실정(實情)이다.

---

1 『세종실록』 권 3, 세종 1년(己亥) 2월 3일(戊寅).

2 『성종실록』 권191, 성종 17년(丙午) 5월 11일(乙卯), 최근의 '己丑(2009년)譜'에는 '丁丑'日로 잘못되어 있음.

2. 大君 誕生 時期 관계의 文獻 資料들

효령대군께서 서거(逝去)하신 이후의 '탄생(誕生) 시기관계 문헌 자료(文獻 資料)'를 찬술(撰述) 연대순(年代順)으로 열거하면 대개 다음과 같다.

1. 「己卯式年宗親加現錄」, 太宗恭定聖德神功文武光孝大王, 필사본(藏書閣 所藏)
   年代 ; 仁祖 17(己卯, 1639)년
   내용 ; '年丙子'
2. 「大君 行狀」, (『淸權輯遺』(憲宗 10(1844년) 初刊 木活字本) 所收)
   年代 ; 孝宗 1(庚寅, 1650)년[3] (崇禎紀元後庚寅 四月 日 10代孫 泰壽 謹狀)
   내용 ; '元敬王后 驪興閔氏 以洪武丙子生'
3. 『氏族源流』, 趙從耘(1607-1683)[4]編輯, 필사본 7책, 14世孫 趙鏞珍 所藏.
   年代 ; 光海-仁祖代 (17세기 중반)
   내용 ; '字善叔 古名祜 諡靖孝公 生于洪武丙子'
4. 『宗班行蹟』, 필사본, 5권2책, (서울대규장각 소장)
   年代 ; 肅宗 5(己未, 1679)년, 崇禎戊辰後 五十二年 己未
   내용 ; '年丙子'
5. 『姓苑叢錄』, 28권, 任慶昌(17세기 중후엽)[5]編輯, 필사본, '大君遺事' 중 (『淸權輯遺』 所收)
   年代 ; 17세기 후반
   내용 ; '孝寧大君 丙子生 字善叔 號蓮江 太宗第二子也'

---

3 孝寧大君 逝去 후 子孫譜 등 大君의 行蹟에 대해 가장 많이 수집 정리한 甁窩 李衡祥에 앞서 작성된 行狀임. 대군의 10대손 泰壽 撰인데, 작성 시기 崇禎紀元後 庚寅은 孝宗 1(1650)년이 옳고, 『淸權輯遺』(국역본)의 '肅宗 36(1710)년'이라 한 것은 숭정기원후 두 번째 庚寅에 해당하므로 잘못된 것임.

4 본관은 豊壤, 字는 伯農, 號는 松窓. 관직은 贊善에 그쳤으나, 글씨를 잘 썼고 譜學에 밝아 『씨족원류』는 (그 이전 梁誠之의 『海東姓氏錄』도 있었지만), 統合譜의 결정체라 불린다.

5 壬亂 때의 의병장 任鉉의 증손, 그 功으로 蔭敍 縣監을 지냈음. 그가 編輯한 『姓苑叢譜』(28권)는 『氏族源流』(7권, 趙從耘)·『東國諸姓譜』(18권, 丁時述, 正祖 15)와 함께 3대 綜合譜로 꼽힌다(『肅宗實錄』 권9, 肅宗 6년 2월 3일(癸亥)條 참조).

6. 『璿源錄』(璿源系譜記略) 15권, 太宗大王宗親錄 類錄附

年代 ; 肅宗 7(辛酉, 1681)년

내용 ; '補初名祜 謚靖孝 字善叔 年丙子'

7. 「己卯式年璿源加現錄」, 太宗大王宗親錄 類錄附

年代 ; 肅宗 25(己卯, 1699)년

내용 ; '一男禔 年甲戌 二男補 年丙子'

8. '大君 墓誌', (『瓶窩全書』(大君10世孫 李衡祥(孝宗 4(癸巳, 1653)-英祖 9(癸丑, 1733)) 晩松 英祖 50(甲午, 1774)년 編輯 刊行) 및 (『淸權輯遺』 所收)).

年代 ; 肅宗 37(辛卯, 1711)년

내용 ; '元敬王后 以洪武丙子 我太祖五年 九月生大君'

9. 「乙酉式年璿源加現錄」, 太宗大王宗親錄 類錄附

年代 ; 英祖 41(乙酉, 1765)년

내용 ; '一男禔 年甲戌 二男補 年丙子'

10. 『靖孝公子孫譜』(舊庚子譜) 木活字本

年代 ; 正祖 4(庚子, 1780)년 刊行, 正祖 1(丁酉, 1777)년 '夏 靖孝公子孫譜 始役'

내용 ; '洪武二十九年 我太祖五年丙子 九月日生'

11. 『璿源續譜』(甲子譜 ; 비로소 行列字 統一) 木活字本

年代 ; 高宗 1(甲子, 1864)년

내용 ; '元敬王后閔氏誕生洪武二十九年丙子 九月十六日也'

12. 『庚子譜(新)』 木活字本

年代 ; 光武 4(庚子, 1900)년

내용 ; '洪武 丙子 九月 十六日生'

13. '孝寧大君神道碑' 大君 從17代孫 載完 撰(『淸權輯遺』 續1輯(1909己酉, 勝宇 編輯) 所收)

年代 ; 光武 6(壬寅, 1903)년

내용 ; '元敬王后 以洪武丙子 九月誕生'

3. 關係 資料에 대한 分析 檢討

위의 자료(資料) 중, 가장 오랜 1.「기묘식년종친가현록」(己卯式年宗親加現錄, 仁祖 17, 1639년)의 '年丙子'부터 2.(이하 出典 생략)'以洪武丙子生', 3.'生于洪武丙子', 4.'年丙子', 5.'丙子生', 6.'年丙子', 7.'年丙子'와 9.'年丙子'까지의 자료는 각각 표현(表現) 상에 약간의 차이가 있을 뿐, 내용에 있어서는, 요컨대 '병자(丙子; 태조 5, 1396)년 출생'이라는 기록이고, 8.'대군 묘지'(大君墓誌, 肅宗 37, 1711년)에서 처음으로 '以洪武丙子 我太祖五年 九月生大君'이라고 생월(生月)에 대한 기록이 나타나며, 이는 최초의 효령대군파 족보(孝寧大君派族譜)인 10.『정효공자손보』(靖孝公子孫譜, 별칭;『舊庚子譜』, 正祖 4, 1780년)에 '洪武二十九年 我太祖五年丙子 九月日生'이라고 답습(踏襲)되었다.

그리고 그로부터 84년 뒤에 편찬(編纂)된 11.『선원속보』(璿源續譜, 속칭『甲子譜』, 高宗 1, 1864년)에, '元敬王后閔氏 誕生洪武二十九年丙子 九月十六日也'라고 효령대군의 생신(生辰) 날짜[日]에 대한 기록이 처음 나타났으며, 이는 36년 후에 편간(編刊)된 12.『신경자보』(新庚子譜, 光武 4, 1900년)에, 보다 명료하게 '洪武丙子 九月十六日生'이라고 이어졌다. 그러나 그 후에 찬술(撰述)된 13.'효령대군신도비'(孝寧大君神道碑, 光武 6, 1903년, 載完 謹撰)에는 생신(生辰) 날짜는 빠진 채 '洪武丙子 九月 誕生'라고만 새겨져 있는 것이다.

그렇다면 11·12처럼 그동안 출생 년(年)→월(月)→일(日) 순(順)으로 발전되어 온 효령대군의 출생(出生)에 관한 기록(記錄)이, 13과 같이 다시금 다만, '구월탄생'(九月誕生)으로 후퇴(?)하고, 출생일(出生日) 날짜가 생략된 이유는 무엇일까? 그것은 아마도 다음의 두 가지 이유 때문이 아닐까 생각된다. 우선 첫째 이유는, 처음부터 '출생년'(出生年)에 대해서만 전해 오다가「대군 묘지」(1711년)에서 처음 '구월생'(九月生)이 등장하고,『선원속보』(1864년)에서는 '십육일생'(十六日生)이라고 생일(生日) 날짜까지 등장했지만, 두 가지의 경우 모두 문헌적(文獻的)인 근거(根據)는 밝히지 않은 채, 9월 또는 16일이라고 써넣기만 한 것에 대한 신뢰감(信賴感) 부족(不足)이 그 첫째 이유일 것 같고, 두 번 째 이유는 그간 전해온 바와 같이 대군(大君)의 아우인 세종대왕(世宗大王)의 출생 시기(丁丑, 태조 6, 1397년 4월 10일생)와의 비교 검토에서, 효령대군의 출생 시기(태조 5년 9월)부터 세종 출생(태조 6년 4월)까지의 불과 7개월 여의 시간차(時間差)가 '九月 出生'의 주장을 퇴색하게 하지 않았을까 생각되는 것이다.

어쨌든 효령대군의 서거(逝去) 이후 '병자생'(丙子生)이라고만 알려져 온 것이, 225년이 경과한 1711년경에 이르러서는 '구월생'(九月生)이 기록에 더해지고, 다시 153년이 지난 1864년경에는 '십육일'(十六日)의 기록이, 아무런 문헌적 근거도 없이 또다시 추가됨에 따라 효령대군의 탄생 시기에 대한 신빙성(信憑性)은 더욱 희박하게 된 것이 사실이다. 그렇지만, 대군의 형(兄)인 양녕대군(讓寧大君)이 갑술(甲戌, 태조 3, 1394)년 출생(出生)이고, 대군보다 2년 연상(年上)인 예성부부인(蘂城府夫人) 역시 갑술생(甲戌生)임이 확실한 것을 감안하면, 효령대군이 '병자년 출생'(丙子年 出生)인 것만은 틀림없는 사실인데, 문제는 세종(世宗)의 출생년이 '정축년'(丁丑年)이라는 점이다.

효령대군이 병자(丙子, 1396)년 9월 출생이고, 7개월쯤 뒤인 이듬해 정축(丁丑, 1397)년 4월에 아우인 세종이 태어났다는 것이니, 우선 이치(理致)상으로도 수긍할 수 없기 때문이다. 그렇다면 어찌하여 이러한 모순된 일이 발생하였을까? 모순되게 된 원인을 어디서 찾아야 할까? 결론부터 미리 말하자면, 효령대군(孝寧大君)의 경우 출생년은 병자(丙子)년이 틀림없지만, '9월 출생설'은 옳지가 않고, 세종(世宗)의 경우는 4월 10일 출생월일(月日)은 확실하지만, 출생[丁丑, 태조 6]년이 와전(訛傳)되어 왔다고 생각되는 것이다. 따라서 바로 이러한 문제 해결을 위하여 효령대군의 출생 시기[生辰 月日]는 반드시 밝혀져야 할 것이며, 그러자면 신빙할만한 확실한 문헌 근거를 찾는 수밖에 달리 방법이 없는 것이다.

4. 出生 年月日의 事實 究明을 위한 摸索·着眼

문헌에서 찾아보는 요령이야 여러 방법이 있겠지만, 우선 생일(生日) 잔치 등 기념될 만한 날의 관계 기사부터 찾아보기로 하였다. 그러나 출생 월일이 확실한 태종대왕(太宗大王)의 5월 16일이나, 세종의 4월 10일은 탄일 잔치[誕日宴] 기사가 흔하지만, 효령대군의 경우 아무런 문헌 근거 없이 나중에 써 넣은 '9월 16일' 날짜에는 생신 잔치 기사가 문

헌에 존재할 리가 없다. 그뿐 아니라 국왕의 탄신일(誕辰日) 잔치에 있어서도,

> "실로 부모(父母)께서 구로(劬勞;자식을 낳느라고 수고하고 애씀)하신 날이므로, 차마 잔치하여 즐기지 못하겠다" 하고 마침내 탄일 연회 베풀기를 그만두었다(태종 1년 5월 16일, 甲辰).
>
> "의정부에서 여러 신하와 함께 탄일 연회를 베풀 것을 청하니, 임금이 '모후(母后)께서 수고한 날'[劬勞日]이라 하여 그만두게 하였다"(태종 3년 5월 16일, 戊戌).
>
> "이 날은 전하(殿下)의 탄신일(誕辰日)이지만 백관들의 조하(朝賀)를 정지하였으니, 대개 구로(劬勞)한 날이기 때문이었다"(태종 12년 5월 16일, 己亥).
>
> "탄신일 하례(賀禮)를 정지하였다. 이보다 앞서 예조(禮曹)에서 임금의 탄신일에 군신(君臣)이 함께 잔치를 베풀 것을 청하니, 임금이 말하기를 '사람의 아들로서 자기가 태어난 날은 마땅히 갑절이나 비통해 할 것이어늘, 어찌 잔치하고 즐겨 할 수가 있겠느냐' 하고 허락하지 않았다"(세종 7년 4월 10일, 己酉).

라고 한 것 처럼, '생일은 곧 부모님께서 수고하신 날[劬勞日]이므로 잔치를 베풀어 즐거워 할 수가 없는 것'으로 생각되었기 때문에, 탄일 잔치는 매년마다 베풀지를 않았다. 그래서 실제로는 태종(太宗)의 경우 재위(在位) 18년 동안에 탄일 잔치를 베푼 것은 13년, 14년과 17년 모두 세 차례에 불과하며 그나마도 상왕(上王;定宗)이 참석했기 때문이었고, 세종의 경우도 즉위한 지 14년째 되는 해에 처음 탄일연을 베풀었고, 재위 32년 동안 모두 10회에 걸쳐 잔치를 베풀었다. 하물며 효령대군에 있어서도 해마다 생신연(生辰宴)을 벌였을 것 같지는 않다.

하지만 세조(世祖) 임금대부터는 왕실의 제일 웃어른으로서, 대군을 위하여 임금이 베풀어 드리는 잔치가 자주 있은 편이었고, 특히 대군의 조카인 세조 임금은,

> "효령대군 이보를 돌보아 드림이 지극히 융숭하여서 상뢰(賞賚)함이 헤아릴 수 없을 정도로 많았다. 궁중(宮中)에서 곡연(曲宴;임금이 가까운 사람만 모아서 궁중의 內苑에서 베푸는 작은 연회)을 할 때면 이보(李補)가 일찍이 참여하지 않은 적이 없어, 혹 밤중이 되어서야 물러가기도 하였는데, 이럴 때면 세조가 손수 촛불을 들고 배웅하였으며, 원각사(圓覺寺)를 창건

(創建)할 때에는 일 전체를 맡아보도록 명하기도 했었다. 또한 세조가 즉위하여서는 이보가 나이 많고 종실(宗室)의 제일 웃어른[屬尊]이라 하여 예우(禮遇)함이 더욱 융숭하였으며, 여러 번 그 집에 거둥하여 잔치를 베풀고 그를 영화롭게 하였다"[6]

라고 한 바와 같이, 중부(仲父)이신 효령대군를 매우 존경하여 극진히 모신 왕이었다.

세종대왕도 형님이신 효령대군에 대해 예의를 다하여 모셔, 대군의 별서(別墅)인 희우정(喜雨亭)에서(세종 8년 8월 18일). 또는 대군의 장남인 의성군(誼城君) 이채(李寀)의 집에 거둥하여(세종 20년 9월 5일), 흥인문(興仁門) 밖 대군의 사저(私邸)에 이어(移御)하여(세종 32년 1월 22일) 대군을 위로하는 잔치를 베풀었고, 성종(成宗) 임금대에는 더욱 웃어른이 되신 만큼 대군을 위한 위로(慰勞) 잔치를 자주 베풀어 드렸는 바, 성종 6년 11월 16일에 대군의 사저(私邸)에 위로연(慰勞宴)을 내린 것을 비롯하여, 7년 3월 9일(壬子)과 9년 3월 12일(甲戌), 10년 3월 19일(乙亥), 11년 1월 27일(戊申), 16년 9월 20일(戊辰)에는 임금이 직접 대군(大君) 사제(私第)에 거둥하여 백관(百官)·종친(宗親)·재추(宰樞)들을 총동원하다싶이 입시(入侍)케 하여 위안(慰安) 잔치를 베풀고, 성종 10년 9월 17일(庚午)과 성종 11년 1월 1일(壬午)에는 대군의 사제(私第)에 잔치를 하사(下賜), 종친과 재추에게 잔치에 참여하도록 명하기도 하였다. 하지만, 임금들의 이와 같은 대군에 대한 위로 잔치는 생신일(生辰日) 등 특정한 날이 아닌, 웃어른으로서의 대군을 위한 단순한 '위안잔치'였으매, 잔치에 관한 자료를 통하여 대군의 출생 월일에 대한 궁금증을 해소하기란 기대하기 어려운 일이었다.

---

6 『성종실록』191권, 성종 17년 5월 11일(乙卯), '孝寧大君 李補의 卒記'.

5. 마침내 효령대군의 生辰慰勞宴 관계 記事를 찾다; "孝寧大君의 誕生 연월일은 1396(丙子, 太祖 5)년 12월 11일"

그런 가운데, 오로지 효령대군(孝寧大君)의 생신 날을 기하여 잔치[生辰宴]를 베풀어 드렸다는 기사가, 평소에 가장 융숭하게 대군을 존경하며 모시었던 세조(世祖) 임금의 치세(治世) 기간 동안에 유일(唯一)하게 그 근거가 발견(發見)된 바, 아래의 실록 기사(實錄 記事)가 그것이다.

(史料 1)

"계묘 비/임금이 장차 효령대군(孝寧大君)의 사제(私第)에 거둥하여 생일(生日) 잔치를 베풀고자 하였으나, 비가 왔으므로 이를 정지하였다."

"癸卯雨/上將幸孝寧大君第, 設生日宴, 以雨停之"

(『世祖實錄』 권44, 世祖 13(丁亥, 1467)년 12월 11일, 癸卯)

(史料 2)

"갑진일/임금이 중궁(中宮)과 더불어 선정전(宣政殿)에 나아가서 효령대군(孝寧大君) 이보(李補)와 부인(夫人)을 모시고 위로(慰勞)하는 잔치를 베풀고, 왕세자(王世子)와 하동군(河東君) 정인지(鄭麟趾), 고령군(高靈君) 신숙주(申叔舟), 능성군(綾城君) 구치관(具致寬), 영의정(領議政) 최항(崔恒), 남양군(南陽君) 홍달손(洪達孫), 중추부지사(中樞府知事) 윤사분(尹士昐)과 성봉조(成奉祖)·윤사흔(尹士昕)·임원준(任元濬)과 무송군(茂松君) 윤자운(尹子雲), 호조판서 노사신(盧思愼), 좌참찬(左參贊) 유수(柳洙), 사헌부 대사헌(司憲府 大司憲) 양성지(梁誠之), 중추부 동지사(中樞府 同知事) 홍응(洪應). 이조판서 성임(成任), 행호군(行護軍) 구종직(丘從直)과 이파(李坡), 형조판서(刑曹判書) 서거정(徐居正), 성균관 대사성(成均館 大司成) 김예몽(金禮蒙). 병조참판(兵曹參判) 윤흠(尹欽), 행중추부 첨지사(行中樞府 僉知事) 이효상(李孝常)과 승지(承旨) 등을 불러서 시연(侍宴)하게 하였다. 이어 세자(世子)가 술을 바치고 효령대군(孝寧大君) 이하 여러 신하(臣下)들이 번갈아 일어나서 축수(祝壽)하였다."

"甲辰/上 與中宮, 御宣政殿, 召孝寧大君 補及夫人, 設慰宴. 世子 與河東君 鄭麟趾,

高靈君 申叔舟, 綾城君 具致寬, 領議政 崔恒, 南陽君 洪達孫, 中樞府知事 尹士昐, 成奉祖·尹士昕·任元濬, 茂松君 尹子雲, 戶曹判書 盧思愼, 左參贊 柳洙, 司憲府大司憲 梁誠之, 中樞府同知事 洪應, 吏曹判書 成任, 行護軍 丘從直·李坡, 刑曹判書 徐居正, 成均館大司成 金禮蒙, 兵曹參判 尹欽, 行中樞府僉知事 李孝常. 承旨等侍宴. 世子進酒. 孝寧大君以下諸臣, 迭起爲壽"

(『世祖實錄』 권44, 世祖 13(丁亥, 1467)년 12월 12일, 甲辰)

즉, 위의 (史料1)은 "12월 11일이 효령대군(孝寧大君)의 생신일(生辰日)이므로 임금이 당일 대군 집[私第]에 거둥하여 생일 잔치[生日宴]를 베풀려고 하였으나, 비[雨] 때문에 이를 정지하였다"는 것이고,

(史料2)는 "임금이 중궁(中宮)과 더불어 선정전(宣政殿)에 납시어 (어제 비 때문에 정지한 효령대군의 生辰宴을)효령대군(孝寧大君) 이보(李補)와 부인(夫人;藥城府夫人)을 오시게 해서 위로하는 잔치를 베풀고, 세자(世子)와 정인지(鄭麟趾)·신숙주(申叔舟) 등 여러 신하들을 불러서 모시고 잔치[侍宴]를 하게 하였다"는 것이다.

6. 餘言 ; 남은 課題

위의 사료(史料) 1·2를 통해서, 효령대군의 출생(出生) 관계 연월일(年月日)은 이제 확실하게 밝혀지게 되었다. 그러나 지금까지 알려져 온 효령대군(孝寧大君)과 세종(世宗) 형제(兄弟) 분의 출생 시기[年月]까지 동시에 해명(解明)된 것은 아니다. 왜냐하면 효령대군과 세종이 틀림없는 형과 아우의 관계임에도 출생 시기상으로 4개월여의 시간차 밖에 안되는 모순 때문인데, 그러나 분명한 것은 전해져 온 어느 한 쪽의 와전(訛傳)된 결과이므로 언젠가는 구명(究明)될 수 있는 문제라고 생각한다. 우선 세종(世宗)의 출생년(出生年)부터 다시 한 번 확인 검토해 보기로 하자.

一. 세종(世宗)의 출생 시기[誕生年]를 정축(丁丑, 태조 6, 1397)년이라고 주장하는 근거가 되는 사료(史料)

(史料 A)

"내가 젊은 시절에 아들 셋을 연이어 여의고 갑술(甲戌, 태조 3, 1394)년에 양녕(讓寧)을 낳았는데 그도 죽을까 두려워서 본방댁(本房宅)에 두게 하였고, 병자(丙子, 태조 5, 1396)년에 효령(孝寧)을 낳았는데 열흘이 채 못되어 병(病)을 얻었으므로 홍영리(洪永理) 집에 두게 하였고, 정축(丁丑, 태조 6, 1397)년에 주상(主上;世宗)을 낳았다"

(『世宗實錄』 권3, 世宗 1(己亥, 1419)년 2월 3일, 戊寅)

(史料 B)

"국왕의 성(姓)은 이씨(李氏)요, 이름은 도(祹)이며, 자(字)는 원정(元正)이니 공정왕(恭定王;太宗)의 셋째 아드님이시고, 어머니 비(妃)는 민씨(閔氏)이니, 홍무(洪武) 30년 4월 10일에 낳으셨습니다" (中略) "경태(景泰) 원년(元年;세종 32년) 2월 17일(壬辰)에 병환으로 정침(正寢)에서 돌아가시니, 향년(享年) 54세(歲)이셨습니다"

(『世宗實錄』 권127, 世宗 32(庚午, 1450)년 2월 22(丁酉)일)

(史料 C)

"영릉(英陵)에 비(碑)를 세웠으니, 판서(判書) 정인지(鄭麟趾)가 비문(碑文)을 짓고, 안평대군(安平大君) 이용(李瑢)이 전액(篆額)을 붉은 글씨로 썼다"

(『文宗實錄』 권12, 文宗 2(壬申, 1452)년 2월 20일, 甲申)

"비석소제조(碑石所提調) 정분(鄭苯) 등이 비(碑;世宗大王神道碑)를 세우고 와서 복명(復命)하니, 임금이 말하기를, '지금 비석(碑石)이 매우 커서 세우기가 꽤 어려울 것이므로 자나깨나 잊을 수가 없었는데, 이제 일이 마쳐졌으니 내가 매우 기쁘다'고 하였다."

(『文宗實錄』 권12, 文宗 2(壬申, 1452)년 2월 21일, 乙酉)

二. 세종(世宗) 스스로 자신의 나이[年齡]에 대해 말한 口述 資料

(史料 1)

"내가 30살 전에 매던 허리띠[帶]가 모두 헐거워졌으니 이것으로 허리 둘레가 줄어진 것을 알겠도다. 내 나이가 이제 서른 셋(33세)인데, 빈모(鬢毛) 두 오락이 갑자기 희어졌으므로 곁에서 모시는 아이들이 놀라고 괴이히 여겨 뽑고자 하기에 내가 말리면서 말하기를, '병이 많은 탓이니 뽑지 말라'고 하였다. 나의 쇠함과 병(病)이 전에 비하여 날마다 더욱 심하니 경(卿;金宗瑞)은 그런 줄을 알라"

"三十年前所御帶皆闊, 是知腰之減圍也. 予行年三十三, 鬢毛兩莖忽白, 侍兒驚怪欲拔之, 予止之曰, '多病所致 勿拔.' 予之衰病, 比前日益滋, 卿其知之"

(『世宗實錄』 권53, 世宗 13(辛亥, 1431)년 8월 18일, 庚戌)

이상, 세종(世宗) 출생 시기(出生 時期) 관계의 네 가지 사료(史料)에 대하여 종합적으로 검토해 보기로 하자.

一의 (史料 A)는, 세종 즉위 1(己亥, 1419)년에서 15년 전인 태종(太宗) 4(甲申, 1404)년에 9살 된 양녕(讓寧)을 세자(世子)로 책봉하였다가 '행실(行實) 문제'로 세자 책봉 14년 만인 지난해(태종 18년)에 셋째 충령(忠寧;世宗)으로 교체(交替) 책봉(冊封)한 후, 불과 두 달만에 즉위(卽位)까지 하게 한 태종(太宗)께서, 세종 즉위 첫 해의 2월 3일 날에, 금상(今上;世宗)이 시종(侍從)하고 양녕(讓寧)도 함께 곁에 있는 자리에서, 병조판서 조말생(趙末生)·병조참판 이명덕(李明德)·지신사(知申事) 원숙(元肅)·좌대언(左代言) 김익정(金益精)·좌부대언 윤회(尹淮) 등을 불러 앉히고, 양녕에 대한 조치와 지난 일을 회상하시는 중에 하신 말씀이었으니, 당시 양녕은 26세, 효령대군은 24세 때로서, 세종이 태어난 지 22,3년이 경과한 즈음, 태종께서는 홍서하시기 3년전인 53세 무렵에 회상(回想)하신 것이었다.

그리고 一의 (史料 B)는, 세종(世宗)이 즉위 33년 째인 경오(庚午, 1450)년 2월에 홍서(薨逝)하자 조정(朝廷)에서 지중추원사(知中樞院事) 이선(李渲) 등을 명(明)나라 북경(北京)에 보내어 부고(訃告)를 전하고 동시에 시호(諡號)를 요청하기 위해, 의정부(議政府) 관료(官僚) 중에서 임금의 행적(行績)을 찬(撰)하여 중국 예부(禮部)에 상신한 전문(箋文) 내용 중의 일부이니, 홍무(洪武) 30(丁丑, 태조 7)년 당시에서 53년이 경과한 시점에 작성된 문건(文件)이다.

또한 一의 (史料 C)는, 세종(世宗)이 홍서(薨逝)하고 다시 2년이 지난 후, 문종(文宗) 2(壬申, 1452)년 2월 20일에, 당시 공조판서(工曹判書) 정인지(鄭麟趾)가 찬(撰)한 세종대왕(世宗大王)의 신도비(神道碑)를 세웠다는 실록(實錄) 기사(記事)이다. 그런데 정인지(鄭麟趾) 찬(撰)의 이 신도비(神道碑)는 그 후 17년 뒤인 예종(睿宗) 2(己丑, 1469)년에 영릉(英陵)을 여주(驪州)로 천릉(遷陵) 할 때에, "구(舊) 영릉(英陵)의 석실(石室)은 파지 말고 편리한대로 묻도록 하되, 잡상(雜像)과 비석(碑石)도 묻도록 하라"는 임금[睿宗]의 교지(敎旨)에 따라 새 영릉으로 옮기지 않고 땅에 묻어버린 것이었지만, 이 신도비문(神道碑文)은 홍무(洪武) 30년에서 55년이 경과한 즈음에 작성된 비문(碑文)이었다.

한편, 二의 (史料 1)은, 세종(世宗) 13(辛亥, 1431)년 8월 달에, 마침 명(明)나라의 사신(使臣)이 와서 머물고 있는 중에, 당시 세종 임금은 마음도 번거로운 데다 내시(內侍)들은 복잡한 사연(事緣)을 일일이 밖에 정확하게 전하지 못할 것 같이 여겨져, 전지(傳旨)하여 좌대언(左代言) 김종서(金宗瑞)로 하여금 밤낮으로 공소(公所)에 머물면서 임금의 분부를 밖에 전하게 하고 있던 중이었었다(庚戌/傳旨左代言金宗瑞曰, 予以病, 適值使臣事煩慮, 宦寺不盡傳言, 語之重複, 因而心氣俱困, 卿其自今, 齋戒晝夜在公, 聽予所言, 宣傳于外, 遂引見宗瑞曰). 그리하여 이 날 8월 18일(庚戌)에도 김종서를 불러들여 독대(獨對)해서 말하는 중에 나눈 '대화(對話) 내용'을 배석(陪席)한 사관(史官)이 받아 적은 것이었다.

요컨대, 당시 30여 세(歲)의 세종(世宗)이 평소 신임하는 김종서(金宗瑞)[7]에게 직접 자신의 나이에 대해 '33세(歲)'라고 말한 내용임을 감안하면, 위의 一의(史料 A)의 내용에서 처럼, 23년 전의 일을 회상(回想)하신 태종(太宗)의 언급(言及) 보다는 훨씬 신빙성이 있지 않을까 생각되는 것이다.

7 金宗瑞(1390 공양왕 2-1453 단종 1) 본관 順天, 字 國卿, 號 節齋, 1405년(태종 5) 文科 及第 후 특히 世宗의 신임이 두터워 1433년 左代言인 그 에게 '吏部之選'의 요직을 관장하도록 특명이 내려질 정도였음.

맺음말

따라서 효령대군과 세종, 두 분의 출생 연월일(出生 年月日) 문제에 있어, 효령대군(孝寧大君)의 경우는 병자생(丙子生)으로 그동안 출생 년만 올바르게 전해 왔지만, 출생 월일은 와전(訛傳)되어 오던 실정에서 드디어 문헌적(文獻的)인 근거(根據)까지 나타났으니, 이제는 **'1396년(丙子) 12월 11일 탄생'**으로 고정(固定)될 수 있을 것 같고, 세종대왕(世宗大王)의 경우는 처음부터 확정적이던 4월 10일의 출생 월일(月日)에 맞추어, 세종 스스로 김종서에게 전한 말씀에 근거하여, **'1398년(戊寅) 4월 10일 탄생'**이라고 이해되어야 하지 않을가 사료(思料)된다. (2014년 9월 20일)

[illegible]

頭쳑이 名명言언 맛ᄀᆡ 얼읜 ᄉᆞ시니

覺路ᄂᆞᆫ 卽解脫이 返流ㅣ라 位當逆流ᄒᆞ며 이시 因이

窮ᄒᆞ야 趣果ㅣ라 義說ᄂᆞᆫ 證發이니 라시 證解ᄂᆞᆫ 則聖行이

已立ᄒᆞ샤 不藉名言이니 시 止觀에 云ᄒᆞ샤 自證

은 不可說이시니라 ᄒᆞ 跡은 行이오 晦ᄂᆞᆫ 泯也ㅣ라 然이

經四句ᄂᆞᆫ 說者多途ᄒᆞ니 學者ㅣ 審而詳之니라 ○

각路롱ᄂᆞᆫ 解ᄒᆡᆼ脫탈이 흘루믈 두르ᄒᆞ산 [illegible] 位윙ㅣ 머리니 매 當당ᄒᆞ샤 시며 因인이 [illegible]

「世宗대왕[李祹]의 '誕生 年'에 대하여」

1. 문제의 제기

지금까지 太宗대왕 소생의 대군 왕자 세 분(讓寧·孝寧·忠寧)의 탄생 연월일이

讓寧大君 "太祖高皇帝 三年(洪武二十七) 甲戌 大君於松京之靖安君潛邸"(族譜)

孝寧大君 "誕生 洪武二十九年(太祖五) 丙子 九月 十六日也"[1](『璿源續譜』;甲子譜)

忠寧大君 "初元敬王后, 以洪武丁丑四月壬辰, 生世宗於漢陽潛邸"(鄭麟趾撰, '英陵神道碑銘')

라고 되어 있어, 요컨대

1 효령대군의 탄생 시기에 대해서는 처음부터 生辰의 月日은 불명인 채, 모든 문헌자료에 '丙子生'이라고만 전해오다가 瓶窩公「大君 墓誌」(肅宗 37, 1711)와 『舊庚子譜』(正祖 4, 1780)에 처음 '9월생'이 등장한 뒤, 그로부터 84년 뒤인 『甲子譜』(高宗 1, 1864)에 '9월16일생'이라고 생신 日字에 대해 처음 나타나고 36년 후의 新庚子譜에 이어지더니, 1903년 撰述된 大君神道碑에는 다시 생신 날짜는 빠진 채 '9월생'이라고 새겨졌다.

讓寧대군 禔 ; 태조 갑술(태조 3년, 1394)생 (월일은 미상).

孝寧대군 補 ; 태조 병자(태조 5년, 1396) 9월 16일 생.

忠寧대군 祹 ; 태조 정축(태조 6년, 1397) 4월 10일 생.

라고 알려져 온 것과 같이, 讓寧대군은 처음부터 '甲戌생' 외에 '출생 월일'은 불명이고, 효령대군의 경우 『甲子譜』(1864년)부터 '병자 9월 16일 생'이라고 전해 오다가 최근 아래의 史料에 근거하여 **'태조 5(丙子)년 12월 11일 생'**이라고 새로 밝혀졌다. 즉, 실록 자료의

> "계묘 비/임금이 장차 孝寧대군의 私第에 거둥하여 생일 잔치를 베풀고자 하였으나, 비가 왔으므로 이를 정지하였다"(癸卯雨/上將幸孝寧大君第, 設生日宴, 以雨停之)(『世祖實錄』 권44, 世祖 13(丁亥, 1467)년 12월 11일, 癸卯)라고 한 것과
>
> "갑진일/임금이 中宮과 더불어 宣政殿에 나아가서 효령대군 李補와 부인을 모시고 위로하는 잔치를 베풀고, 왕세자와 河東君 鄭麟趾, 高靈君 申叔舟, 綾城君 具致寬, 영의정 崔沆과 (중략) 승지 등을 불러서 侍宴하게 하였다. 이어 세자가 술을 바치고 이하 여러 신하들이 번갈아 일어나서 祝壽하였다"(甲辰/上與中宮, 御宣政殿, 召孝寧大君 補及夫人, 設慰宴. 世子 與河東君 鄭麟趾, 高靈君 申叔舟, 綾城君 具致寬, 領議政 崔恒(中略) 承旨等 侍宴. 世子 進酒. 以下諸臣, 迭起爲壽)(『世祖實錄』 권44, 世祖 13(丁亥, 1467)년 12월 12일, 甲辰)

라고 한 것이 그것인데, 이와 같이 새로운 史料의 발굴에 따라 효령대군의 출생 연월일은 확실하게 밝혀졌지만, 그러나 문제는 세종의 誕生년과의 시간차라는 새로운 문제가 제기되게 된 바, 병자(1396)년 12월부터 이듬해 정축(1397)년 4월까지는, 두 분이 '同母 親兄弟' 임에도 연령 차이가 4개월 뿐이라는 모순이 발견되기 때문이다. 맏형 양녕대군[甲戌생]과 둘째 효령대군[丙子생]의 두 살 터울은 쉽게 수긍이 되지만, 둘째와 셋째의 나이 차이가 4개 월에 불과하다는 것은 수긍키 어렵다는 지적인데, 여기서 셋째 忠寧대군[世宗]의 탄생 년[丁丑]에 대한 검토의 필요성이 제기되는 것이다.

忠寧대군[세종]의 탄생 시기 관계의 문헌 史料는 대개 두 가지 유형으로 구분된다.

첫째, 세종 재위 기간 중, 출생에 관하여 스스로 언급한 口述 자료와

둘째, 세종의 薨逝 이후 타인에 의해 작성된 자료.

가 그것이라 하겠는데, 우선 세종 임금이 당신의 출생에 대해 스스로 언급한 사료에 대해 검토해 보기로 하자.

2. 세종이 자신의 나이[연령]에 관해 언급한 口述 자료, -'戊寅(태조 7, 1398)년생' 說의 근거-

(史料 1)

"내가 30살 전에 매던 허리띠[帶]가 모두 헐거워졌으니 이것으로 허리 둘레가 줄어진 것을 알겠도다. 내 나이 이제 서른 셋(33세)인데, 빈모(鬢毛) 두 오락이 갑자기 희어졌으므로 곁에서 모시는 아이들이 놀라고 괴이히 여겨 뽑고자 하기에 내가 말리면서 말하기를, '병이 많은 탓이니 뽑지 말라'고 하였다. 나의 쇠함과 病이 전에 비하여 날마다 더욱 심하니 경(卿; 金宗瑞)은 그런 줄을 알라"(三十年前所御帶皆闊, 是知腰之減圍也. 予行年三十三, 鬢毛兩莖忽白, 侍兒驚怪欲拔之, 予止之曰, '多病所致 勿拔.' 予之衰病, 比前日益滋, 卿其知之)(『世宗實錄』 권53, 世宗 13(辛亥, 1431)년 8월 18일, 庚戌)

라고 한 실록 기사이다.

세종 13(辛亥, 1431)년 8월, 당시에 明나라에서 사신이 와서 머물고 있었는데, 여름 더운 날씨에 임금은 기분도 번거로운데다 內侍들은 복잡한 사연을 일일이 외부로 정확하게 전하지 못할 것으로 여겨지매, 傳旨로서 左代言 金宗瑞[2]로 하여금 밤낮으로 公所

---

2 1390 공양왕 2~1453 단종 1) 본관 順天, 字 國卿, 號 節齋, 1405년(태종 5) 文科 급제 후 특히 세종의 신임이 두터워 1433년 左代言인 그 에게 '吏部之選'의 요직을 관장하도록 특명이 내려질 정도였음.

에 머물면서 임금의 분부를 외부에 전하게 하고 있던 중이었다. 그리하여 이 날 8월 18일(庚戌)에도 김종서를 불러들여 독대해서 한가롭게 대화를 나눈 바, 위 기사는 당일의 '대화 내용'을 배석한 史官이 받아 적은 것이었다.

(史料 2)

"요즈음 생각하니, 내가 이제 겨우 40을 넘었으니 옛 사람이 말하는 바, 道明·德立의 나이이고, 또한 근무에는 게을리 할 때가 아니니다. 그러나 位에 있은 지가 이미 오래고, 일을 경험한 것이 또한 많으며, 銳志가 이미 쇠하여 90세의 늙은이와 다름이 없고, 또 병이 있어서 이른 아침부터 밤늦게까지 정사를 듣기가 참 견디기 어렵다"(丁巳/受常參, 上御思政殿, 命都承旨辛引孫曰,…比今思之, 予纔踰四十, 古人所謂道明德立之年, 誠非倦勤之時也, 然在位已久, 更事亦多, 銳志旣衰, 與老耄無異, 又有疾病, 夙夜聽政, 誠所難堪)(『世宗實錄』 권76, 世宗 19(丁巳, 1437)년 3월 27일, 丁巳).

라고 한 위의 사료 또한 세종의 출생 시기에 대해 이해하는데 참고가 될만한 자료라고 하겠는 바, 이는 (사료1)의 언급 이후 시기적으로 6년이 경과한 세종 19년 3월, 임금이 思政殿에 나아가 상참을 받고, '일부 정사를 왕세자에게 攝政시키려고' 도승지 辛引孫 등 신하들에게 하명하는 중에 언급한 내용이다.

(史料 3)

"聖上의 春秋가 이제 겨우 40을 넘었으니, 옛 사람이 이르는 바 바야흐로 힘써 벼슬할 때이며, 또 태자가 섭정하였다는 것은 태평시대에는 찾아볼 수 없는 일이기도 하오니(중략), 명을 거두시어 신민이 바라는 마음을 위로하옵소서"(…黃喜等云, 聖上春秋, 纔逾四十, 古人所謂彊仕之時, 且太子攝政, 盛世所無之事也,(中略)伏望姑寢是命, 以慰臣民之望)(『世宗實錄』 권77, 世宗 19(丁巳, 1437)년 4월 1일, 庚申)

고 한 것은 그 해 4월 1일, 임금이 또다시 신인손에게 명하여 의정부에 가서 세자로 하여금 섭정하도록 의논하게 하니, 영의정 黃喜가 섭정에 반대하며 임금께 드린 말이었다.

여기서 위의 세 가지 사료 중 1)과 2)는 세종 스스로 자신의 출생에 대해 말씀한 것이고, 3)은 타인[黃喜]에 의한 것인 바, (사료1)에서의 언급대로 세종 13(辛亥, 1431)년에 33세라면 세종은 '己卯(1399, 정종 1)년 출생'이라야 옳고, (사료2)의 경우와 같이 세종 19(丁巳, 1437)년에 40세라면 **'戊寅(1398, 太祖 7)년 誕生'**이 적절한 것으로 보아야 할 것이다. 특히 이는(사료3) '신하[황희]된 입장에서의 언급'과 일치, 뒷받침 된다고 하겠으므로, 가장 신빙성이 있는 사료가 아닐까 思料되는 것이다.

3. 세종 薨逝 후 타인에 의해 작성된 탄생 관계 자료, -'丁丑(태조 6, 1397)년생' 說의 근거 자료-

(史料 A)

"국왕의 성은 이씨요, 이름은 祹이며, 자는 元正이니 恭定王[태종]의 셋째 아드님이시고, 어머니 妃는 閔氏이니, 洪武30[태조 6, 1397, 丁丑]년 4월 10일에 낳으셨습니다.(중략)景泰元年(세종 32) 2월 17일(壬辰)에 병환으로 정침에서 돌아가니, 향년 54세이셨습니다"(丁酉/遣知中樞院事李渲等, 如京師告訃請謚, 議政府撰行實, 申禮部曰, 國王姓李氏, 名祹, 字元正, 恭定王第三王子也, 母妃, 以洪武三十年四月十日生, (中略)景泰 元年 二月 十七日 壬辰, 以疾薨于正寢, 享年 五十四)(『世宗實錄』 권127, 世宗 32(庚午, 1450)년 2월 22(丁酉)일)

위의 사료는, 세종이 즉위 33년째인 庚午(1450)년 2월에 홍서하자 朝廷에서 知中樞院事 李渲 등을 明나라 북경에 보내어 訃告를 전하고 동시에 謚號를 요청하기 위해, 의정부 官僚[3] 중 문서 작성의 책임을 맡은 자가 임금의 行績[大行王의 行狀]을 撰하여 중국 禮部에 상신한 箋文 내용 중의 일부이다. 그러니까 세종 탄생 후 53,4년의 기간이 경과한

3 議政府에서 작성하는 문서는 소속 관원인 舍人(정4품) 2인, 檢詳(정5) 1인, 司錄(정8) 1인과, 三館(弘文·校書·藝文館)의 참하관(7품 이하) 중에서 약간 인원을 예비 임명하여 그 중에서 선발된 자가 작성하였음..

즈음, 國喪 중 한 중요 행사 중의 하나로 작성된 문건으로서, 어쨌든 세종의 '丁丑 출생' 說의 端初를 제공했다고 할 수 있는 자료이다.

(史料 B)

"英陵에 碑를 세웠으니, 판서 鄭麟趾가 碑文을 짓고, 안평대군 李瑢이 篆額을 붉은 글씨로 썼는데(立英陵碑, 判書鄭麟趾撰碑文, 安平大君瑢, 篆額書丹(『文宗實錄』 권12, 文宗 2(壬申, 1452)년 2월 20일, 甲申), 비문 내용에, "처음에 元敬王后께서 태조 6(丁丑, 1397)년 4월 10일에 한양 잠저에서 세종을 낳으셨다"(初元敬王后, 以洪武丁丑四月壬辰, 生世宗於漢陽 潛邸)고 하였다(工曹判書 臣 鄭麟趾 撰 '英陵神道碑銘').

위의 사료B는, 세종이 훙서하고 다시 2년이 경과한 후, 文宗 2(임신, 1452)년 2월 20일에, 당시 공조판서 鄭麟趾가 찬한 세종대왕의 신도비를 세웠다는 『文宗實錄』의 기사이다. 그런데 정인지가 撰한 이 신도비는 그 후 17년 뒤인 예종 원년(己丑, 1469)년에 영릉을 여주로 遷陵 할 때에, "舊 英陵의 石室은 파지 말고 편리한대로 묻도록 하되, 雜像과 비석도 묻도록 하라"는 임금[睿宗]의 교지에 따라 새 영릉으로 옮기지 않고 땅에 묻어버린 것이었지만, 어쨌든 이 신도비문은 세종의 탄생년인 洪武30(정축, 태조 6, 1397)년으로부터 55년이 경과한 즈음에 작성된 비문이었다. 그리고 그 뒤 예문관 제학 신 李承召[4]가 예종 2(기축, 1469)년에 '英陵 遷陵誌文'을 찬했지만, 내용은 정인지의 '英陵 神道碑文'과 다름없는 것이었다.[5]

(史料 C)

"내가 젊은 시절에 아들 셋을 연이어 여의고 갑술(태조 3, 1394)년에 讓寧을 낳았는데 그도 죽을까 두려워서 本房宅(;元敬王后의 친정, 곧 驪興府院君 閔霽의 私邸를 가리킴)에 두게 하였

---

4 孝寧大君의 둘째 처남 鄭忠碩의 맏사위.

5 "元敬王后閔氏, 以大明洪武三十年, 丁丑四月, 初十日壬辰, 誕于漢陽邸"

고, 병자(태조 5, 1396)년에 孝寧을 낳았는데 열흘이 채 못되어 병을 얻었으므로 洪永理 집에 두게 하였다, 丁丑(태조 6, 1397)년에 主上[世宗]을 낳았다"(予早歲連失三子, 甲戌讓寧乃生, 恐其又死, 置諸本房宅, 丙子孝寧生, 不十日而得疾, 置諸洪永理家, 丁丑主上生)(『世宗實錄』 권3, 世宗 1(己亥, 1419)년 2월 3일, 戊寅).

위의 사료 C는, 세종 즉위 1(己亥, 1419)년에서 거슬러 15년 전인 태종 4(甲申, 1404)년에 당시 9세 된 讓寧을 세자로 책봉하였다가 '失行 문제'때문에 세자 책봉 14년만인 태종 18년에 셋째 忠寧대군[世宗]으로 교체 책봉한 후, 불과 두 달만에 즉위식까지 하도록 한 태종께서, 세종 즉위 첫 해의 2월 3일날, 今上[世宗]이 시종하고 讓寧도 곁에 있는 자리에서, 병조판서 趙末生·병조참판 李明德·知申事 元肅·左代言 金益精·좌부대언 尹淮 등을 불러 앉히고, 양녕에 대한 조치와 지난 일을 회상하시는 중에 하신 말씀이었으니, 당시 양녕은 26세, 효령대군은 24세 때로서, 세종이 태어난 지 22,3년이 경과한 즈음, 태종께서는 홍서하시기 3년 전인 53세 무렵에 회상하신 것이었다. 어쨌든 世宗대왕의 출생 연도에 관해 언급된 문헌 자료 중 시기적으로 가장 앞서는 기사가 아닌가 싶다.

4. 탄생 관계 記事 誤謬의 原因 분석과 종합 검토

太宗대왕 소생의 大君 王子 세 분 중, 讓寧대군은 生辰 月日이 불명인 채 처음부터 '甲戌生'이라고만 알려져 왔고, 孝寧대군 역시 처음부터 '丙子生'이라고만 전해 오다가 대군 逝去 후 3백여 년의 시간이 경과한 즈음에 '9월생'으로, 다시 80여 년 경과한 高宗초에는 '9월 16일生'이라고까지 명시되었지만, 문헌적 근거가 희박한 처사였음을 뒤늦게 인식했기 때문이었던지 1903년의 大君 神道碑(載完 撰)에서는 슬그머니 사라지고 원점으로 다시 귀착된 바, 최근 근거 문헌 자료의 발굴에 따라 출생 연월일이 **'丙子(태조 5, 1396)년 12월 11일'**로 확실하게 밝혀지게 되었다.

이에 대해 世宗의 경우는 國王이었기 때문에 在位 기간 중의 誕生 月日(4월 10일)에 관한 모든 기록의 근거는 확실하게 남아 있지만,[6] 막상 '誕生 年'에 대해 明記하고 있는 것은 위의 세 가지 史料 밖에 전해지지 못한 實情인데, 그러면 '탄생 년'에 관한 기록이 거의 전무한 이유가 무엇일까? 그것은 '帝王 不敢其祖'의 관념과 같이, 임금의 '諱' 字 한 글자마저 지극히 尊嚴하게 다루어졌던 것 처럼, 聖上 나이[연령]의 시작 점인 '生年' 또한 함부로 헤아려서 안 되는 忌諱的인 관념 탓에, 탄생 년에 대한 기록 조차 가급적 기피한 이유 때문이었다. 다만, 薨逝 후 明나라에 보내는 訃告[行狀]에서나마 表箋文 내용상 출생년에 대해 명기하지 않을 수 없었으므로 記銘하게 된 것인데(그렇더라도 세종'實錄'을 한 번만이라도 열람하였더라면 착오는 없었을 터인데, 알다시피 그 시대에는 史官 이외에 누구라도 전혀 '實錄'을 볼 수가 없었던 시절이었으므로 '열람 불가'였지만), 어쨌든 여기에 처음 誕生年이 明記되게 되면서 이후에 기록되는 文件 모두는 이에 따르게 된 것이었다.

요컨대 첫 단추가 잘못 끼워지니 이후 모든 기록에서 착오를 일으키게 된 것이라고 하겠는데, 어쨌든 그동안 세종의 '誕生 年度'에 대해서 '戊寅(태조 7, 1398)년 誕生 說' 과 '丁丑(태조 6, 1397)년 탄생 설'의 두 주장이 있어 왔지만, 전자가 당대에 세종 스스로 언급한 사실인 것에 비해, 후자의 史料 A,B,C는 세종 탄생 후 他者에 의해, 각각 53,4년 후, 55년 후, 22,3년 후에 비로소 기록 또는 언급된 것이라는 사실을 감안하고, 한편 효령대군 출생 년월은 '丙子(태조 5, 1396)년 12월'이 틀림없는 사실이라고 想定한다면, 孝寧大君의 同母 親弟인 '忠寧대군[세종]의 '誕生 年'은 **戊寅(태조 7, 1398)년**'이 옳지 않을까 想到한다. **(둘째 권으로 이어짐)**

6 生辰宴에 관한 기록이 거의 全無한 두 兄님에 비해 忠寧은 國王인 관계로 在位 32년 간(세종 30(戊辰, 1448)년의 단1회를 제외하고), 매년 生辰日(4월 10일) 잔치에 대한 기록(사정으로 生辰宴을 정지케 한 경우 18회, 誕辰 賀禮받은 것 12회)이 남아 있다.

살아가면서 더러 孝寧大君의 일가 후손끼리 만나 얘기하다 보면, 은연 중 서로가 大君 子孫됨에 自矜心을 느끼게 되는데, 이는 일종 一家 意識의 발로라고도 하겠지만 무엇보다 효령대군 같은 위대한 분이 '나의 祖上'이라는 矜持心 때문이 아닐까 생각한다. 하지만 그럼에도 대군할아버지의 어떤 점이 훌륭하셨던가, 과연 어떠한 분이셨던가, 나아가 그 분께서 어떤 시대를 어떻게 살아가셨는가에 대해 막상 알고 싶어 찾아보려고 하지만, 이해에 도움될만한 자료, 말하자면 孝寧大君의 行蹟이나 思想에 대해 엿볼 수 있는 자료란 매우 稀少한 것이 오늘의 實情이다.

孝寧大君의 事跡이 실려 있는 '孝寧大君派 族譜'는 正祖 4년(庚子, 1780)에 編刊된 『靖孝公子孫譜』(世譜, 세칭 '舊庚子譜')가 그 嚆矢로서, 이는 肅宗 43년(丁酉, 1717)에 瓶窩公 李衡祥이 처음 편집한 '孝寧大君 子孫譜'(未刊)를 底本으로 編刊된 것이었다.

※『靖孝公子孫譜』(舊庚子譜 ; 正祖 4, 1780) 大君 事跡

先祖孝寧大君 補, 字 善叔, 初諱 祜, 小字 孝蓮. 太宗大王 第二男, 洪武二十九年 太祖五年 丙子 九月 日生, 歷事九朝, 成化二十二年 成宗十七年 丙午 五月 十一日 丁丑卒, 壽 九十一. 贈謚 '靖孝'公, '寬樂令終曰靖, 慈惠愛親曰孝', 墓在果川北 同積里 舊馬場洞 癸山, 有表石 床石 石人 長明燈.

配 藥城府夫人 海州 鄭氏, 洪武 甲戌 二月 庚申生, 丁亥冬 選配, 初封 淑懿翁主, 世宗朝 改封 三韓 國大夫人, 後又改封 藥城府夫人, 成化 庚寅 八月 二十五日卒, 壽 七十七, 初窆 楊州, 後移葬于大君墓左, 雙墳同坐, 父贈大匡輔國崇祿大夫 領議政府事 行崇政大夫 議政府左贊成 集賢殿大提學 貞度公 易, 墓在大君墓 數里許.

따라서 오늘에 이르기까지 나의 所出自를 알기 위한 族譜나 派譜는 시대에 따라 子孫錄만 덧붙여지면서 대형화되어갔을 뿐, 맨처음 만들어진 『靖孝公子孫譜』(舊庚子譜)의 大君 事跡 內容을 새 族譜 編纂 때마다 그대로 재수록하는 수준을 넘지 못하는 실정이었다. 그 뒤를 이어 編刊된 『璿源續譜』(세칭 '甲子譜', 1864)는 물론, 『新庚子譜』(1900년)와 『壬戌譜』(1922), 『丁酉譜』(1957), 『癸亥譜』(1983)에 이어 최근의 『己丑譜』(2009)까지 그 내용면에 있어 답습 수준을 넘지 못하고 있는 것이 이를 말해주고 있다.

한편 族譜나 派譜의 '事跡欄' 외에, 大君의 行蹟에 대해 전해주고 있는 대표적인 문헌자료가 『淸權輯遺』이다. 『청권집유』는 효령대군의 10대손(瑞原君-淸渠守蕙-密山副守) 瓶窩公 衡祥이 숙종 22(1696)년에 일차적으로 모아 정리한 「孝寧大君 遺事」에 기초하여 숙종 37(1711)년 「大君 墓誌」를 작성할 때 더 보충하고, 憲宗 10(1844)년 대군의 15대손(瑞原君-高林君-長堤副正) 敦宇公(초명 敦榮)이 이에 더 보충해 編刊[原篇]한 책이다.

이 『청권집유』는 그 뒤 續1(勝宇公, 1909), 續2(光儀公, 1929), 續3(薰儀公, 1974), 續4(定宰公, 1991)에 이어 續5(秀澤 문화위원, 1996)까지 첨가되었지만, 내용은 주로 行狀 墓誌 祭祝文 致祭文 上樑文 通文 등 大君을 崇慕 奉行하는 일에 관계되는 문헌들일 뿐, 言行이나 行蹟 등 대군에 관한 직접적인 문헌 자료는 「大君 遺事」 항목에 담겨 있을 뿐이며, 그나마 『國朝寶鑑』(6건), 『朝野彙編』(2), 『秋江冷話』(1), 『讓寧遺事』(1), 『頤菴集』(1), 『晦齋集』(1), 『姓苑叢錄』(1), 『竹泉閑話』(1), 『明齋集』(1), 『藥泉集』(1), 『樗村集』(1), 『燃藜室記述別集』(1), 『萬德寺誌』(1)에서 한 두건 찾아 수록한 것 외에, 더러 대군의 遺事로서 전해오는 '遺聞' 몇 건을 敦榮公의 '謹按'으로 채록한 정도이다.

다른 한편, 「大君 遺事」에 인용된 實錄관계 기사는 原篇(2건), 續3(24건), 續5(15건)에서 모두 합하여 41건에 불과한데, 이를 왕조실록별로 분류하면, 『太宗實錄』(2건), 『世宗실록』(26건), 『端宗실록』(4건), 『世祖실록』(4건), 『成宗실록』(4건)으로서 그 분량에 있어 지극히 미약하다고 하겠다. 그렇다면 『청권집유』의 「대군 유사」 항목 중에 孝寧大君의 行蹟에 관한 기사 분량이 그토록 微微한 이유가 무엇일까. 그것은 한마디로 조선시대 내내 史官이외에는 國王조차도 "實錄 閱覽이 일체 不可하였기 때문"에 기인한다고 하겠으며, 이는 原篇(1844년)에 2건에 불과하던 것에 비해 1974년에 편간된 續3에는 24건이나 인용되고 있는 사실이 이를 단적으로 말해주고 있다. 말하자면 효령대군의 행적 관계 기사가 본래는 왕조실록에 많이 실려 있었으되, '閱覽 不可'로 말미암아 대군의 행적에 대하여 거의 알 수가 없었지만, 日帝시대 이후로 실록 열람이 가능하게 되면서부터 대군관계의 史實들이 세상에 그 모습을 드러내게 되었다는 것이다.

실제로 '實錄 열람'에 관한 다음의 逸話를 들어 보기로 하자.

세종 13년 3월 17일에 春秋館에서 『太宗實錄』(36권)을 편찬하여 임금께 올리고 3일 후, 임금이 실록을 열람하는 것에 대한 논의가 있었다. 父王인 太祖대왕을 도와 적극 조선왕조 開創 大事에 나섰을 뿐 아니라 초창기 왕권확립을 위해 守成에 진력하신 부친 太宗대왕의 업적에 대하여 史官들이 어떻게 평가하였는지, 아들인 世宗대왕으로서는 궁금치 않을 수가 없었다. 임금이 말하기를,

> "前代의 제왕들은 先王의 實錄을 친히 보지 않은 자가 없는 것 같으나, 태종께서는 『태조실록』을 보지 않으시매, 이 때 河崙 등은 이를 보시는 것이 옳다고 말하고, 卞季良은 보시지 않는 것이 옳다고 말하여, 태종께서는 변계량의 논의를 따랐던 것인데, 이제 『태종실록』을 춘추관에서 이미 그 편찬을 마쳤으니, 내가 이를 한번 보려고 하는데 어떤가."

하니, 우의정 孟思誠·提學 尹淮·동지총제 申檣 등이 아뢰기를,

"이번에 편찬한 실록은 모두 嘉言과 善政만이 실려 있어 다시 고칠 것도 없으려니와 하물

며 전하께서 이를 고치시는 일이야 있겠습니까. (그러하오나)전하께서 만일 이를 보신다면 후세의 임금이 반드시 이를 본받아서 고칠 것이며, 史官도 또한 군왕이 볼 것을 의심하여 그 사실을 반드시 다 기록하지 않을 것이니 어찌 후세에 그 진실함을 전하겠습니까"

하매, 임금이 "그럴 것이다" 하였다(『세종실록』 권51, 세종 13년 3월 甲申(20일)).

그러나 그 후 7년이 지난 때까지도 '태종실록'을 보고 싶은 욕망이 가시지 않던 중, 세종 20년 2월 말경 춘추관에 보관 중인 『太祖實錄』을 꺼내어 갈무리를 하게 되었는데 (書冊 보관 방법 중 하나), 이 기회에 임금은 다시 『태종실록』이 보고 싶어 도승지 辛引孫에게 이르기를,

"옛날 우리 태종께서 『태조실록』을 보고자 하니, 卞季良이 이르기를, '『태조실록』은 編修하기를 매우 잘하여 사실을 모두 바르게 썼는데, 이제 전하께서 나아가 보신 뒤에 내려 주신다면, 후세 사람들은 모두 믿지 못할 史記라 하여 도리어 의심할 것입니다' 하므로, 태종께서 보시지 못하였다. 하지만 나는 '자손으로서 祖宗의 사업을 알지 못하면 장차 무엇으로 鑑戒할 것인가' 하고, 『태조실록』을 보고자하여 여러 신하에게 상의하였더니, 柳廷顯 등이 '조종이 정해 놓은 법에 의거하여 조종의 사업을 잘 繼述하는 것이 실상은 아름다운 뜻이 된다' 하므로, 이에 볼 수 있었는데, 지금 또 생각하니, 만약 당시 史記가 아니면 조종이 정한 법을 보는 데에 있어, 祖와 宗에 무슨 구별이 있겠는가. 이미 『태조실록』을 보았다. 『태종실록』도 또한 보는 것이 마땅하다고 여겨지니 여러 兼春秋에게 상의하라"

하였더니, 大臣 黃喜·申槪 등이 모두 말하기를,

"역대 임금으로서 비록 祖宗의 實錄을 본 사람이 있더라도 본받을 것은 아닌가 합니다. 唐 太宗이 史記를 보고자 하니, 褚遂良과 朱子奢 등이 '폐하께서 혼자서 본다면 일에 손실이 없지마는, 만약 사기를 보는 이 법이 자손에게 전해지게 되면, 후세에 그른 일을 옳게 꾸미고, 短點을 장점으로 斗護하여, 史官이 죽음을 면치 못하게 되면 여러 신하들은

임금의 뜻에 순응하여 제몸을 완전하게 하려 하지 않을 자가 없을 것이니, 천년 후에는 무엇을 믿겠습니까' 하였으니, 신 등의 논의는 바로 이 말과 같습니다. 이 두 신하는 모두 名臣이라고 이름난 사람들이니 그들의 말은 반드시 본 바가 있을 것이고, 또 우리 太宗의 일은 전하께서 친히 보신 바이니, 만약 태종의 일을 본으로 삼아 경계하고자 한다면, 역대 사기가 갖추어져 있는데 어찌하여 반드시 지금의 실록을 보아야 하겠습니까. 하물며 조종의 사기는 비록 當代는 아니나 編修한 신하는 지금도 모두 있는데, 만약 전하께서 실록을 보신다는 것을 들으면 마음이 반드시 편하지 못할 것이며, 신 등도 또한 타당하지 못하다고 여겨집니다"

하니, 임금이 마침내 보지 아니하였다(『세종실록』 권80, 세종 20년 3월 丙戌(2일)).

하지만, 세종 임금의 '태종실록'에 대한 집념은 쉽게 사라지지 않아, 이틀 후 다시 春秋館에 명하여, "父王께서 전에 『태조실록』을 열람한 적이 있었는지 없었는지를 알아보도록 하라" 하였으나, '아무리 조사해 보아도 열람한 일이 없었다'고 보고되었다(『세종실록』 권80, 세종 20년 3월 戊子(4일), "命春秋館, 考太宗開閱『太祖實錄』有無以啓, 考之, 無有是事).

그러면 이처럼 '實錄'을 史官 외에는 國王조차 볼 수 없었던 이유가 무엇이었을까. 그것은 실록이 지니고 있는 객관성과 진실성·극비성 때문에, 이를 열람 누설할 경우 筆禍사건, 즉 士禍가 일어날 우려 때문이었다. 따라서 史草와 實錄을 다루는 史官이라도 내용을 漏泄할 경우 重罪에 처하도록 되어 있었고, '戊午史(士)禍'(연산군 4, 1498)는 그 원칙이 지켜지지 않아 일어난 대표적 士禍이었다.

國寶 제151호이며, 유네스코 세계기록유산(1997지정)이기도한 『朝鮮王朝實錄』(太祖~哲宗 25대 472년의 歷史를 年月日 순서, 즉 編年體로 기록한 총1,893권, 888책)은 태종 13년 3월 『태조실록』15권이 처음 편찬되면서 그 기초가 마련되었고, 그 뒤 세종 8년에 『定宗實錄』을, 13년 3월에 『태종실록』36권이 撰進되면서 春秋館(內史庫)과 忠州(外史庫)에 보관해 오다가 全州와 星州에 외사고(外史庫)를 증설, 이른바 '4史庫制'가 마련되었다. 이후 국왕 薨去 때마다 신왕 즉위초에 實錄廳을 설치하고 전왕대의 실록을 편찬하였는

데,『世宗實錄』때부터는 正草本 외에 活字로 3부를 더 인쇄, 간행하여 4史庫에 각 1부씩 보관해 오던 중, 3곳은 壬辰倭亂 당시 兵火로 소실되고 全州史庫만 보존되었다. 이 후 全州史庫의 유일 原本(筆寫本)은 海州→江華→妙香山으로 옮겨 보관되다가 임진란이 끝난 뒤,『明宗實錄』까지 804권 전부를 1603년 7월부터 시작하여 재인쇄·출판하였다.

이 때 3부를 새로 인쇄하여 全州 原本과 재출판 당시의 校正本, 합하여 모두 5부의 실록이 갖춰지매, 春秋館에 1부(印本, 李适 亂때 燒失)를, 나머지 4부는 摩尼山(全州原本, 筆寫本, 1678년 鼎足山→總督府→서울대)·太白山(印本, 총독부→서울대)·妙香山(印本, 1633년 茂州 赤裳山→藏書閣)·五臺山(校正本, 東京大;관동대지진때 燒失)史庫에 분산 보관하여 온 것인데, 이 중에 새 활자본인 태백산사고본과 묘향산사고본(1633년 이후 赤裳山史庫)은 誤植이 많아 注意를 要하는 것이었으니, 임진왜란 후 국가 재정이 궁핍하고 물자도 결핍한 속에 실록의 재출판 사업을 추진한 것 자체가 무리였지만, 그 같은 상황에서 만든 活字의 수도(礻자 변의 '補'자와 같은 僻字는 活字를 만들지조차 않았을 가능성이 많음) 부족하거니와 인쇄·출판 사업이 활발하던 시기와는 달리, 文選·植字·組版 등 활자 인쇄의 기술적 문제도 매우 劣惡하였으므로 誤植·誤字가 많았을 가능성은 매우 높았다고 보아야 할 것이었다.

실제로 孝寧大君의 諱 字와 관련해서도, 전주 원본[筆寫本]을 보관한 鼎足山史庫本에 비해, 새 활자본의 太白山史庫本과 묘향산[赤裳山]사고본의 경우 誤謬·誤字가 적잖이 발견되고 있는 바, 예를 들면 효령대군께서 初名을 祜에서 補로 改名했을 때(태종 14년 1월 戊子 13일)와 성종 17년 당시의 '卒記'(성종 17년 5월 乙卯 11일) 부분은 두 군데 모두, 정족산본[筆寫 原本]은 보일 시(礻)자 변의 보(補)자로 옳게 쓰여졌으나, 태백산본[活字本]에는 옷의(衤)자 변의 보(補)자로 잘못 쓰여져 있음이 확인되는 것과 같다.

한편, 실록 편찬에 이용되는 자료는 정부 기관에서 보고한 문서 등을 연월일순으로 정리해서 평소 편책해둔 춘추관의『時政記』를 비롯하여『承政院日記』·『議政府謄錄』·朝報등이 참고로 추가되며, 특히 국왕 재위시 史官이 작성해둔 '史草'가 기본을 이룬다. 사관에는 專任사관·兼任사관이 있었는데, 흔히 사관이라고 하면 藝文館의 奉教(2인,정7품)·待教(2인,정8품)·檢閱(4인,정9품) 등 8인의 전임사관을 말한다. 그들은 매일 교대로 한 사람씩 承旨와 함께 국왕 곁에서 국정에 관한 모든 사항을 기록하고, 그 기록한 것을 사초라고 하는데, 史草란 '實錄 즉 史書를 편찬할 草稿'란 뜻이다. 겸임사관은 議政府·弘文館·司憲府·司諫院·六曹 등 정부 주요 기관의 관원으로, 실록 편찬을 주관하는 春秋館에는 전임직이 없으므로 여기에 파견된 修撰官 이하의 관원이며, 이들도 사초를 작성하였지만 사초는 전임사관의 것이 중심이 되었다.

따라서 왕조실록 편찬에 동원 이용되는 자료는, 그 분량에 있어 사초를 비롯하여 엄청나게 많은 것이었다. 또한 그 많은 자료들을 실록 편찬관인 實錄廳의 編修官·記注官·記事官이 取捨 選擇하고 편집 推敲하여 비로소 완성되는 것이 實錄이니만치, 최종적으로 왕조실록에 등재될 가능성은 그 확률에 있어 매우 至難한 일이었는데, 孝寧大君의 行蹟에 관계되는 記事로서 왕조실록에 등재된 것을 전부 檢索해 본 바, 대체로 642件에 달하는 분량이매, 이는 『청권집유』(원편·속3·속5, 도합 41건)에서 찾아진 건수에 비하면 대단히 많은 분량이라고 하겠다.

이 같은 견지에서 **『실록 효령대군일대기』는 바로 이 642건의 史料에 근거하여 서술 편찬한 것이라 할 수 있겠는데, 효령대군께서 왕조실록(태조~성종)에 642건이나 되는 수많은 場面·事蹟이 收錄될 수 있었던 것은, 대체로 다음의 3가지 與件 때문에 가능하지 않았나 생각된다.**

첫째, 『실록 효령대군일대기』에서, 효령대군의 생애 중 가장 특이한 점은 무엇보다도 短命하던 그 시대에 春秋 90여년을 長壽하셨다는 사실로서, 1세기에 가까운 생애동안 누구보다 오랜 역사적 체험을 겪으셨고, 긴 生涯 만큼이나 많은 행적을 남기실 수 있었다는 점이라 하겠다.

둘째, 건국 초창기에 王子 大君 신분의 지위로 生長하신데다 특히 寶齡 30을 지나면서부터는 王室의 제일 어른으로서 왕실의 儀禮적인 행사에서는 중요한 일마다 늘 중심에 계셔, 최종 결단은 항상 대군께서 하셨으며, 깊은 學問과 높은 德行으로서 특히 아우인 世宗과 조카 世祖로부터 극진한 최상의 대접을 받으신 여건 때문이 아닌가 생각된다.

셋째, 抑佛崇儒的 통치 이념에 입각한 王權 확립기에 儒學을 바탕으로 하되, 앞장서 佛教를 옹호함으로써 儒·佛이 調和되는 사회를 적극 꾀하시어 학문적·문화적으로 괄목할 업적을 남길 수 있었던 또 다른 여건이라고 하겠다. 어려서부터 세종과 나란히 유학에 정진하여 金時習·卞季良·尹淮·金守溫 등 당대 名儒 文章들과 交遊하였는가 하면, 慶讚會·水陸齋·佛經 諺解사업 등을 통하여 불교의 심오한 경지까지 도달, 信眉대사·行乎큰스님 등 시대의 大德 高僧들과도 깊이 사귀셨으매, 왕조실록 자료에 광범하게 수록될 충분한 조건들을 두루 갖춘 분이셨다는 점이다.

'孝寧大君一代記'를 처음 構想하고 어느 정도의 자료 수집과정을 거쳐서 執筆을 시작한 것은 이미 20여 년 전, 대군 생애 중 30여 세까지의 자료를 정리하여 2003년에 일단 1권을 내어놓았는데, 그 당시는 대군께서 90여 세를 사셨으니까 전체 3권 정도로 끝낼 것으로 예상했었다. 하지만 그 뒤 著者 본인이 그만 胃癌 수술을 하고 抗癌치료를 받느라 後續을 중단할 수밖에 없었으나, 그 후 얼마 뒤 다행히 건강이 많이 회복된데다 教授職을 停年한 덕분에 시간적 여유마저 충분케 되어, 원고를 다시 쓰기 시작해서 5년여에 걸쳐 마침내 집필을 끝낼 수 있었다. 그동안 宗賢 여러 분들의 끊임없는 激勵와 助言 덕분에 큰 일을 마칠 수 있었음에 진심으로 감사하며, 스스로 감개무량할 뿐이다.

역사상 어느 한 인물에 대한 思想이나 行績을 이해함에는 구체적인 1차 史料가 기본이 된다. 한편 조선왕조실록에 수록되어 있는 효령대군 관계의 문건 사료가 642건이라고 해도, 모두가 대군의 직접적인 言行이나 손수 글로 써서 남긴 구체적 文獻이 아닌 것 또한 사실이다. 하지만, 1세기에 가까운 大君의 生涯를 당대 歷史의 흐름 속에서 대군께서 主宰하신 行事, 그리고 함께 하셨던 수많은 역사적 事件들, 또한 대군께서 직간접으로 겪으셨을 事物 등등 그때그때 대군의 삶의 軌跡을 따라 전개된 그 시대의 정치사회적 과정에 대해 파악할 수만 있다면, '나무가지 하나하나의 개체보다 전체의 숲을 보는 眼目'을 통해서, 과연 어떠한 분이셨던가, 대군께서 어떤 시대를 어떻게 사셨던가의 전체적 윤곽에 대한 이해가 가능하지 않을까하는 생각에서 이 책을 기획하고 재구성하여 본 것이 이 '一代記'이다.

孝寧大君께서는 朝鮮 前期에 한 인간으로서 權勢와 榮華를 맘껏 누릴 수 있는 최상의 與件과 地位에서, 文武的 소양을 兼全하며 古稀를 넘기신 年歲까지도 전국의 寺刹

을 순회하실 만큼 長壽하셨다. 그리고 儒學의 學識을 바탕삼아 佛法의 심오한 哲理를 터득하며 儒·佛의 調和로운 理想鄕을 具顯하려 하시었다. 이 같은 大君의 生涯야말로 "길고, 높고도 깊었다"는 표현이 적절할 만큼 "多彩롭고도 深奧한 삶을 享有하신분"이라 하겠거니와, 이제 마침내 효령대군이 '어떠한 분이셨던가'에 대하여 짐작케 해 줄 만한 642건의 史料를 骨格삼아서 集成한 一代記마저 마련되었으니, 여기서 효령대군의 생애를 더욱 실감나게 밝혀 줄 수 있는 또 하나의 다른 방법 곧 映像작품이매, '실록 효령대군 일대기'라는 제목의 映畵脚本Scenario를 서둘러 쓰고 싶은 기분인데, 지나친 욕심은 아닐런지 모르겠다.

2017년 1월 8일

華陽亭 옛터의 書室에서 著者 삼가

| 참고 문헌 |

【1차 史料】

太祖實錄

健元陵神道碑(權近, 太宗9)

太祖大王誌文(權近)

'赤池遺墟碑'(正祖11)

文川朴氏族譜

北路陵殿志

龍飛御天歌

高麗史

高麗史節要

李穡文集

定宗實錄

太宗實錄

太宗太上王尊號玉冊(卞季良, 辛丑1421)

太宗神道碑文(卞季良, 戊戌)

獻陵神道碑(卞季良, 世宗4 壬寅)

元敬王后誌文(卞季良, 世宗初)

世宗實錄

春亭集(卞季良, 世宗4, 壬寅)

藥城府夫人鄭氏墓誌(李承召, 世祖代)

誼城君墓表(陰記)

朱溪君墓碣(陰記)

父母恩重長壽胎骨經(世宗20, 戊午)

文宗實錄

端宗實錄

世祖實錄

睿宗實錄

成宗實錄

新增東國輿地勝覽

東文選

明宗實錄

國朝寶鑑

興天寺大鐘鐘銘(世祖8, 壬午)

金剛般若波羅密經(世祖10, 甲申)

禪宗永嘉集大君跋文(世祖10, 甲申)

福泉寺御製後記(金守溫, 世祖10, 甲申)

拭疣集(金守溫)

梅月堂에 보낸 簡札(世祖14, 戊子)

安東權氏族譜(成化譜, 成宗7)

海州鄭氏族譜

韓山李氏族譜

氏族源流(仁祖代, 趙從耘)

姓苑叢錄(任慶昌, 17세기 후반)

璿源錄(肅宗7, 辛酉)

靖孝公子孫譜(舊庚子譜, 正祖4, 1780)

淸權輯遺(李敦榮, 憲宗10, 甲辰)

璿源續譜(甲子譜, 高宗1)

瓶窩全書(李衡祥, 肅宗10)

毓慶錄(李衡祥, 肅宗35, 己丑)

源派記(李衡祥, 肅宗43, 丁酉)

讓寧大君派譜

庚子譜(新, 光武4)

己卯式年宗親加現錄(仁祖17, 己卯)

敦寧譜牒(孝宗10, 己亥)

敦寧譜牒(肅宗13, 丁卯)

己卯式年璿源加現錄(肅宗25, 己卯)

宗班行蹟(大君遺事, 英祖5, 己酉)

乙酉式年璿源加現錄(英祖41, 乙酉)

璿源寶鑑

璿源系譜記略(正祖 癸卯)

東閣雜記

五山說林

朝野記聞

朝野僉載

大東野乘

燃藜室記述

完山實錄

紀年兒覽

國朝文科榜目

【2차 資料(단행본·논문)】

李相佰, 1949, 李朝建國의 硏究, 乙酉文化社.

李相佰, 1962, 韓國史-近世前期篇-(震檀學會), 乙酉文化社.

金成俊, 1962, 太宗의 外戚 除去에 대하여, 歷史學報17/18.

韓沽劤, 1964, 世宗조에 있어서의 對佛敎施策, 진단학보25/26/27합집.

河炫綱, 1965, 李成桂, 韓國의 人間像2, 新丘文化社.

千惠鳳, 1972, 朝鮮太祖親筆賜給의 淑愼翁主家垈文書, 國學資料2.

金泰永, 1973, 조선초기 祀典의 성립에 대하여, 역사학보58.

韓沽劤, 1976, 朝鮮 初期 儒敎理念의 實踐과 信仰·宗敎, 韓國史論3, 서울대국사학과.

鄭杜熙, 1976, 朝鮮初期 地理誌의 編纂, 역사학보69/70.

문화재관리국, 文化遺蹟總攬, 1977.

崔炳云, 1978, 朝鮮 太宗朝의 奴婢辨整에 관하여, 全北史學2.

權相老, 1979, 韓國寺刹全書, 동국대 출판부.

崔承熙, 1987, 朝鮮 太祖의 王權과 政治 運營, 震檀學報 64.

李熙寬, 1988, 朝鮮初 太宗의 執權과 그 政權의 性格, 歷史學報120.

鄭杜熙, 1989, 朝鮮 初期 統治體制의 成立過程과 歷史的 機能(太宗), 韓國史硏究 67.

河炫綱, 1991, 太祖, 韓國民族文化大百科事典23, 韓國精神文化硏究院.

李範稷, 1991, 조선초기의 오례 운영, 한국중세예사상연구.

李榮薰, 1991, 太祖賜給芳雨土地文書考, 古文書硏究 1.

李逢春, 1991, 朝鮮初期 排佛史硏究, 동국대 박사학위논문.

元永煥, 1993, 水陸齋, 淸溪史學 10.

元永煥, 1993, 穆祖의 活動과 '紅犀帶'考, 江原史學9, 강원대 사학과.

이태진, 1994, 한양천도와 풍수설의 패퇴, 한국사시민강좌 14.

김기열, 1994, 朝鮮 太宗의 忠義精神 高揚, 김갑주화갑기념논총.

이상태, 1994, 조선초기 지리지편찬의 재검토, 김갑주화갑기념.

崔先惠, 1995, 朝鮮初期 太宗代 藝文館의 設置와 그 歷史的 意義, 震檀學報 80.

한충희, 1995, 조선 세조대의 宗親연구, 계명대 한국학논집22.

남미혜, 1995, 大院君집권기 宗親府진흥책의 성격, 동대사학 1.

淸權祠, 1996, 孝寧大君史蹟大觀(李秀澤 기획·편집).

鄭杜熙, 1996, 太宗과 黃喜, 길현익정년기념.

趙南旭, 1997, 朝鮮朝 太宗의 政治哲學硏究, 東洋學27.

조남욱·김용환, 1997, 朝鮮初期 王室의 儒·佛意識 硏究, 한국민족문화9, 부산대.

韓忠熙. 1998, 潛邸期의 太宗 硏究, 대구사학56.

韓忠熙, 1998, 조선 세조대의 內宗親에 대하여, 경북사학21.

이도학, 1998, 용비어천가의 세계, 문헌과 해석 3, 태학사.

신명호, 1998, 朝鮮前期 王室整備와 族譜編纂, 경기사학2.

안승준, 1998, 태조 이성계가 자식에게 남긴 분재기, 문헌과 해석2.

한형주, 1999, 朝鮮 太宗·世宗代 社稷制의 理解와 運營, 한국사학보6, 고려사학회.

한희숙, 1999, 朝鮮 太宗·世宗代 白丁의 生活相과 盜賊 活動, 한국사학보6, 고려사학회.

강제훈, 1999, 朝鮮 太宗·世宗代의 田稅의 賦課와 收取, 한국사학보6, 고려사학회.

成鳳鉉, 1999, 朝鮮 太宗代 奴婢決折策과 그 性格, 震檀學報88.

이정주, 1999, 朝鮮 太宗·世宗代의 抑佛政策과 寺院建立, 한국사학보6, 고려사학회.

지두환, 1999, 태조대왕과 친인척, 역사문화.

장지연, 2000, 麗末鮮初의 遷都논의에 대하여, 한국사론43, 서울대 국사학과.

한형주, 2000, 朝鮮初期 中祀 祭禮의 整備와 그 運營, 震檀學報89.

유주희, 2000, 朝鮮 太宗代 政治勢力 硏究, 중앙대 박사논문.

권복규, 2000, 조선전기의 疫病유행에 대하여, 한국사론 43, 서울대 국사학과.

劉承源, 2001, 朝鮮太宗代 前銜官의 軍役, 한국사연구.

崔先惠, 2001, 朝鮮 初期 太祖·太宗代 醮祭의 施行과 王權强化, 韓國思想史學.

金廷禧, 2002, 1465年作 觀經16觀變相圖와 조선초기 王室 佛事, 한국불교미술사학회.

심경호, 2003, 金時習評傳, 돌베개.

金廷禧, 2007, 孝寧大君과 朝鮮 初期 佛敎 美術;後援者를 통해본 조선초기 王室의 佛事. 韓國美術硏究所.

李秀吉, 2008, 瓶窩 李衡祥의 삶과 학문, 세종출판사.

인용민, 2008, 孝寧大君 李補의 佛事에 대하여, 한국불교선리연구원.

인용민, 2008, 孝寧大君 李補의 佛事 活動과 그 意義, 한국불교선리연구원.

엄기표, 2012, 朝鮮 世祖代의 佛教美術研究, 仁荷大 韓國學研究所.

李逢春, 2015, 조선시대 佛教史研究, 민족사.

李順任, 2015, 尙州五台里 사람들 이야기 -효령대군 후손의 집성촌-, 하나로애드컴.

| 저자 소개 |

주요 경력

한양대 인문대 사학과 및 대학원(석사) 졸업

문학박사(경희대학교)

총무처 사법시험출제위원

25회 1차사법시험위원

대법원고등고시출제위원

외 한국사 시험문제 다수 출제

경기도사편찬위원회 위원

경기도문화재위원

한국독립운동사 편찬위원

성남시사편찬위원회 위원

한양대 한국학연구소장

한국사상사학회부회장

교육부검인정국사교과서 검정위원장(2002년)

한양대 인문과학대학장

한양대 인문대 사학과교수(1968-2007)

專攻분야 ; 韓國近代史·思想史

주요 저서

韓國史(한양대출판원, 1981)

國難克服관계金石文資料調査 및 解題(문교부, 1982)

韓國文化史(尋雪堂, 1984)

金光洞世世錄(光山金氏忠定公派宗會, 1978)

始興金石總攬(始興郡, 1988)

初期開化思想硏究(1989)

韓國史에 비춘 城南地域의 歷史(민족문화사, 1993)

경기도항일독립운동사(공저, 1995)

한국사16강(공저, 1996)

韓國近代 初期開化思想의 硏究(한양대출판원, 1998)

朴珪壽硏究(集文堂, 1999)

實錄 孝寧大君一代記 1(한양대출판원, 2003)

城南市 20 · 30 · 40 年史(공저, 2004)

『실록 효령대군일대기』(3책)

外 共著 다수

실록 효령대군일대기 [1]

: 정효공 이보의 생애와 행적

—

펴낸날 2020년 9월 30일 초판 1쇄

지은이 이완재 ◈ **펴낸이** 김우승

펴낸곳 한양대학교출판부 ◈ **출판등록** 제4-7호(1972.2.29)

주소 서울 성동구 왕십리로 222 ◈ **전화** 02.2220.1432-4 ◈ **팩스** 02.2220.1435

홈페이지 press.hanyang.ac.kr ◈ **이메일** presshy@hanyang.ac.kr

본문디자인·편집 김민지 ◈ **표지** 안광일 ◈ **인쇄** 네오프린텍

값 32,000원

ISBN 978.89.7218.697.7 (93910)